詫間直樹
高田義人
編著

陰陽道関係史料

汲古書院

口絵写真（『陰陽道旧記抄』紙背文書　承元三年僧道誉都状案）

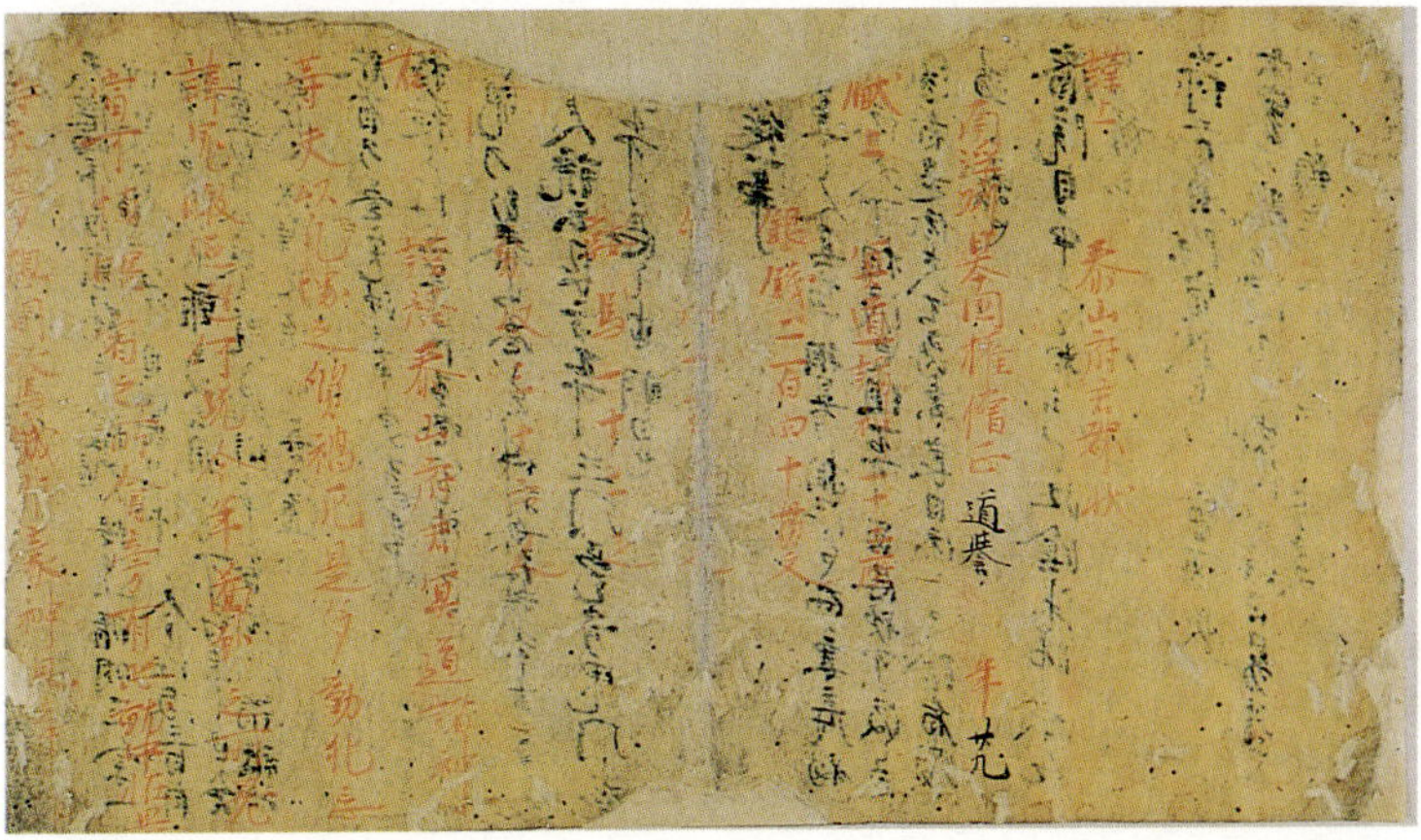

（第二紙）

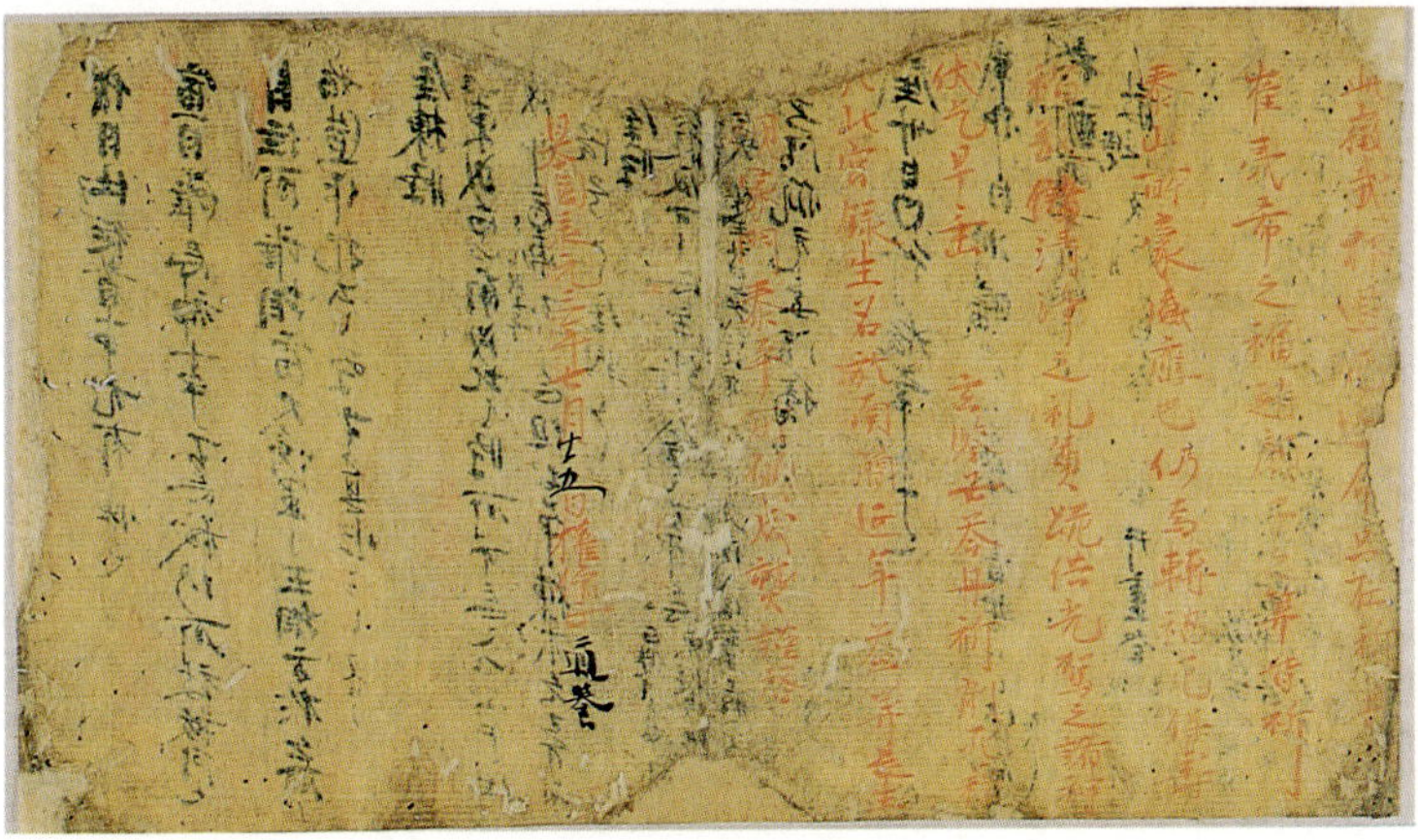

（第十一紙）

目次

序言……一
第一章　陰陽博士安倍孝重勘進記……七
伏見宮本『陰陽博士安倍孝重勘進記』影印……八
伏見宮本『陰陽博士安倍孝重勘進記』翻刻……三四
伏見宮本『陰陽博士安倍孝重勘進記』解題……八二
附表『陰陽博士安倍孝重勘進記』所引事例編年表……一〇七
第二章　陰陽道旧記抄……一四九
『陰陽道旧記抄』翻刻……一五〇
『陰陽道旧記抄』解題……一七〇
附『陰陽道旧記抄』紙背文書――翻刻及び解題――……一七九
第三章　陰陽吉凶抄……一八七
『陰陽吉凶抄』翻刻……一八八
『陰陽吉凶抄』解題……二三二
第四章　医陰系図……二四一

壬生本『医陰系図』所収「賀茂氏系図」「安倍氏系図」翻刻……二四二
『医陰系図』解題―壬生本を中心として―……二七九
第五章　書陵部所蔵土御門家旧蔵史料目録……二九三
解　説……二九四
目　録……二九六
後　記……三〇三
索　引……1
事項索引……1
人名索引……17

序言

わが国では、六世紀より古代中国の陰陽五行思想や典籍の受容が行われ、天武朝における陰陽寮の設置を経て、律令制の整備とともに陰陽寮の官制および職掌が確立するに至った。そこで生成されたわが国の陰陽道は、中国の陰陽五行思想を基本とし、陰陽の理論を用いた占術・祭祀・天文・暦などの技術体系であり、その担い手は陰陽寮に所属した陰陽師や陰陽博士等の専門家であった。当初は国家統治上の要請から祥瑞災異の判定や新都建設の地相卜占などをつかさどった陰陽寮も、平安時代に入ると、次第に朝廷や貴族の必要に応じて、占術・祭祀・吉凶勘申（日時・方角等）などの職務を遂行することが多くなり、宮廷陰陽道としての性格を強めた。

「陰陽道」という名称は史料の上では十世紀前後の頃より現れるが、そこでの意味は、もはや中国的な陰陽思想から離れ、大学寮四道（紀伝道・明経道・明法道・算道）などと同様に、陰陽寮の組織・専門家・職務内容を包括的に指し示すものとなっていた。同時にそれは天文学や暦学をも含む大きな学問体系でもあった。さらに十一世紀後半以降は、王朝国家の特質の一つである官職の家業化に伴い、陰陽道においては賀茂・安倍の両氏がこれを家職として独占するようになった。

中世以降になると、陰陽道に関する禁忌や祭祀の内容は、武家、寺社、さらには民間へも幅広く受け入れられ、また他の信仰や思想などとも習合して拡大化の傾向をたどり、近代以前まで、わが国の政治・社会・文化の各方面において大きな影響を与えていったのである。

ところで、古くより陰陽寮に属する官人の活動の拠り所となったものは、中国において成立し、わが国に伝来していた中国の典籍や陰陽道書であった。これを重視する体制は後世まで変わらないが、一方では平安時代以降、わが国においても、陰陽道における諸禁忌や家説をまとめた陰陽道書が撰述されるようになる。著名なものとしては、賀茂保憲撰『暦林』（佚書）、安倍晴明撰『占事略決』、賀茂家栄撰『陰陽雑書』などがあるが、これら平安時代に成立した書に基づいて、中世以後、さらに多くの陰陽道書が生まれていくのである。

かつてはこうした陰陽道書についての研究はさほど盛んではなかったが、中村璋八氏の著書『日本陰陽道書の研究』（汲古書院、一九八五年）が公にされ、初めて本格的な研究が行われた。また村山修一氏の編著『陰陽道基礎史料集成』（東京美術、一九八七年）では、京都府立総合資料館に所蔵される若杉家文書の陰陽道史料を中心に影印・解説がなされ、陰陽道書およびその内容に関わる研究に一層の進展をもたらした。さらに下出積與氏校注による『神道大系　論説編十六　陰陽道』（神道大系編纂会、一九八七年）も刊行され、わが国の陰陽道書に関する良質のテキストが次第に揃いつつある。

以上のような研究動向を受けて、本書では、重要な陰陽道史料にもかかわらず、いまだ未翻刻もしくは十分な検討がなされていない史料を選定し、その翻刻と解題を掲載することとした。またそれに加えて、所引事例をまとめた編年表や土御門家旧蔵の史料目録をも併せて収録した。本書を「陰陽道関係史料」と題した所以である。これをもって、陰陽道研究のみならず、歴史学およびそれに隣接する国文学・宗教学・古天文学・建築史学等にわずかながらでも資することができればと考えている。

本書において採りあげた史料は以下の四点であり、これに「書陵部所蔵土御門家旧蔵史料目録」を付して、全五章とした。序言ではこれらの概要を記すにとどめ、詳細は各章の解題等を参照されたい。

第一章　陰陽博士安倍孝重勘進記（宮内庁書陵部所蔵、伏見宮家旧蔵本、五帖、鎌倉時代前期成立）

本史料は、鎌倉時代前期に陰陽博士の任にあった安倍孝重が、後鳥羽上皇の命により、承元四年（一二一〇）に朝儀先例の吉凶等を勘申した勘文である。伏見宮家旧蔵本として伝わった本書は、東京大学史料編纂所所蔵の江戸時代中期写本『陰陽博士安倍孝重勘進記』の原本であり、本来は京都府立総合資料館所蔵の若杉家本（五冊）と一具のものである。勘申事例の中には『大日本史料』『史料綜覧』等に未収録の記事も多く存し、陰陽道の禁忌内容のみならず、新たな歴史事実が判明する点でも貴重なものである。本書伏見宮本はこのほど修補が終了し、新たに整理されたものである。

なお、本史料における引用事例の多様性と重要性に鑑み、新たに附表として「『陰陽博士安倍孝重勘進記』所引事例編年表」を作成した。各分野での今後の利用を期する次第である。

第二章　陰陽道旧記抄（宮内庁書陵部所蔵、土御門家旧蔵本、一冊、鎌倉時代前期成立）

安倍氏に伝わる古書・古説を抄録し、陰陽道の諸禁忌や各種事象について辞書的もしくは類書的に解説を施した史料。稀少な陰陽道書逸文を引用したり、禁忌内容については本書のみに所見するものもあり、重要である。また本書の料紙の大部分には紙背文書があり、それは鎌倉前期に作成された都状（案文）の原本とみられる。現存する都状の原本としては最古のものと思われ、かかる点からも本書の貴重性がうかがわれる。なお、紙背文書については、「附」で翻刻および解題を掲載した。

第三章　陰陽吉凶抄（東京大学史料編纂所所蔵、一冊、鎌倉時代中期成立）

鎌倉時代中期頃に作成された陰陽道書の一つで、おそらく賀茂氏に伝わる陰陽道の内容をまとめたものと思われる。「一、行雑事吉日」から「卅、産事法」までの三十項目が存する。内容的には賀茂家栄撰の『陰陽雑書』に類似するが、項目順序が異なり、また具体事例をより多く載せている点に本書の特徴がある。奥書を欠くので、成立・伝来等の詳細は不明であるが、『陰陽博士安倍孝重勘進記』と同じく歴史事実の新たな発掘も行える貴重史料である。

第四章　医陰系図（宮内庁書陵部所蔵、壬生家旧蔵本、一巻、江戸時代初期写）

諸道に分かれた家系図のうち、医道（和気・丹波・惟宗）と陰陽道（賀茂・安倍）の系図を一巻にまとめたもの。翻刻では陰陽道の賀茂・安倍両氏の部分のみを掲載した。他の同種の系図史料に比べて詳細な記事を有し、かつ信頼性の高いものとみられる。また解題では、壬生本を中心に同種の他の系図とも比較研究を行った。

第五章　書陵部所蔵土御門家旧蔵史料目録

宮内庁書陵部所蔵史料から土御門家旧蔵の文書・典籍・記録を抜き出して集成した史料目録。今回の本書の公刊に伴い、新たに作成した資料である。京都府立総合資料館所蔵の「若杉家文書」ほかと併せて、土御門家旧蔵史料の全体像を把握するための前提作業となるものである。

本書の刊行に当たっては、宮内庁書陵部・東京大学史料編纂所に翻刻の許可をいただいた。ここに記して感謝の意を表する。

なお、本書における翻刻並びに執筆等の分担は以下の通りである。

序言＝詫間、第一章翻刻・解題＝詫間、第一章附表＝詫間・高田、第二章翻刻＝詫間・高田、第二章解題＝詫間、第二章附＝高田、第三章翻刻＝高田・詫間、第三章解題＝高田、第四章翻刻・解題＝高田、第五章解説・目録＝高田。

第一章　陰陽博士安倍孝重勘進記

伏見宮本『陰陽博士安倍孝重勘進記』影印

凡例

一、影印史料は、宮内庁書陵部所蔵の伏見宮本『陰陽博士安倍孝重勘進記』五帖（函架番号　伏－二〇三五）である。

一、各帖の冒頭には、（第一帖）～（第五帖）を記した。

一、各帖ごとの紙継ぎ部分には、紙数を（1紙）（2紙）の如く示した。

（第一帖）

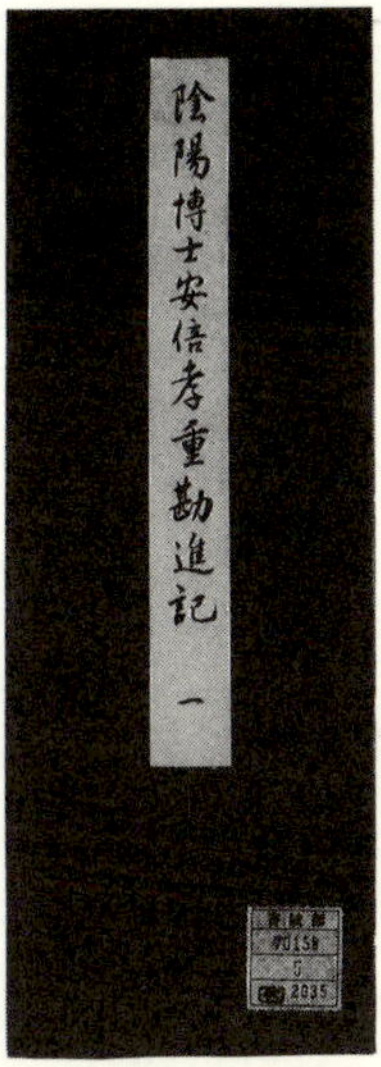

陰陽博士安倍孝重勘進記　一

（1紙）

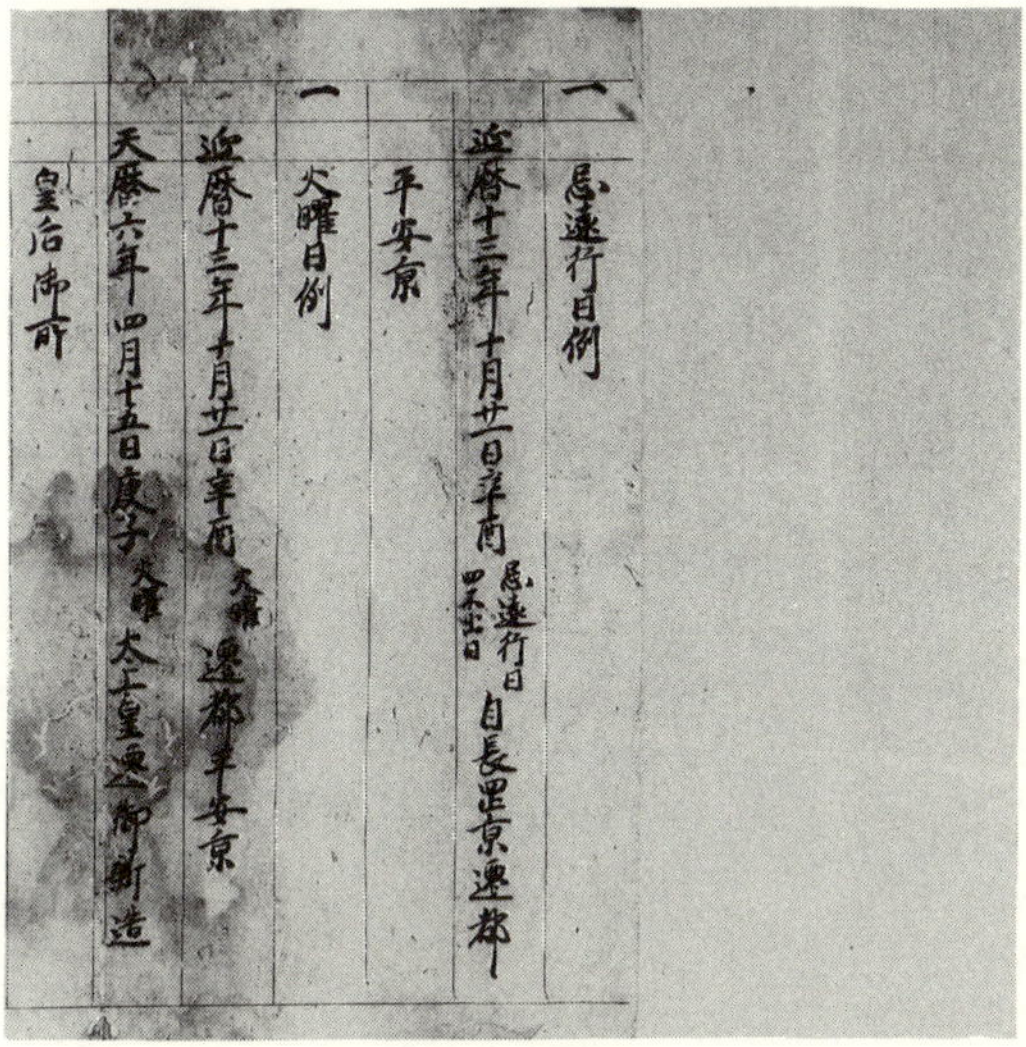

一 忌遠行日例

延暦十三年十月廿二日辛酉 忌遠行日 四不出日 自長岡京遷都

平安京

一 火曜日例

延暦十三年十月廿二日辛酉 火曜 遷都平安京

天暦六年四月十五日庚子 火曜 太上皇遷御新造

皇后御所

（2紙）

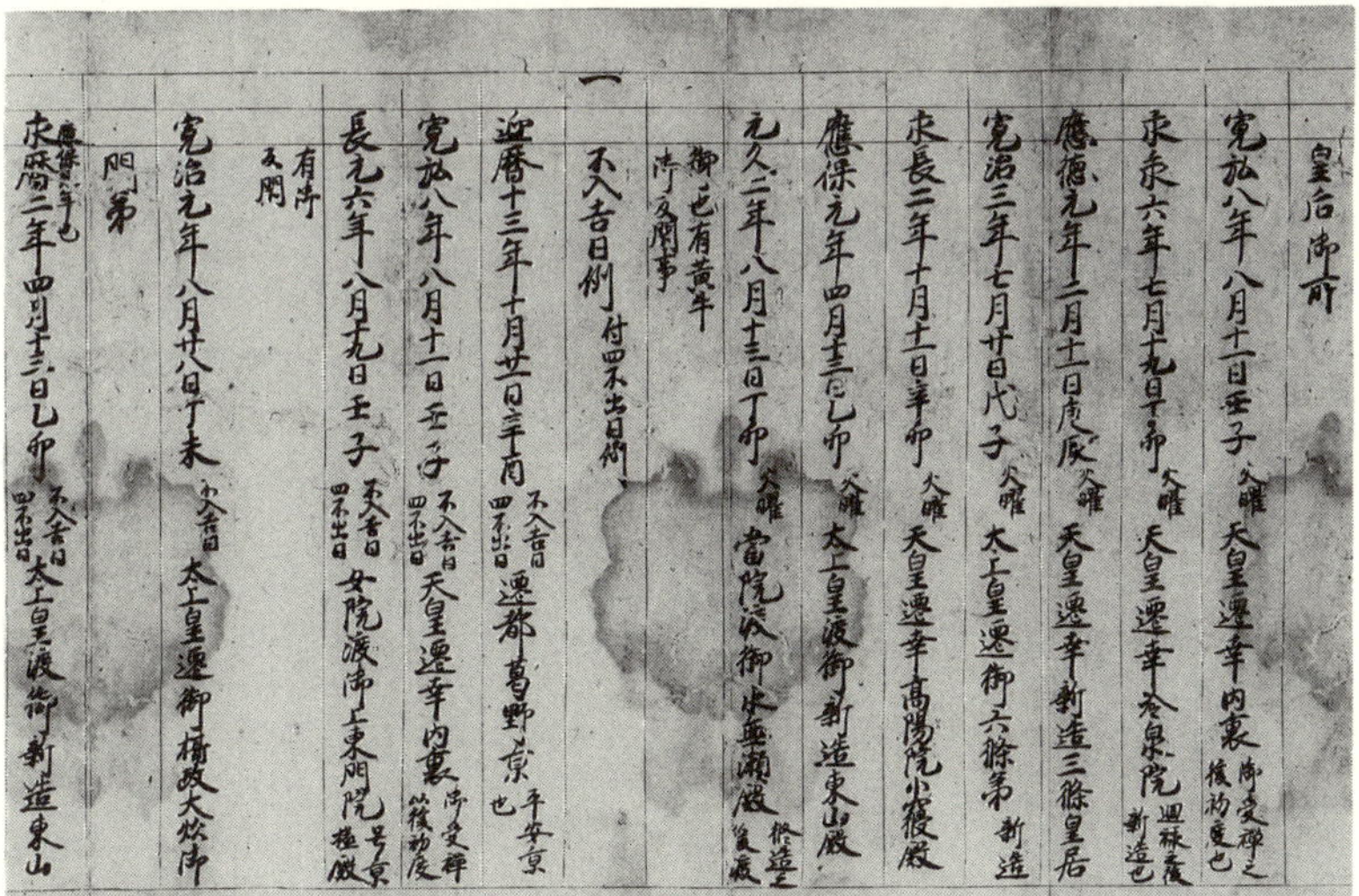

皇后御所

寛弘八年八月十一日壬子 火曜 天皇遷幸内裏 御受禅之後初度也

永承六年七月十九日丁卯 火曜 天皇遷幸冷泉院 廻禄後新造也

應徳元年二月十一日庚戌 火曜 天皇遷幸新造三條皇居

寛治三年七月廿日戊子 火曜 太上皇遷御六條第 新造

永長二年十月十一日辛卯 火曜 天皇遷幸高陽院小寝殿

應保元年四月十三日乙卯 火曜 太上皇渡御新造東山殿

元久二年八月十三日丁卯 火曜 當院渡御水無瀬殿 新造御殿

御已有黄年 御文閣事

一 不入吉日例 付四不出日例

延暦十三年十月廿二日辛酉 不入吉日 四不出日 遷都葛野京 平安京也

寛弘八年八月十一日壬子 不入吉日 四不出日 天皇遷幸内裏 御受禅以後初度

長元六年八月十九日壬子 不入吉日 四不出日 女院渡御上東門院 号京極殿

有御 文閣

寛治元年八月廿八日丁未 不入吉日 太上皇遷御摂政大炊御

門第

永暦二年 應保元年也 四月十三日乙卯 不入吉日 四不出日 太上皇渡御新造東山

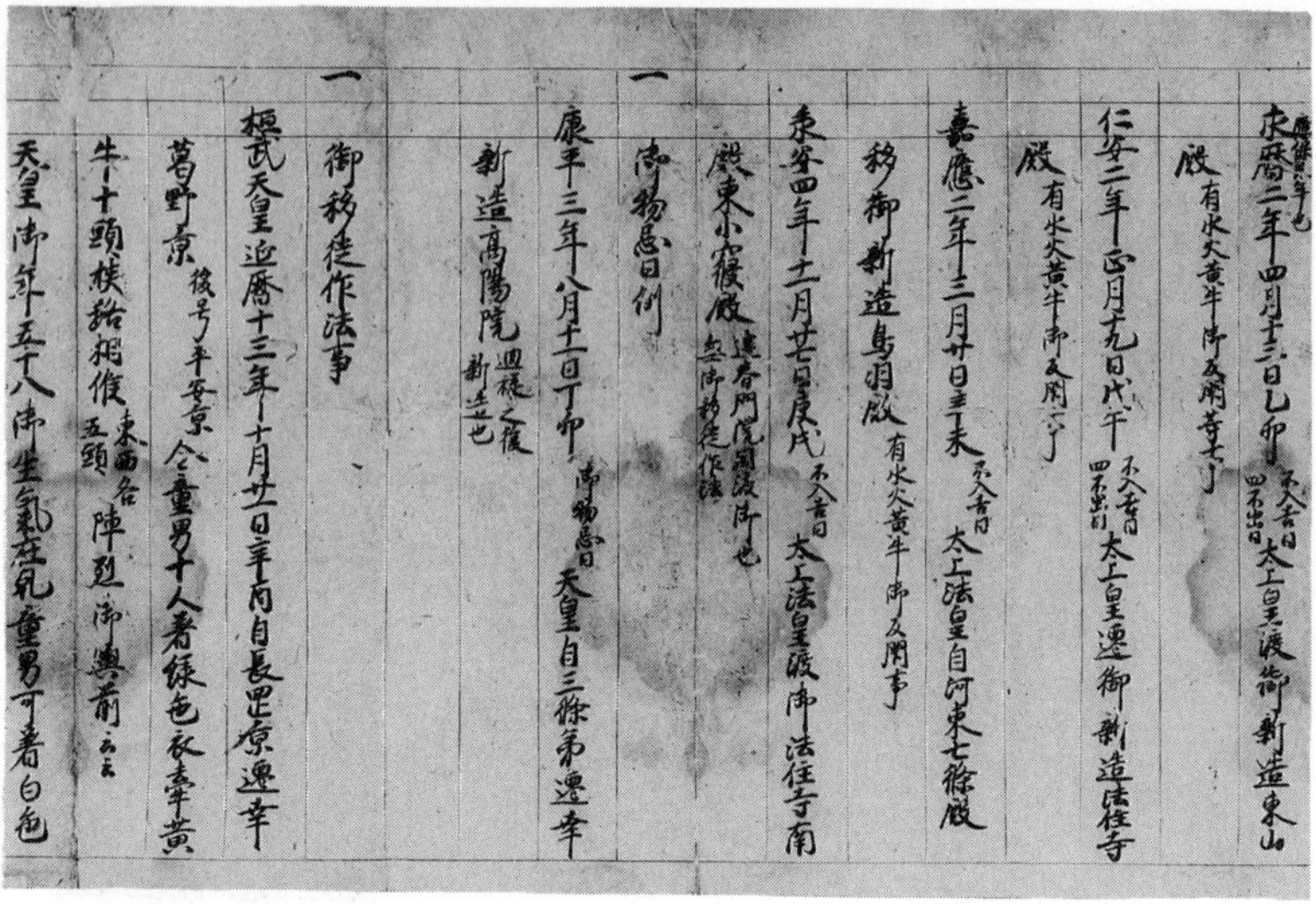
永暦二年四月十三日乙卯（應保元年也）不入吉日 四不出日 太上皇渡御新造東山殿 有水火黄牛御反閇等之
仁安二年正月十九日戊午 不入吉日 四不出日 太上皇遷御新造法住寺殿 有水火黄牛御反閇之
嘉應二年三月廿日辛未 不入吉日 太上法皇自河東七條殿移御新造鳥羽殿 有水火黄牛御反閇事
承安四年十二月廿日庚戌 不入吉日 太上法皇渡御法住寺南殿東小寝殿 建春門院御渡所也 無御移徙作法
一　御物忌日例
康平三年八月十一日丁卯 御物忌日 天皇自三條第遷幸新造高陽院 廻禄之後新造也
一　御移徙作法事
桓武天皇延暦十三年十月廿二日辛酉自長岡京遷幸葛野京 後号平安京 令童男十人着緑色衣牽黄牛十頭 [illegible] 東西各五頭 陣列御輿前云々
天皇御年五十八御生氣在乾童男可着白色

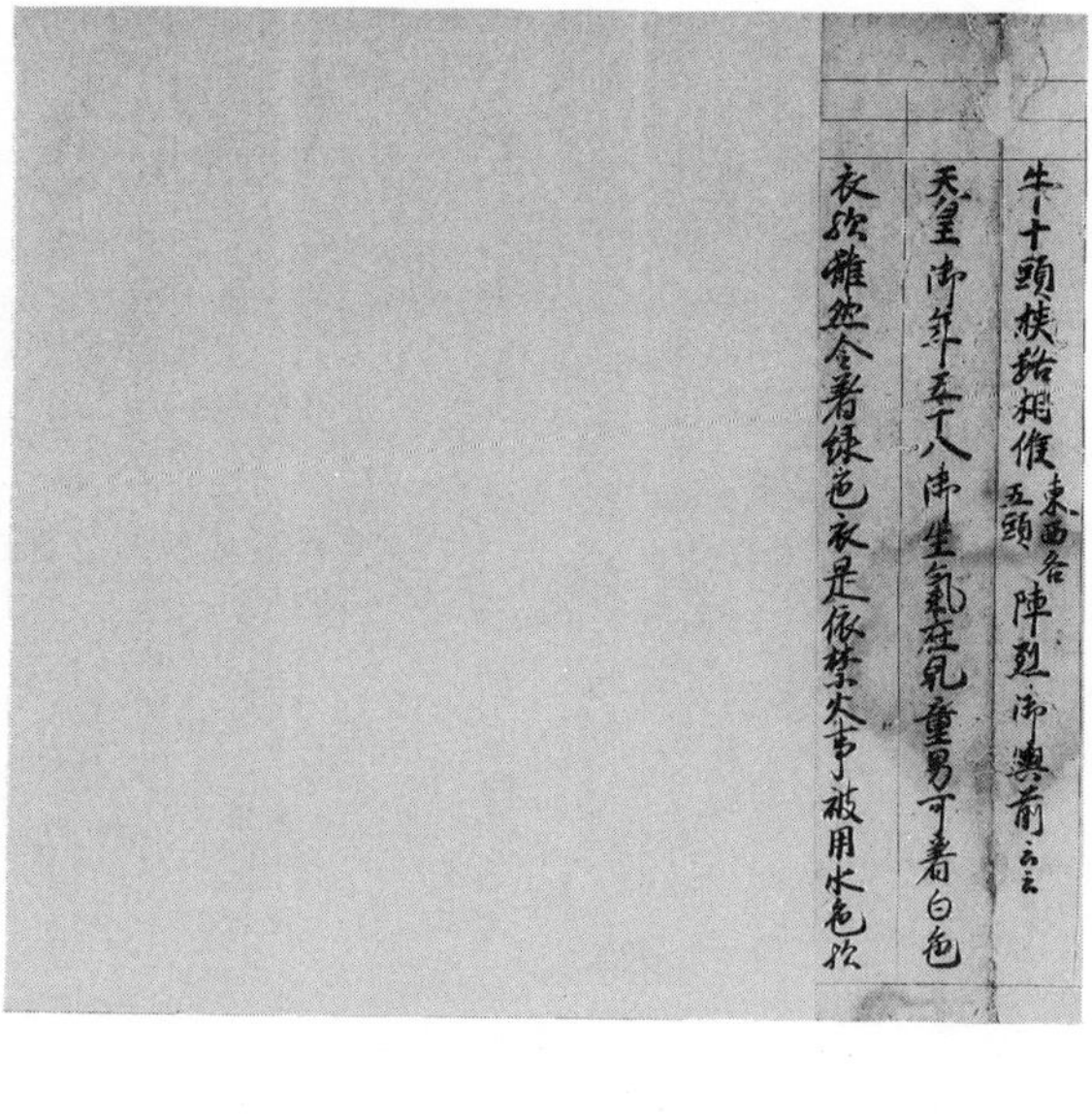
牛十頭 [illegible] 東西各五頭 陣列御輿前云々
天皇御年五十八御生氣在乾童男可着白色
衣歟雖然令着緑色衣是依禁火事被用水色歟

（第二帖）

（1紙）

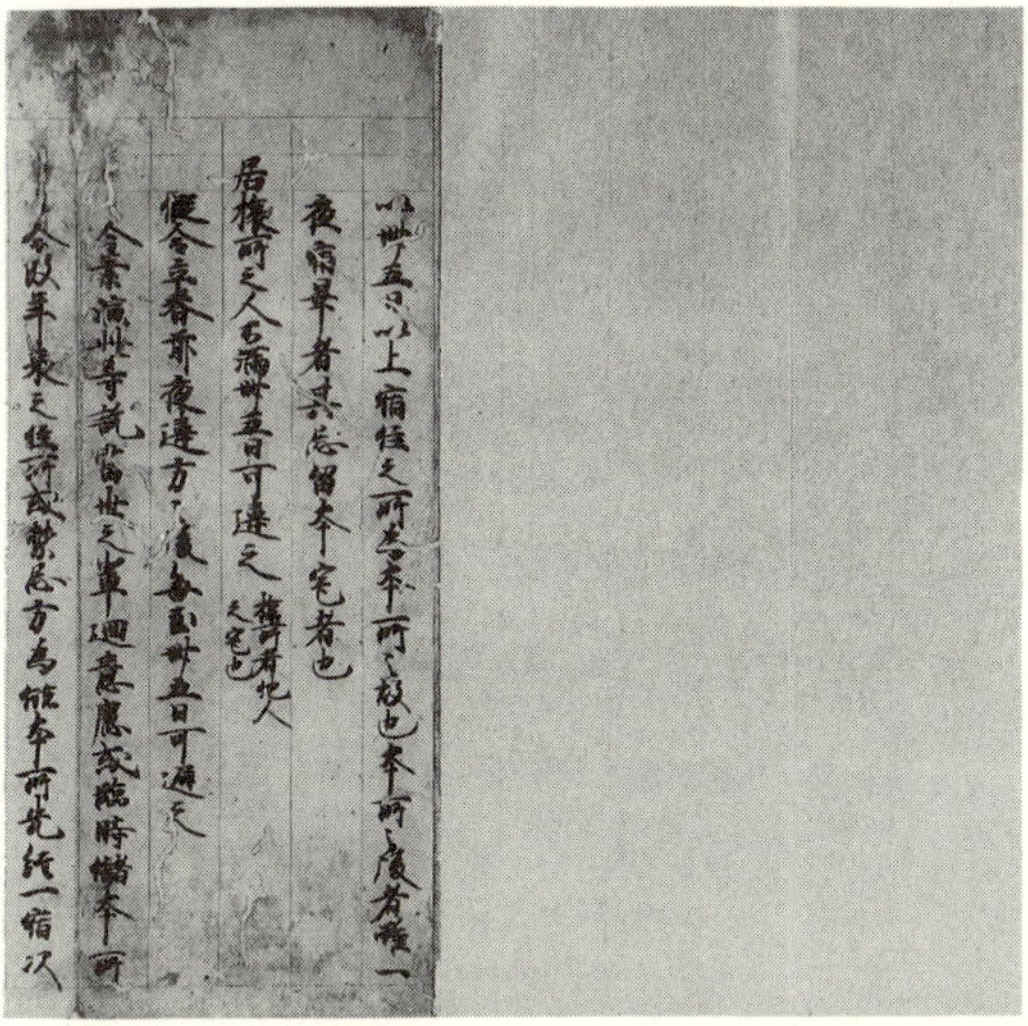

（2紙）

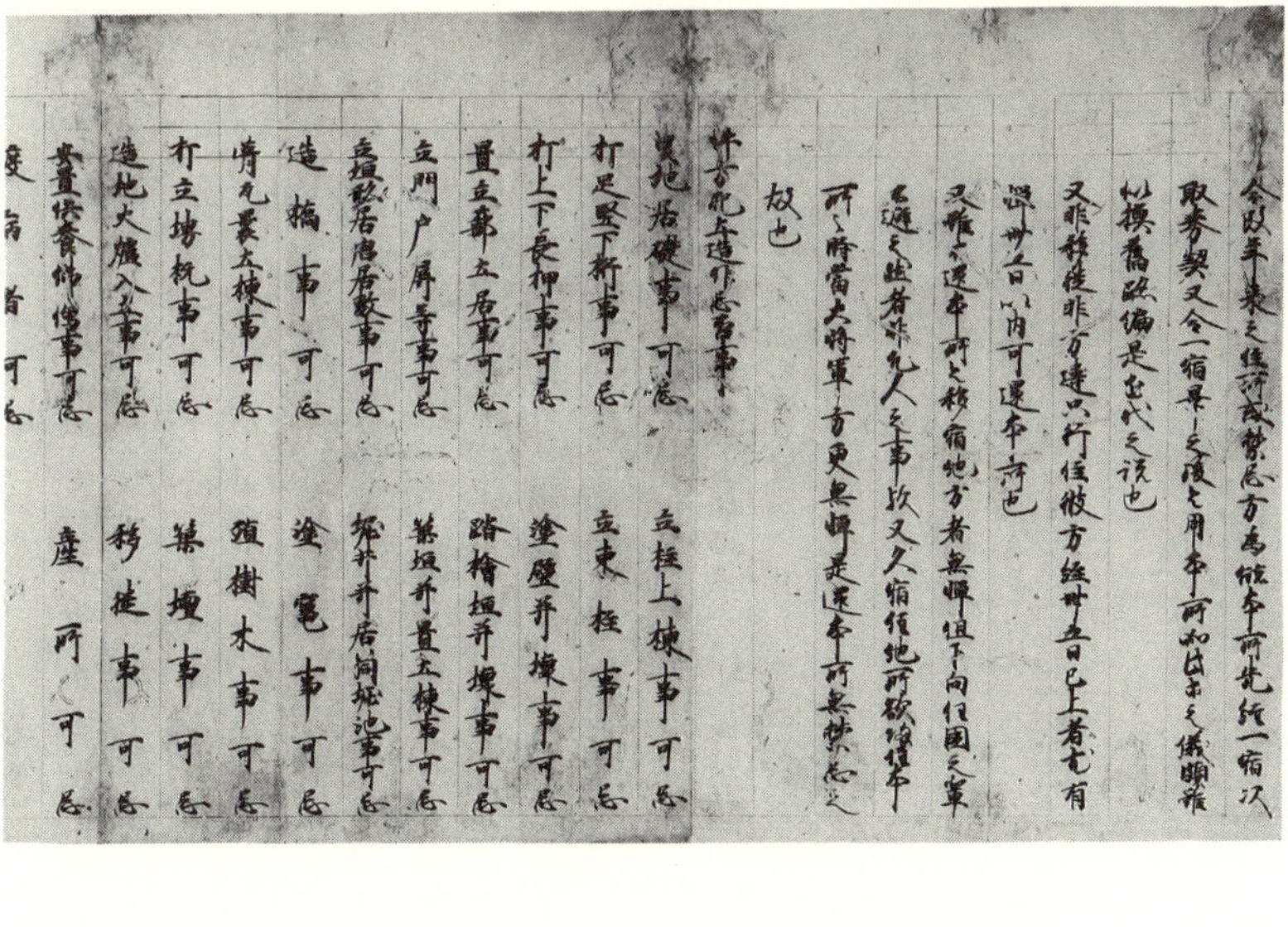

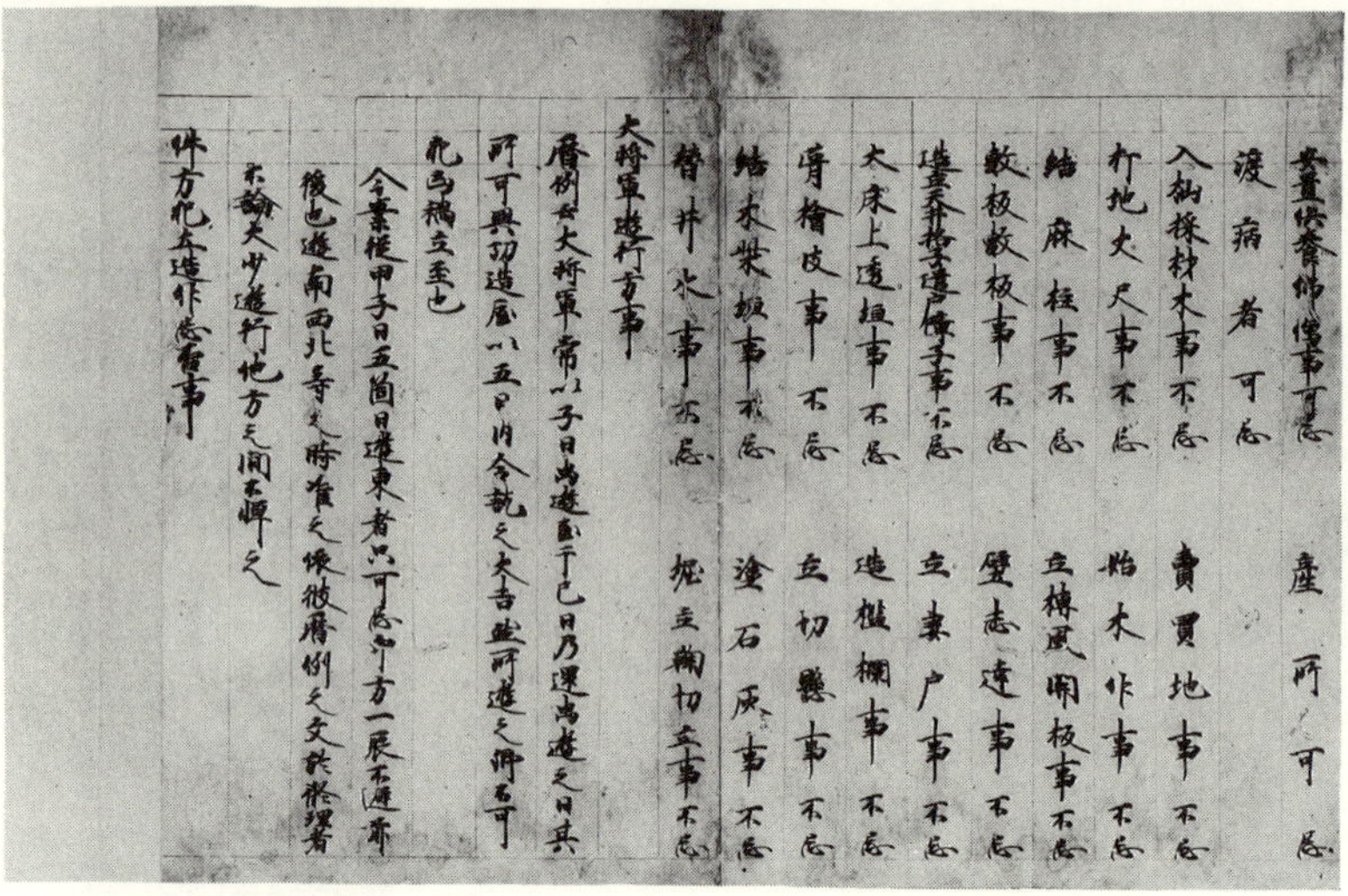

安置供養佛像事可忌　　塵　所可忌
渡病者可忌
入納採材木事不忌　　責買地事不忌
打地丈尺事不忌　　始木作事不忌
結麻柱事不忌　　立棟臥閑板事不忌
敷板敷板事不忌　　壁志塗事不忌
造垂木打蓋戸佛子事不忌　　立妻戸事不忌
大床上造垣事不忌　　造欄欄事不忌
葺檜皮事不忌　　立切懸事不忌
結木葉坂事不忌　　塗石灰事不忌
替井水事不忌　　堀立鞠切立事不忌
大将軍遊行方事
暦例云大将軍常以子日為遊歷于巳日乃還為遊之日其
所可與功造屋以五日内令就之大吉然所遊之所不可
犯為禍立至也
今案従甲子日五箇日遊東者以可忌如一方一辰不遊帀
旁也遊南西北等之時准之俵彼暦例之文於於理者
不論天〃游行地方之間不憚之
件方犯土造作忌否事

（3紙）

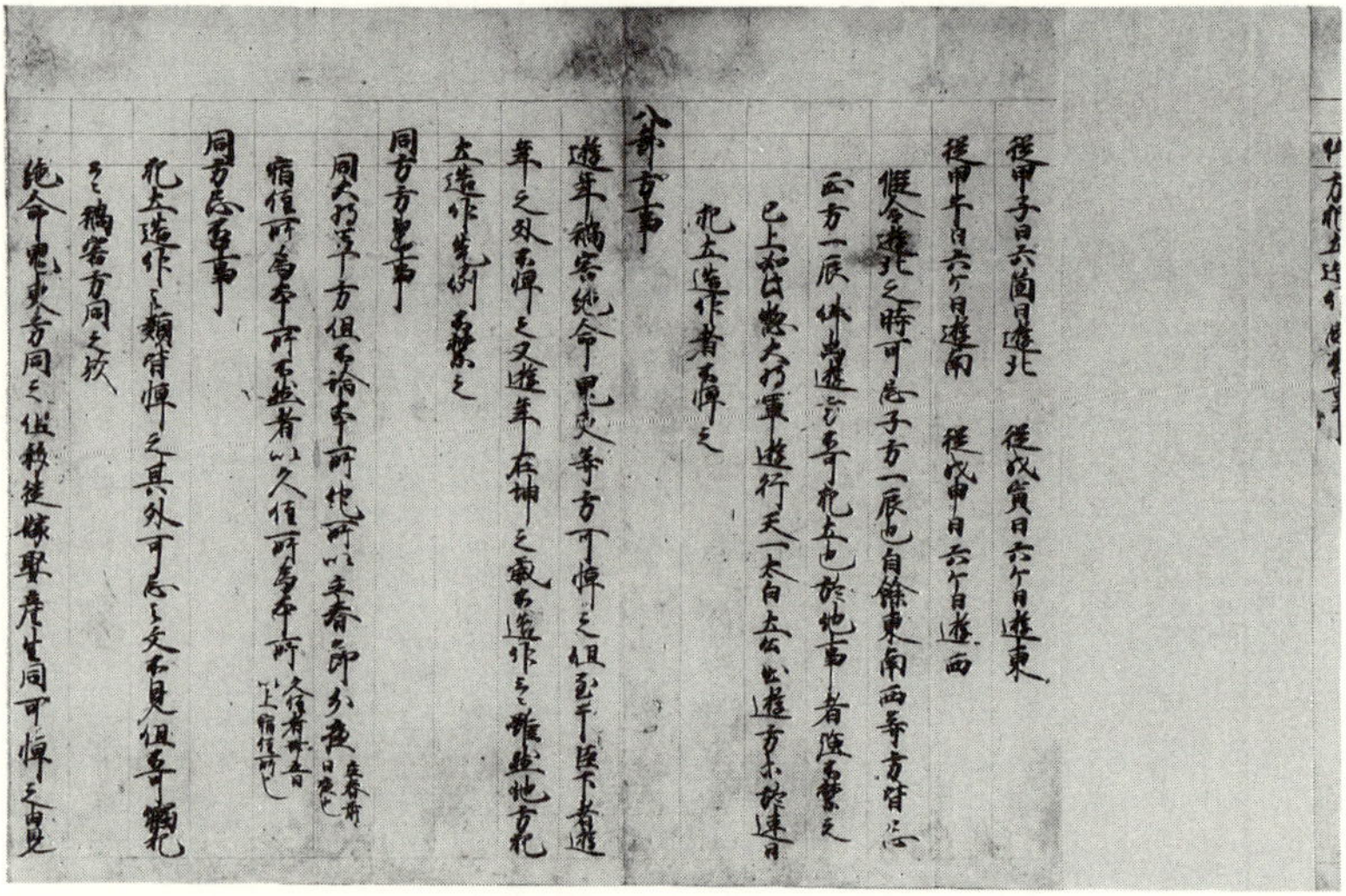

件方犯土造作忌否事
従甲子日六箇日遊北　　従戊寅日六ケ日遊東
従甲午日六ケ日遊南　　従戊申日六ケ日遊西
但今遊北之時可忌子方一辰也自餘東南西等方皆不忌
西方一辰件為遊方事犯土也於地事者随可禁之
已上雑説大将軍遊行天一太白土公此遊方不於遊日
犯土造作者不憚之
八卦方事
遊年禍害絶命鬼吏等方可憚之但至于臣下者遊
年之外不憚之又遊年方坤之處不造作之雖然地方犯
土造作先例不禁之
同方方忌事
同大将軍方但不論本所他所以立春節分夜（立春前日夜也）
宿住所為本所不然者以久住所為本所（久住者四十五日以上宿住所也）
同方忌否事
犯土造作〃類皆憚之其外可忌〃文不見但至于犯
〃〃禍害方同之歟
絶命鬼吏方同之但移徙嫁娶産生同可憚之由見

（4紙）

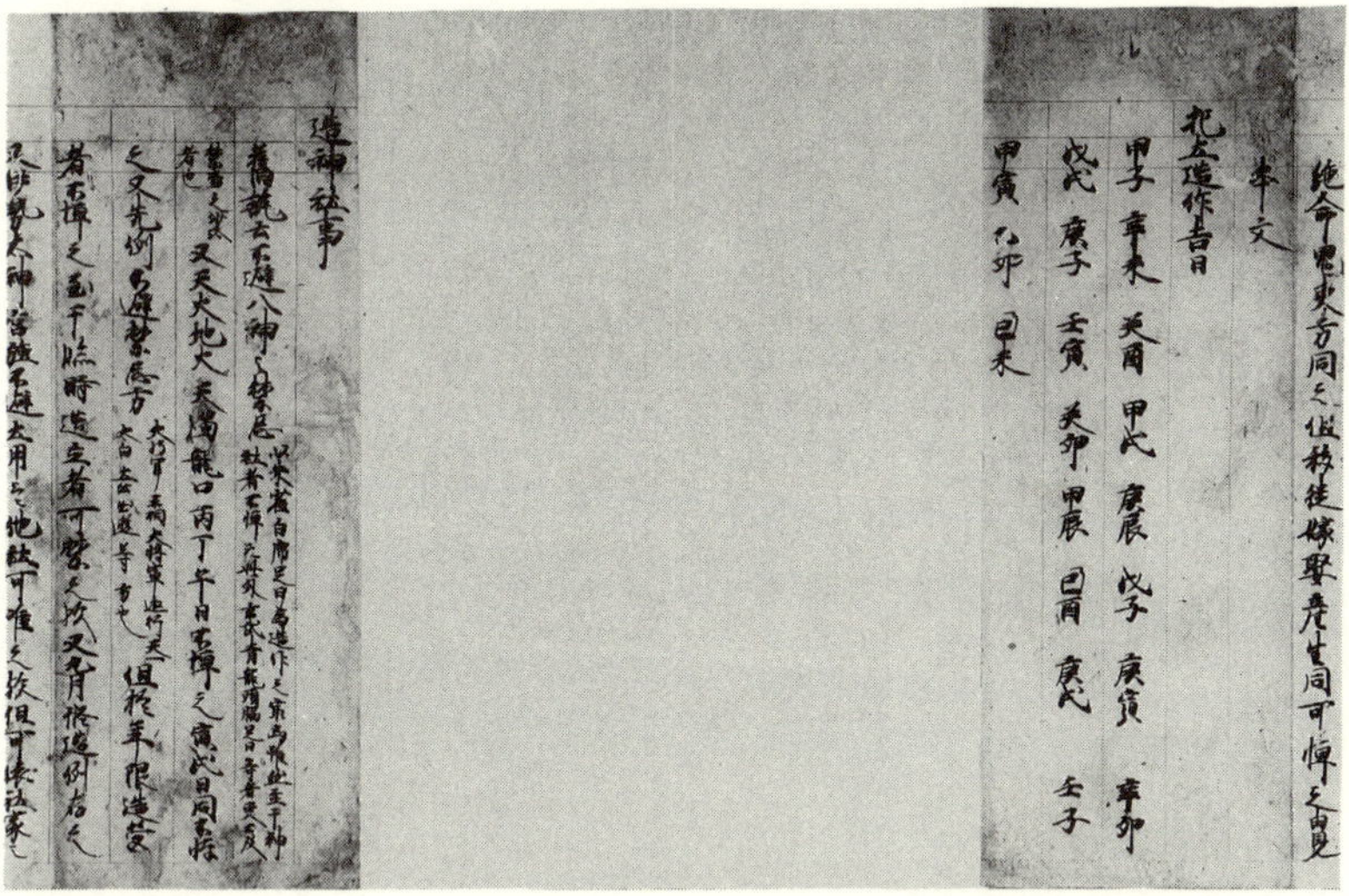

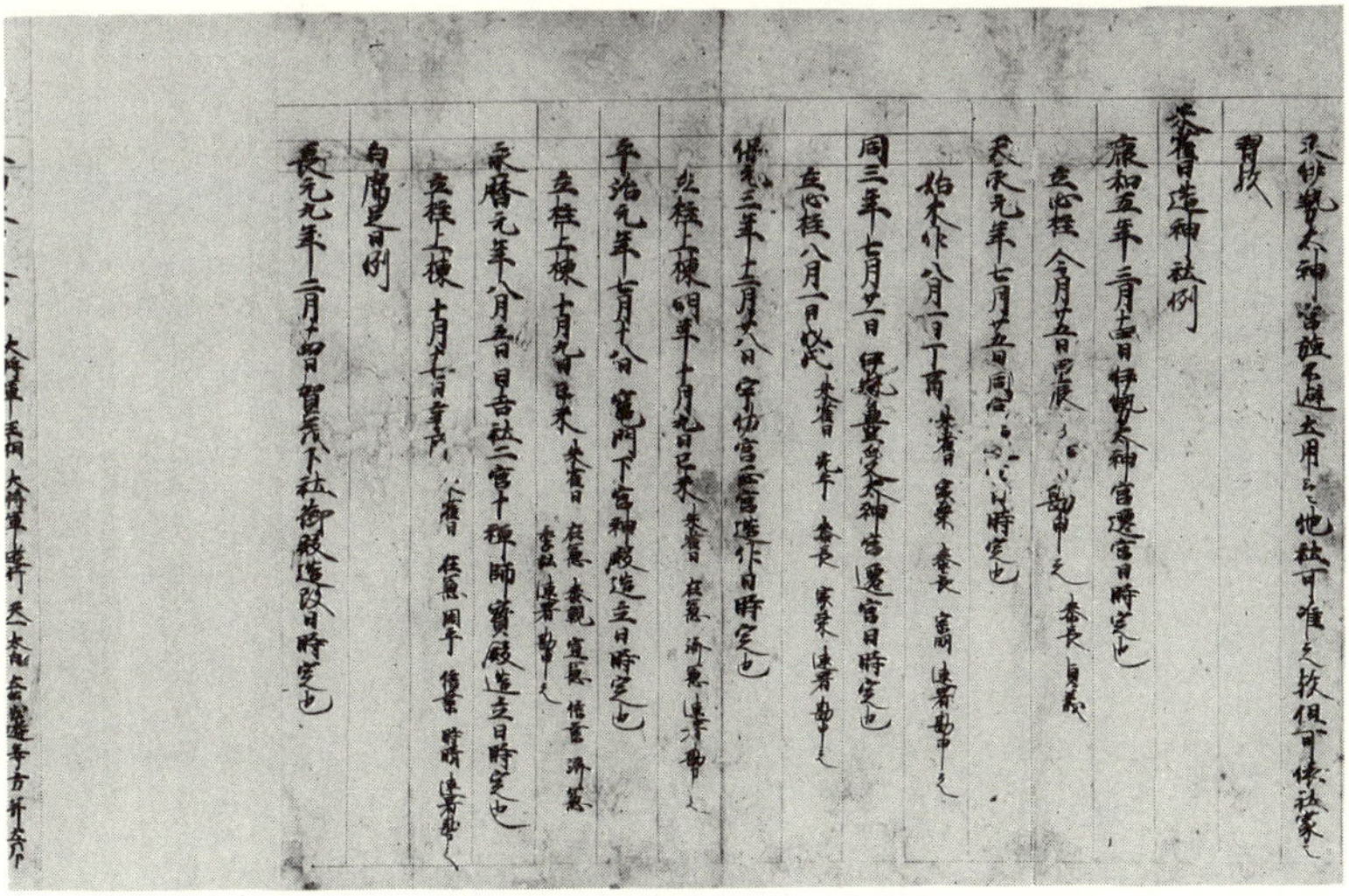

（5紙）

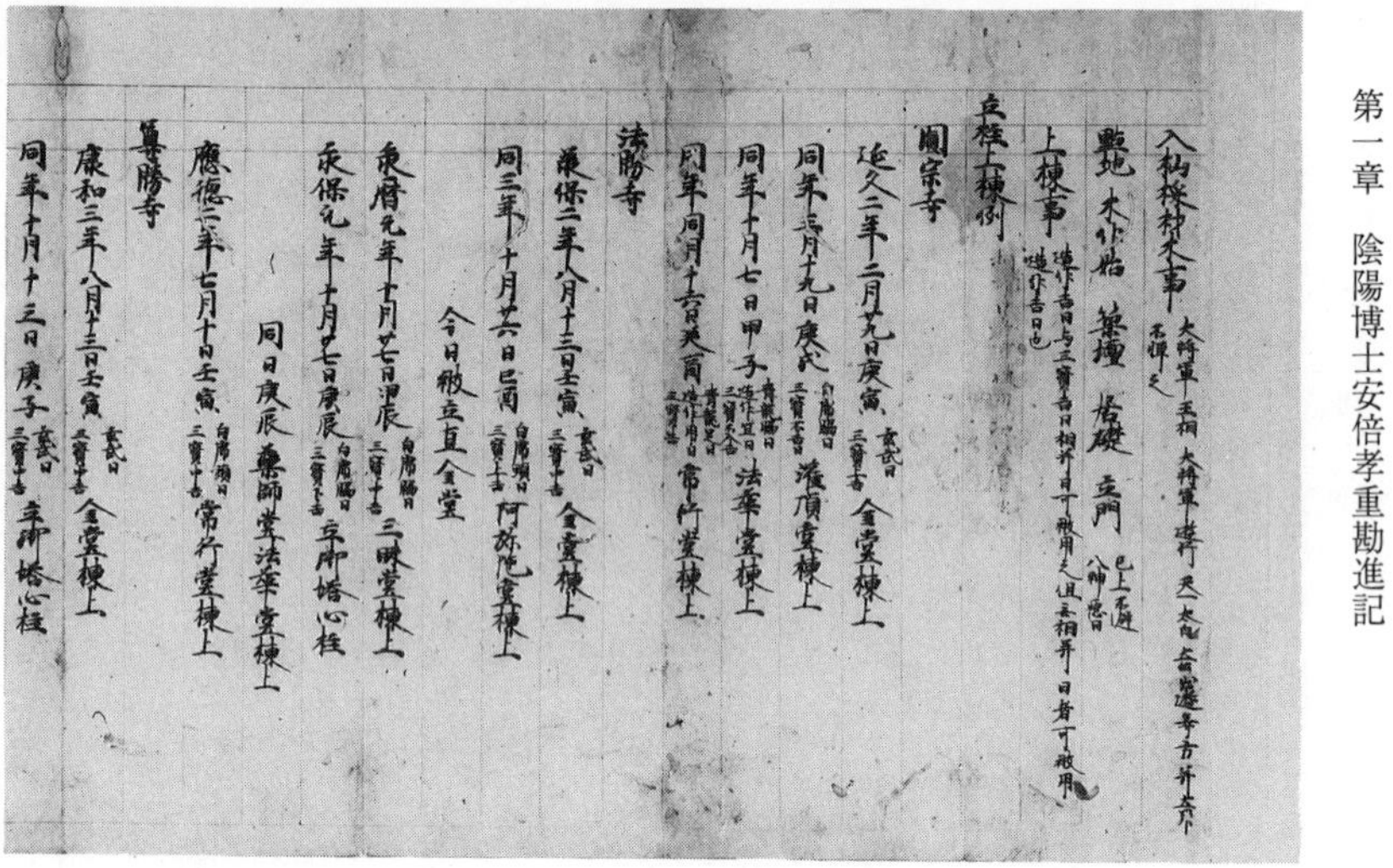

入杣採材木事
夘地　木作始　築壇　居礎　立門
上棟事
立柱上棟例
圓宗寺
延久二年二月九日庚寅　金堂棟上
同年三月十九日庚戌　灌頂堂棟上
同年十月七日甲子　法華堂棟上
同年同月十五日癸酉　常行堂棟上
法勝寺
承保二年八月十三日壬寅　金堂棟上
同三年十月廿六日己酉　阿弥陀堂棟上
今日被立五大堂
承暦元年十月廿七日庚辰　三昧堂棟上
永保元年十月廿七日庚辰　五重塔心柱
同日庚辰　薬師堂法華堂棟上
應徳二年七月十日壬寅　常行堂棟上
尊勝寺
康和三年八月十三日壬寅　金堂棟上
同年十月十三日庚子　五重塔心柱

（6紙）

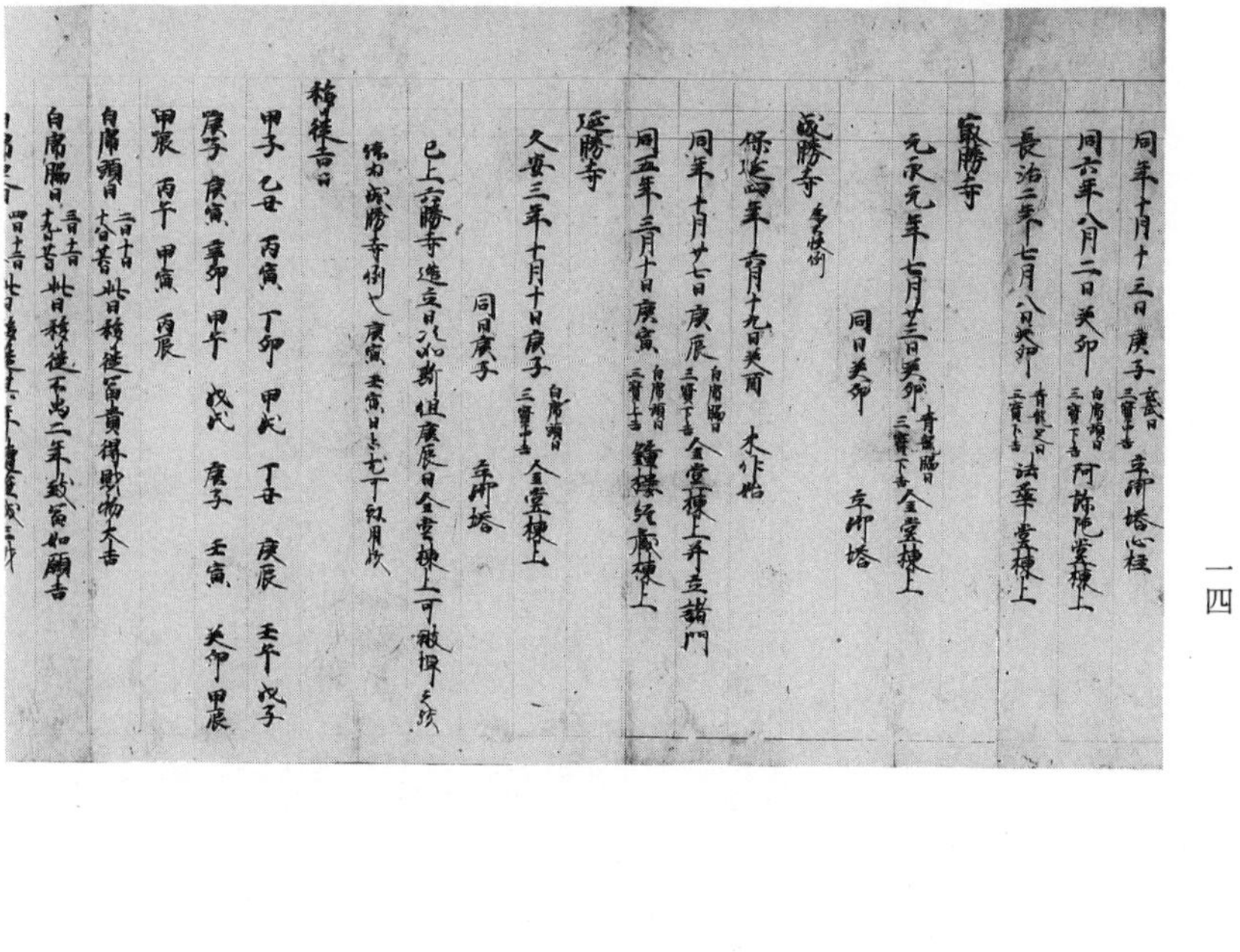

同年十月十三日庚子　五重塔心柱
同六年八月二日癸卯　阿弥陀堂棟上
長治二年七月八日癸卯　法華堂棟上
最勝寺
元永元年七月廿三日癸卯　金堂棟上
同日癸卯　五重塔
成勝寺
保延四年六月十九日癸酉　木作始
同年十月廿七日庚辰　金堂棟上并立諸門
同五年三月十日庚寅　鐘楼経蔵棟上
延勝寺
久安三年十月十日庚子　金堂棟上
同日庚子　五重塔
已上六勝寺造立日如斯、但庚辰日金堂棟上可被擇
棟上吉日
甲子　乙丑　丙寅　丁卯　甲戌　丁丑　庚辰　壬午　戊子
庚子　庚寅　辛卯　甲午　戊戌　庚子　壬寅　癸卯　甲辰
甲辰　丙午　甲寅　丙辰

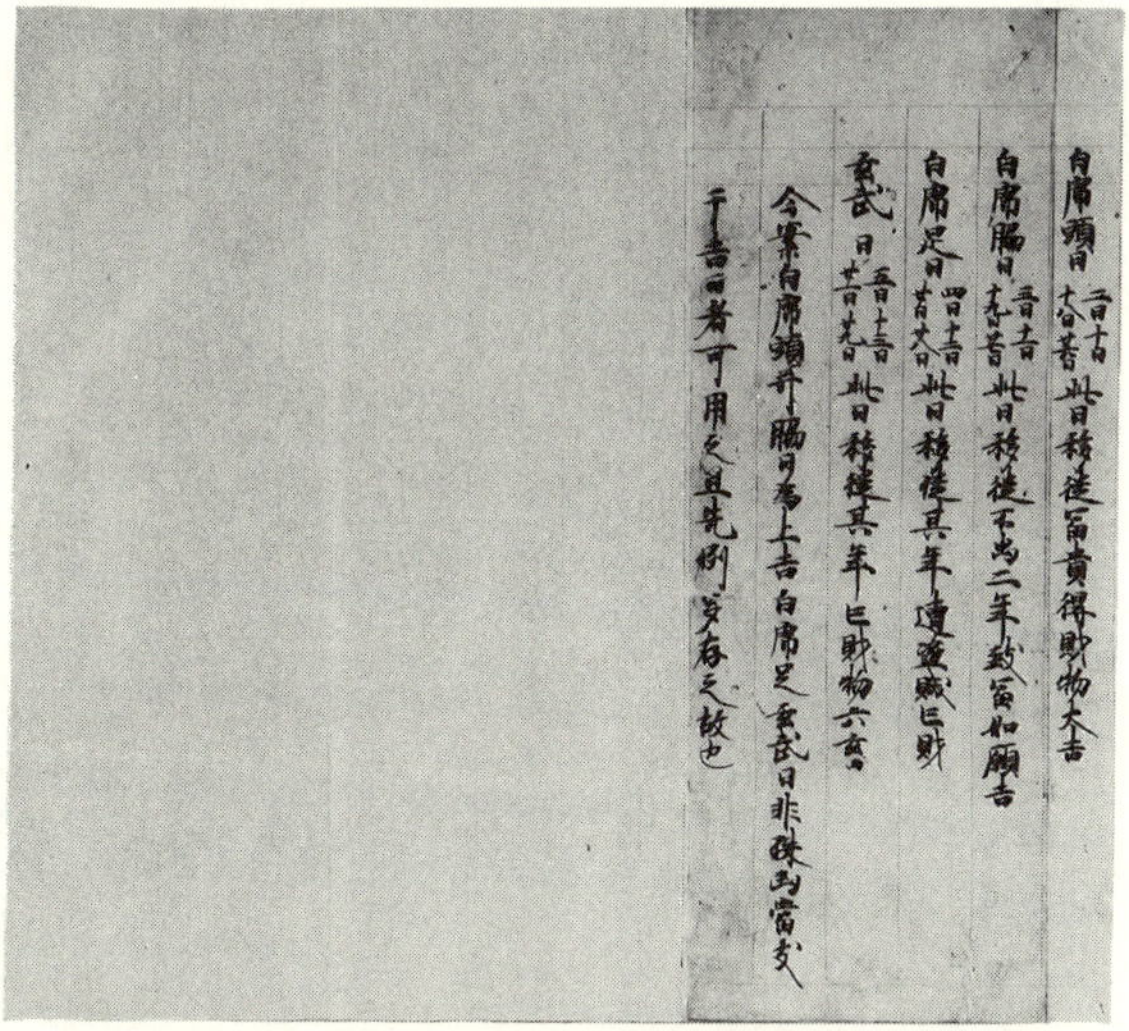
白席頭日 二百十日 大吉吉 此日移徙富貴得財物大吉
白席脇日 二百廿日 大吉吉 此日移徙不出二年致富如願吉
白席足日 四百十日 吉大吉 此日移徙其年遭盗賊亡財
玄武日 二百廿日 吉大吉 此日移徙其年亡財物六畜
今案白席頭并脇日為上吉 白席足玄武日非殊凶 当彼
于吉日者可用之 且先例多存之故也

（１紙）

（第三帖）

陰陽博士安倍孝重勘進記 三

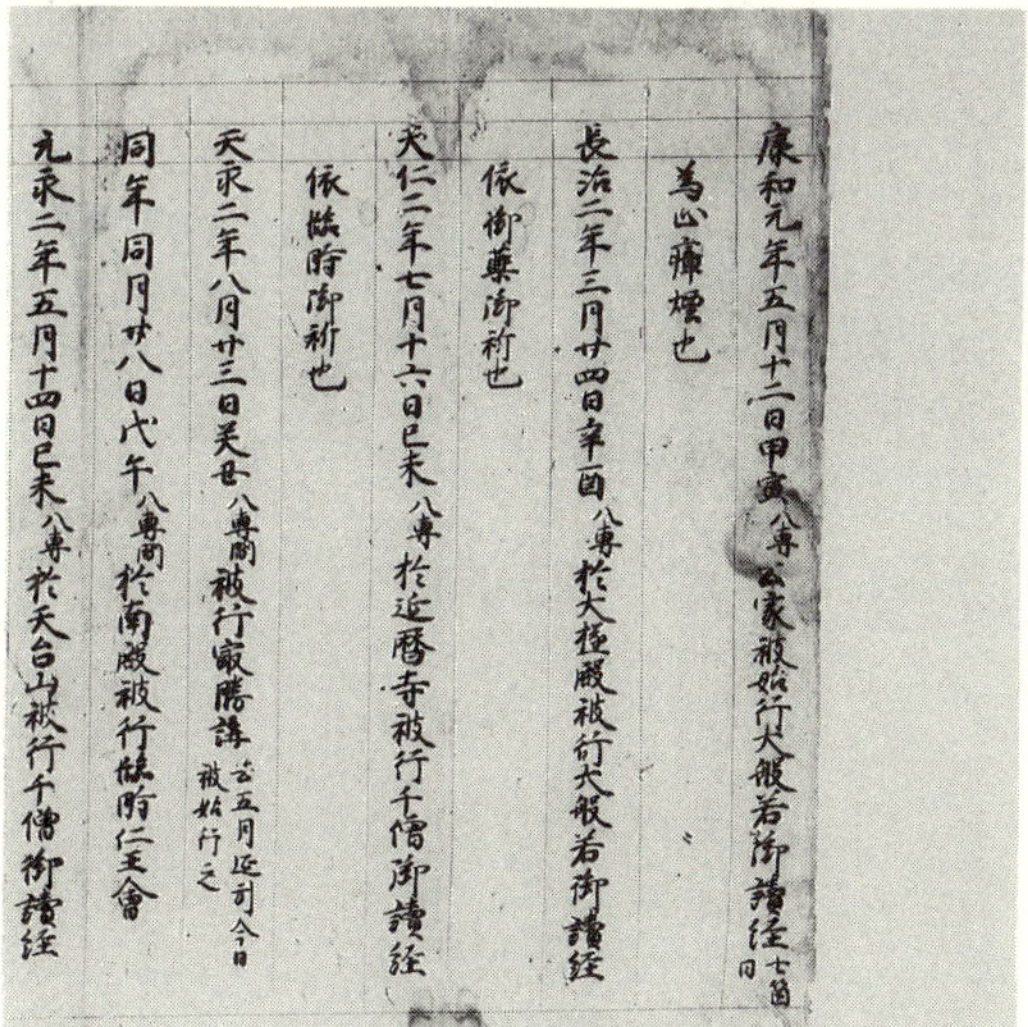
康和元年五月十二日甲寅 八専 公家被始行大般若御読経 七箇日
為凶癘煙也
長治二年三月廿四日辛酉 八専 於大極殿被行大般若御読経
依御薬御祈也
天仁二年七月十六日己未 八専 於延暦寺被行千僧御読経
依臨時御祈也
天永二年八月廿三日癸丑 八専間 被行最勝講 去五月延引今日被始行之
同年同月廿八日戊午 八専間 於南殿被行臨時仁王会
元永二年五月十四日己未 八専 於天台山被行千僧御読経

（2紙）

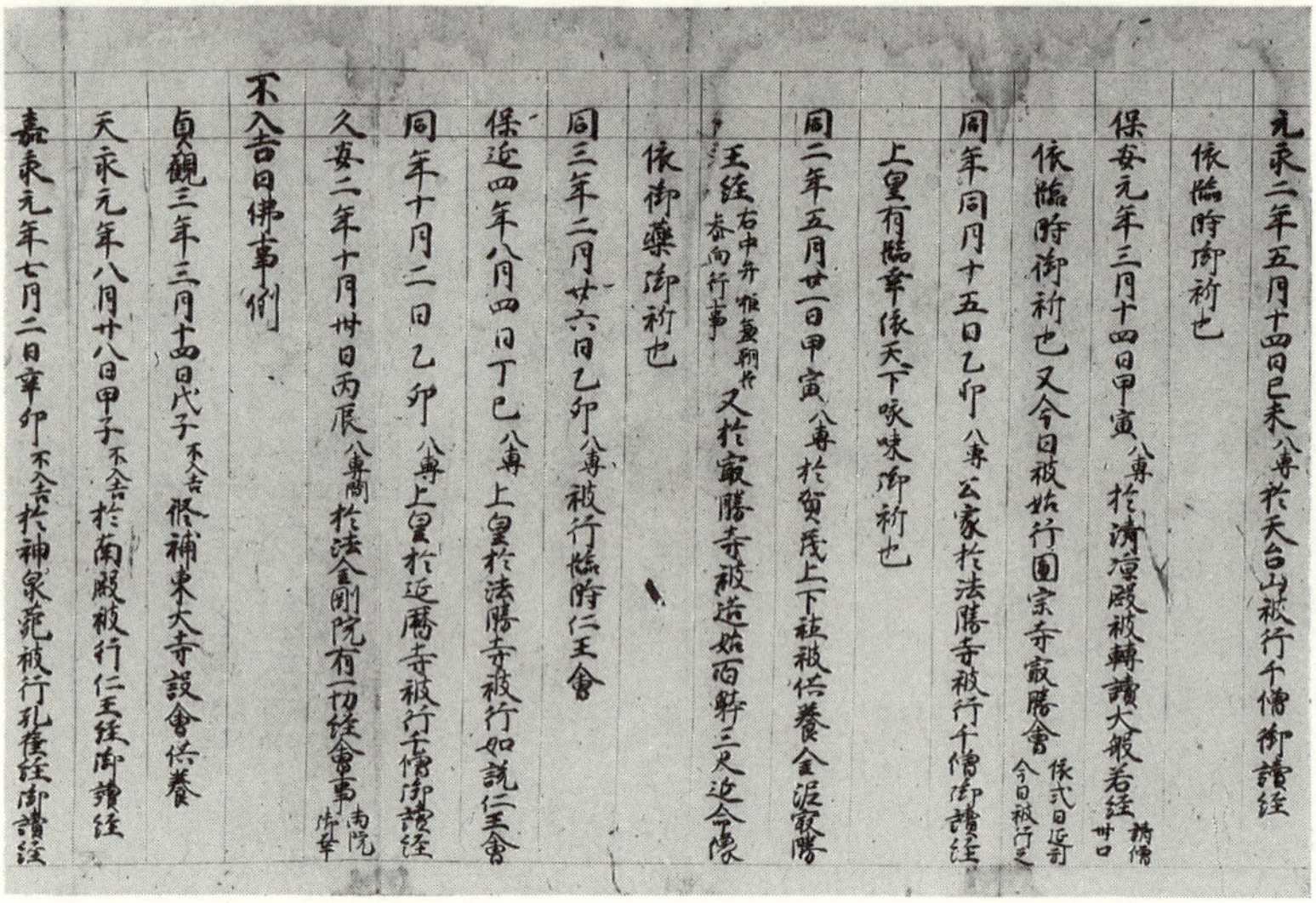
元永二年五月十四日己未 八専 於天台山被行千僧御讀経
依臨時御祈也
保安元年三月十四日甲寅 八専 於清涼殿被轉讀大般若経 持僧卅口
依臨時御祈也又今日被始行圓宗寺最勝會 依式日延引今日被行之
同年同月十五日乙卯 八専 公家於法勝寺被行千僧御讀経
上皇有臨幸依天下咳嗽御祈也
同二年五月廿一日甲寅 八専 於賀茂上下社被供養金泥最勝
王経 右中弁雅兼朝臣為奉行事 又於最勝寺被造始百躰三尺延命像
依御薬御祈也
同三年二月廿六日乙卯 八専 被行臨時仁王會
保延四年八月四日丁巳 八専 上皇於法勝寺被行如説仁王會
同年十月二日乙卯 八専 上皇於延暦寺被行千僧御讀経
久安二年十月卅日丙辰 八専 於法金剛院有一切経會事 女院御幸
不入吉日佛事例
貞観三年三月十四日戊子 不入吉 脩補東大寺設會供養
天永元年八月十八日甲子 不入吉 於南殿被行仁王経御讀経
嘉承元年七月二日辛卯 不入吉 於神泉苑被行孔雀経御讀経

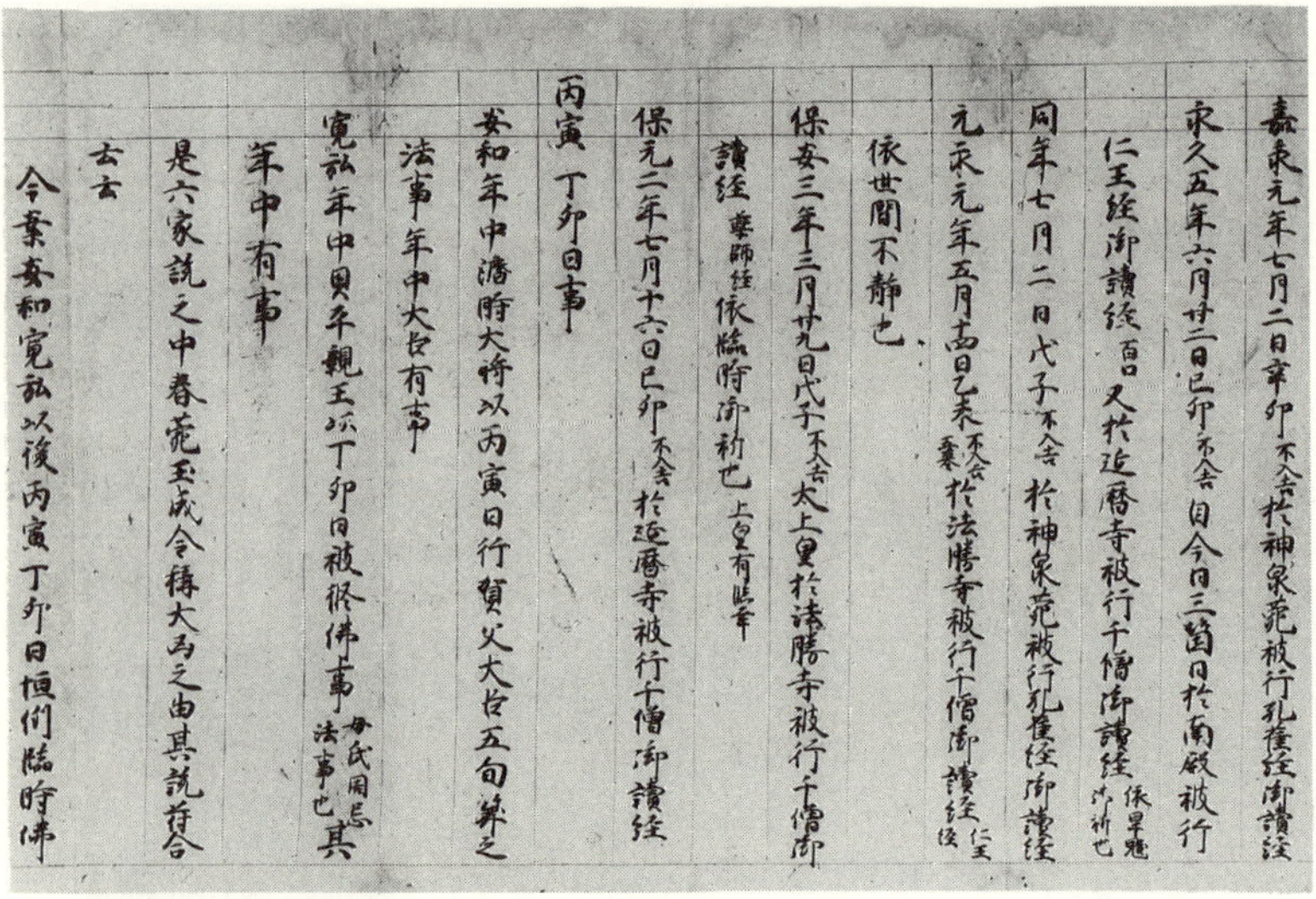
嘉承元年七月二日辛卯 不入吉 於神泉苑被行孔雀経御讀経
永久五年六月廿二日己卯 不入吉 自今日三箇日於南殿被行
仁王経御讀経 百口 又於延暦寺被行千僧御讀経 依旱魃御祈也
同年七月二日戊子 不入吉 於神泉苑被行孔雀経御讀経
元永元年五月十四日乙未 不入吉 重 於法勝寺被行千僧御讀経 仁王経
依世間不静也
保安三年三月廿九日戊子 不入吉 太上皇於法勝寺被行千僧御
讀経 薬師経 依臨時御祈也 上皇有臨幸
保元二年七月十六日己卯 不入吉 於延暦寺被行千僧御讀経
丙寅 丁卯日事
安和年中濟時大将以丙寅日行賀父大臣五旬算之
法事 年中大臣有事
寛弘年中具平親王以丁卯日被修佛事 母氏周忌法事也 其
年中有事
是六家説之中春苑玉成令稱大凶之由其説符合
云云
今案安和寛弘以後丙寅丁卯日恒例臨時佛

（3紙）

今案安和寛弘以後丙寅丁卯日恒例臨時佛
事例不可勝計歟
丙寅丁卯日佛事例
永久二年二月廿日丙寅　太上皇於法勝寺被行千僧
御読経観音経依臨時御祈也即有臨幸
同四年八月十一日丙寅　太上皇於法勝寺被行千僧
御読経観音経依臨時御祈也　上皇臨幸
大治三年六月十三日丙寅　太上皇於法勝寺被行千僧
御読経　三院御幸
長承二年正月十一日丁卯　上皇於新御堂所有
尊勝陀羅尼供養事
保延元年四月廿三日丙寅　太上皇於法勝寺被行如説
仁王会依世間不静也　両院御幸
天養元年七月十七日丙寅　於法勝寺被行如説仁王会
依嘉運御祈也　上皇有御幸
久安元年九月廿四日丁卯　一院於白河北殿奉為故
女院有御終善事

（4紙）

女院有御終善事
同四年五月十日丁卯　法勝寺千僧御読経也
一院有御幸
同六年六月廿二日丁卯　一院令始十一面供十壇又被
始三尺延命并愛染王各百躰依御慎年也
保元元年正月廿四日丙寅　於鳥羽北殿有尊勝陀羅尼
供養事
同年五月廿六日丙寅　被始最勝講
同年十二月廿八日丙寅　最勝寺灌頂也
長寛二年二月十一日丙寅　公家於御殿被供養等身
五大尊所被奉渡法勝寺
承安元年八月廿五日丁卯　於東大寺被行千僧御読経
同二年二月廿七日丙寅　被行春季御読経 発願日也
同三年八月六日丙寅　被行臨時仁王会
同年十二月八日丙寅　一院令参蓮華王院御令
奉転読千巻千手経御
安元元年二月十四日丙寅　建春門院於最勝光院被始

（5紙）

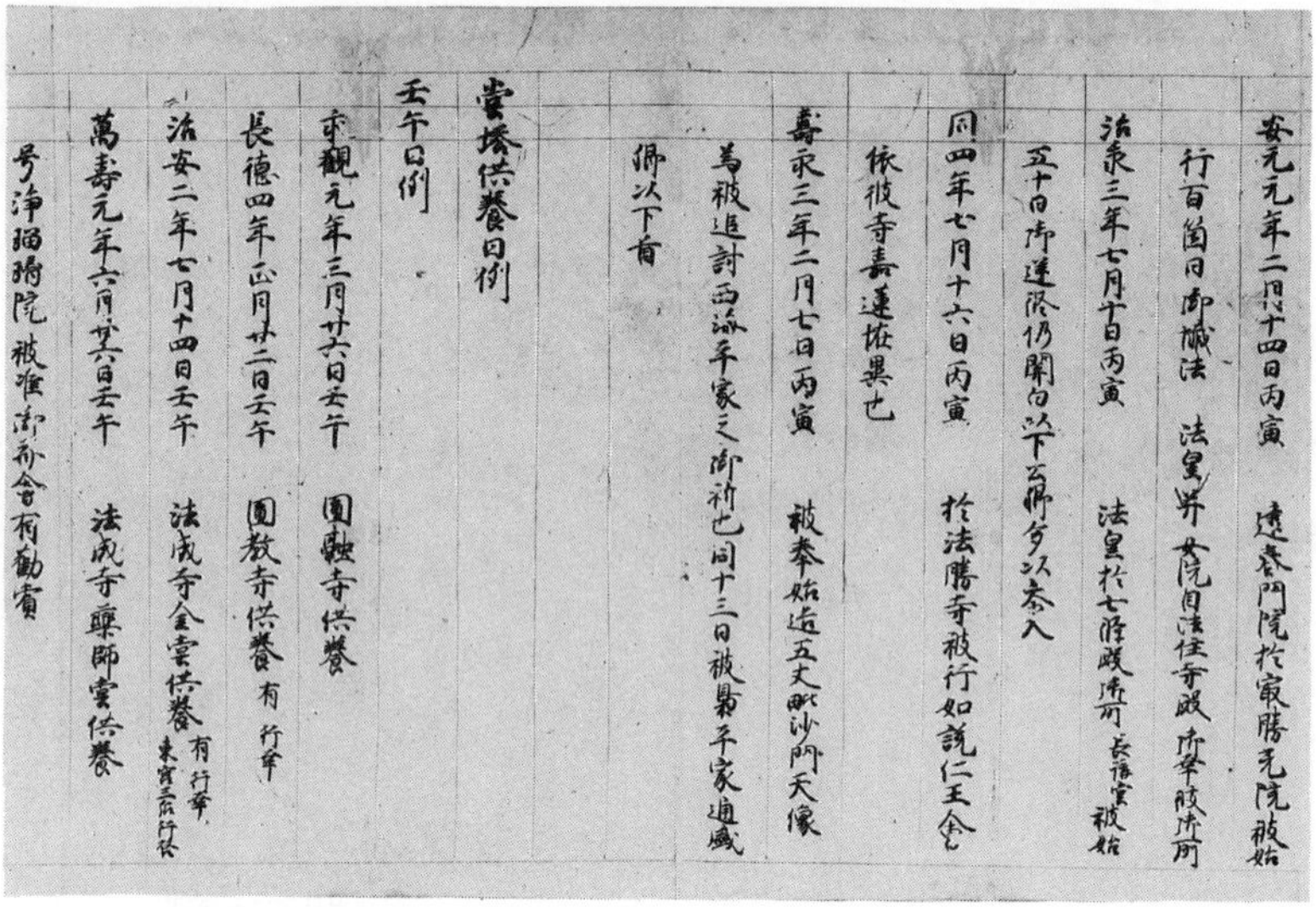
安元元年二月廿四日丙寅　建春門院於最勝光院被始
行百箇日御懺法　法皇并女院自法住寺殿御幸彼所
治承三年七月廿日丙寅　法皇於七條殿御所　長講堂被始
五十日御逆修仍関白以下公卿多以参入
同四年七月十六日丙寅　於法勝寺被行如説仁王会
依彼寺壽蓮塔異也
壽永三年二月七日丙寅　被奉始造五丈毘沙門天像
為被追討西海平家之御祈也同十三日被梟平家通盛
卿以下首
堂塔供養日例
壬午日例
永観元年三月廿六日壬午　圓融寺供養
長徳四年正月廿二日壬午　圓教寺供養　有行幸
治安二年七月十四日壬午　法成寺金堂供養　有行幸　東宮三后行啓
萬壽元年六月廿六日壬午　法成寺藥師堂供養
号浄瑠璃院　被准御斎会有勸賞

（6紙）

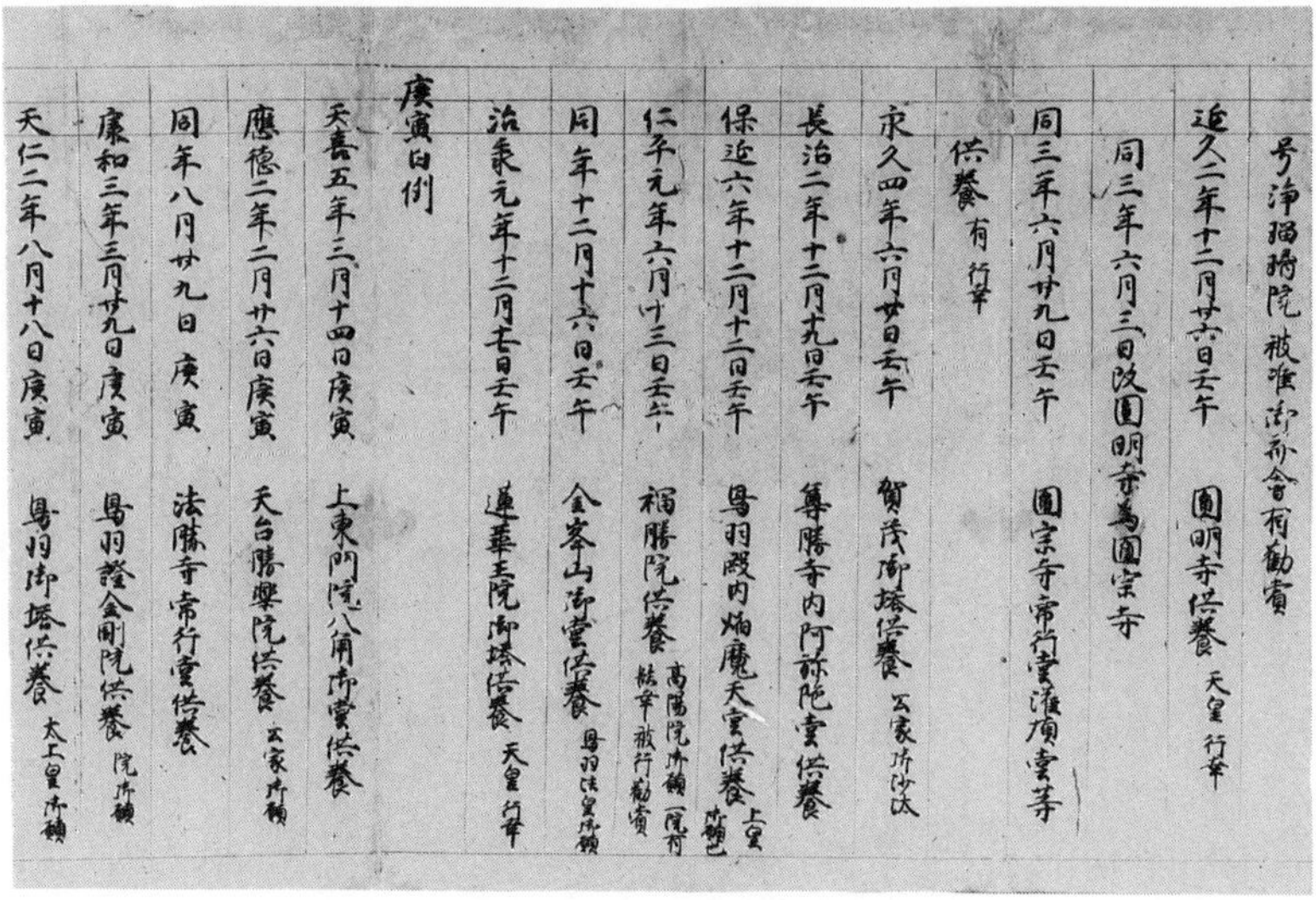
号浄瑠璃院　被准御斎会有勸賞
延久二年十二月廿六日壬午　圓明寺供養　天皇行幸
同三年六月三日改圓明寺為圓宗寺
同三年六月廿九日壬午　圓宗寺常行堂灌頂堂等
供養　有行幸
永久四年六月廿日壬午　賀茂御塔供養　公家沙汰
長治二年十二月十九日壬午　尊勝寺内阿弥陀堂供養
保延六年十二月十二日壬午　鳥羽殿内焔魔天堂供養　上皇御願也
仁平元年六月廿三日壬午　福勝院供養　高陽院御願　一院有臨幸被行勸賞
同年十二月十六日壬午　金峯山御堂供養　鳥羽法皇御願
治承元年十二月廿七日壬午　蓮華王院御塔供養　天皇行幸
庚寅日例
天喜五年三月十四日庚寅　上東門院八角御堂供養
應徳二年二月廿六日庚寅　天台勝樂院供養　公家御願
同年八月廿九日　庚寅　法勝寺常行堂供養
康和三年三月廿九日庚寅　鳥羽證金剛院供養　院御願
天仁二年八月十八日庚寅　鳥羽御塔供養　太上皇御願

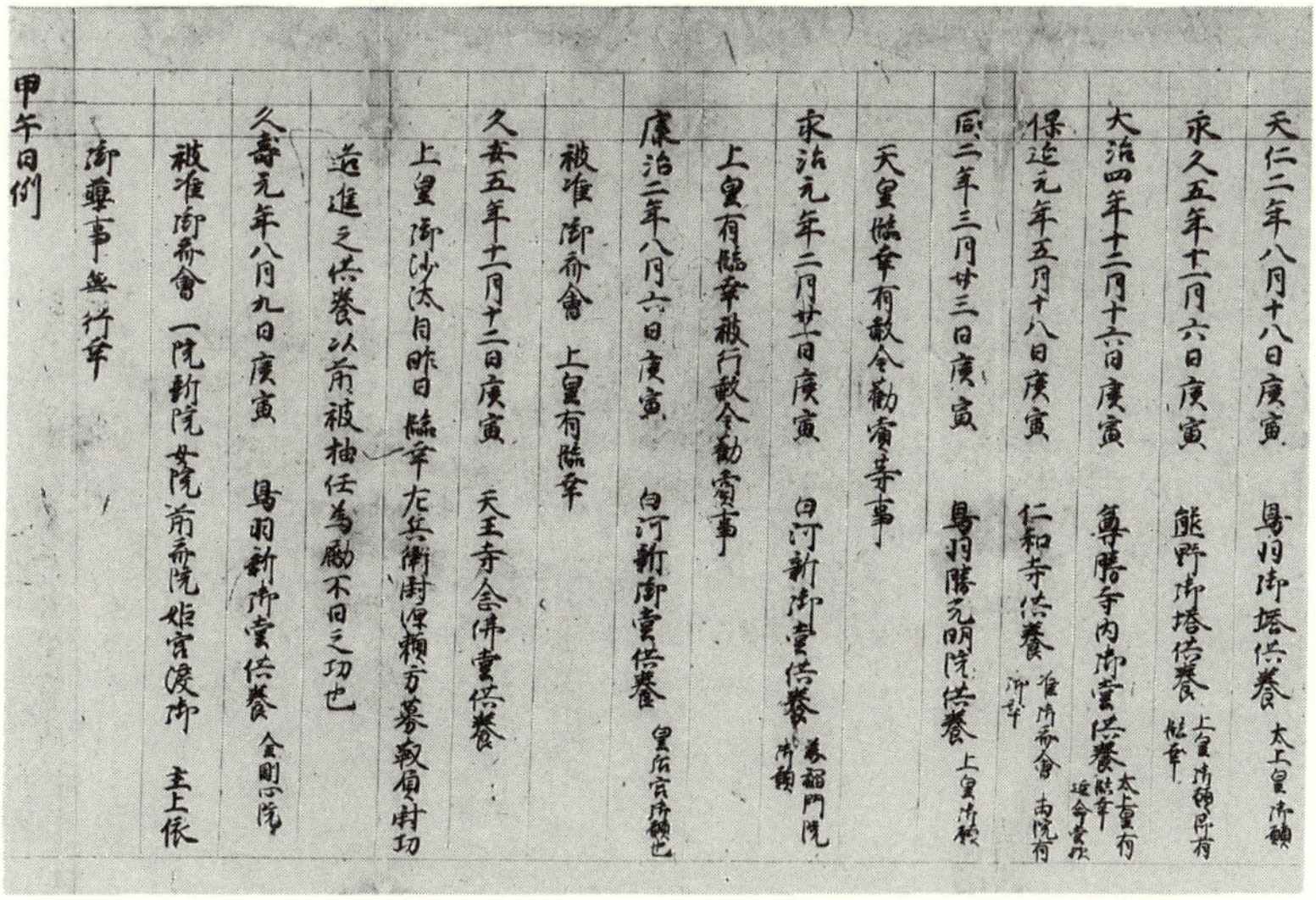

天仁二年八月十八日庚寅　鳥羽御塔供養　太上皇御願
永久五年十一月六日庚寅　熊野御塔供養　上皇御願所有臨幸
大治四年十二月十六日庚寅　尊勝寺内御堂供養　太皇有臨幸　近会堂也
保延元年五月十八日庚寅　仁和寺供養　准御斎会　両院有御幸
同二年三月廿三日庚寅　鳥羽勝光明院供養　上皇御願
天皇臨幸有勅令勧賞等事
永治元年二月廿一日庚寅　白河新御堂供養　美福門院御願
上皇有臨幸被行勅令勧賞事
康治二年八月六日庚寅　白河新御堂供養　皇后宮御願也
被准御斎会　上皇有臨幸
久安五年十一月十二日庚寅　天王寺念仏堂供養
上皇御沙汰自昨日臨幸　左兵衛尉源頼方募叙負尉功
造進之供養以前被抽任為励不日之功也
久寿元年八月九日庚寅　鳥羽新御堂供養　金剛心院
被准御斎会　一院新院女院前斎院姫宮渡御　主上依
御悩事無行幸
甲午日例

（7紙）

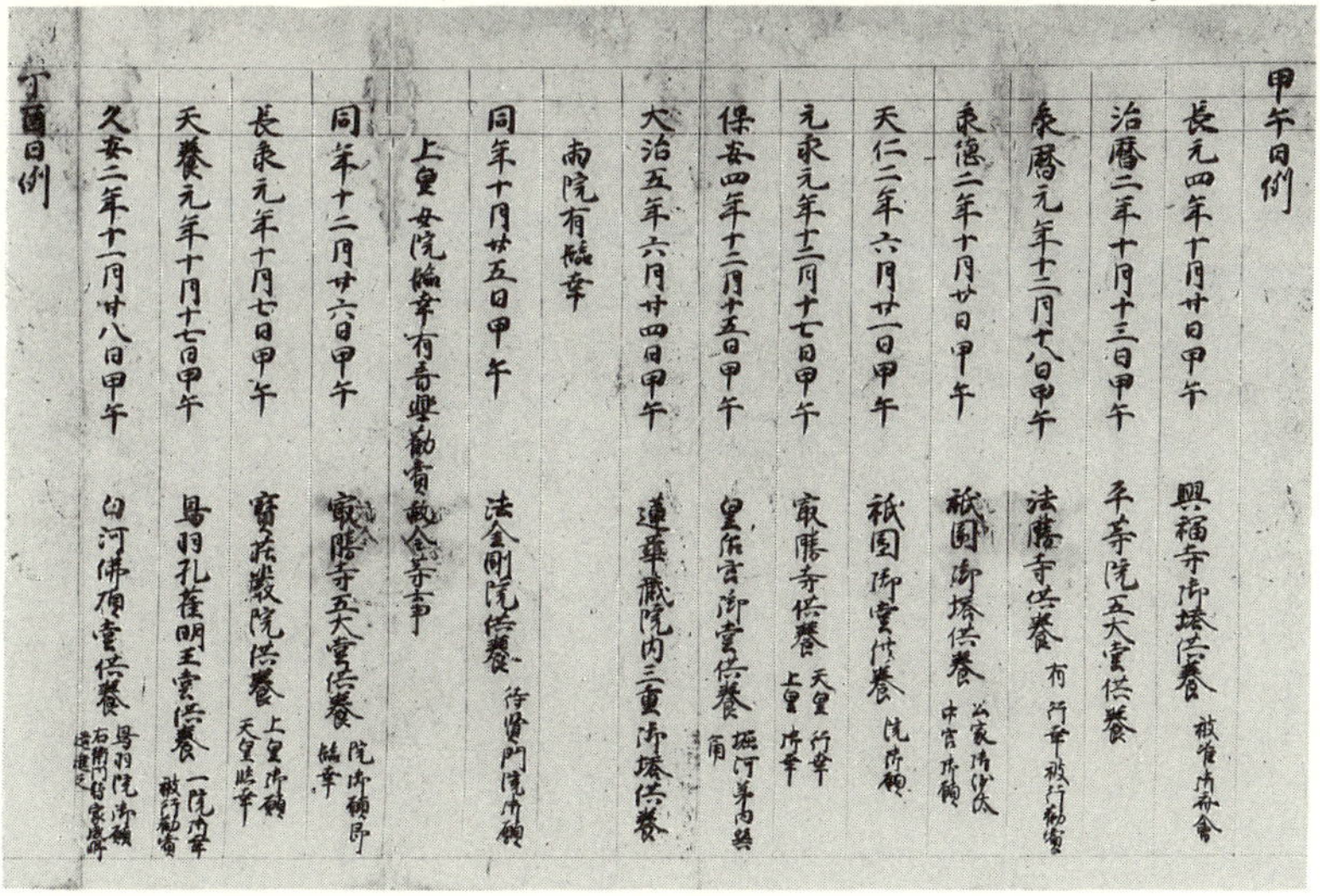

甲午日例
長元四年十月廿日甲午　興福寺御塔供養　被准御斎会
治暦二年十月十三日甲午　平等院五大堂供養
承暦元年十二月十八日甲午　法勝寺供養　有行幸被行勧賞
承徳二年十月廿日甲午　祇園御塔供養　公家御沙汰　中宮御願
天仁二年六月廿一日甲午　祇園御堂供養　院御願
元永元年十二月十七日甲午　最勝寺供養　天皇行幸　上皇御幸
保安四年十二月十五日甲午　皇后宮御堂供養　堀河第内也
大治五年六月廿四日甲午　蓮華蔵院内三重御塔供養
両院有臨幸
同年十月廿五日甲午　法金剛院供養　待賢門院御願
上皇女院臨幸有音楽勧賞勅令等事
同年十二月廿六日甲午　最勝寺五大堂供養　院御願所　臨幸
長承元年十月七日甲午　宝荘厳院供養　上皇御願　天皇臨幸
天養元年十月十七日甲午　鳥羽孔雀明王堂供養　一院御幸　被行勧賞
久安二年十一月廿八日甲午　白河仏頂堂供養　鳥羽院御願　右衛門督家成卿造進之
丁酉日例

（8紙）

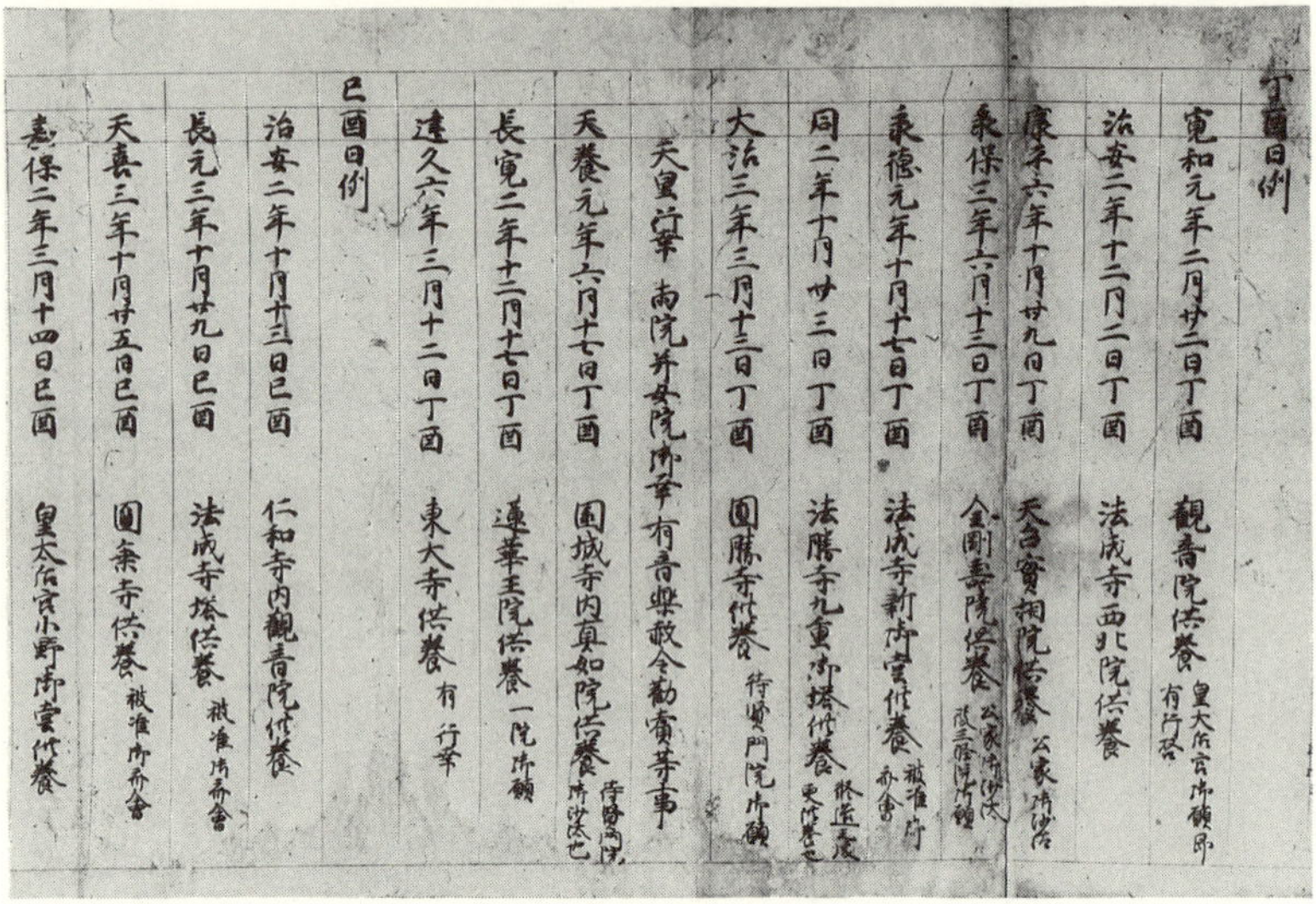
丁酉日例
寛和元年二月廿二日丁酉　観音院供養　皇大后宮御願 有行啓
治安二年十二月二日丁酉　法成寺西北院供養
康平六年十月廿九日丁酉　天台寶相院供養　公家御沙汰
承保三年六月十三日丁酉　金剛壽院供養　公家御沙汰 故三條院御願
承徳元年十月十七日丁酉　法成寺新御堂供養　被准御斎会
同二年十月廿三日丁酉　法勝寺九重御塔供養　於延久度 更供養也
大治三年三月十三日丁酉　円勝寺供養　待賢門院御願
天皇行幸　両院并女院御幸　有音楽赦令勧賞等事
天養元年六月十七日丁酉　園城寺内真如院供養　待賢門院 御沙汰也
長寛二年十二月十七日丁酉　蓮華王院供養　一院御願
延久六年三月十二日丁酉　東大寺供養　有行幸
己酉日例
治安二年十月十三日己酉　仁和寺内観音院供養
長元三年十月廿九日己酉　法成寺塔供養　被准御斎会
天喜三年十月廿五日己酉　円乗寺供養　被准御斎会
嘉保二年三月十四日己酉　皇太后宮小野御堂供養

（9紙）

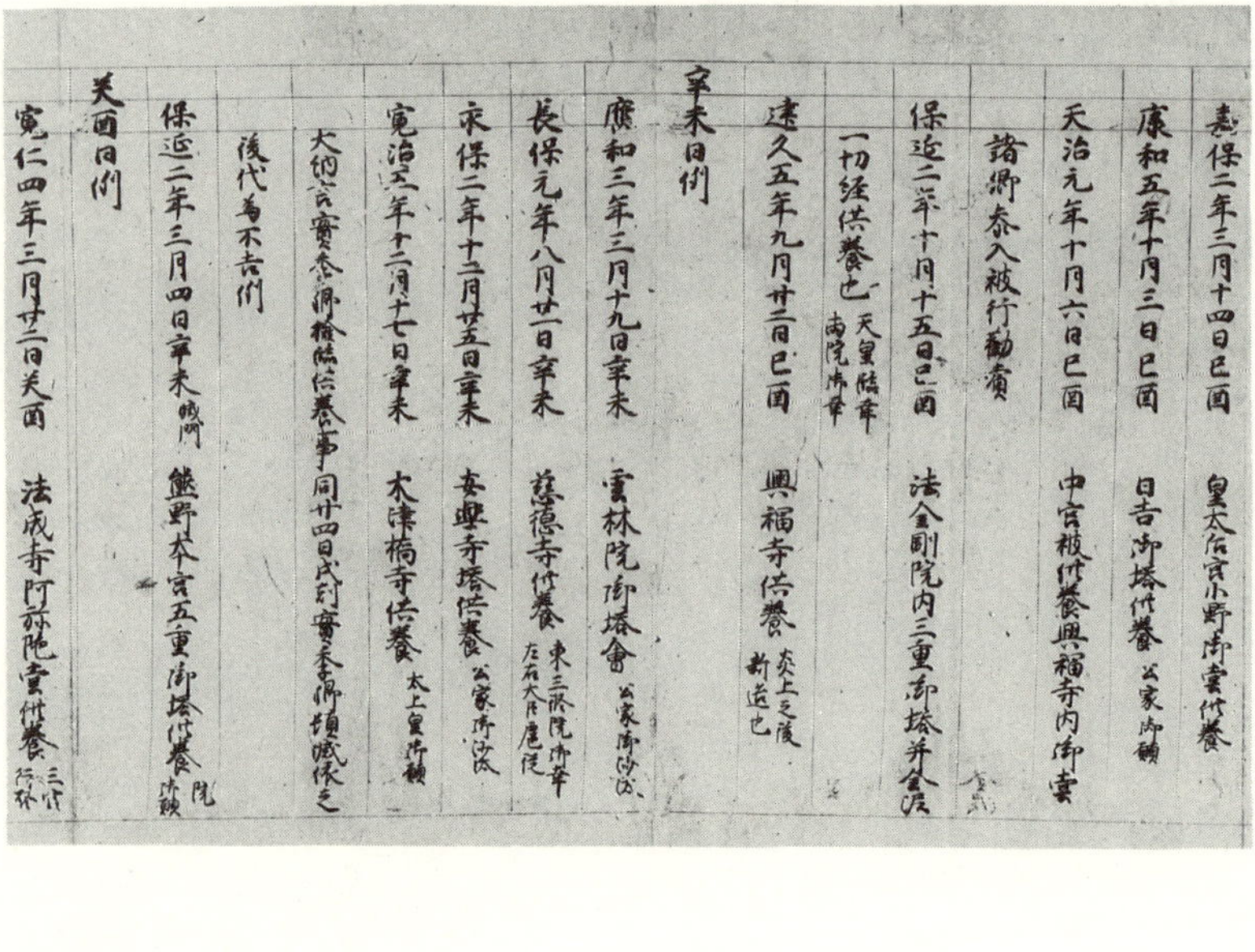
嘉保二年三月十四日己酉　皇太后宮小野御堂供養
康和五年十月三日己酉　日吉御塔供養　公家御願
天治元年十月六日己酉　中宮被供養興福寺内御堂
諸卿参入被行勧賞
保延二年十月十五日己酉　法金剛院内三重御塔并金泥
一切経供養也　天皇臨幸 両院御幸
延久五年九月廿二日己酉　興福寺供養　炎上之後 新造也
辛未日例
康和三年三月十九日辛未　雲林院御塔会　公家御沙汰
長保元年八月廿一日辛未　慈徳寺供養　東三條院御幸 左右大臣扈従
永保二年十二月廿五日辛未　安楽寺塔供養　公家御沙汰
寛治五年十二月十七日辛未　木津橋寺供養　太上皇御願
大納言實季卿擬臨供養事同廿四日戌刻實季卿頓滅依之
後代為不吉例
保延二年三月四日辛未戌刻　熊野本宮五重御塔供養　院御願
癸酉日例
寛仁四年三月廿二日癸酉　法成寺阿弥陀堂供養　三代行啓

（10紙）

寛仁四年三月廿二日癸酉　法成寺阿弥陀堂供養 三宮行啓
同年閏十二月廿七日癸酉　同寺十斎堂供養
治暦三年二月廿五日癸酉　興福寺供養 准御斎会 依上之度新造也
承暦四年十月十五日癸酉　天台持明院供養 公家御沙汰
永保元年十月廿日癸酉　宇佐弥勒寺堂塔供養
同三年十月一日癸酉　法勝寺御塔供養 九重
天皇臨幸、有音楽、赦令、勧賞等事
天永二年三月十一日癸酉　鳥羽御塔供養 上皇御願
永久五年十月廿九日癸酉　公家御願白河御塔供養
大治元年三月七日癸酉　白河三重御塔供養 太上法皇御願
同五年十月四日癸酉　天台惣持院供養
天承元年十月十日癸酉　賀茂下社御塔供養 女院御願
顛倒之後、近江守宗盈朝臣募重任功造進之
保延三年十月十五日癸酉　鳥羽東殿御堂供養 上皇御願
同五年二月廿二日癸酉　鳥羽東殿三重御塔供養 上皇御願
同年十月廿六日癸酉、　成勝寺供養 天皇臨幸 頗為不宜例歟

庚子日例

庚子日例
永承三年三月二日庚子　興福寺供養 被准御斎会
承暦三年十月五日庚子　法成寺塔供養 准御斎会
承徳二年十月廿六日庚子　祇園御塔供養、
康和二年十月七日庚子　中宮御願御堂供養 号西南院 在桃井内
同五年十一月廿五日庚子　高野大塔供養
永久二年十一月廿九日庚子　白河九躰阿弥陀堂供養 太上法皇御願也
天皇臨幸、皇后并前斎院入御、院司宮司等有勧賞、又
仏師舞人等被行賞、又有非常赦令
同四年三月六日庚子　春日御塔供養 被准御斎会
同五年三月十二日庚子　白河阿弥陀堂内新造御塔
供養 法皇御願、有臨幸 被行勧賞　蓮華蔵院内三重御塔也
保安二年十二月十五日庚子　法勝寺内塔堂供養 法皇御願 被安置卅万基塔
保延元年三月廿七日庚子　法金剛院内北斗堂供養 南院御幸
同六年十月廿九日庚子　春日社五重御塔供養 准御斎会
久寿元年十月廿一日庚子　白河三重御塔供養 在福勝院内
高陽院御願也、被准御斎会

（11紙）

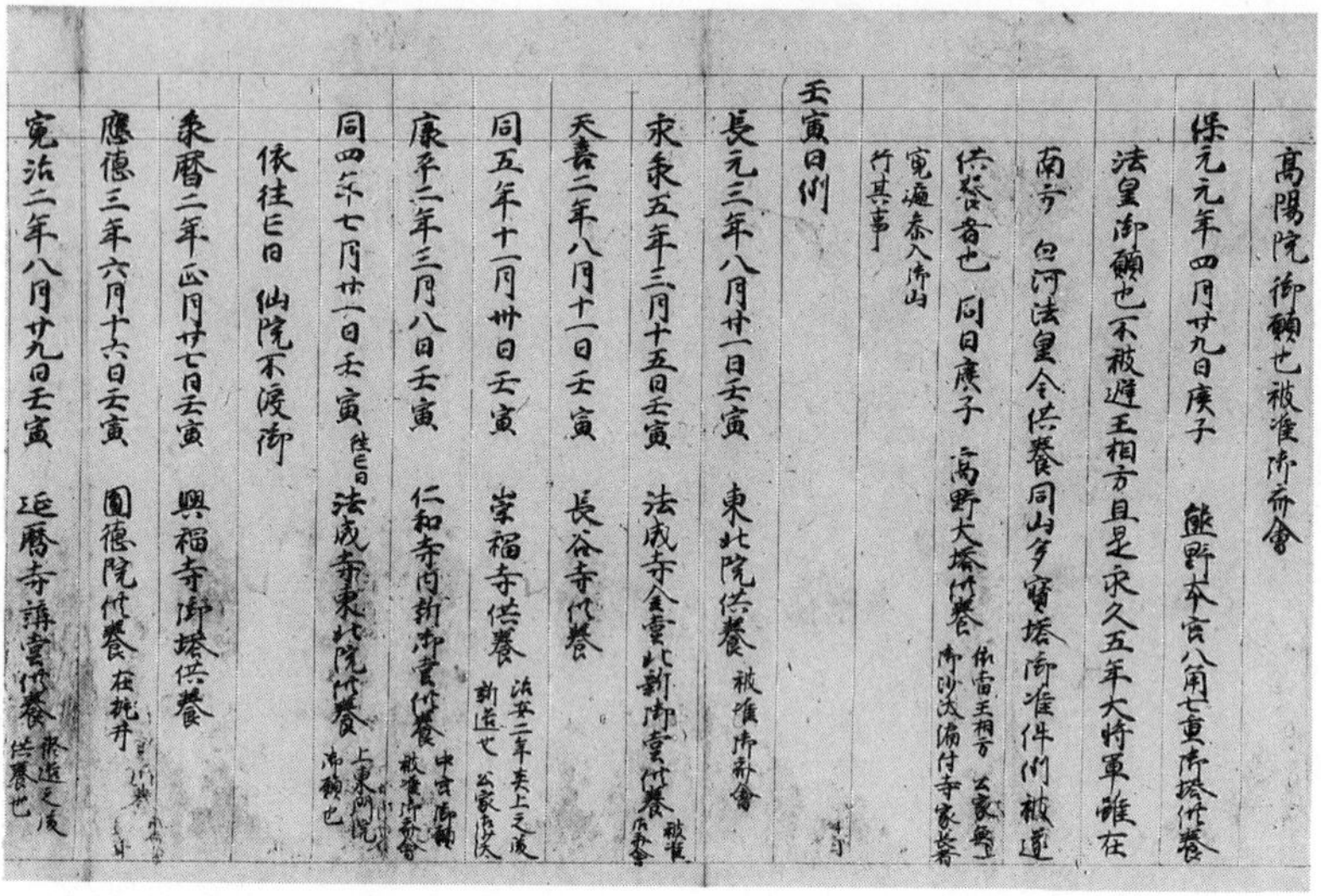

高陽院御願也被准御斎會
保元元年四月廿九日庚子　熊野本宮八角七重御塔供養
法皇御願也不被避王相方且是永久五年大将軍雖在
南方　白河法皇令供養同山多寶塔御准件例被遂
供養者也　同日庚子　高野大塔供養　依當王相方　公家無御沙汰偏付寺家遂
寛遍奉入御山行其事

壬寅日例
長元三年八月廿一日壬寅　東北院供養　被准御斎會
永承五年三月十五日壬寅　法成寺金堂以下新御堂供養　被准御斎會
天喜二年八月十一日壬寅　長谷寺供養
同五年十一月卅日壬寅　崇福寺供養　保安二年炎上之後新造也　公家御沙汰
康平二年三月八日壬寅　仁和寺内新御堂供養　中宮御願　被准御斎會
同四年七月廿一日壬寅　往亡日　法成寺東北院供養　上東門院御願也
永暦二年正月廿七日壬寅　興福寺御塔供養
依往亡日　仙院不渡御
應徳三年六月十六日壬寅　圓徳院供養　在桃井
寛治二年八月廿九日壬寅　延暦寺講堂供養　依遊之後供養也

（12紙）

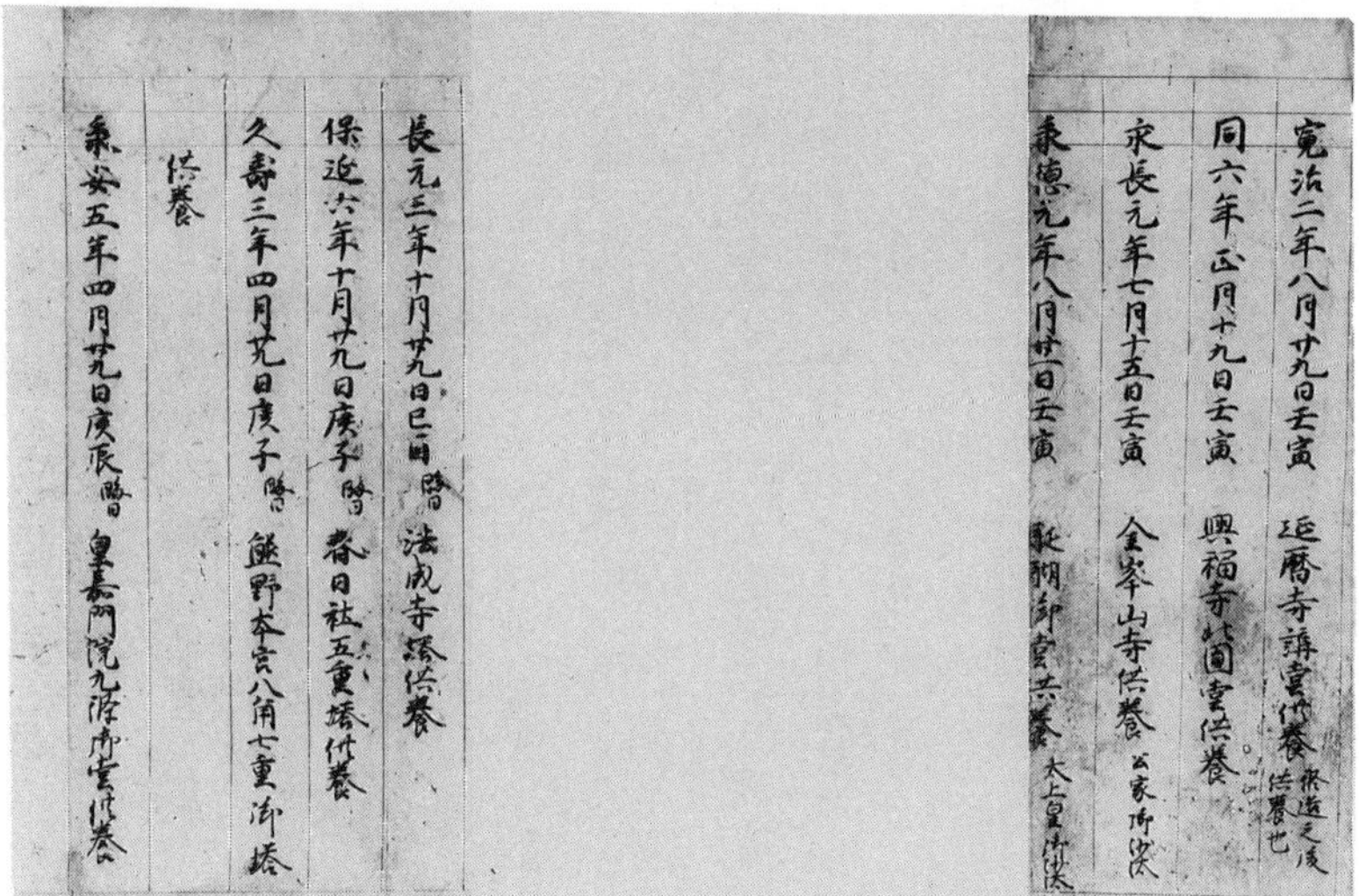

寛治二年八月廿九日壬寅　延暦寺講堂供養　依遊之後供養也
同六年正月十九日壬寅　興福寺北圓堂供養
永長元年七月十五日壬寅　金峯山寺供養　公家御沙汰
承徳元年八月廿一日壬寅　[illegible]御堂供養　太上皇御沙汰

長元三年十月廿九日己酉　[illegible]　法成寺塔供養
保延六年十月廿九日庚子　[illegible]　春日社五重塔供養
久寿三年四月廿九日庚子　[illegible]　熊野本宮八角七重御塔
供養
承安五年四月廿九日庚辰　[illegible]　皇嘉門院九條御堂供養

（13紙）

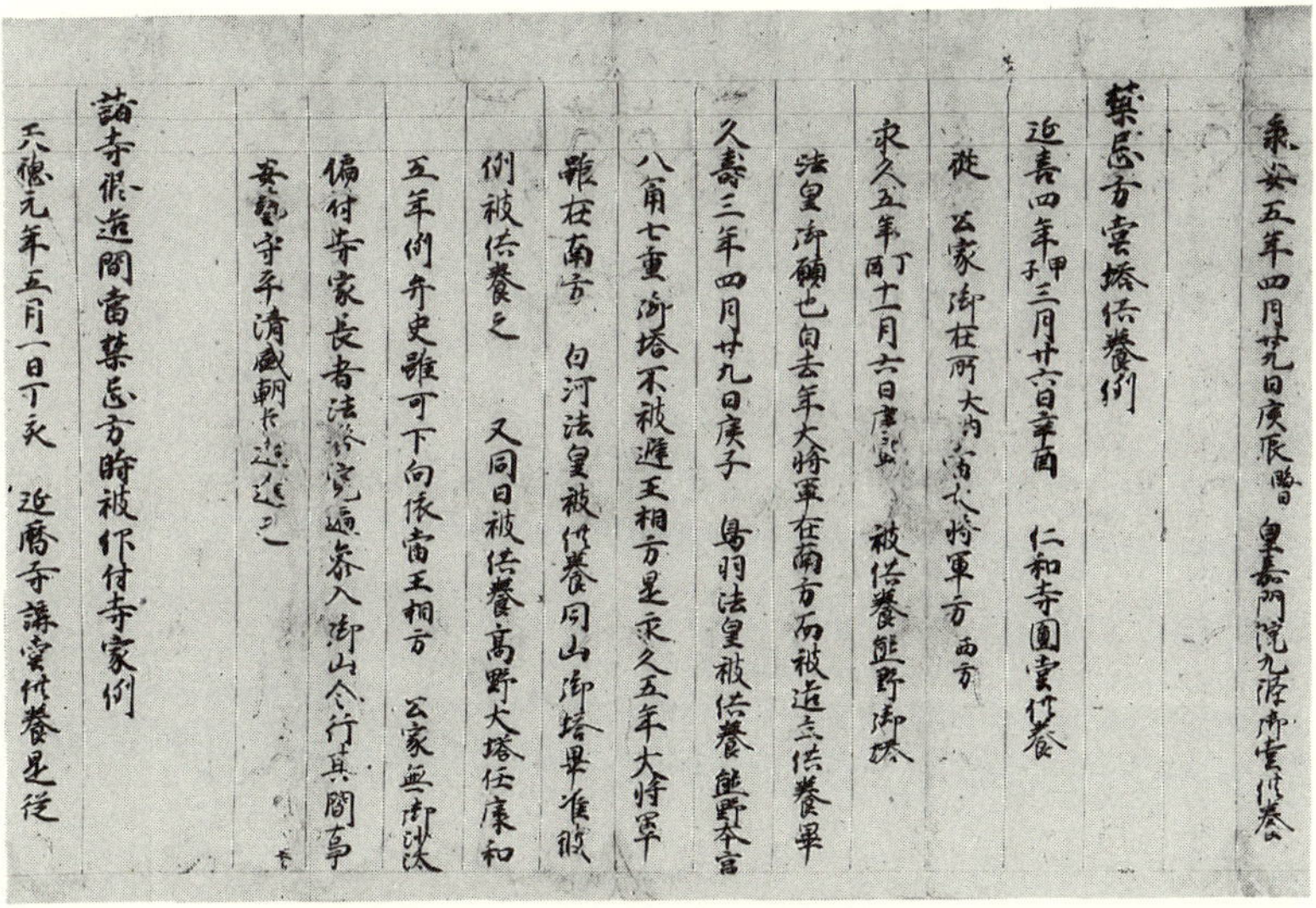
承安五年四月廿九日庚辰暦　皇嘉門院九條御堂供養

禁忌方堂塔供養例
延喜四年甲子三月廿六日辛酉　仁和寺圓堂供養
従　公家御在所大内當大将軍方　西方
永久五年丁酉十一月六日庚戌　被供養熊野御塔
法皇御願也自去年大将軍在南方而被造立供養畢
久壽三年四月廿九日庚子　鳥羽法皇被供養熊野本宮
八角七重御塔不被避王相方是永久五年大将軍
雖在南方　白河法皇被供養同山御塔畢准彼
例被供養之　又同日被供養高野大塔任康和
五年例弁史雖可下向依當王相方　公家無御沙汰
偏付寺家長者法務寛遍参入御山令行其間事
安藝守平清盛朝臣造進之

諸寺張造間當禁忌方時被仰付寺家例
天徳元年五月一日丁亥　延暦寺講堂供養是従

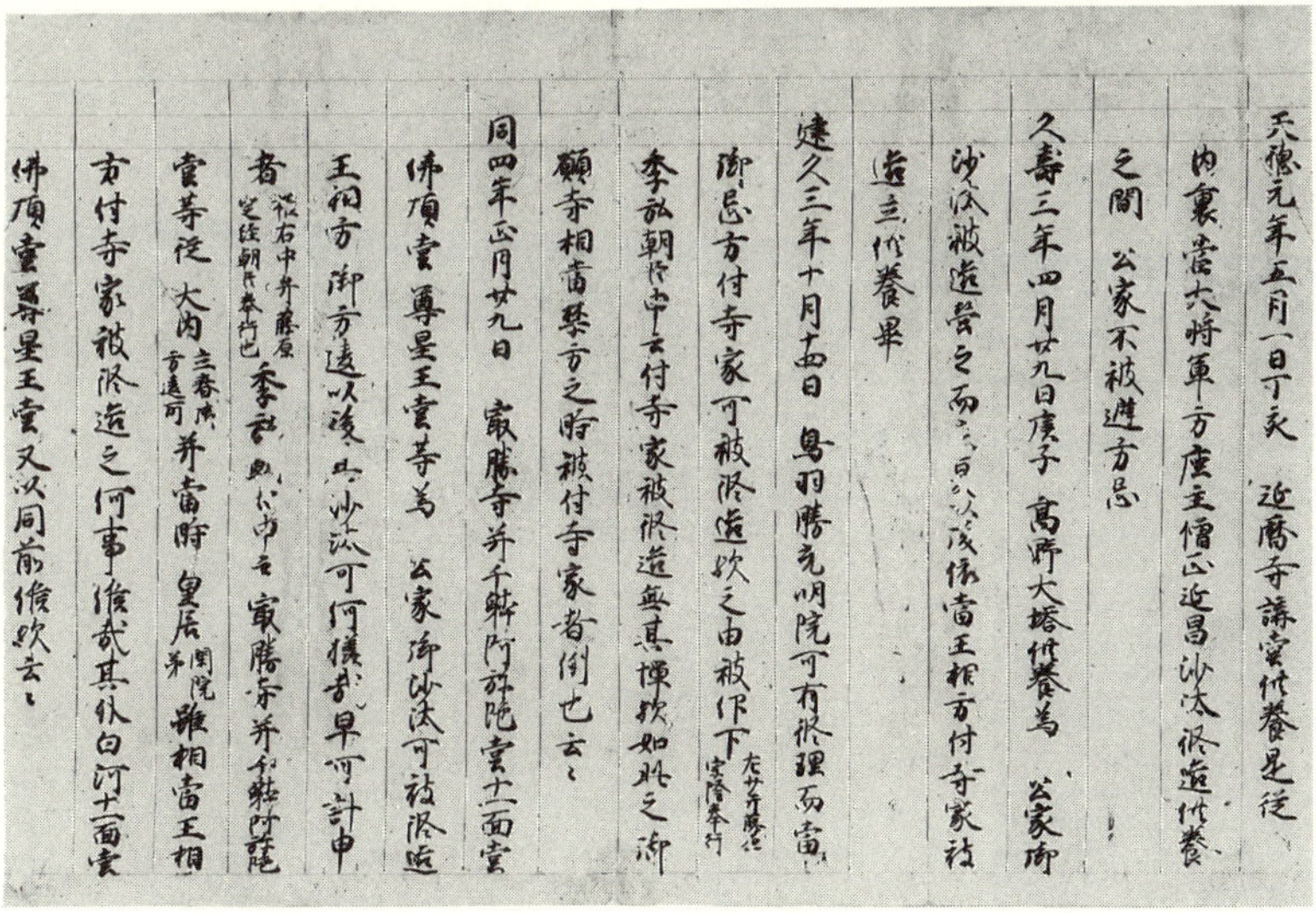
天徳元年五月一日丁亥　延暦寺講堂供養是従
内裏當大将軍方座主僧正延昌沙汰張造供養
之間　公家不被避方忌
久壽三年四月廿九日庚子　高野大塔供養為　公家御
沙汰被造営之而去年八月以後依當王相方付寺家被
造立供養畢
建久三年十月廿四日　鳥羽勝光明院可有修理而當
御忌方付寺家可被修造歟之由被仰下左中弁藤原定隆奉行
季弘朝臣申云付寺家被修造無其憚歟如此之御
願寺相當禁方之時被付寺家者例也云々
同四年正月廿九日　最勝寺并千躰阿弥陀堂十一面堂
佛頂堂尊星王堂等為　公家御沙汰可被修造
王相方御方違以後　其沙汰可何様哉早可計申
者権右中弁藤原定経朝臣奉行也　季弘朝臣申云　最勝寺并千躰阿弥陀
堂等従　大内立春以後方違可并當時　皇居閑院第雖相當王相
方付寺家被修造之何事候哉　其外白河十一面堂
佛頂堂尊星王堂又以同前候歟云々

（14紙）

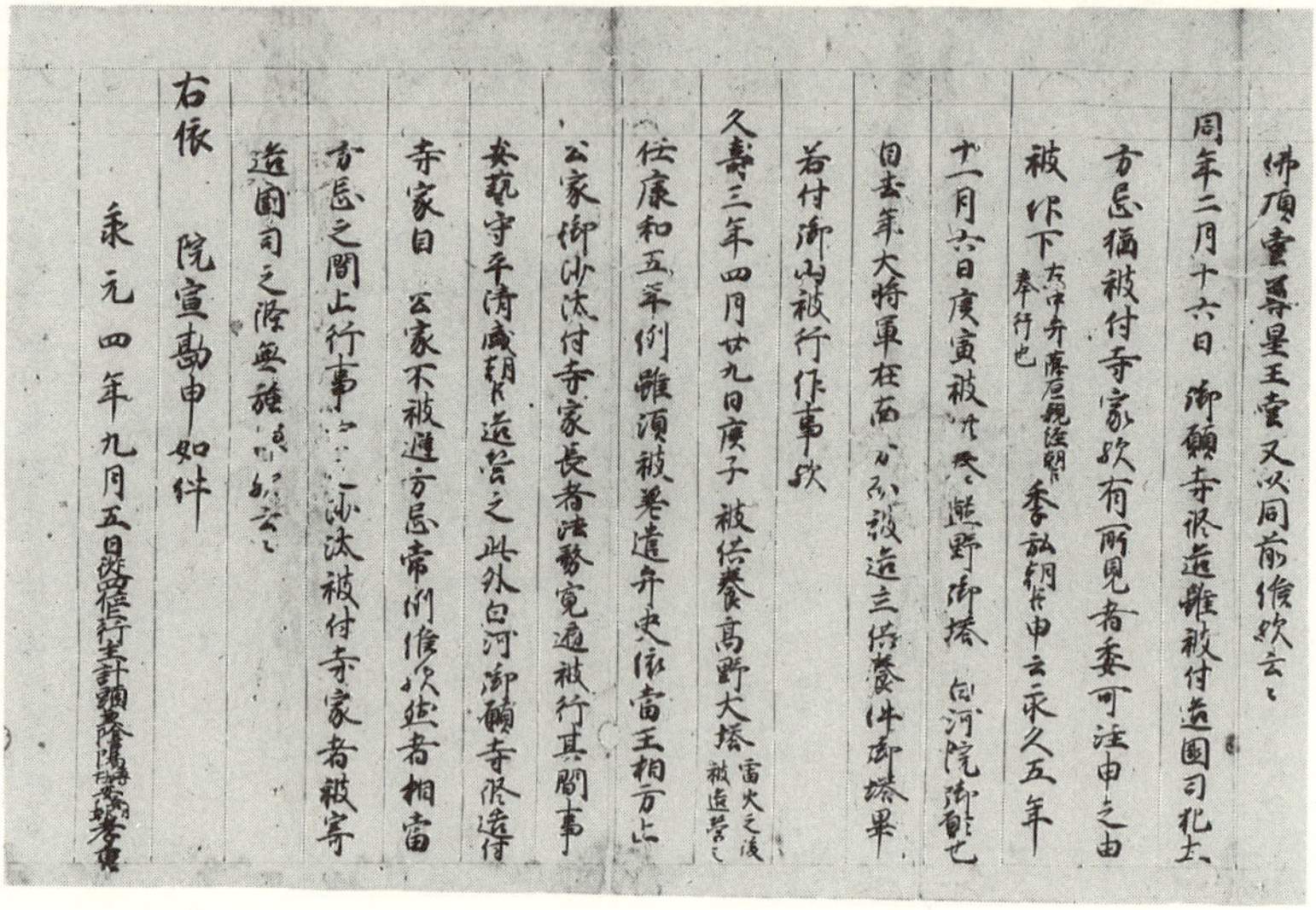
佛頂尊勝星王堂又以同前條歟云々
同年二月十六日　御願寺役造雖被付造國司乳土
方忌猶被付寺家歟有所見者委可注申之由
被仰下（大中弁藤原親經朝臣奉行也）　季弘朝臣申云永久五年
十一月廿六日庚寅被供養蓮華藏院御塔　白河院御願也
自去年大將軍在西方仍被造立供養件御塔畢
若付御山被行作事歟
久壽三年四月廿九日庚子　被供養高野大塔（雷火之後被造營之）
任康和五年例雖須被差遣弁史依當王相方止
公家御沙汰付寺家長者法務寛遍被行其間事
安藝守平清盛朝臣造營之此外白河御願寺役造付
寺家自　公家不被遣方忌常例條々然者相當
方忌之間止行事之御沙汰被付寺家者被寄
造國司之條無殊事歟云々
右依　院宣勘申如件
承元四年九月五日從四位行主計頭兼陰陽博士安倍朝臣孝重

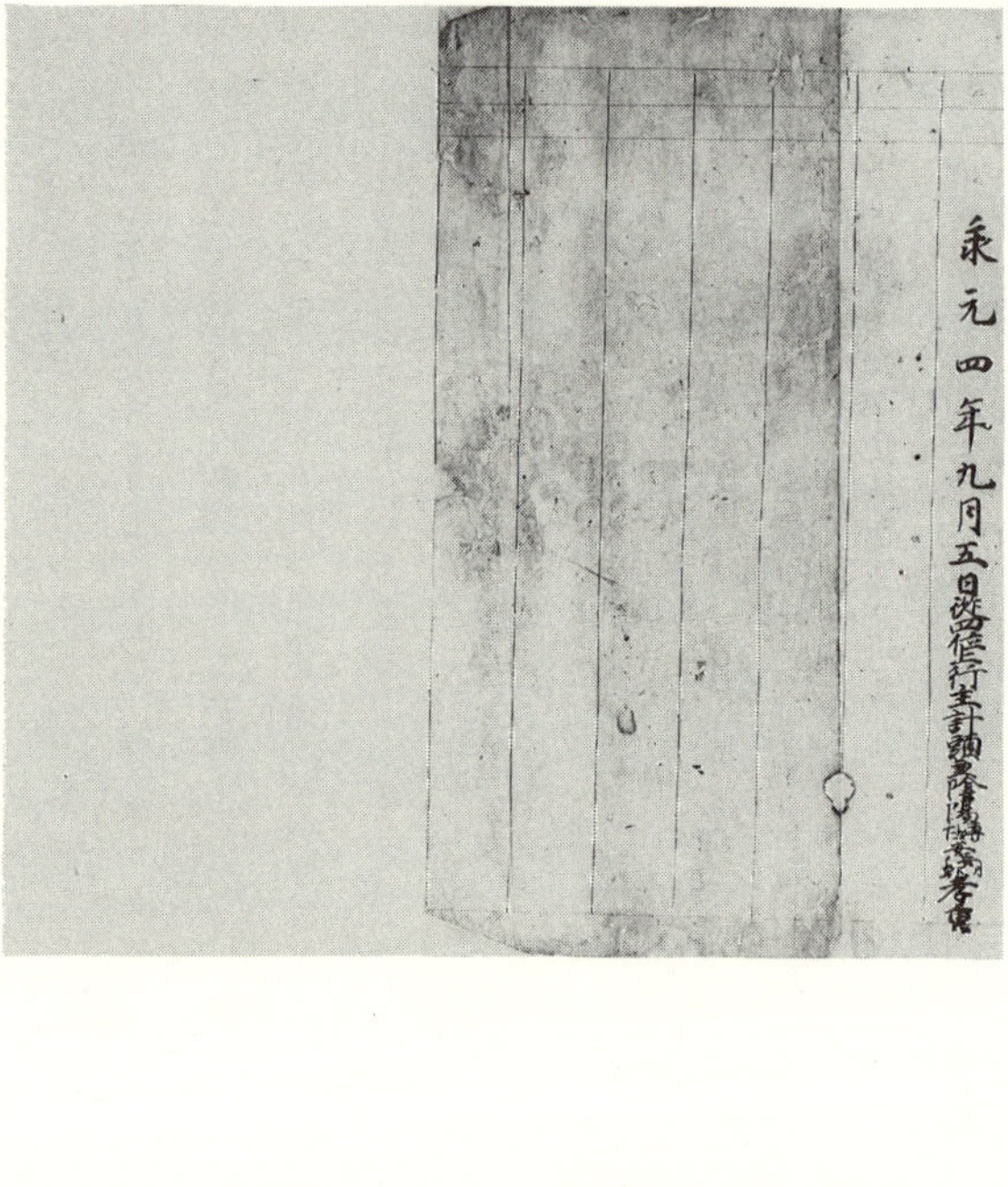
承元四年九月五日從四位行主計頭兼陰陽博士安倍朝臣孝重

（第四帖）

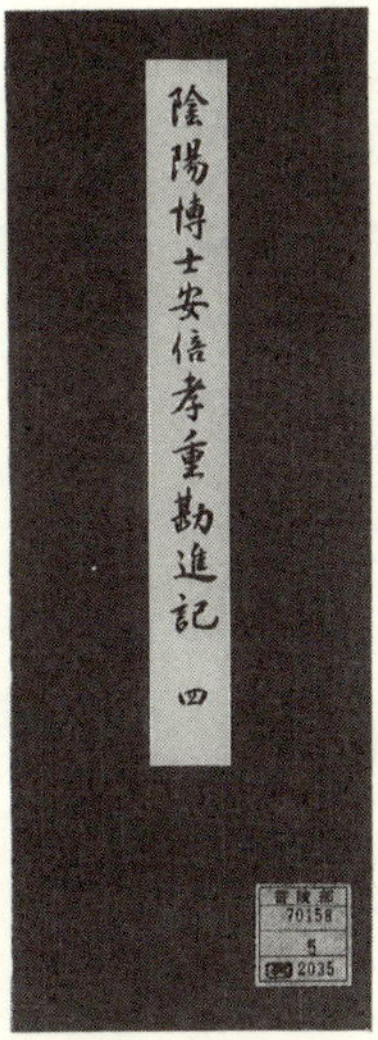

陰陽博士安倍孝重勘進記　四

（1紙）

伏見宮本『陰陽博士安倍孝重勘進記』影印

承保元年十月廿七日甲午　　　　請経所大金寄所候
承暦三年七月廿六日壬申　　　　被召請社司等候
天仁元年三月廿四日庚辰　　　　従廿五社司等候

　臨時御神事例
天仁元年三月廿四日庚辰　　　被召社司等候
永久五年十月廿四日甲申　　　被召二社司等候
保安三年十月廿四日辛酉　　　被召社司等候
　臨時度神事例
永和五年二月廿四日丁巳　　　被召三社檢校候
康安元年四月六日己卯　　　　被召六社檢校候　為来年御
應徳三年十二月十三日乙酉　　従廿社司等候
寛治四年七月十三日乙酉　　　鴨御祖利重檢校候　例不
　始中六百餘ヲ為作所四
長和五年二月一日丙子　　　被召天神檢校候　為来院
同年三月九日乙酉　　　　　被召三社司等候　東舎院
又三年三月十二日乙酉　　　被召三社司等候　檢校院
仁平三年二月八日庚子　　　被召廿一社司等候
近喜四年八月廿五日庚子九　被召三字佐候　参議使
長元五年八月十四日庚子　　被召三字佐候
天永三年八月十四日庚子　　被召行軍祭米候

同年六月一日戊辰子　被召廿三社司等候　御部候

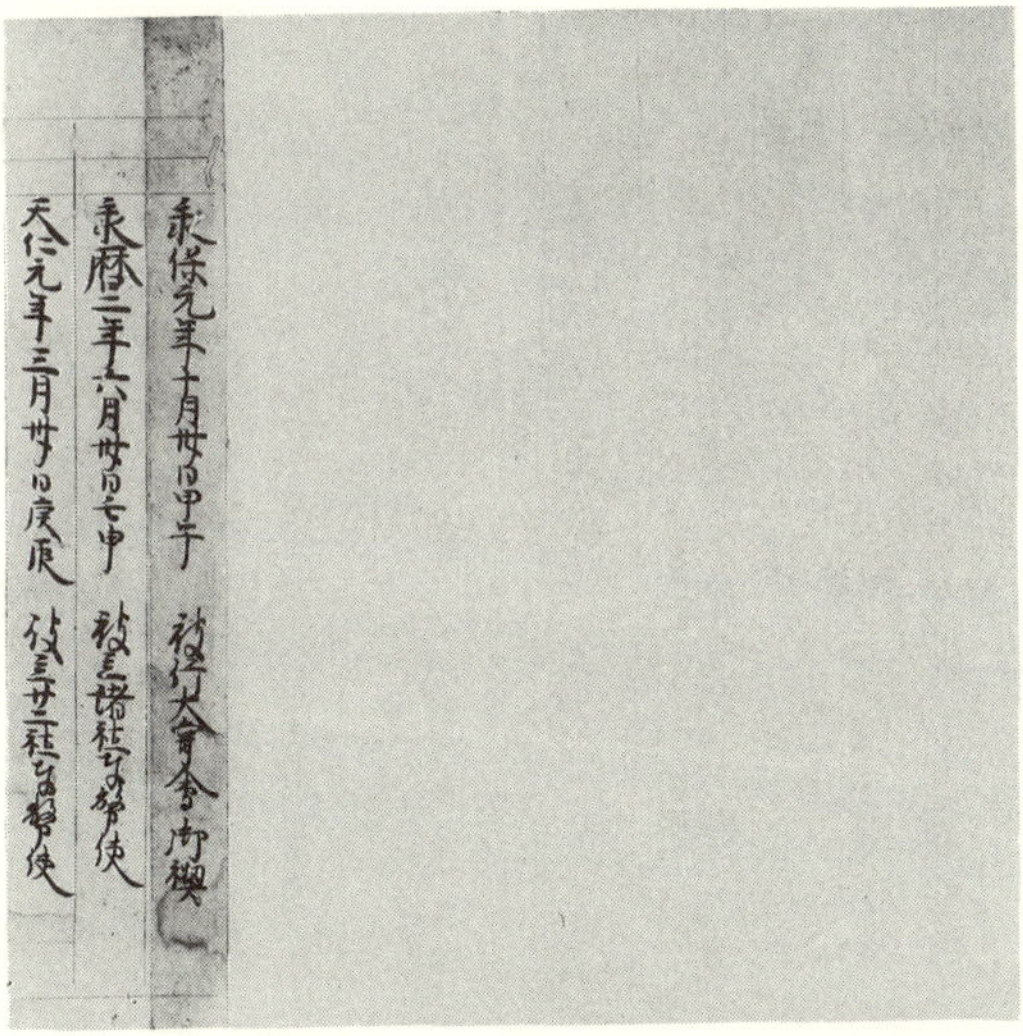

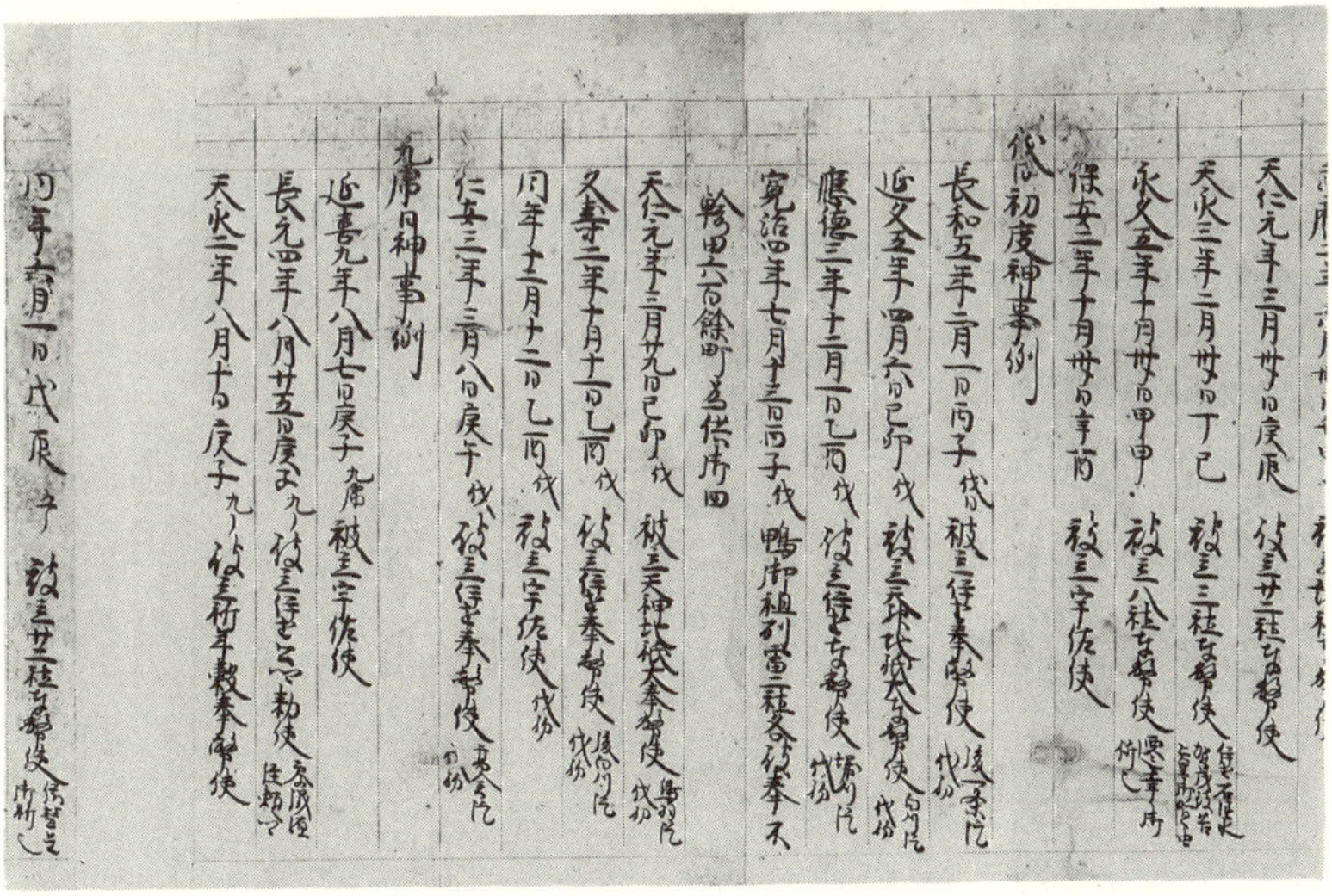

（2紙）

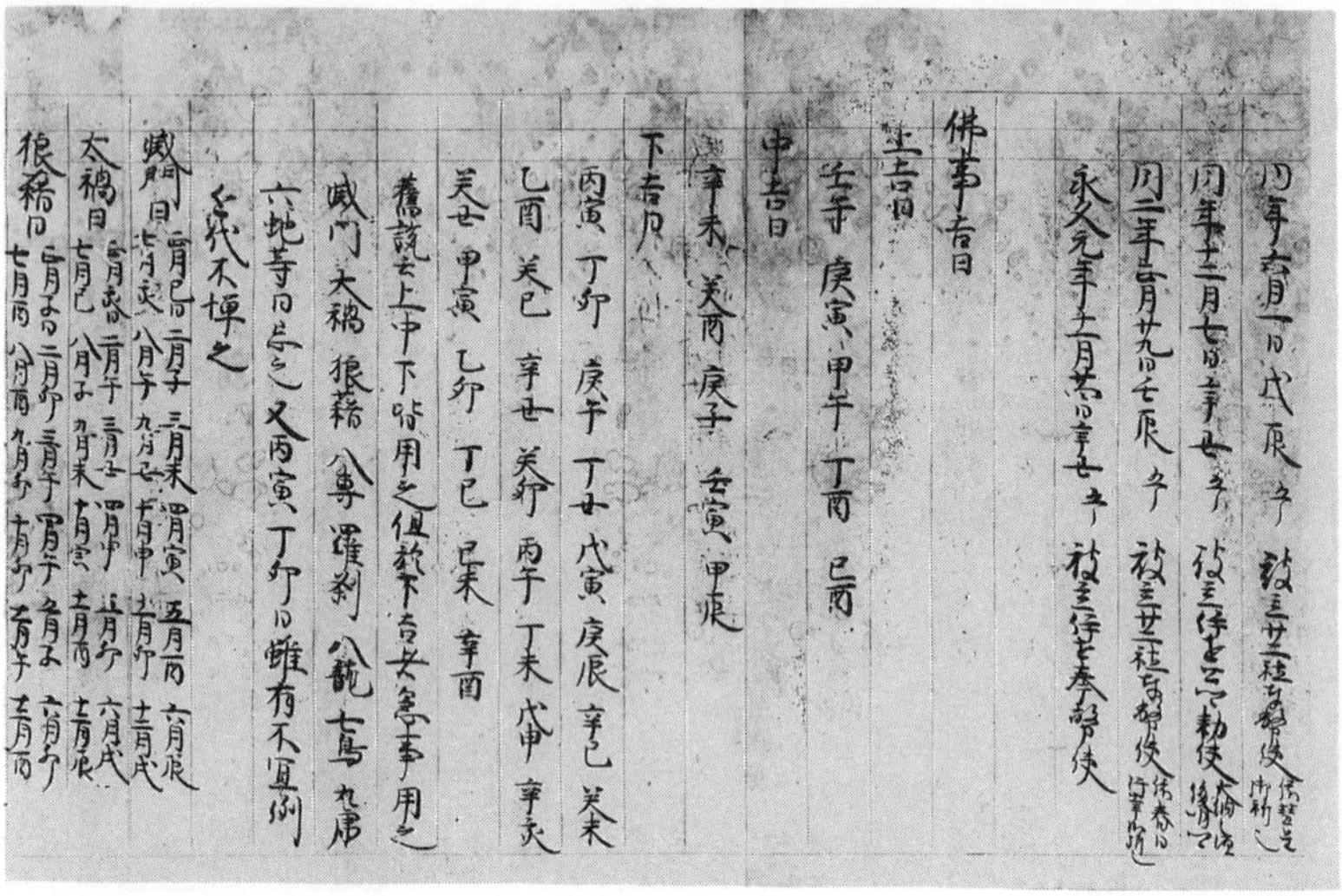

同年六月一日戊辰　予　被立廿二社奉幣使
同年十二月七日辛丑　予　被立伊勢公卿勅使
同二年四月廿九日壬辰　予　被立廿二社奉幣使
永久元年十一月廿四日辛丑　予　被立伊勢奉幣使
佛事吉日
上吉日
壬寅　庚寅　甲午　丁酉　己酉
中吉日
辛未　癸酉　庚子　壬寅　甲辰
下吉日
丙寅　丁卯　庚午　丁丑　戊寅　庚辰　辛巳　癸未
乙酉　癸巳　辛丑　癸卯　丙午　丁未　戊申　辛亥
癸丑　甲寅　乙卯　丁巳　己未　辛酉
舊說云上中下皆用之但於下吉日急事用之
滅門　大禍　狼藉　八專　羅刹　八龍　七鳥　九虎
六蛇等日忌之　又丙寅丁卯日雖有不宜例
近代不憚之
滅門日　正月巳　二月子　三月未　四月寅　五月酉　六月辰　七月亥　八月午　九月丑　十月申　十一月卯　十二月戌
太禍日　正月亥　二月午　三月丑　四月申　五月卯　六月戌　七月巳　八月子　九月未　十月寅　十一月酉　十二月辰
狼藉日　正月子　二月卯　三月午　四月酉　五月子　六月卯　七月酉　八月酉　九月卯　十月卯　十一月午　十二月酉

近代不憚之
滅門日　正月巳　二月子　三月未　四月寅　五月酉　六月辰　七月亥　八月午　九月丑　十月申　十一月卯　十二月戌
太禍日　正月亥　二月午　三月丑　四月申　五月卯　六月戌　七月巳　八月子　九月未　十月寅　十一月酉　十二月辰
狼藉日　正月子　二月卯　三月午　四月酉　五月子　六月卯　七月酉　八月酉　九月卯　十月卯　十一月午　十二月酉
羅刹日　亢宿木曜日　鬼宿金曜日　胃宿日曜日　参宿水曜日　鬼宿月曜日　柳宿土曜日　翼宿火曜日

（第五帖）

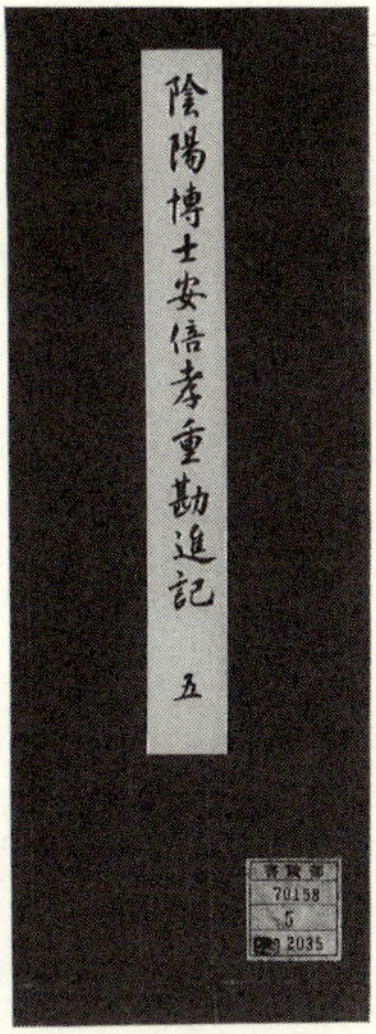

（1紙）

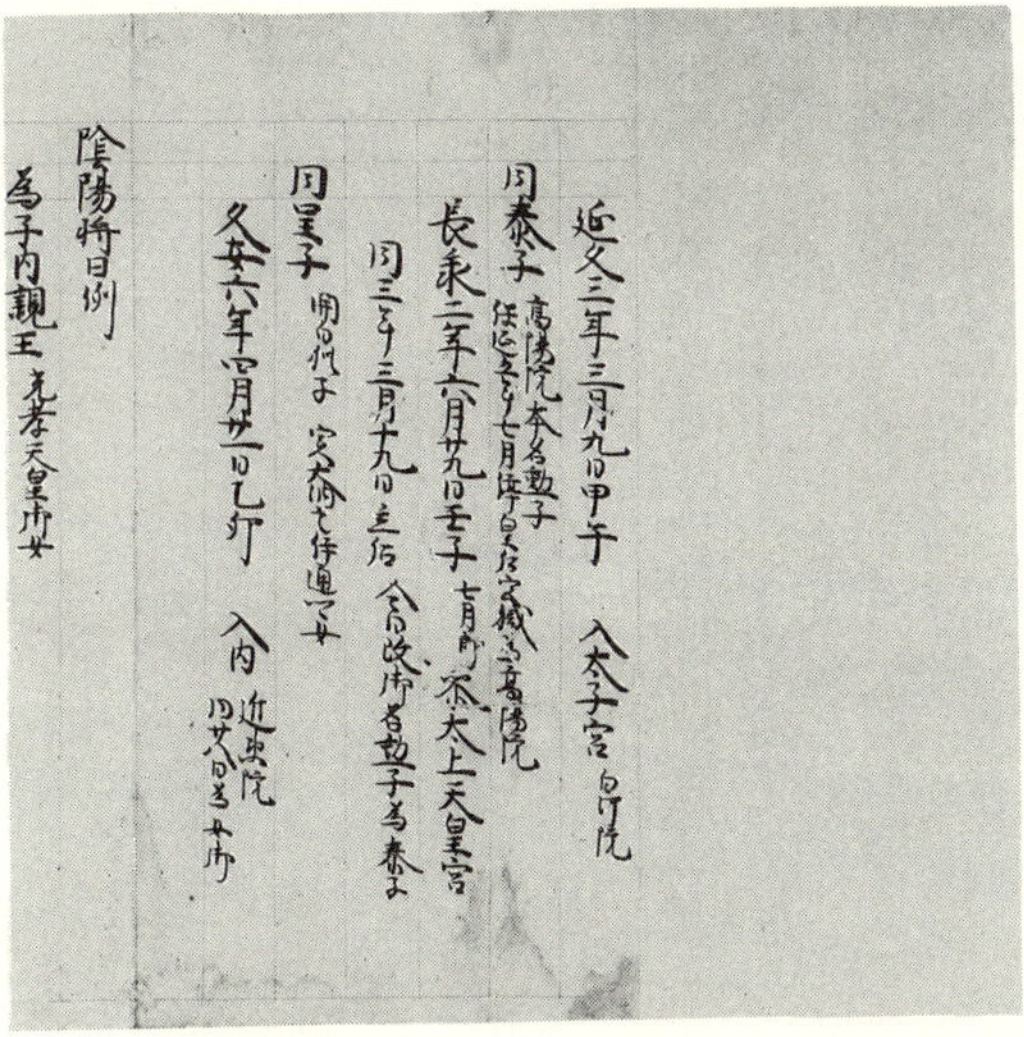
延久三年三月九日甲午　入太子宮　白河院
同泰子　高陽院本名勲子　保延五年七月[illegible]高陽院
長承二年六月廿九日壬子　七月[illegible]太上天皇宮
同三年三月十九日立后　今日改本名勲子為泰子
同呈子　[illegible]
久安六年四月廿一日乙卯　入内　近衛院　同廿八日為女御
陰陽将日例
為子内親王　光孝天皇女

（2紙）

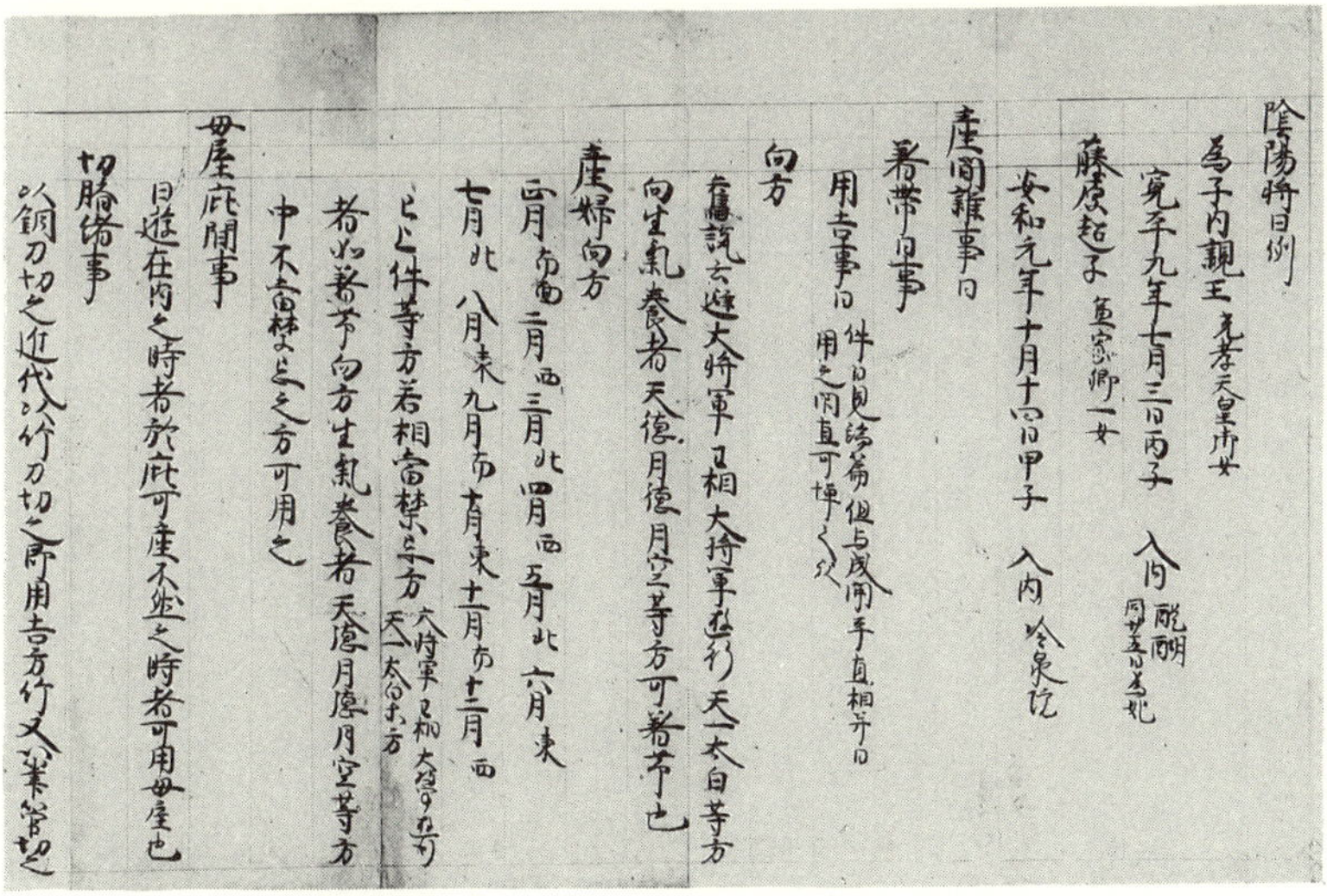
陰陽将日例
為子内親王　光孝天皇女
寛平九年七月三日丙子　入内　醍醐　同廿五日為妃
藤原超子　兼家卿一女
安和元年十月十四日甲子　入内　冷泉院
産間雑事日
着帯日事
用吉事日　件日見諸篇但占用手直相并日　用之間直可揮之
向方
太簒説云遊大将軍王相大将軍並行天一太白等方
向生気養者天徳月徳月空等方可着帯也
産婦向方
正月南面　二月西　三月北　四月西　五月北　六月東
七月北　八月東　九月南　十月東　十一月南　十二月西
已上件等方若相当禁忌方　大将軍王相大将軍等方　天一太白方
者以着帯向方生気養者天徳月徳月空等方
中不当禁忌之方可用之
母屋庇間事
日遊在内之時者於庇可産不然之時者可用母屋也
切臍緒事
以銅刀切之近代以竹刀切之所用吉方竹又以箸管切

（3紙）

以銅刀切之近代次代刀切之所用吉方行又葉當初

勘文事

一沐浴事
寅申日并馬舎九坎戊没日令産者當日不動日時
沐浴を時者沐浴付不揖地八直云太用
過半可㐂く
子卯午酉又乙未丙午丁酉等㐂せ

可浸朿方
当歳徳　流水若當禁吉方　大歳下王相會
若不用天徳月徳月空等方之又歳徳歳後合月厭
合天道之方等吉也又歳徳歳後合月厭
合天道之方等吉例也

陽明門院　長和二年七月合　御誕生同七日丁酉合
九坎無真沙汰八日代有御湯殿事　世俗云七月合
不沐浴と云而有時議破用之する吉例欤

蔵脆長吉
甲乙日生（丙丁日生戊日）丙丁日生（戊日）戊己日生（庚辛日生）
庚辛日生（壬癸日生）壬癸日生（甲乙日生）
可蔵置脆改方用事
如取沐浴水方用　　（可煙方并可用方
　　　　　　　　　同沐浴水方）

令巳
一條院　正暦二年十二月七日己亥　行事院
五巻目例
鳥羽院　長承元年十二月七日己未　行事　東宮亮院
六甲寅奇日例
八歳日例
後冷院　永承元年十二月四日戊戌　行事院
高倉院　安元元年十二月四日乙亥　行事院
崇徳院　長承五年十二月三日乙巳　行事院
堀川院　康和三年十二月五日癸亥　行事院
村上天皇　天暦四年七月五日癸亥　行事　朱雀院
六甲寅奇日例
鳥羽院　永久元年十二月八日壬申　行事　院
　　　　　　　　　　　　　　　（中蔵頭俊國也）

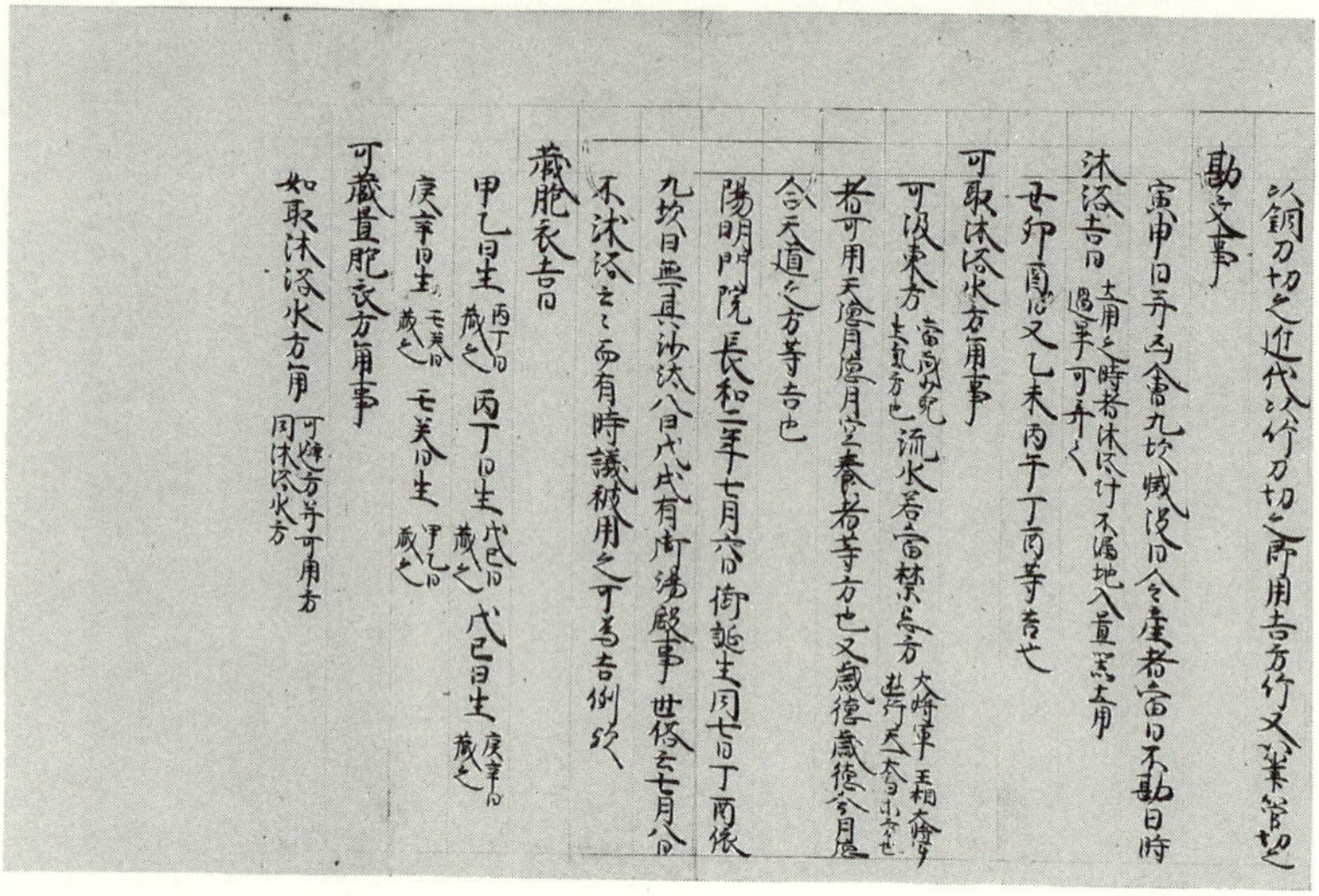

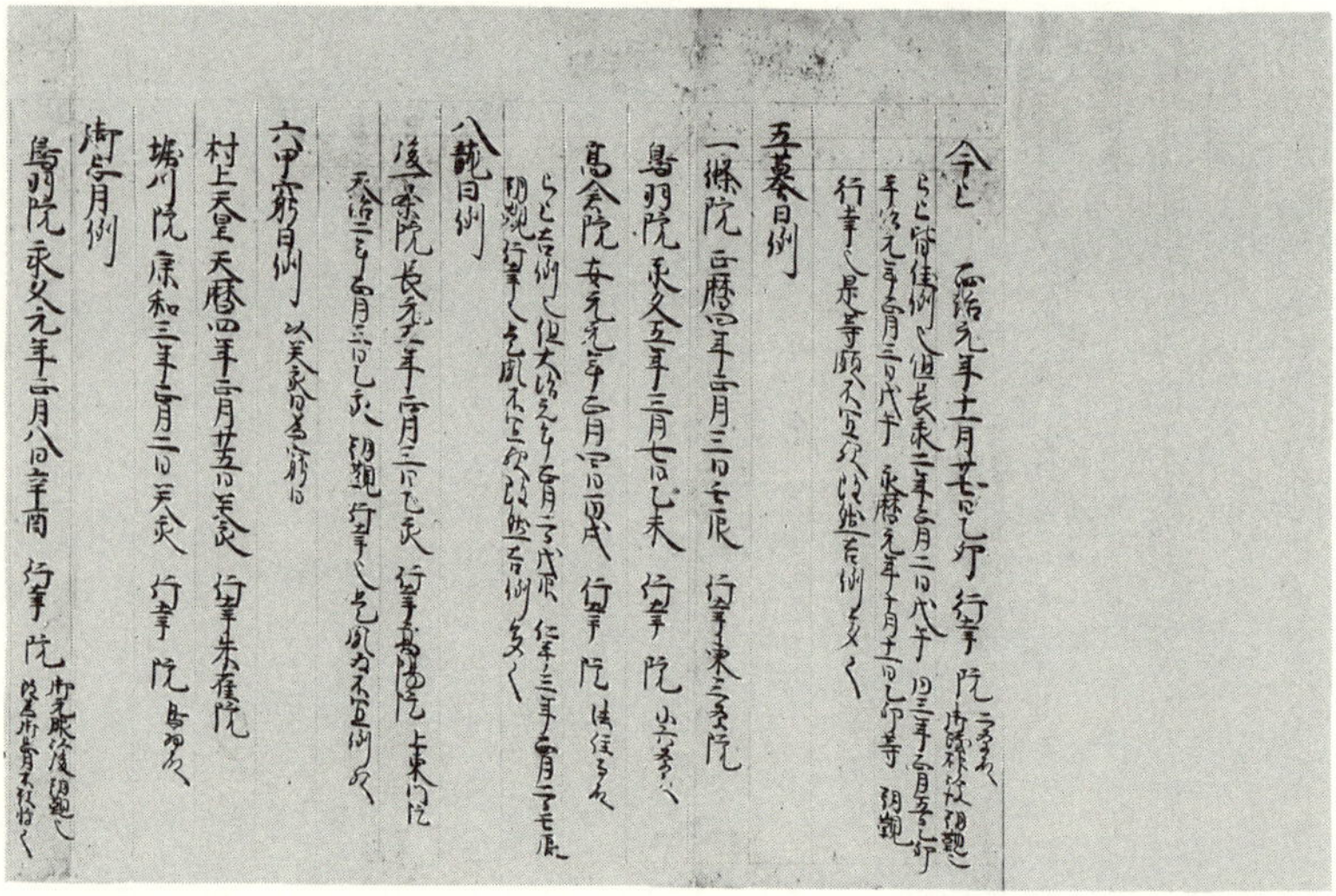

（４紙）

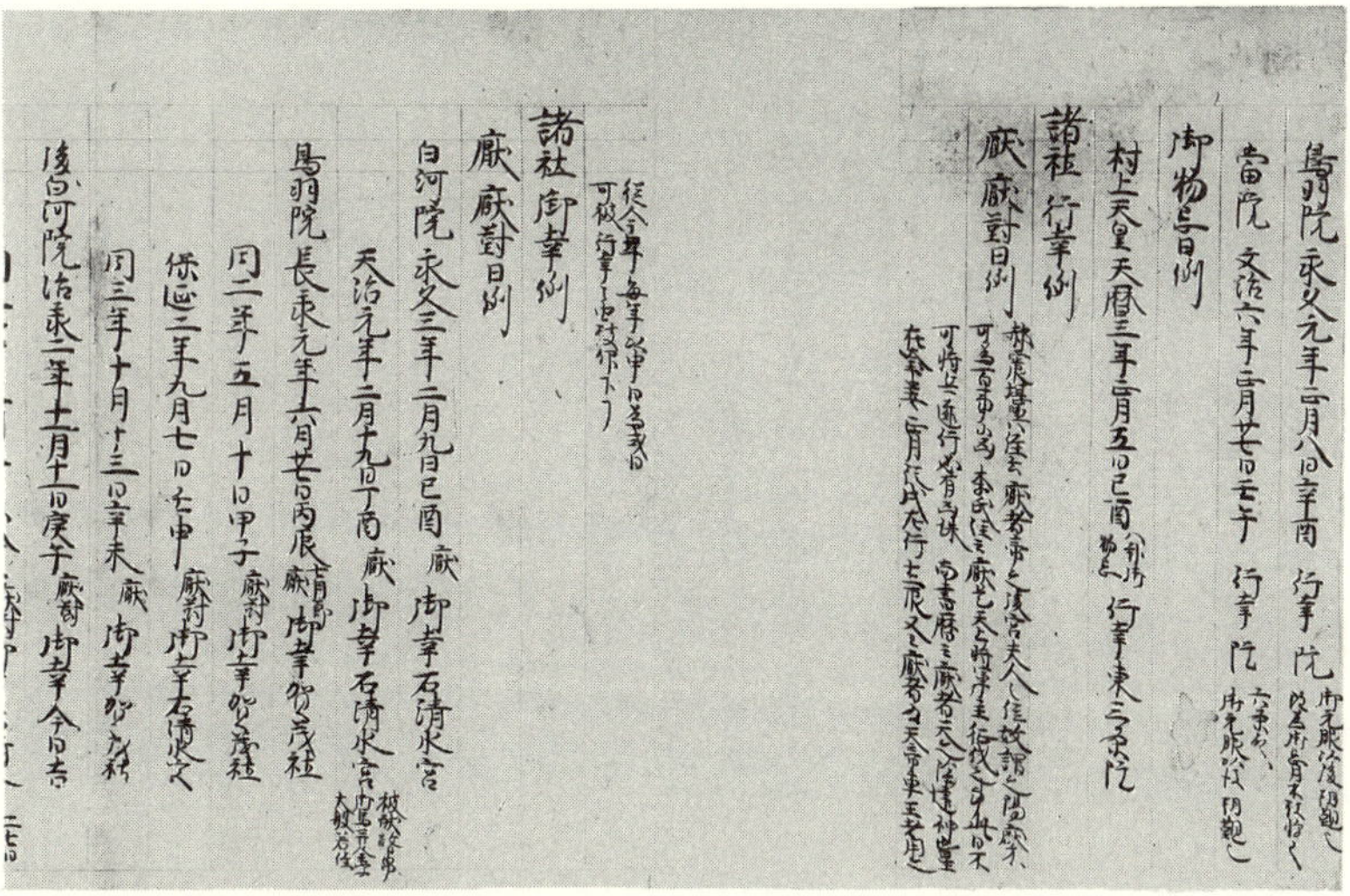

鳥羽院 永久元年十二月八日辛酉 行幸院
当院 文治六年正月廿七日壬午 行幸院
御物忌日例
村上天皇天暦三年正月五日己酉 行幸東三条院
諸社行幸例
厭厭対日例
諸社御幸例
厭厭対日例
白河院 永久三年二月九日己酉 厭 御幸石清水宮
天治元年二月十九日丁酉 厭 御幸石清水宮
鳥羽院 長承元年十一月廿二日丙辰 厭 御幸賀茂社
同二年五月十日甲子 厭対 御幸賀茂社
保延二年九月七日壬申 厭対 御幸石清水宮
同三年十月十三日辛未 厭 御幸賀茂社
後白河院 治承二年十月十日庚午 厭対 御幸今日吉

（５紙）

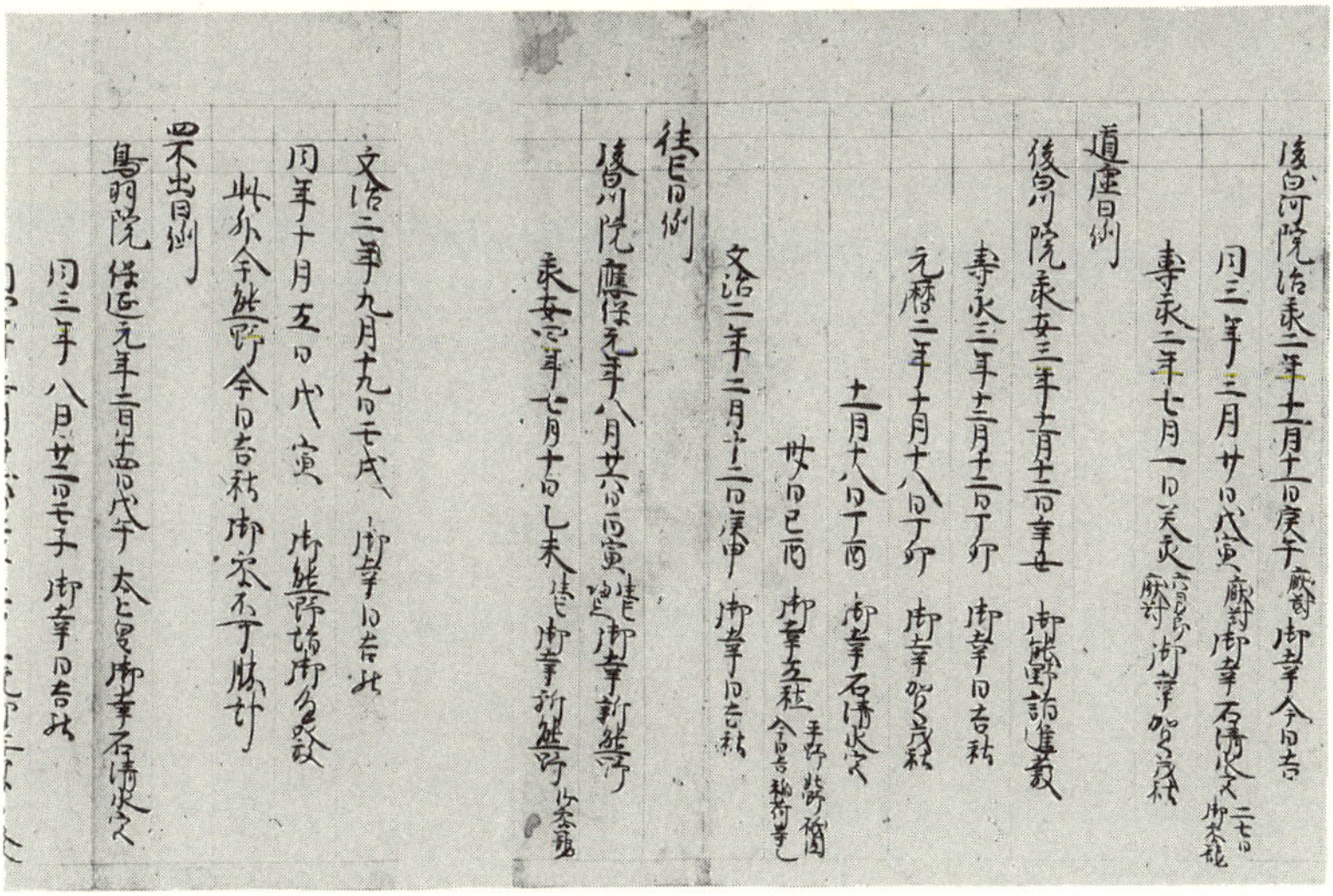

後白河院 治承二年十月十日庚午 厭対 御幸今日吉
同三年三月廿日戊寅 厭対 御幸石清水宮
寿永二年七月一日癸亥 厭対 御幸賀茂社
道虚日例
後白河院 承安三年十月十二日辛丑 御熊野詣進発
寿永三年十二月十二日丁卯 御幸日吉社
元暦二年十月十八日丁卯 御幸賀茂社
十一月十八日丁酉 御幸石清水宮
廿日己酉 御幸五社
文治二年二月十二日庚申 御幸日吉社
往亡日例
後白河院 應保元年八月廿六日丙寅 往亡 御幸新熊野
承安四年七月十日乙未 往亡 御幸新熊野
文治二年九月十九日壬戌 御幸日吉社
同年十月五日戊寅 御熊野詣御発
此外今熊野今日吉社御参不可勝計
四不出日例
鳥羽院 保延元年十二月十四日戊午 太白 御幸石清水宮
同三年八月廿二日壬子 御幸日吉社

（6紙）

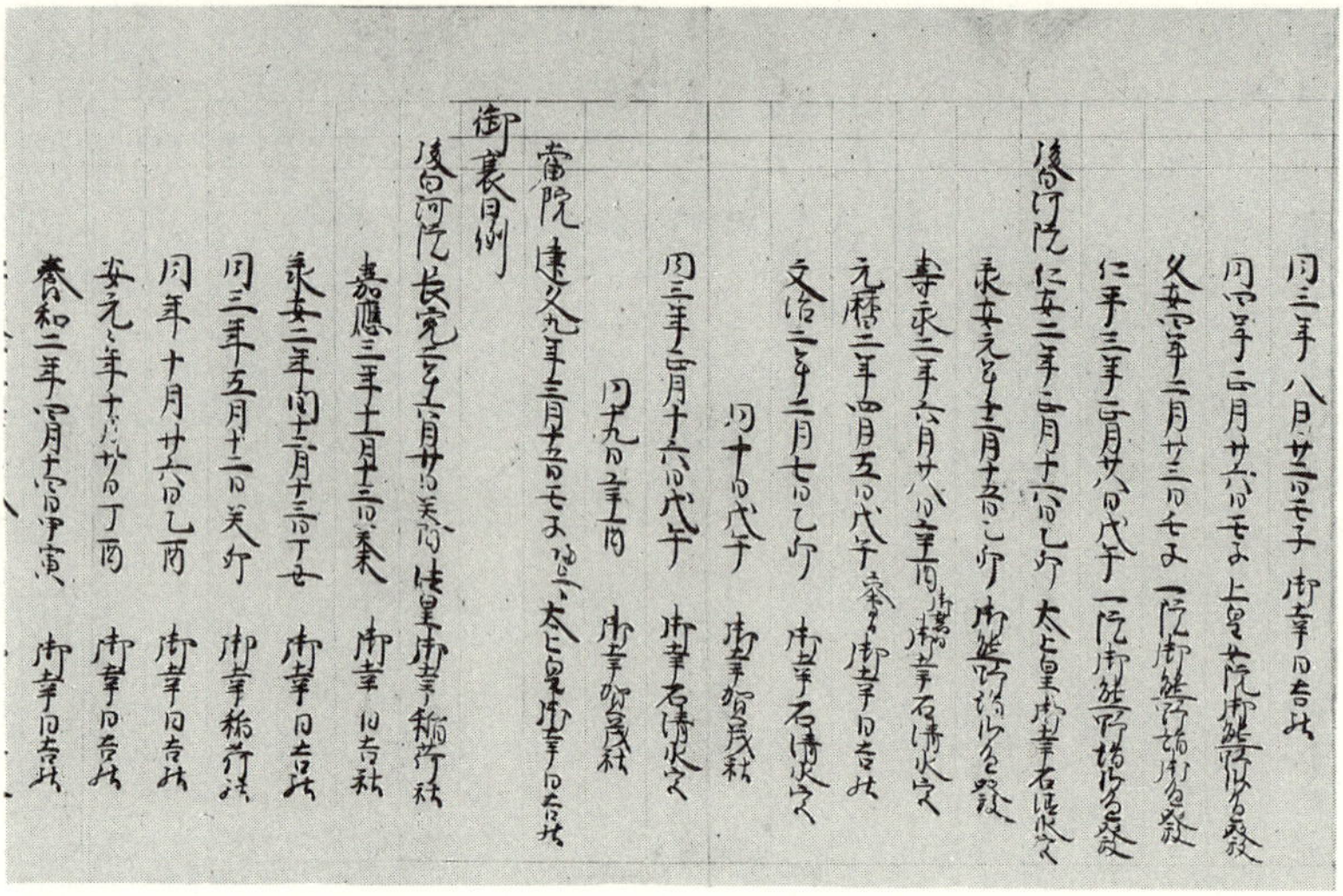
同三年八月廿三日壬子　御幸日吉社
同四年正月廿八日壬子　上皇女院御熊野詣御進発
久安四年二月廿三日壬子　一院御熊野詣御進発
仁平三年正月廿八日戊午　一院御熊野詣御進発
後白河院 仁安二年正月十八日乙卯　太上皇御幸石清水宮
承安元年十二月十五日乙卯　御熊野詣御進発
寿永二年六月廿八日辛酉　御幸石清水宮
文治三年二月七日乙卯　御幸石清水宮
元暦二年四月五日戊午　密々御幸日吉社
同十日戊午　御幸賀茂社
同三年正月十六日戊午　御幸石清水宮
当院 建久九年三月十五日壬子　太上皇御幸日吉社
同九日辛酉　御幸賀茂社
御衰日例
後白河院 長寛二年十二月廿日癸酉　法皇御幸稲荷社
嘉応三年十一月十三日癸未　御幸日吉社
承安二年閏十二月十三日丁亥　御幸日吉社
同三年五月十二日癸卯　御幸稲荷社
同年十月廿六日乙酉　御幸日吉社
安元々年十一月廿九日丁酉　御幸日吉社
養和二年正月十四日甲寅　御幸日吉社

（7紙）

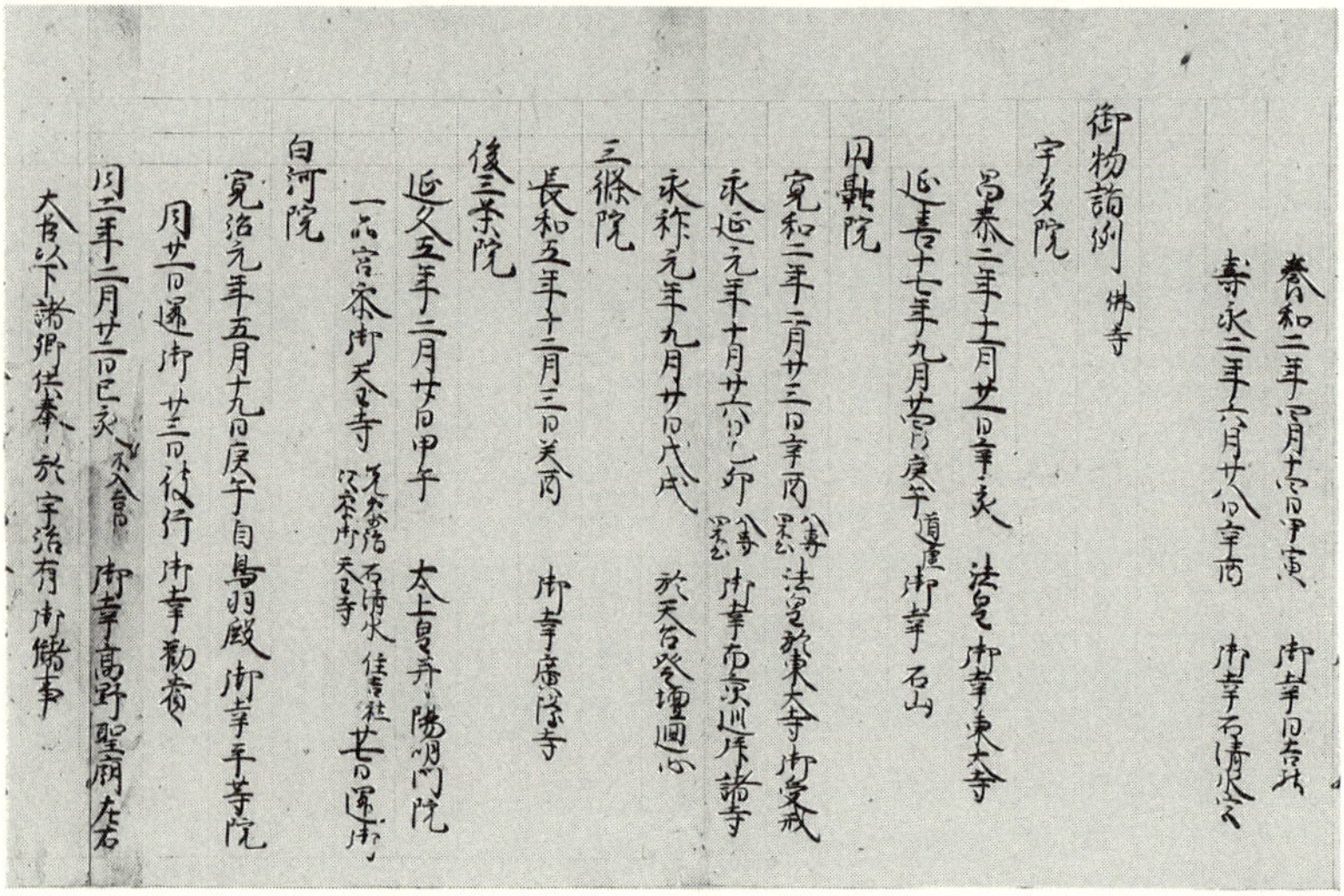
養和二年正月十四日甲寅　御幸日吉社
寿永二年六月廿八日辛酉　御幸石清水宮
御物詣例　仏寺
宇多院
昌泰二年十月廿四日辛亥　法皇御幸東大寺
延喜十七年九月廿四日庚午　道虚御幸　石山
円融院
寛和二年三月廿二日辛酉　法皇於東大寺御受戒
永延元年十月廿八日己卯　御幸南京巡礼諸寺
永祚元年九月廿日戊戌　於天台登壇廻心
三條院
長和五年十二月三日癸酉　御幸広隆寺
後三条院
延久五年二月廿日甲午　太上皇并陽明門院
一品宮参御天王寺　先於八幡石清水住吉社次参御天王寺　廿日還御
白河院
寛治元年五月十九日庚午　自鳥羽殿御幸平等院
同廿日還御　廿三日被行御幸勧賞
同二年二月廿二日己亥　御幸高野聖廟　左右
大臣以下諸卿供奉、於宇治有御儲事

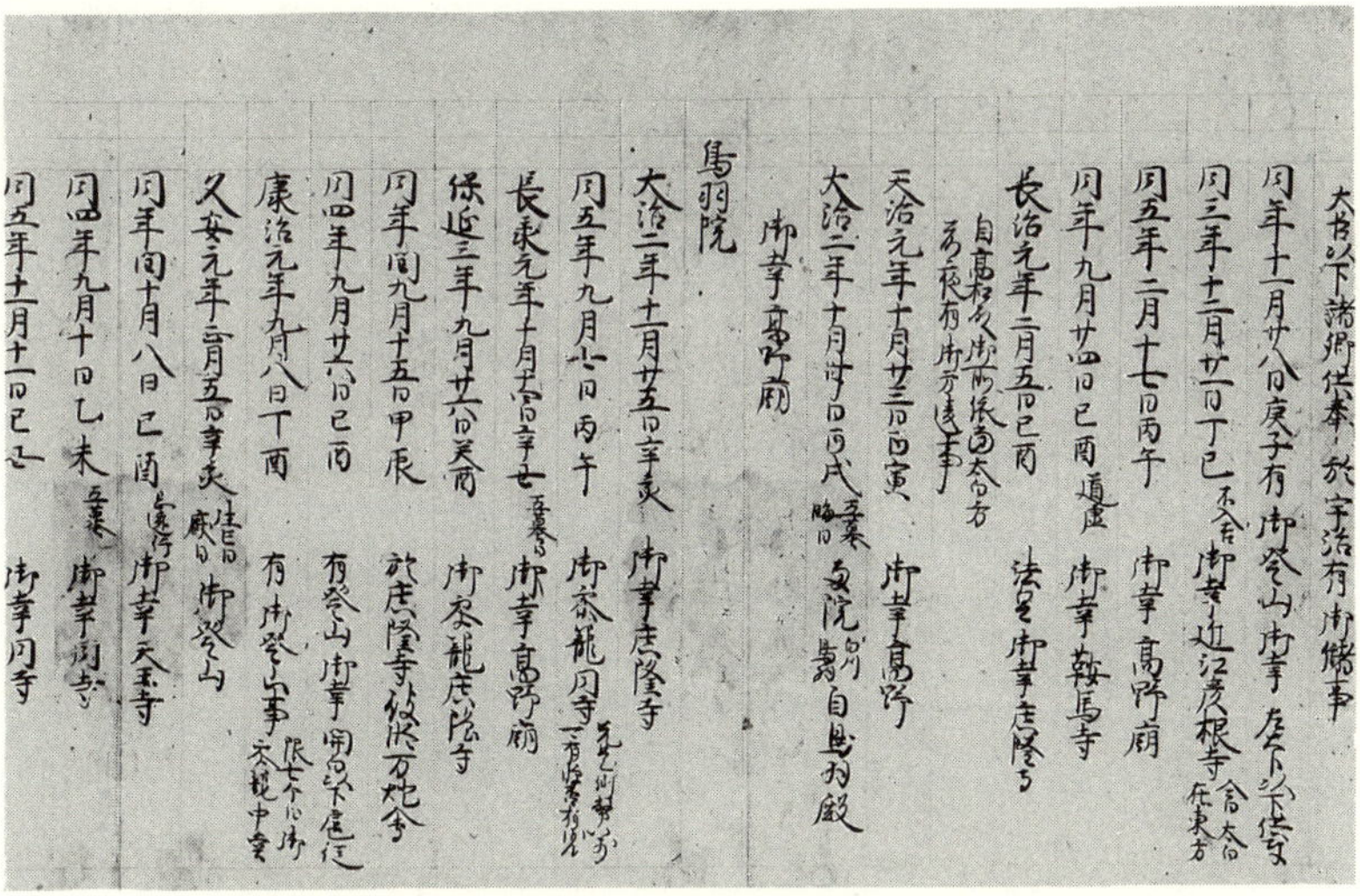

大臣以下諸卿供奉、於宇治有御儲事
同年十一月廿八日庚子有御登山御幸 左大臣以下供奉
同三年十二月廿日丁巳 不合 御幸近江彦根寺 合太白在東方
同五年二月十七日丙午 御幸高野廟
同年九月廿四日己酉 道虚 御幸鞍馬寺
長治元年二月五日己酉 法皇御幸広隆寺
自高松殿御所依西太白方 前夜有御方違事
天治元年十月廿三日丙寅 御幸高野
大治二年十月廿四日丙戌 五墓 晦日 女院別當自鳥羽殿
御幸高野廟
鳥羽院
大治二年十一月廿五日辛亥 御幸広隆寺
同五年九月七日丙午 御参龍円寺
長承元年十月十七日辛丑 五墓 御幸高野廟
保延三年九月廿六日癸酉 御参籠広隆寺
同年閏九月十五日甲辰 於広隆寺被供万灯会
同四年九月廿六日己酉 有登山御幸 関白以下扈従
康治元年九月八日丁酉 有御登山事 限七ヶ日御参籠中堂
久安元年十月五日辛亥 往亡 厭日 御登山
同年閏十月八日己酉 五墓 遊行 御幸天王寺
同四年九月十日乙未 五墓 御幸同寺
同五年十一月十一日己巳 御幸円寺

（8紙）

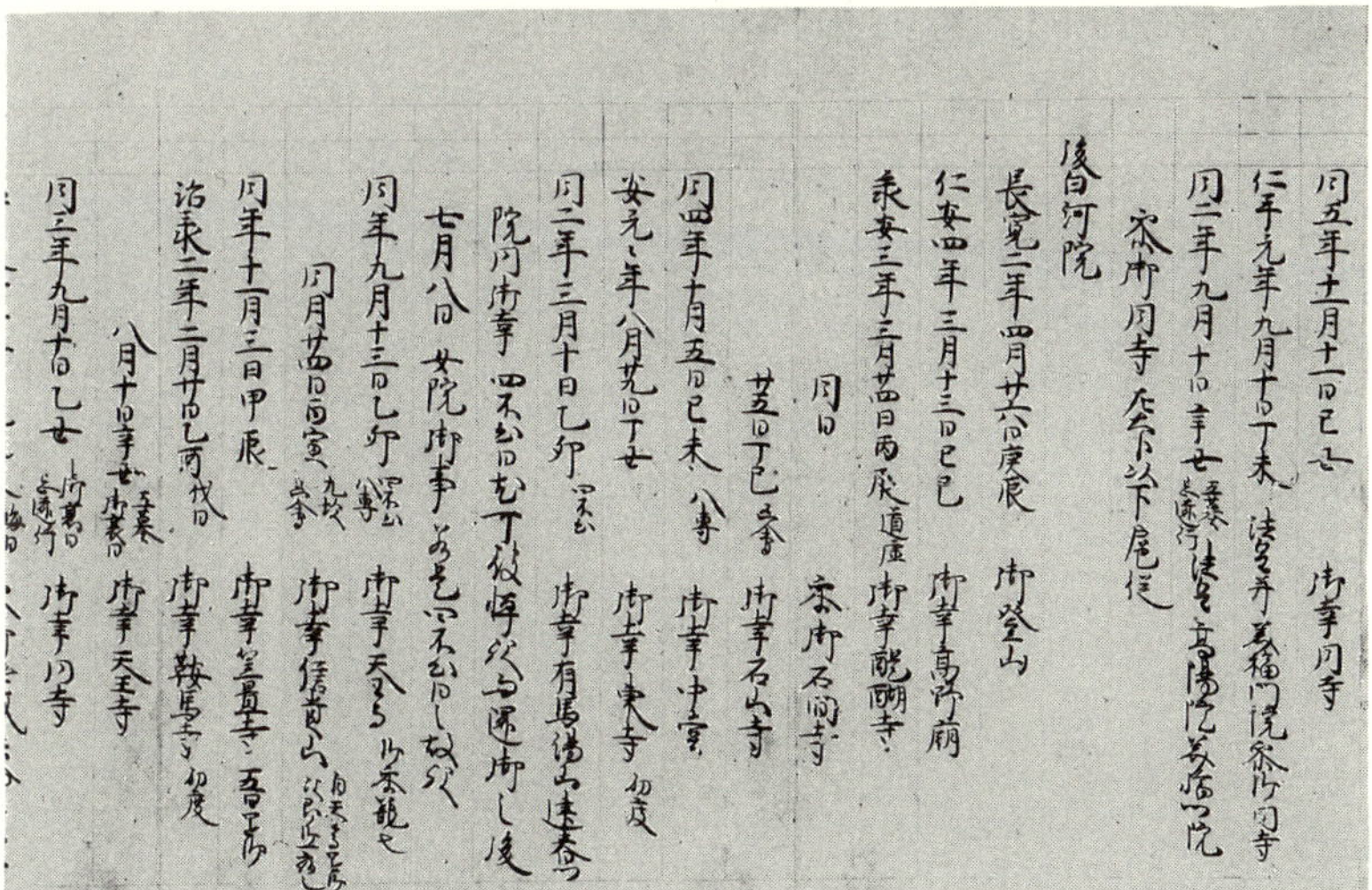

同五年十一月十一日己巳 御幸円寺
仁平元年九月十七日丁未 法皇并美福門院参御円寺
同二年九月十日辛丑 五墓 遊行 法皇高陽院美福門院
参御円寺 左大臣以下扈従
後白河院
長寛二年四月廿六日庚辰 御登山
仁安四年三月十三日己巳 御幸高野廟
承安三年三月廿四日丙辰 道虚 御幸醍醐寺
同日 参御石間寺
廿五日丁巳 五墓 御幸石山寺
同四年十月五日己未 八専 御幸中堂
安元々年八月廿九日丁丑 御幸東寺 初度
同二年三月十日乙卯 四不出日 御幸有馬温山 建春
門院御幸 四不出日也、可被慎歟、而遂御之後
七月八日 女院御事 名無四不出日之故歟
同年九月十三日乙卯 四不出 八専 御幸天王寺 御参籠也
同月廿四日丙寅 九坎 帰忌 御幸信貴山
同年十一月三日甲辰 御幸皇寛寺 五日下向
治承二年二月廿日乙酉 伐日 御幸鞍馬寺 初度
八月十日辛丑 五墓 御衰日 御幸天王寺
同三年九月十日乙丑 御衰日 遊行 御幸円寺

（9紙）

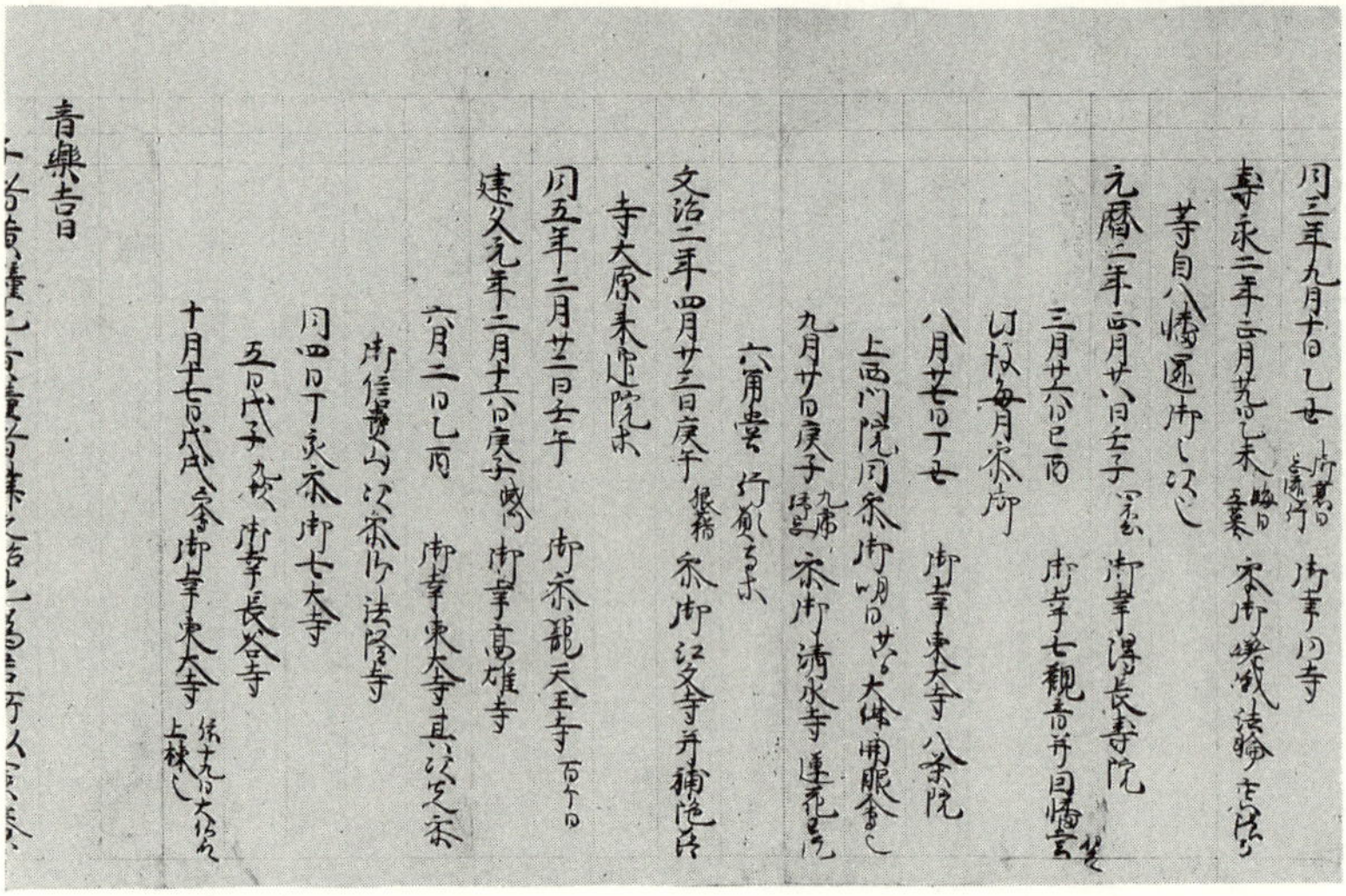

（10紙）

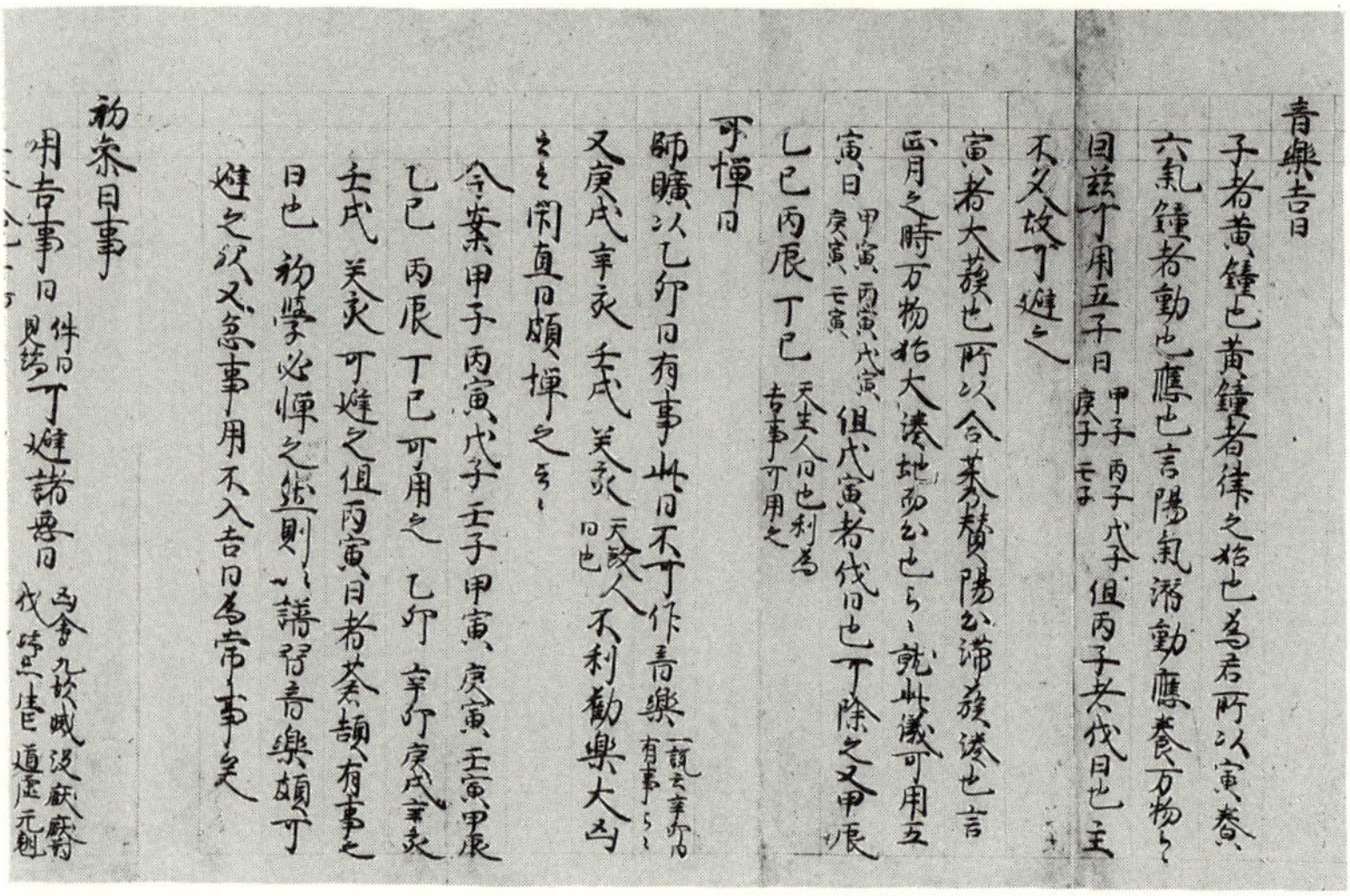

（11紙）

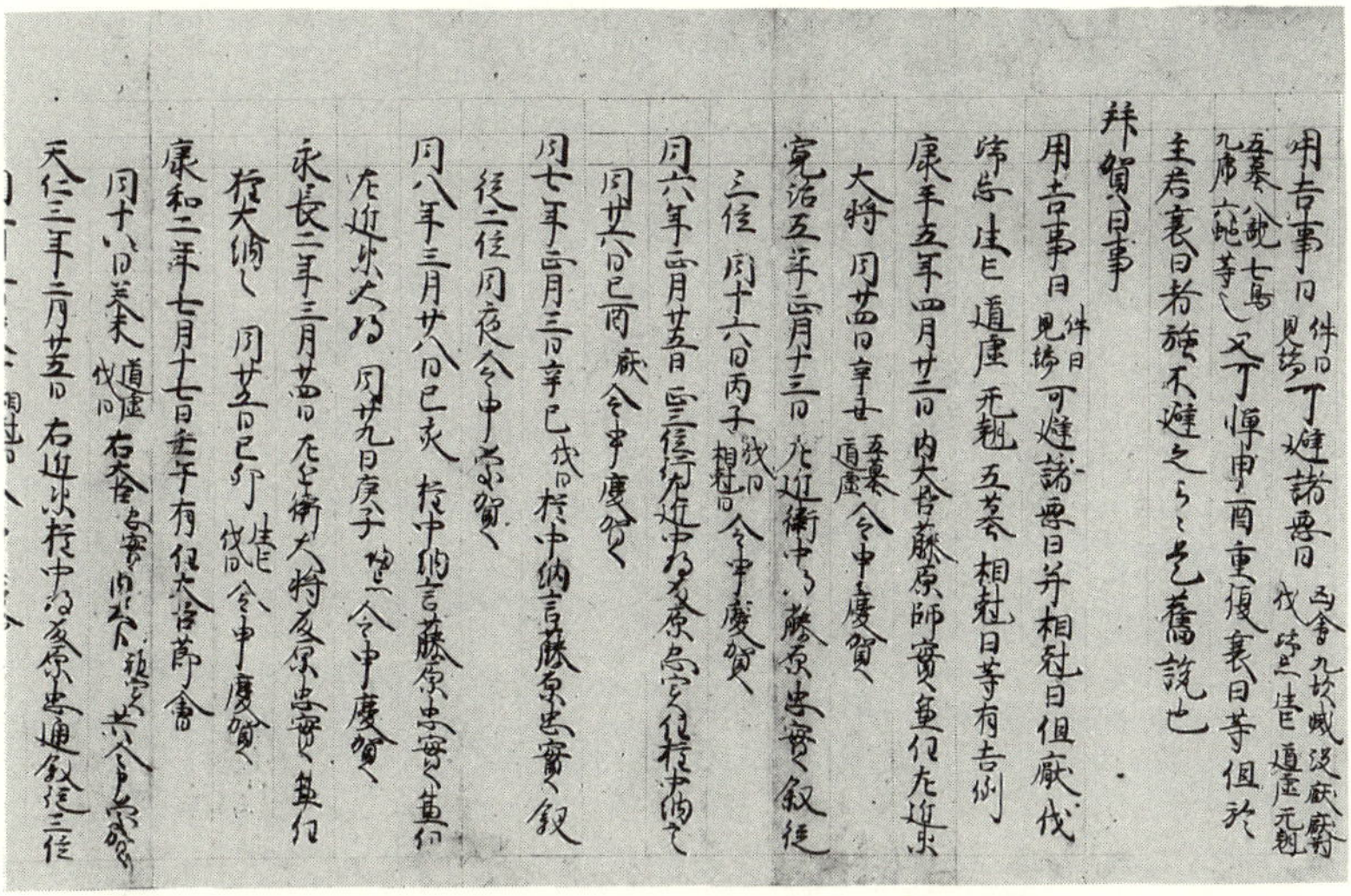
用吉事日　件日見錺丁避諸惡日　已上滅門九坎厭没厭對伐錺己往亡道虚元朔
五墓八龍七鳥九虎六蛇等也、又丁憚重復衰日等、但於
主君衰日者雖不避之云〻是舊説也
拜賀日事
用吉事日　件日見錺可避諸惡日并相剋日、但厭伐
錺己往亡道虚元朔五墓相剋日等有吉例
康平五年四月廿二日　内大臣藤原師實兼任左近衛
大将　同廿四日辛丑　五墓道虚　令申慶賀
寛治五年正月十三日　左近衛中将藤原忠實叙従
三位　同十六日丙子　伐日相剋日　令申慶賀
同六年正月廿五日　正三位行左近中将藤原忠實任権中納言
同廿八日己酉　厭　令申慶賀
同七年正月三日辛巳　伐日　権中納言藤原忠實叙
従二位　同夜令申慶賀
同八年三月廿八日己亥　権中納言藤原忠實兼任
左近衛大将　同廿九日庚子　往亡　令申慶賀
永長二年三月廿四日　左近衛大将藤原忠實兼任
権大納言　同廿五日己卯　往亡伐日　令申慶賀
康和二年七月十七日壬午　有任大臣節會
同十八日癸未　道虚伐日　右大臣忠實内大臣□□共令申慶賀
天仁三年三月廿五日　右近衛権中将藤原忠通叙従三位

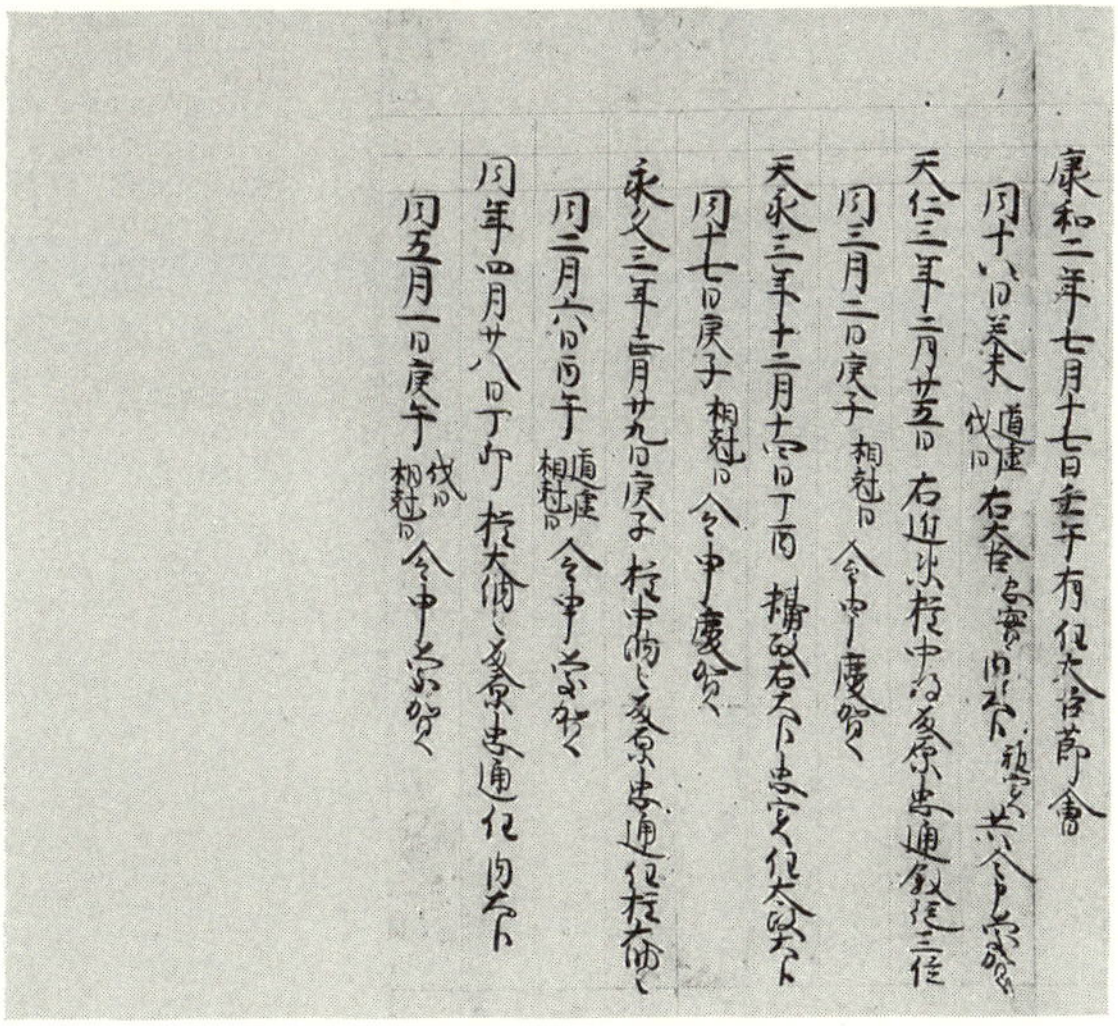
康和二年七月十七日壬午有任大臣節會
同十八日癸未　道虚伐日　右大臣忠實内大臣□□共令申慶賀
天仁三年三月廿五日　右近衛権中将藤原忠通叙従三位
同三月二日庚子　相剋日　令申慶賀
天永三年十二月十四日丁酉　攝政右大臣忠實任太政大臣
同十七日庚子　相剋日　令申慶賀
永久三年正月廿九日庚子　権中納言藤原忠通任権大納言
同二月六日丙午　道虚相剋日　令申慶賀
同年四月廿八日丁卯　権大納言藤原忠通任内大臣
同五月一日庚午　伐日相剋日　令申慶賀

伏見宮本『陰陽博士安倍孝重勘進記』翻刻

凡　例

一、本書の底本は、宮内庁書陵部所蔵の伏見宮本（函架番号　伏―二〇三五）である。

一、校訂上の基準は、凡そ次の通りである。

1　文中に読点、並列点を便宜加えた。

2　底本の文章や文字に抹消による訂正がある場合、抹消文字はその左側に見せ消し記号ゝを施した。

3　字体は常用漢字を用い、異体字・略体字は正字に改めたが、特殊な文字など一部底本の字体をそのまま採用したところもある。

4　校訂注は、底本の文字に関するものは〔　〕、参考および人名などの説明のためのものは（　）で示した。

5　底本の紙替りは、各紙の終わりに」を付して示し、その紙の始めに当たる部分の行頭に紙数を（1紙）（2紙）の如く示した。

一、上欄に、本文中の主要な事項その他を標出した。

一、編者による按文は〇印を付して記した。

「陰陽博士安倍孝重勘進記　一」（外題）

（前欠）

○移徙吉日ノ事例ヨリ続ク

（１紙）一、忌遠行日例

御移徙忌遠行日の例
平安京遷都

延暦十三年十月廿一〔三〕日辛酉、忌遠行日、四不出日、自長岡京遷都平安京、

御移徙火曜日の例

一、火曜日例

延暦十三年十月廿一〔三〕日辛酉、火曜、遷都平安京、

朱雀上皇母后穏子の新造御所へ遷御

天暦六年四月十五日庚子、火曜、（朱雀）太上皇遷御新造皇后御所、（太皇太后藤原穏子）

寛弘八年八月十一日壬子、火曜、（三条）天皇遷幸内裏、御受禅之後初度也、

永承六年七月十九日丁卯、火曜、（後冷泉）天皇遷幸冷泉院、回禄之後新造也、

応徳元年二月十一日庚辰、火曜、（白河）天皇遷幸新造三条皇居、

寛治三年七月廿日戊子、火曜、（白河）太上皇遷御六条第、新造、

高陽院小寝殿

永長二年十月十一日辛卯、火曜、（堀河）天皇遷幸高陽院小寝殿、

東山殿
応保元年四月十三日乙卯、火曜、太上皇（後白河）渡御新造東山殿、

水無瀬殿
元久二年八月十三日丁卯、火曜、当院（後鳥羽）渡御水無瀬殿、修造之後渡御也、有黄牛・御反閇事、

御移徙不入吉日の例
一、不入吉日例 付四不出日例

延暦十三年十月廿一〔二〕日辛酉、不入吉日、四不出日、遷都葛野京、平安京也、

寛弘八年八月十一日壬子、不入吉日、四不出日、天皇（三条）遷幸内裏、御受禅以後初度、

反閇
長元六年八月十九日壬子、不入吉日、四不出日、女院（上東門院藤原彰子）渡御上東門院、号京極殿、有御反閇、」

寛治元年八月廿八日丁未、不入吉日、太上皇（白河）遷御摂政（藤原師実）大炊御門第、

（２紙）

反閇
永暦二年四月十三日乙卯、応保元年也、不入吉日、四不出日、太上皇（後白河）渡御新造東山殿、有水火・黄牛・御反閇等事、

反閇
仁安二年正月十九日戊午、不入吉日、四不出日、太上皇（後白河）遷御新造法住寺殿、有水火・黄牛・御反閇事、

反閇
嘉応二年三月廿日辛未、不入吉日、太上法皇（後白河）自河東七条殿移御新造鳥羽殿、有水火・黄牛・御反閇事、

御移徙の作法なし
承安四年十一月廿七日庚戌、不入吉日、太上法皇（後白河）渡御法住寺南殿東小寝殿、建春門院（平滋子）同渡御也、無御移徙作法、

御移徙御物忌日の例
一、御物忌日例

康平三年八月十一日丁卯、御物忌日、天皇（後冷泉）自三条第遷幸新造高陽院、回禄之後新造也、

御移徙作法事
一、御移徙作法事

平安京遷都時童男に緑色衣を着せしむ

桓武天皇延暦十三年十月廿一〔二〕日辛酉、自長岡京遷幸葛野京、後号平安京、令童男十人着緑色衣、牽黄牛十頭、挟路相候、東西各五頭、陣烈〔列〕御輿前云云、

桓武天皇の御生気乾に在り

天皇御年五十八、御生気在乾、童男可着白色衣歟、雖然令着緑色衣、是依禁火事被用水色歟、」

（後欠）

○陰陽寮勘申遷幸内裏作法事ニ続ク

（第二帖）

（外題）
「陰陽博士安倍孝重勘進記　二」

（前欠）

○件方方違事ノ文ヨリ続ク（大将軍方）

（１紙）

以卌五日以上宿住之所、為本所之故也、本所之後者、雖一夜宿畢者、其忌留本宅者也、

居旅所之人、不満卌五日可違之、旅所者他人之宅也、

仮令立春前夜違方之後、毎至卌五日可避之、

今案、演此等説、当世之輩廻意慮、或臨時儲本所、令改年来之住所、或禁忌方為儲本所、先経一宿次取券契、又令一宿畢之後、令用本所、如此等之儀、頗雖以模旧跡、偏是近代之説也、

又非移徙、非方違、只行住彼方、経卌五日已上者尤有憚、卌五日以内可還本所也、

又雖不還本所、令移宿他方者無憚、但下向任国之輩不避之、然者非凡人之事歟、

又久宿住他所欲帰住本所之時、当大将軍方更無憚、是還本所無禁忌之故也、

大将軍方犯土忌否事
大将軍方に当り犯土造作を忌む例

件(大将軍方)方犯土造作忌否事

曳地居礎事可忌、　立柱上棟事可忌、
打足堅下桁事可忌、　立束柱事可忌、
打上下長押事可忌、　塗壁幷壊事可忌、
置立蔀土居事可忌、　踏檜垣幷壊事可忌、
立門戸屏等事可忌、　築垣幷置土棟事可忌、
立垣形居唐居敷事可忌、　堀(掘)井幷居筒堀(掘)池事可忌、
造橋事可忌、　塗竈事可忌、」(2紙)
葺瓦裏土棟事可忌、　殖樹木事可忌、

打立堺杭事可忌、　築壇事可忌、
造地火爐入土事可忌、　移徙事可忌、
安置供養仏像事可忌、　産所可忌、
渡病者可忌、

大将軍方に当るも犯土造作を忌まざる例

入杣採材木事不忌、　売買地事不忌、
打地丈尺事不忌、　始木作事不忌、
結麻柱事不忌、　立榑〔搏〕風関板事不忌、
敷板敷板事不忌、　壁志達事不忌、
造立天井格子遣戸障子事不忌、　立妻戸事不忌、
大床上透垣不忌、　造檻欄事不忌、
葺檜皮事不忌、　立切懸事不忌、
結木柴垣事不忌、　塗石灰事不忌、
替井水事不忌、　堀〔掘〕立鞠切立事不忌、

大将軍遊行方事

大将軍遊行方事

暦例

暦例云、大将軍常以子日出遊、至于巳日乃還、出遊之日其所可興功造屋、以五日内令

訖之、大吉、然所遊之郷不可犯、凶禍立至也、

今案、従甲子日五箇日遊東者、只可忌卯方一辰、不避前後也、遊南西北等之時准之、

依彼暦例之文、於修理者、不論大少遊行他方之間、不憚之、

件方犯土造作忌否事」

○若杉家本第五冊第三紙ニ接続ス

（中欠）

○土公出遊方事ヨリ続ク

（3紙）

従甲子日六箇日遊北、従戊寅日六ケ日遊東、

従甲午日六ケ日遊南、従戊申日六ケ日遊西、

仮令遊北之時、可忌子方一辰也、自余東南西等方、皆忌正方一辰、件出遊方不可犯

土也、於他事者強不禁之、

已上如此、惣大将軍遊行・天一・太白・土公出遊方等、於連日犯土造作者不憚之、

八卦方事

八卦方事

遊年・禍害・絶命・鬼吏等方可憚之、但至于臣下者、遊年之外不憚之、又遊年在坤之

八卦方忌臣下は遊年以外憚らず

歳、不造作云々、雖然他方犯土造作、先例不禁之、

八卦方方違事

八卦方忌否事

犯土造作の類はすべて憚る

本文

犯土造作吉日

造神社事

旧説

同方方違事

同大将軍方、但不論本所他所、以立春節分夜、（立春前日夜也、）宿住所為本所、不然者以久住所為本所、（久住者、卌五日以上宿住之所也、）

同方忌否事

犯土造作之類皆憚之、其外可忌之文不見、但不可触犯云々、禍害方同之歟、

絶命・鬼吏方同之、但移徙・嫁娶・産生同可憚之由、見本文、

犯土造作吉日

甲子、辛未、癸酉、甲戌、庚辰、戊子、庚寅、辛卯、戊戌、庚子、壬寅、癸卯、甲辰、「己酉、庚戌、壬子、甲寅、乙卯、「己未、」

○若杉家本第五冊第一紙ニ接続ス

（中欠）

（4紙）

造神社事

旧説云、不避八神之禁忌、（以朱雀・白虎足日為造作之、最凶、雖然至于神社者、不憚之、此外玄武・青龍頭・脇・足日等者、更不及禁否之沙汰者也、）又天火・地火・天燭・龍口・丙・丁・午日不憚之、寅・戌日同不憚之、又先例不避禁忌方、（大将軍・王相・大将軍遊行・天一・太白・土公出遊等方也、）但於年限造営者不憚之、至于臨時造立者可禁之歟、又九月修造例存之、

伊勢神宮修造土用を避けず

又伊勢太神宮強不避土用云々、他社可准之歟、但可依社家之習歟、

朱雀日造神社の例

朱雀日造神社例

康和五年三月十四日、伊勢太神宮遷宮日時定也、

立心柱、今月廿五日甲辰、朱雀日、勘申之、泰長(安倍)・貞義(菅野)、

天永元年七月廿五日、同宮遷宮日時定也、

始木作、八月一日丁酉、朱雀日、家栄(賀茂)・泰長・宗明(安倍)連署勘申之、

同三年七月廿一日、伊勢豊受太神宮遷宮日時定也、

立心柱、八月一日戊戌〔乙酉〕、朱雀日、光平(賀茂)・泰長・家栄連署勘申之、

保元三年十二月廿八日、宇佐宮正宮造作日時定也、

立柱上棟、明年十月九日己未、朱雀日、在憲(賀茂)・済憲(賀茂)連署勘申之、

平治元年七月十八日、竈門下宮神殿造立日時定也、

立柱上棟、十月九日己未、朱雀日、在憲・泰親(安倍)・宣憲(賀茂)・信業(安倍)・済憲・季弘連署勘申之、

永暦元年八月五日、日吉社二宮十禅師宝殿造立日時定也、

立柱上棟、十月十七日辛酉、朱雀日、在憲・周平(賀茂)・信業・時晴(安倍)連署勘申之、

白虎足日造神社の例

(一字上ゲトスベキカ)白虎足日例

長元九年二月廿四日、賀茂下社御殿造改日時定也、」

（中欠）

造御願寺入杣採材木事（5紙）

○造御願寺日次例ヨリ続ク

入杣採材木事、大将軍・王相・大将軍遊行・天一・太白・土公出遊等方并土用、不憚之、

点地、木作始、築壇、居礎、立門、已上、不避八神悪日、

上棟事、造作吉日与三宝吉日相并日、可被用之、但無相并日者、可被用造作吉日也、

造御願寺立柱上棟日例

立柱上棟日例（立柱上棟日例ノ下、小書ニテ約十字ヲ記スモ揩リ消ス）

円宗寺

円宗寺

延久二年二月廿九日庚寅、玄武日、三宝上吉、金堂棟上、

同年三月十九日庚戌、白虎脇日、三宝不入吉、灌頂堂棟上、

同年十月七日甲子、青龍脇日、造作宜日、三宝不入吉、法華堂棟上、

同年同月十六日癸酉、青龍足日、造作用日、三宝中吉、常行堂棟上、

法勝寺

法勝寺

承保二年八月十三日壬寅、玄武日、三宝中吉、金堂棟上、

同三年十月廿六日己酉、白虎頭日、三宝上吉、阿弥陀堂棟上、

今日　被立直金堂、
承暦元年十月廿七日甲辰、白虎脇日、三宝中吉、三昧堂棟上、
永保元年十月廿七日庚寅、白虎脇日、三宝下吉、立御塔心柱、
同日庚辰、薬師堂・法華堂棟上、
応徳二年七月十日壬寅、白虎頭日、三宝中吉、常行堂棟上、

尊勝寺

尊勝寺
康和三年八月十三日壬寅、玄武日、三宝中吉、金堂棟上、
同年十月十三日庚子、玄武日、三宝中吉、立御塔心柱、
同六年八月二日癸卯、白虎頭日、三宝下吉、阿弥陀堂棟上、
長治二年七月八日癸卯、青龍足日、三宝下吉、法華堂棟上、」

（6紙）

最勝寺

最勝寺
元永元年七月廿三日癸卯、青龍脇日、三宝下吉、金堂棟上、
同日癸卯、立御塔、

成勝寺

成勝寺 為不快例、
保延四年六月十九日癸酉、木作始、

同年十月廿七日庚寅、白虎脇日、三宝下吉、金堂棟上并立諸門、
同五年三月十日庚寅、白虎頭日、三宝上吉、鐘楼・経蔵棟上、

延勝寺

延勝寺
久安三年十月十日庚子、白虎頭日、三宝中吉、金堂棟上、
　同日庚子、　立御塔、

成勝寺の例により庚辰日金堂棟上は憚るとの説

已上、六勝寺造立日次如斯、但庚辰日金堂棟上可被憚之歟、依為成勝寺例也、庚寅・壬寅日等、尤可被用歟、

御移徙吉日

移徙吉日
甲子、乙丑、丙寅、丁卯、甲戌、丁丑、庚辰、壬午、戊子、庚子、庚寅、辛卯、甲午、戊戌、庚子、壬寅、癸卯、甲辰、甲辰、丙午、甲寅、丙辰、
白虎頭日、二日、十日、十八日、廿六日、此日移徙、富貴得財物、大吉、
白虎脇日、三日、十一日、十九日、廿七日、此日移徙、不出二年致富如願、吉、
白虎足日、四日、十二日、廿日、廿八日、此日移徙、其年遭盗賊、亡財、
玄武日、五日、十三日、廿一日、廿九日、此日移徙、其年亡財物六畜、
　今案、白虎頭并脇日為上吉、白虎足・玄武日非殊凶、当支干吉日者可用之、且先例

多存之故也、」

（後欠）

（第三帖）

八専日仏事の例　（1紙）

（外題）
「陰陽博士安倍孝重勘進記　三」

（前欠）

○八専日仏事例ノ事例ヨリ続ク、若杉家本第四冊第十三紙ニ接続ス

康和元年五月十二日甲寅、八専、公家（堀河天皇）被始行大般若御読経、七箇日、為止瘴煙也、
長治二年三月廿四日辛酉、八専、於大極殿被行大般若御読経、依御（堀河天皇）薬御祈也、
天仁二年七月十六日己未、八専、於延暦寺被行千僧御読経、依臨時御祈也、
天永二年八月廿三日癸丑、八専間、被行最勝講、去五月（二十一日）延引、今日被始行之、
同年同月廿八日戊午、八専間、於南殿被行臨時仁王会、
元永二年五月十四日己未、八専、於天台山被行千僧御読経、依臨時御祈也、
保安元年三月十四日甲寅、八専、於清涼殿被転読大般若経、請僧卅口、依臨時御祈也、又今
日被始行円宗寺最勝会、依式日延引、今日被行之、

同年同月十五日乙卯、八専、公家(鳥羽天皇)於法勝寺被行千僧御読経、上皇(白河法皇)有臨幸、依天下咳嗽〔嗽〕
御祈也、
同二年五月廿一日甲寅、八専、於賀茂上・下社被供養金泥最勝王経、右中弁雅兼(源)朝臣参向行事、又於
最勝寺被造始百躰三尺延命像、依御薬御祈也、
同三年二月廿六日乙卯、八専、被行臨時仁王会、
保延四年八月四日丁巳、八専、上皇(鳥羽)於法勝寺被行如説仁王会、
同年十月二日乙卯、八専、上皇於延暦寺被行千僧御読経、」
久安二年十月卅日丙辰〔寅〕、(マヽ)八専間、於法金剛院有一切経会事、両院(鳥羽法皇・崇徳上皇)御幸、

（2紙）

不入吉日仏事の例

不入吉日仏事例
貞観三年三月十四日戊子、不入吉、修補東大寺設会供養、
天永元年八月廿八日甲子、不入吉、於南殿被行仁王経御読経、
嘉承元年七月二〔三〕日辛卯〔壬辰〕、(マヽ)不入吉、於神泉苑被行孔雀経御読経、
永久五年六月廿二日己卯、不入吉、自今日三箇日、於南殿被行仁王経御読経、百口、又於
延暦寺被行千僧御読経、依旱魃御祈也、
同年七月二日戊子、不入吉、於神泉苑被行孔雀経御読経、

元永元年五月十四日乙未、不入吉、五墓、於法勝寺被行千僧御読経、仁王経、依世間不静也、
保安三年三月廿九日戊子、不入吉、太上皇（白河法皇）於法勝寺被行千僧御読経、薬師経、依臨時御祈
也、上皇有臨幸、
保元二年七月十六日己卯、不入吉、於延暦寺被行千僧御読経、

丙寅・丁卯日仏事

丙寅・丁卯日事
安和年中（二年）、（藤原）済時大将以丙寅日（七月二十一日）行賀父大臣（藤原師尹）五旬算之法事、年中大臣有事（十月十五日師尹薨去）、
寛弘年中、具平親王以丁卯日被修仏事、（荘子女王）母氏周忌法事也、其年中有事（七月二十八日具平親王薨去）、
是六家説之中、春苑玉成令称大凶之由、其説符合云云、」
今案、安和・寛弘以後、丙寅・丁卯日恒例臨時仏事例、不可勝計歟、

（３紙）

丙寅・丁卯日仏事の例

丙寅・丁卯日仏事例
永久二年二月廿日丙寅、太上皇（白河法皇）於法勝寺被行千僧御読経、観音経、依臨時御祈也、即有
臨幸、
同四年（五カ）八月十一日丙寅、太上皇於法勝寺被行千僧御読経、観音経、依臨時御祈也、上皇臨
幸、
大治三年六月十三日丙寅、太上皇於法勝寺被行千僧御読経、三院（白河法皇・鳥羽上皇・待賢門院藤原璋子）御幸、

（4紙）

長承二年正月十一日丁卯、上皇（鳥羽）於新御堂御所有尊勝陀羅尼供養事、
保延元年四月廿三日丙寅、太上皇於法勝寺被行如説仁王会、依世間不静也、両院（鳥羽上皇・待賢門院）御幸、
天養元年七月十七日丙寅、於法勝寺被行如説仁王会、依嘉蓮御祈也、上皇（鳥羽法皇）有御幸、
久安元年九月廿四日丁卯、一院（鳥羽法皇）於白河北殿奉為故女院（待賢門院）有御修善事、
同四年五月十日丁卯、法勝寺千僧御読経也、
　一院有御幸、
同六年六月廿二日丁卯、一院令始十一面供十壇、又被」始三尺延命并愛染王各百躰、
依御慎年也、
保元元年正月廿四日丙寅、於鳥羽北殿有尊勝陀羅尼供養事、
同年五月廿六日丙寅、被始最勝講、
同年十二月廿八日丙寅（乙丑）、最勝寺灌頂也、
長寛二年二月十一日丙寅、公家（二条天皇）於御殿被供養等身五大尊、即被奉渡法勝寺、
承安元年八月廿五日丁卯、於東大寺被行千僧御読経、
同二年二月廿七日丙寅、被行春季御読経（仁王会）、発願日也、
同三年八月六日丙寅、被行臨時仁王会、

同年十二月八日丙寅、一院（後白河法皇）令参籠蓮華王院御、令奉転読千巻千手経御、

安元元年二月十四日丙寅、建春門院（平滋子）於最勝光院被始行百箇日御懺法、法皇（後白河）幷女院（建春門院）自法住寺殿御幸彼御所、

治承三年七月十日丙寅、法皇於七条殿御所長講堂、被始五十日御逆修、仍関白（藤原基房）以下公卿多以参入、

同四年七月十六日丙寅、於法勝寺被行如説仁王会、依彼寺嘉蓮恠異也、

寿永三年二月七日丙寅、被奉始造五丈毘沙門天像、為被追討西海平家之御祈也、同十三日、被梟平家通盛」卿以下首、

（５紙）

堂塔供養日例

壬午日堂塔供養の例

堂塔供養日例

壬午日例

永観元年三月廿六日壬午（廿二日戊寅）、円融寺供養、

長徳四年正月廿二日壬午、円教寺供養、（一条天皇）有行幸、

治安二年七月十四日壬午、法成寺金堂供養、（後一条天皇）有行幸、東宮（敦良親王）・三后（太皇太后彰子・皇太后妍子・中宮威子）行啓、

万寿元年六月廿六日壬午、法成寺薬師堂供養、

号浄瑠璃院、被准御斎会、有勧賞、
延久二年十二月廿六日壬午、円明寺供養、(後三条)天皇行幸、
同三年六月三日、改円明寺為円宗寺、
同三年六月廿九日壬午、円宗寺常行堂・灌頂堂等供養、有行幸、
永久四年六月廿日壬午、賀茂御塔供養、(鳥羽天皇)公家御沙汰、
長治二年十二月十九日壬午、尊勝寺内阿弥陀堂供養、
保延六年十二月十二日壬午、鳥羽殿内焰魔天堂供養、(鳥羽)上皇御願也、
仁平元年六月十三日壬午、福勝院供養、(藤原泰子)高陽院御願、(鳥羽法皇)一院有臨幸、被行勧賞、
同年十二月十六日壬午、金峯山御堂供養、鳥羽法皇御願、
治承元年十二月十七日壬午、蓮華王院御塔供養、(高倉)天皇行幸、

庚寅日堂塔供養の例

（6紙）

庚寅日例」
天喜五年三月十四日庚寅、(藤原彰子)上東門院(法成寺)八角御堂供養、
応徳二年二月廿六日庚寅、天台勝楽院供養、(白河天皇)公家御願、
同年八月廿九日庚寅、法勝寺常行堂供養、
康和三年三月廿九日庚寅、鳥羽証金剛院供養、(白河法皇)院御願、

天仁二年八月十八日庚寅、鳥羽御塔供養、太上皇（白河法皇）御願、

永久五年十一月六日庚寅、熊野御塔供養、上皇（白河法皇）御願、即有臨幸、

大治四年十二月十六日庚寅、尊勝寺内御堂供養、太上皇（鳥羽上皇）有臨幸、延命堂歟、

保延元年五月十八日庚寅、仁和寺供養、准御斎会、両院（鳥羽上皇・待賢門院）有御幸、

同二年三月廿三日庚寅、鳥羽勝光明院供養、上皇（鳥羽）御願、

天皇（崇徳）臨幸、有赦令・勧賞等事、

永治元年二月廿一日庚寅、白河新御堂供養、美福門院（藤原得子）御願、

上皇（鳥羽法皇）有臨幸、被行赦令・勧賞事、

康治二年八月六日庚寅、白河新御堂供養、皇后宮（藤原得子）御願也、

被准御斎会、上皇有臨幸、

久安五年十一月十二日庚寅、天王寺念仏堂供養、

上皇御沙汰、自昨日臨幸、左兵衛尉源頼方募靫負尉功造進之、供養以前被抽任、為

励不日之功也、

久寿元年八月九日庚寅、鳥羽新御堂供養、金剛心院、

被准御斎会、一院（鳥羽法皇）・新院（崇徳上皇）・女院（美福門院）・前斎院（恂子内親王）・姫宮渡御、主上（近衛天皇）依御薬事無行幸、」

甲午日堂塔供養の例

（７紙）

甲午日例

長元四年十月廿日甲午、興福寺御塔供養、被准御斎会、

治暦二年十月十三日甲午、平等院五大堂供養、

承暦元年十二月十八日甲午、法勝寺供養、有行幸（白河天皇）、被行勧賞、

承徳二年十月廿日甲午、祇園御塔供養、公家（堀河天皇）御沙汰、中宮（篤子内親王）御願、

天仁二年六月廿一日甲午、祇園御堂供養、院（白河法皇）御願、

元永元年十二月十七日甲午、最勝寺供養、天皇（鳥羽）行幸、上皇（白河法皇）御幸、

保安四年十二月十五日甲午、皇后宮（令子内親王）御堂供養、堀河第内巽角、

大治五年六月廿四日甲午、蓮華蔵院内三重御塔供養、
両院（鳥羽上皇・待賢門院）有臨幸、

同年十月廿五日甲午、法金剛院供養、待賢門院御願、
上皇（鳥羽）・女院（待賢門院）臨幸、有音楽・勧賞・赦令等事、

同年十二月廿六日甲午、最勝寺五大堂供養、院（鳥羽上皇）御願、即臨幸、

長承元年十月七日甲午、宝荘厳院供養、上皇御願、天皇（崇徳）臨幸、

天養元年十月十七日甲午、鳥羽（仁和寺）孔雀明王堂供養、一院（鳥羽法皇）御幸、被行勧賞、

久安二年十一月廿八日甲午、白河仏頂堂供養、鳥羽院御願、右衛門督（藤原）家成卿造進之、

丁酉日堂塔供養の例

丁酉日例

寛和元年二月廿二日丁酉、観音院供養、（太）皇大后宮（昌子内親王）御願、即有行啓、

治安二年十二月二日丁酉、法成寺西北院供養、

康平六年十月廿九日丁酉、天台実相院供養、公家（後冷泉天皇）御沙汰、」

（８紙）

承保三年六月十三日丁酉、金剛寿院供養、公家（白河天皇）御沙汰、後三条院御願、

承徳元年十月十七日丁酉、法成寺新御堂供養、被准御斎会、

同二年十月廿三日丁酉、法勝寺九重御塔供養、修造之後、更供養也、

大治三年三月十三日丁酉、円勝寺供養、待賢門院御願、

天皇（崇徳）行幸、両院（白河法皇・鳥羽上皇）幷女院（待賢門院）御幸、有音楽・赦令・勧賞等事、

天養元年六月十七日丁酉、園城寺内真如院供養、待賢門院御沙汰也、

長寛二年十二月十七日丁酉、蓮華王院供養、一院（後白河上皇）御願、

建久六年三月十二日丁酉、東大寺供養、有行幸（後鳥羽天皇）、

己酉日堂塔供養の例

己酉日例

治安二年十月十三日己酉、仁和寺内観音院供養、

長元三年十月廿九日己酉、法成寺塔供養、被准御斎会、
天喜三年十月廿五日己酉、円乗寺供養、被准御斎会、
嘉保二年三月十四日己酉、皇太后宮(藤原歓子)小野御堂供養、
康和五年十月三日己酉、日吉御塔供養、(上皇カ)公家御願、
天治元年十月六日己酉、中宮(藤原璋子)被供養興福寺内御堂、諸卿参入、被行勧賞、
保延二年十月十五日己酉、法金剛院内三重御塔幷金泥一切経供養也、(崇徳)天皇臨幸、両院(鳥羽上皇・待賢門院)御幸、
建久五年九月廿二日己酉、興福寺供養、(治承四年十二月二十八日)炎上之後新造也、

辛未日堂塔供養の例

（9紙）

辛未日例」
応和三年三月十九日辛未、雲林院御塔会、(村上天皇)公家御沙汰、
長保元年八月廿一日辛未、慈徳寺供養、(藤原詮子)東三条院御幸、左右大臣扈従、
永保二年十二月廿五日辛未、安楽寺塔供養、(白河天皇)公家御沙汰、
寛治五年十二月十七日辛未、木津橋寺供養、(白河)太上皇御願、
大納言(藤原)実季卿検臨供養事、同廿四日戊(丑)刻、実季卿頓滅、依之後代為不吉例、
保延二年三月四日辛未、滅門、熊野本宮五重御塔供養、(鳥羽上皇)院御願、

癸酉日堂塔供養の例

癸酉日例

寛仁四年三月廿二日癸酉、法成寺阿弥陀堂供養、三宮(太皇太后彰子・皇太后姸子・中宮威子)行啓、
同年閏十二月廿七日癸酉、同寺十斎堂供養、
治暦三年二月廿五日癸酉、興福寺供養、准御斎会、炎上之後新造也、
承暦四年十月十五日癸酉、天台持明院供養、公家(白河天皇)御沙汰、
永保元年十月廿日癸酉、宇佐弥勒寺堂塔供養、
同三年十月一日癸酉、法勝寺御塔供養、九重、
天皇(白河)臨幸、有音楽・赦令・勧賞等事、
天永二年三月十一日癸酉、鳥羽御塔供養、上皇(白河法皇)御願、
永久五年十月十九日癸酉、公家(鳥羽天皇)御願白河御塔供養、
大治元年三月七日癸酉、白河三重御塔供養、太上法皇(白河)御願、
同五年十月四日癸酉、天台惣持院供養、
顚倒之後、近江守宗兼(藤原)朝臣募重任功造進之、」
(10紙)
天承元年十月十日癸酉、賀茂下社御塔供養、女院(待賢門院)御願、
保延三年十月十五日癸酉、鳥羽東殿御堂供養、上皇(鳥羽)御願、
同五年二月廿二日癸酉、鳥羽東殿三重御塔供養、上皇御願、

同年十月廿六日癸酉、成勝寺供養、天皇（崇徳）臨幸、頗為不宜例歟、

庚子日堂塔供養の例

庚子日例

永承三年三月二日庚子、興福寺供養、被准御斎会、

承暦三年十月五日庚子、法成寺塔供養、准御斎会、

承徳二年十月廿六〔廿〕日庚子〔甲午〕、祇園御塔供養、

康和二年十月七日庚子、中宮（篤子内親王）御願御堂供養、号西南院、在梶井内、

同五年十一月廿五日庚子、高野大塔供養、

永久二年十一月廿九日庚子、白河九躰阿弥陀堂（蓮華蔵院）供養、太上法皇（白河）御願也、天皇（鳥羽）臨幸、皇后（令子内親王）幷前斎院（禛子内親王）入御、院司・宮司等有勧賞、又仏師・舞人等被行賞、又有非常赦令、

同四年三月六日庚子、春日御塔供養、被准御斎会、

同五年三月十二日庚子、白河阿弥陀堂内新造御塔供養、法皇（白河）御願、即有臨幸、蓮華蔵院内三重御塔也、被行勧賞、

保安三年十二月十五日庚子、法勝寺内塔堂供養、法皇御願、被安置卅万基塔、

保延元年三月廿七日庚子、法金剛院内北斗堂供養、両院（鳥羽上皇・待賢門院）御幸、

同六年十月廿九日庚子、春日社五重御塔供養、准御斎会、

久寿元年十月廿一日庚子、白河三重御塔供養、在福勝院内、」
高陽院（藤原泰子）御願也、被准御斎会、

（11紙）

保元元年四月廿九日庚子、熊野本宮八角七重御塔供養、法皇（鳥羽）御願也、不被避王相方、
且是永久五年大将軍雖在南方、白河法皇令供養（十一月六日）同山多宝塔御、准件例被遂供養者也、
同日庚子、高野大塔供養、依当王相方、公家（後白河天皇）無御沙汰、偏付寺家、長者実遍参入御山行其事、

壬寅日堂塔供養の例

壬寅日例
長元三年八月廿一日壬寅、東北院（法成寺）供養、被准御斎会、
永承五年三月十五日壬寅、法成寺金堂北新御堂供養、被准御斎会、
天喜二年八月十一日壬寅、長谷寺供養、
同五年十一月卅日壬寅、崇福寺供養、治安二年（十二月）炎上之後新造也、公家（後冷泉天皇）御沙汰、
康平二年三月八日壬寅、仁和寺内新御堂供養、中宮（章子内親王）御願、被准御斎会、
同四年七月廿一日壬寅、往亡日、法成寺東北院供養、上東門院（藤原彰子）御願也、依往亡日仙院（上東門院）不渡御、
承暦二年正月廿七日壬寅、興福寺御塔供養、
応徳二年六月十六日壬寅、円徳院（延暦寺）供養、在梶井、
寛治二年八月廿九日壬寅、延暦寺講堂供養、修造之後供養也、

同六年正月十九日壬寅、興福寺北円堂供養、
永長元年七月十五日壬寅、金峯山寺供養、公家（堀河天皇）御沙汰、
承徳元年八月廿一日壬寅、醍醐（無量光院）御堂供養、太上皇（白河法皇）御沙汰、」
（中欠）
○壬寅日例九例、甲辰日例十六例、下吉日例十例、八専日例一例、五月例四例、九月例五例、
閏月例一例、不入吉日例一例、滅門・大禍・狼藉日等堂塔供養例五例ヲ欠ク

晦日堂塔供養の例

（12紙）

○晦日例ヨリ続ク
長元三年十月廿九日己酉、晦日、法成寺塔供養、
保延六年十月廿九日庚子、晦日、春日社五重塔供養、
久寿三年四月廿九日庚子、晦日、熊野本宮八角七重御塔供養、
承安五年四月廿九日庚辰、晦日、皇嘉門院（藤原聖子）九条御堂供養、

禁忌方堂塔供養例

禁忌方堂塔供養例
延喜四年甲子、三月廿六日辛酉、仁和寺円堂供養、
従公家（醍醐天皇）御在所大内、当大将軍方、西方、

永久五年丁酉、十一月六日庚寅、被供養熊野御塔、
法皇（白河）御願也、自去年大将軍在南方、而被造立供養畢、
久寿三年四月廿九日庚子、鳥羽法皇被供養熊野本宮八角七重御塔、不被避王相方、是
永久五年大将軍雖在南方、白河法皇被供養同山御塔畢（十一月六日）、准彼例被供養之、又同日被
供養高野大塔、任康和五年例（十一月二十五日）、弁史雖可下向、依当王相方　公家（後白河天皇）無御沙汰、偏付寺
家、長者法務寛遍参入御山令行其間事、安芸守平清盛朝臣造進之、

諸寺修造の間禁忌方に当たる時寺家に仰せ付けた例

（13紙）

諸寺修造間当禁忌方時、被仰付寺家例
天徳元年五月一日丁亥、延暦寺講堂供養、是従内裏当大将軍方、座主僧正延昌沙汰修
造供養之間、公家（村上天皇）不被避方忌、
久寿三年四月廿九日庚子、高野大塔供養、為公家（後白河天皇）御沙汰被造営之、而立夏以後依当王
相方、付寺家被造立供養畢、
建久三年十月十四日、鳥羽勝光明院可有修理、而当御忌方（後鳥羽天皇）、付寺家可被修造歟之由被
仰下、左少弁藤原宗隆奉行、季弘（安倍）朝臣申云、付寺家被修造無其憚歟、如此之御願寺相当禁方之時、
被付寺家者例也云々、

同四年正月廿九日、最勝寺幷千躰阿弥陀堂・十一面堂・仏頂堂・尊星王堂等、為公家（後鳥羽天皇）御沙汰可被修造、王相方御方違以後其沙汰可何様哉、早可計申者、権右中弁藤原定経朝臣奉行也、季弘朝臣申云、最勝寺幷千躰阿弥陀堂等従大内立春御方違所、幷当時皇居閑院第、雖相当王相方、付寺家被修造之何事候哉、其外白河十一面堂・仏頂堂・尊星王堂又以同前候歟云々、

同年二月十六日、御願寺修造雖被付造国司、犯土方忌猶被付寺家歟、有所見者委可注

（14紙）

申之由」被仰下、左中弁藤原親経朝臣奉行也、季弘朝臣申云、永久五年十一月六日庚寅、被供養熊野御塔、白河院御願也、自去年大将軍在南方、而被造立供養件御塔畢、若付御山被行作事歟、

（前行ニ続クベキモノナリ）
久寿三年四月廿九日庚子、被供養高野大塔、雷火之後被造営之、任康和五年（十一月二十五日）例雖須被差遣弁史、依当王相方止公家（後白河天皇）御沙汰付寺家、長者法務寛遍被行其間事、安芸守平清盛朝臣造営之、此外白河御願寺修造、付寺家自公家不被避方忌、常例候歟、然者相当方忌之間、止行事官之沙汰被付寺家者、被寄造国司之条無強憚歟云々、

後鳥羽上皇の院宣により孝重勘申す

右、依院宣勘申如件、

承元四年九月五日　従四位上行主計頭兼陰陽博士安倍朝臣孝重」

○以下六行分空白アリ

（第四帖）

（外題）「陰陽博士安倍孝重勘進記　四」

（前欠）

晦日神事の例　（１紙）

○晦日神事例ノ事例ヨリ続ク

承保元年十月卅日甲午、被行大嘗会（白河天皇）御禊、

承暦二年六月卅日壬申、被立諸社奉幣使、

天仁元年三月卅日庚辰、被立廿二社奉幣使、

天永三年二月卅日丁巳、被立三社奉幣使、伊世（マヽ）・石清水・賀茂被告上皇御賀（白河法皇六十算賀）之由、

永久五年十月卅日甲申、被立八社奉幣使、遷幸御祈也、

保安二年十月卅日辛酉、被立宇佐使、

伐日初度神事の例

伐日初度神事例

長和五年二月一日丙子、伐日、被立伊世奉幣使、後一条院代初、

延久五年四月六日己卯、伐、被立天神地祇大奉幣使、白川院代初、

応徳三年十二月一日乙酉、伐、被立伊世奉幣使、堀川院代初、

寛治四年七月十三日丙子、伐、鴨御祖・別雷二社各被奉不輸田六百余町、為供御田、
天仁元年三月廿九日己卯、伐、被立天神地祇大奉幣使、鳥羽院代初、
久寿二年十月十一日乙酉、伐、被立伊世奉幣使、後白川院代初、
同年十二月十二日乙酉、伐、被立宇佐使、代初、（後白河天皇）
仁安三年三月八日庚午、伐、被立伊世奉幣使、高倉院代初、

九虎日神事の例

九虎日神事例

延喜九年八月七日庚子、九虎、被立宇佐使、
長元四年八月廿五日庚子、九丨〔虎〕、被立伊世公卿勅使、参議源経頼卿、
天永二年八月十日庚子、九丨〔虎〕、被立祈年穀奉幣使、」

（中欠）

五墓日神事の例 （2紙）

○五墓日神事例ノ事例ヨリ続ク、若杉家本第三冊第二紙ニ接続ス

同年（天永元年）六月一日戊辰、五丨〔墓〕、被立廿二社奉幣使、依彗星御祈也、
同年十二月七日辛丑、五丨〔墓〕、被立伊世公卿勅使、大納言源俊明卿、
同二年正月廿九日壬辰、五丨〔墓〕、被立廿二社奉幣使、依春日行幸御祈也、（二月十一日）
永久元年十一月廿四日辛丑、五丨〔墓〕、被立伊世奉幣使、

仏事吉日

仏事吉日

上吉日

壬午、庚寅、甲午、丁酉、己酉、

中吉日

辛未、癸酉、庚子、壬寅、甲辰、

下吉日

丙寅、丁卯、庚午、丁丑、戊寅、庚辰、辛巳、癸未、乙酉、癸巳、辛丑、癸卯、

丙午、丁未、戊申、辛亥、癸丑、甲寅、乙卯、丁巳、巳未、辛酉、

旧説

旧説云、上・中・下皆用之、但於下吉者急事用之、

仏事を忌む日

滅門・大禍・狼藉・八専・羅刹・八龍・七鳥・九虎・六蛇等日忌之、又丙寅・丁

卯日、雖有不宜例、近代不憚之、

滅門日、正月巳日、二月子、三月未、四月寅、五月酉、六月辰、七月亥、八月午、九月丑、十月申、十一月卯、十二月戌、

太〔大〕禍日、正月亥日、二月午、三月丑、四月申、五月卯、六月戌、七月巳、八月子、九月未、十月寅、十一月酉、十二月辰、

狼藉日、正月子日、二月卯、三月午、四月午、五月子、六月卯、七月酉、八月酉、九月卯、十月卯、十一月午、十二月酉、

羅刹日、氏宿木曜日、奎宿金曜日、胃宿日曜日、参宿水曜日、鬼宿月曜日、柳宿土曜日、翼宿火曜日、」

○若杉家本第一冊第六紙ニ接続ス

（後欠）

（第五帖）

（外題）「陰陽博士安倍孝重勘進記　五」

（前欠）

○陰将日入内例ノ事例ヨリ続ク、若杉家本第一冊第五紙ニ接続ス

陰将日入内例　（１紙）

延久（藤原賢子）三年三月九日甲午、入太子（貞仁親王）宮、白河院、

同泰子（藤原）高陽院、本名勲子、保延五年七月停皇后宮職為高陽院、

長承二年六月廿九日壬子、七月節、参太上天皇（鳥羽上皇）宮、

同三年三月十九日立后、今日改御名勲子為泰子、

同呈子（藤原）関白（藤原忠通）猶子、実大納言伊通（藤原）卿女、

久安六年四月廿一日乙卯（丁）、入内、近衛院、同廿八日為女御、

陰陽将日入内の例

陰陽将日例

為子内親王光孝天皇御女、

寛平九年七月三日丙子、入内、醍醐、同廿五日為妃、

藤原超子(藤原)兼家卿一女、

安和元年十月十四日甲子、入内、冷泉院、

御産間雑事日

産間雑事日

着帯日の事

着帯日事

用吉事日、件日見端篇、但与成・開・平直相并日用之、閇直可憚之歟、

着帯日に向く方角

向方

旧説

旧説云、避大将軍・王相・大将軍遊行・天一・太白等方、向生気・養者・天徳・月徳・月空等方、可着帯也、

産婦の向く方角

産婦向方

正月、南面、二月、西、三月、北、四月、西、五月、北、六月、東、

七月、北、八月、東、九月、南、十月、東、十一月、南、十二月、西、

（２紙）

已上、件等方、若相当禁忌方大将軍・王相・大将軍遊行・天一・太白等方、」者、如着帯向方、生気・養者・

天徳・月徳・月空等方中不当禁忌之方、可用之、

母屋庇間事

産所の母屋と庇の事

日遊在内之時者於庇可産、不然之時者可用母屋也、

日遊内に在る時庇にて産す

切臍緒事

切臍緒事

以銅刀切之、近代以竹刀切之、即用吉方竹、又以筆管切之、

近代は竹刀で臍緒を切る

勘文事

勘文事

寅・申日并凶会・九坎・滅・没日令産者、当日不勘日時、

沐浴吉日土用之時者沐浴汁不漏地、入置器、土用過畢可棄之、

沐浴吉日

丑・卯・酉日、又乙未・丙午・丁酉等吉也、

可取沐浴水方角事

沐浴水を取るべき方角の事

可汲東方当歳少児生気方也、流水、若当禁忌方大将軍・王相・大将軍遊行・天一・太白等方也、者、可用天徳・月徳・月空・養者等方也、又歳徳・歳徳合・月徳合・天道之方等吉也、

陽明門院(禎子内親王)、長和二年七月六日御誕生、同七日丁酉依九坎日無其沙汰、八日戊戌有御湯殿事、世俗云、七月八日不沐浴云々、而有時議被用之、可為吉例歟、

禎子内親王誕生の例
九坎日には浴湯の沙汰なし

蔵胞衣吉日

胞衣を蔵むる吉日

甲・乙日生、丙・丁日蔵之、　丙・丁日生、戊・己日蔵之、　戊・己日生、庚・辛日蔵之、
庚・辛日生、壬・癸日蔵之、　壬・癸日生、甲・乙日蔵之、

胞衣を蔵め置く方角

可蔵置胞衣方角事
如取沐浴水方角可避方幷可用方、同沐浴水方、
○若杉家本第三冊第六紙ニ接続ス

（中欠）

○朝覲行幸日事ノ四不出日例ノ事例ヨリ続ク、若杉家本第三冊第十九紙ニ接続ス

朝覲行幸日

四不出日朝覲行幸の例

（３紙）

今上（土御門天皇）　正治元年十一月廿七日乙卯、行幸院、（後鳥羽上皇）二条殿、御践祚以後朝覲也、
已上、皆佳例也、但長承二年正月二日戊午、同三年正月五日乙卯、平治元年正月三日戊午、永暦元年十月十一日乙卯等、朝覲行幸也、是等頗不宜歟、雖然吉例多之、

五墓日朝覲行幸の例

五墓日例
一条院　正暦四年正月三日壬辰、行幸東三条院、
鳥羽院　永久五年三月七日乙未、行幸院、（白河法皇）小六条殿、
高倉院　安元元年正月四日丙戌、行幸院、（後白河法皇）法住寺殿、
已上吉例也、但大治元年正月二日戊辰、仁平三年正月二日壬辰、朝覲行幸也、是頗不宜歟、雖然吉例多之、

八龍日朝覲行幸の例

八龍日例

後一条院　長元五年正月三日乙亥、行幸高陽院、上東門院、
天治二年正月三日乙亥、朝覲行幸也、是頗為不宜例歟、

六甲窮日朝覲行幸の例

六甲窮日例　以癸亥日為窮日、
村上天皇　天暦四年正月廿五日癸亥、行幸朱雀院、
堀川院（マヽ）　康和三年正月二日癸亥、行幸院（白河法皇）、鳥羽殿、

御忌月朝覲行幸の例

御忌月例
鳥羽院　永久元年正月八日辛酉、行幸院（白河法皇）、御元服以後朝覲也、雖為御忌月不被憚之、
当院（後鳥羽天皇）　文治六年正月廿七日壬午、行幸院（後白河法皇）、六条殿、御元服以後朝覲也、

御物忌日朝覲行幸の例

御物忌日例
村上天皇　天暦三年正月五日己酉、八卦御物忌、行幸東三（二）条院、

諸社行幸例

諸社行幸例

郝震堪輿経尚書暦

厭・厭対日例　郝震堪輿経云、厭者帝之後宮、夫人之位、故謂之陽厭、不可為百事、小凶、李氏注云、厭是天上将軍、主征伐之事、此日不可将兵遠行、必有凶誅、尚書暦云、厭者天之陰建神也、是在奎・婁、正月従戌左行十二辰、又云、厭者為天帝車、王者用之、」

○若杉家本第三冊第四紙ニ接続ス

（中欠）

○御衰日例ノ「白河院　承保三年四月廿三日戊申、御年廿四、行幸賀茂社」ヨリ続ク、若杉家本第三冊第五紙ニ接続ス

従今年毎年以申日為式日可被行幸之由、被仰下了、

（4紙）

諸社御幸例

厭・厭対日例

白河院　永久三年二月九日己酉、厭、御幸石清水宮、

天治元年二月十九日丁酉、厭、御幸石清水宮、被献幣帛・御馬幷金字大般若経、

鳥羽院　長承元年六月廿七日丙辰、七月節、厭、御幸賀茂社、

同二年五月十日甲子、厭対、御幸賀茂社、

保延二年九月七日(八日癸酉)壬申、(マヽ)厭対、御幸石清水宮、

同三年十月十三日辛未、厭、御幸賀茂社、

後白河院治承二年十一月十一日庚午、厭対、御幸今日吉、

同三年三月廿日戊寅、厭対、御幸石清水宮、二七日御参籠、

寿永二年七月一日癸亥、六月節、厭対、御幸賀茂社、

道虚日例

諸社御幸例

厭・厭対日諸社御幸の例

道虚日諸社御幸の例

後白川(マヽ)院承安三年十一月十二日辛丑(十一日庚子)、御熊野詣御進発、

寿永三年十二月十二日丁卯、御幸日吉社、

元暦二年十月十八日丁卯、御幸賀茂社、

十一月十八日丁酉、御幸石清水宮、

卅日己酉、御幸五社、平野・北野・祇園・今日吉・稲荷等也、

文治二年二月十二日庚申、御幸日吉社、

往亡日諸社御幸の例

往亡日例

後白川(マヽ)院応保元年八月廿六日丙寅、往亡、帰忌、御幸新熊野、

承安四年七月十日乙未、往亡、御幸新熊野、御参籠、」

(中欠)

○寅・戊日例ノ事例ヨリ続ク、若杉家本第三冊第三紙ニ接続ス

寅・戊日諸社御幸の例

(5紙)

文治二年九月十九日壬戌、御幸日吉社、

同年十月五日戊寅、御熊野詣御新発、

此外、今熊野・今日吉社御参不可勝計、

四不出日諸社御幸の例

四不出日例

鳥羽院　保延元年二月十四日戊午、太上皇御幸石清水宮、
同三年八月廿二日壬子、御幸日吉社、
同四年正月廿六日壬子、上皇・女院(待賢門院)御熊野御進発、
久安四年二月廿三日壬子、一院御熊野詣御進発、
仁平三年正月廿八日戊午、一院御熊野詣御進発、
後白河院仁安二年正月十六日乙卯、太上皇御幸石清水宮、
承安元年十二月十五日乙卯、御熊野詣御進発、
寿永二年六月廿八日辛酉、御衰日、御幸石清水宮、
元暦二年四月五日戊午、凶会日、御幸日吉社、
文治二年二月七日乙卯、御幸石清水宮、
同十日戊午、御幸賀茂社、
同三年正月十六日戊午、御幸石清水宮、
同十九日辛酉、御幸賀茂社、
当院(後鳥羽上皇)建久九年三月十五日壬子、帰忌日、太上皇御幸日吉社、

御衰日例

御衰日諸社御幸の例

（6紙）

後白河院　長寛二年六月廿日癸酉、法皇御幸稲荷社、
嘉応三年十一月十三日癸未、御幸日吉社、
承安二年閏十二月十三日丁丑、御幸日吉社、」
同三年五月十二日癸卯、御幸稲荷社、
同年十月廿六日乙酉、御幸日吉社、
安元々年十月廿日丁酉、御幸日吉社、
養和二年四月十四日甲寅、御幸日吉社、
寿永二年六月廿八日辛酉、御幸石清水宮、

仏寺御物詣の例

御物詣例 仏寺
宇多院
昌泰二年十一月廿一日辛亥、法皇御幸東大寺、
延喜十七年九月廿四日庚午、道虚、御幸石山、
円融院
寛和二年二月廿三日辛酉、八専、四不出、法皇於東大寺御受戒、

永延元年十月廿六日乙卯、八専、四不出、御幸南京巡拝諸寺、
永祚元年九月廿日戊戌、於天台登壇廻心、
三条院
長和五年十二月三日癸酉、御幸広隆寺、
後三条院
延久五年二月廿日甲午、太上皇幷陽明門院（禎子内親王）・一品宮（聰子内親王）参御天王寺、先参詣石清水・住吉社、次参御天王寺、
廿七日還御、
白河院
寛治元年五月十九日庚午、自鳥羽殿御幸平等院、
同廿一日還御、廿三日被行御幸勧賞、」（7紙）
同二年二月廿二日己亥、不入吉日、御幸高野聖廟、左右大臣（源俊房・同顕房）以下諸卿供奉、於宇治有
御儲事、
同年十一月廿八日庚子、有御登山御幸、左大臣以下供奉、
同三年十二月廿一日丁巳、不入吉、御幸近江彦根寺、今日太白在東方、
同五年二月十七日丙午、御幸高野廟、

同年九月廿四日己酉、道虚、御幸鞍馬寺、
長治元年二月五日己酉、法皇御幸広隆寺、自高松殿御所依当太白方、前夜有御方違事、
天治元年十月廿三日(廿二日甲子)丙寅、御幸高野、
大治二年十月卅日丙戌、五墓、晦日、両院白川、鳥羽、自鳥羽殿御幸高野廟、

鳥羽院

大治二年十一月廿五日辛亥、御幸広隆寺、
同五年九月七日丙午、御参籠同寺、先是、例幣以前(同月十一日)可有憚否有沙汰、
長承元年十月十四日(十三日庚子)辛丑(マヽ)、五墓日、御幸高野廟、
保延三年九月廿六日癸(乙)酉、御参籠広隆寺、
同年閏九月十五日甲辰、於広隆寺被修万燈会、
同四年九月廿六日己酉、有登山(延暦寺)御幸、関白(藤原忠通)以下扈従、
康治元年九月八日丁酉、有御登山(延暦寺)事、限七个日、御参籠中堂、
久安元年正月五日辛亥、往亡日、厭日、御登山(延暦寺)、
同年閏十月八日己酉、忌遠行、御幸天王寺、
同四年九月十日乙未、五墓、御幸同寺、」

（8紙）

同五年十一月十一日己丑、御幸同寺、

仁平元年九月十日丁未、法皇幷美福門院参御同寺、

同二年九月十日辛丑、五墓、忌遠行、法皇・高陽院・美福門院参御同寺、左大臣（藤原頼長）以下扈従、

後白河院

長寛二年四月廿六日庚辰、御登山（延暦寺）、

仁安四年三月十三日己巳、御幸高野廟、

承安三年三月廿四日丙辰、道虚、御幸醍醐寺、

同日、参御石間寺、

廿五日丁巳、凶会、御幸石山寺、

同四年十月五日己未、八専、御幸中堂、

安元々年八月廿九日丁丑、御幸東寺、初度、

同二年三月十日（九日甲寅）乙卯（マヽ）、四不出、御幸有馬湯山、建春門院同御幸、四不出日尤可被憚歟、

而還御之後七月八日女院（建春門院崩御）御事、若是四不出日之故歟、

同年九月十三日乙卯、四不出、八専、御幸天王寺、御参籠也、

同月廿四日丙寅、九坎、凶会、御幸信貴山、自天王寺還御次、即御一宿也、

（9紙）

同年十一月三日甲辰、御幸笠置寺、五日還御、

治承二年二月廿日乙酉、伐日、御幸鞍馬寺、初度、

八月十日辛丑、五墓、御衰日、御幸天王寺、

同三年九月十日乙丑、御衰日、忌遠行、御幸同寺、

寿永二年正月廿九日乙未、晦日、五墓、参御嵯峨法輪・広隆寺」等、自八幡還御之次也、

元暦二年正月廿八日壬子、四不出、御幸得長寿院、

三月廿六日己酉、御幸七観音并因幡堂、初度、

此後毎月参御、

八月廿七日丁丑、御幸東大寺、八条院（暲子内親王）・上西門院（統子内親王）同参御、明日廿八日、大仏開眼会也、

九月廿日庚子、九虎、帰忌、参御清水寺・蓮華王院・六角堂・行願寺等、

文治二年四月廿三日庚午、狼藉、参御江文寺并補陀落寺・大原来迎院等、

同五年二月廿二日壬午、御参籠天王寺、百ケ日、

建久元年二月十六日庚子、滅門、御幸高雄寺、

六月二日乙酉、御幸東大寺、其次先参御信貴山、次参御法隆寺、

同四日丁亥、参御七大寺、
五日戊子、九坎、御幸長谷寺、
十月十七日戊戌、凶会、御幸東大寺、依十九日大仏殿上棟也、

音楽吉日

音楽吉日
子者黄鐘也、黄鐘者律之始也、為君所以寅養六気、鐘者動也、応也、言陽気潜動応養万物云々、因茲可用五子日、甲子、丙子、戊子、庚子、壬子、但丙子者伐日也、主」不久、故可避

（10紙）

之、
寅者大蔟〔太〕也、所以合蕣賛陽出滞、蔟湊也、言正月之時、万物始大湊地而出也云々、
就此儀可用五寅日、甲寅、丙寅、戊寅、庚寅、壬寅、但戊寅者伐日也、可除之、又甲辰、乙巳、丙辰、丁巳、天生人日也、利為吉事可用之、

音楽を憚るべき日

可憚日
師曠以乙卯日有事、此日不可作音楽、一説云、辛卯日有事云々、
又庚戌、辛亥、壬戌、癸亥天殺人日也、不利歓楽、大凶云云、閇直日頗憚之云々、
今案、甲子、丙寅、戊子、壬子、甲寅、庚寅、壬寅、甲辰、乙巳、丙辰、丁巳、

可用之、乙卯、辛卯、庚戌、辛亥、壬戌、癸亥、可避之、但丙寅日者、蒼頡有事之日也、初学必憚之、然則以譜習音楽、頗可避之歟、又急事用不入吉日、為常事矣、

初参日の事

初参日事

用吉事日、（件日見端）、可避諸悪日、（凶会・九坎・滅・没・厭・厭対・伐・帰忌・往亡・道虚・无翹・五墓・八龍・七鳥・九虎・六蛇等也）、又可憚申・酉・重・復・衰日等、但於主君、衰日者強不避之云々、是旧説也、

旧説

拝賀日の事

拝賀日事

用吉事日、（件日見端）、可避諸悪日并相剋日、但厭・伐・帰忌・往亡・道虚・无翹・五墓・相剋日等有吉例、」

臣下慶賀を申す事例　（11紙）

康平五年四月廿二日、内大臣藤原師実兼任左近衛大将、同廿四日辛丑、（五墓、道虚）、令申慶賀、

寛治五年正月十三日、〔右〕左近衛中将藤原忠実叙従三位、同十六日丙子、（伐日、相剋日）、令申慶賀、

同六年正月廿五日、正三位行〔右〕左近中将藤原忠実任権中納言、

　同廿六日己酉、（厭）、令申慶賀、

同七年正月三日辛巳、伐日、権中納言藤原忠実叙従二位、同夜、令申慶賀、
同八年三月廿八日己亥、権中納言藤原忠実兼任左近衛大将、同廿九日庚子、帰忌、令申慶賀、
永長二年三月廿四日、左近衛大将藤原忠実兼任権大納言、同廿五日己卯、往亡、伐日、令申慶賀、
康和二年七月十七日壬午、有任大臣節会、
同十八日癸未、道虚、伐日、右大臣忠実・内大臣（源）雅実、共令申慶賀、
天仁三年二月廿五日、右近衛権中将藤原忠通叙従三位、
同三月二日庚子、相剋日、令申慶賀、
天永三年十二月十四日丁酉、摂政右大臣忠実任太政大臣、
同十七日庚子、相剋日、令申慶賀、
永久三年正月廿九日庚子、権中納言藤原忠通任権大納言、
同二月六日丙午、道虚、相剋日、令申慶賀、
同年四月廿八日丁卯、権大納言藤原忠通任内大臣、
同五月一日庚午、伐日、相剋日、令申慶賀、」

（後欠）

伏見宮本『陰陽博士安倍孝重勘進記』解題

『陰陽博士安倍孝重勘進記』は、鎌倉前期の承元四年（一二一〇）に陰陽博士安倍孝重が後鳥羽上皇の院宣を承けて、朝廷関係の造作・移徙・神仏事・諸行事等の吉凶と数多くの先例を勘申した陰陽道の勘文である。本書は完本としては伝わらず、江戸中期の写本である東京大学史料編纂所所蔵『陰陽博士安倍孝重勘進記』（賀茂清茂写、一冊、函架番号四一二四―一、以下「史料本」と略称）がよく知られていたが、その後、京都府立総合資料館所蔵の若杉家文書の中に、断簡ではあるが稿本及び副本の性格を有する本書の原本の一部が伝存することが明らかとなった。これは計五冊の折本で、文書番号四五一号～四五五号として整理されている（以下「若杉家本」と略称）[1]。なお若杉家本は各冊ごとに史料名が付されているが、いずれも便宜的なものである[2]。

ところで、宮内庁書陵部が所蔵する伏見宮家旧蔵書の中にも、最近整理されたものとして『陰陽博士安倍孝重勘進記』五帖がある（以下「伏見宮本」と略称）。伏見宮本も若杉家本と同様に複数の断簡として伝わり、承元四年成立の原本とみられる貴重史料である。同本はかつて「朝儀吉凶勘例」の書名で全三帖として仮整理されていたが（「伏見宮旧蔵図書仮目録」『書陵部紀要』十五号、一九六三年）、その史料的性格は長らく不明のままであった。しかし、近年、山下克明氏は史料本と若杉家本の両者に基づいて『陰陽博士安倍孝重勘進記』の全体像を復元される中で伏見宮本にも注目され、おおよそ以下の点を明らかにされた[3]。

一、伏見宮本『朝儀吉凶勘例』は、東京大学史料編纂所所蔵の『陰陽博士安倍孝重勘進記』の原本であり、史料本は伏見宮本を書写したものであること。

二、伏見宮本が寛政年間に伏見宮家に蔵されていた時は「遷幸之記」と称され、七冊本として存在していたこと。また「遷幸之記」や「朝儀吉凶勘例」の史料名は本来のものではなく、ともに内容を斟酌して付けられた名称であること。

三、伏見宮本は、もと土御門家に伝わり現在は京都府立総合資料館が所蔵する若杉家本『陰陽博士安倍孝重勘進記』五冊とツレの関係であること。

山下氏がこの研究を公表された当時、伏見宮本はいまだ修補を要する未整理本であったので、氏はこれを実見されていないが、その指摘は当を得たものと思われる。このたび修補及び整理が完了したのを機に、氏の研究に導かれながら、伏見宮本『陰陽博士安倍孝重勘進記』の概要について記したいと思う(4)。

一、書誌の概要

まず伏見宮本の書誌の概要を記す。全五帖で、折本の装幀。函架番号は、伏―二〇三五。法量は帖ごとに若干異なり、第一帖は縦三一・〇cm、横一一・一cm、第二帖は縦三〇・二cm、横一一・一cm、第三帖は縦三一・三cm、横一一・三cm、第四帖は縦三〇・四cm、横一一・〇cm、第五帖は縦三〇・三cm、横一一・〇cmである。各帖の紙数は、第一帖が二紙、第二帖が六紙、第三帖が十四紙、第四帖が二紙、第五帖が十一紙を有する。

もともと表紙はなく、今回書陵部において新たに表紙が付され、また「陰陽博士安倍孝重勘進記　一(～五)」と題簽による外題が記された。料紙は斐楮混漉紙を用いている。各帖とも上下に界線があり、上に三本、下に一本引かれている。また縦罫線も引かれ、縦罫による一行の幅が第一帖・第三帖は二・六～二・八cmであるが、第二帖・第四帖・第五帖は二・一～二・二cmとやや狭い。それに伴い第一・三帖は一紙当たり概ね二十行だが、第二・四・五帖は概ね二十二行となっている。標準的な料紙一紙の寸法は、第一・三帖が縦三一・一cm、横五四・八cm。第二・四・五帖が縦三〇・一cm、横四七・六cmである。なお、料紙には虫損はもとより水損を蒙っている箇所も目立つ。

装幀については、折り目に墨がかかっている部分があるので、当初は巻子本として成巻されたらしいが、後に折本に改装されたものと考えられる。改装の時期は明らかではないが、後述のごとく、成立してから比較的早い段階でなされたものと考えられる。遅くとも室町前期に孝重流が断絶して本書が伏見宮家と土御門家に分蔵される以前と思われる。いずれの帖も、紙背には裏書その他、何も記されていない。

第三帖の末尾には、

右、依院宣勘申如件、

承元四年九月五日　従四位上行主計頭兼陰陽博士安倍朝臣孝重

という書止め文言がある。「孝重」は自署の可能性が高く、伏見宮本は若杉家本と同じく承元四年（一二一〇）に成立した原本と考えられる。

二、伏見宮本の構成

ところで、伏見宮本が書陵部に移管された際には、「伏見宮旧蔵図書仮目録」に「朝儀吉凶勘例〈前中欠〉承元四・九・五〉安部《（マヽ）》孝重編進　原本　三帖」と記されたように、全三帖の折本として存在した。しかし、各帖ともいくつかの断簡に分裂した状態で、それらは内容的に連続しない部分が多く、かなり混乱した状況を呈していたまま現在に至っていた。

そうした中、近年になって村山修一氏(5)・鈴木一馨氏(6)・山下克明氏(7)らの研究が相次いで発表され、本書の全体像や伝来過程が次第に明らかとなった。特に鈴木氏が若杉家本の原本調査から、同本には同じ内容の記事を有する二組の草稿本が存在したことを指摘されたことは重要で、さらに山下氏はこれをうけて、若杉家本に見られる二種類の草稿本は、稿本と定本に分けることができるとした。すなわち、若杉家本計五冊のうち、第一冊・第三冊・第五冊が稿本、第二冊・第四冊が定本と考えられるというものである。

山下氏のいう若杉家本の稿本と定本の相異は次の如くである。稿本は定本に比べて料紙がやや小さい。一行の幅が稿本は二・一〜二・二cmであるが定本は二・六〜二・八cmある。それに伴い稿本は一紙当たり概ね二十二行であるが、定本は一紙二十行であり、ゆとりをもって書かれている。また稿本は記事中に省略符合を用いている場合があるが、定本にはそうした省略がない。さらに、書止めの日付が若杉家本に「八月　日」とあり、史料本及びその原本たる伏見宮本に「九月五日」とあって二種みられるのは、前者が稿本、後者が定本の勘申日を示すとする（但し後述のように史料本には「八月　日」の日付の記載もある）。

これらのことをふまえ改めて伏見宮本を見てみると、上述の法量や一紙の大きさ・行数などから、伏見宮本にも若杉家本と同様の相異が確認でき、ここにも稿本と定本の二種が伝わっていたことが明らかとなった。

また、山下氏は史料本と若杉家本との丹念な比較作業を経て本書の全体の構成を復元され、それは次のように大きく三つに分かれる勘文であると指摘された。

Ⅰ　勘申　犯土造作移徙等事 付造神社仏寺

Ⅱ　勘申　神事仏事日幷例等事

Ⅲ　勘申　吉事等日事

従うべき見解であると思われるので、以下、ここではこの三つの勘文をそれぞれ勘文Ⅰ・勘文Ⅱ・勘文Ⅲと表記する。ただし山下氏も述べているように、勘文Ⅰ～Ⅲの本来的な順序は明らかでなく、便宜的なものである。

さて、伏見宮本『陰陽博士安倍孝重勘進記』については移管時の配列に問題があったが、山下氏が復元された翻刻に各断簡をあてはめていくことにより、本来の構成や配列が明らかとなる。現在、伏見宮本として伝存する断簡は、表一～表三の「伏見宮本定本」「伏見宮本稿本」の欄に示した如くである。また便宜、史料本の書写部分と若杉家本の定本及び稿本の断簡部分も併せて表示した。

表一　勘文Ⅰ「勘申　犯土造作移徙等事 付造神社仏寺」の復元項目と諸本

〈復元項目〉	〈伏見宮本定本〉	〈伏見宮本稿本〉	〈史料本〉	〈若杉家本定本〉	〈若杉家本稿本〉
当梁年事			┬		
五星所在月事			│		
金神七殺方事			│		
大将軍方事			│		
件方方違事		（第二帖）○ ①	│ イ本		
件方犯土造作忌否事		┬	│		
大将軍遊行方事		②	│ イ本		

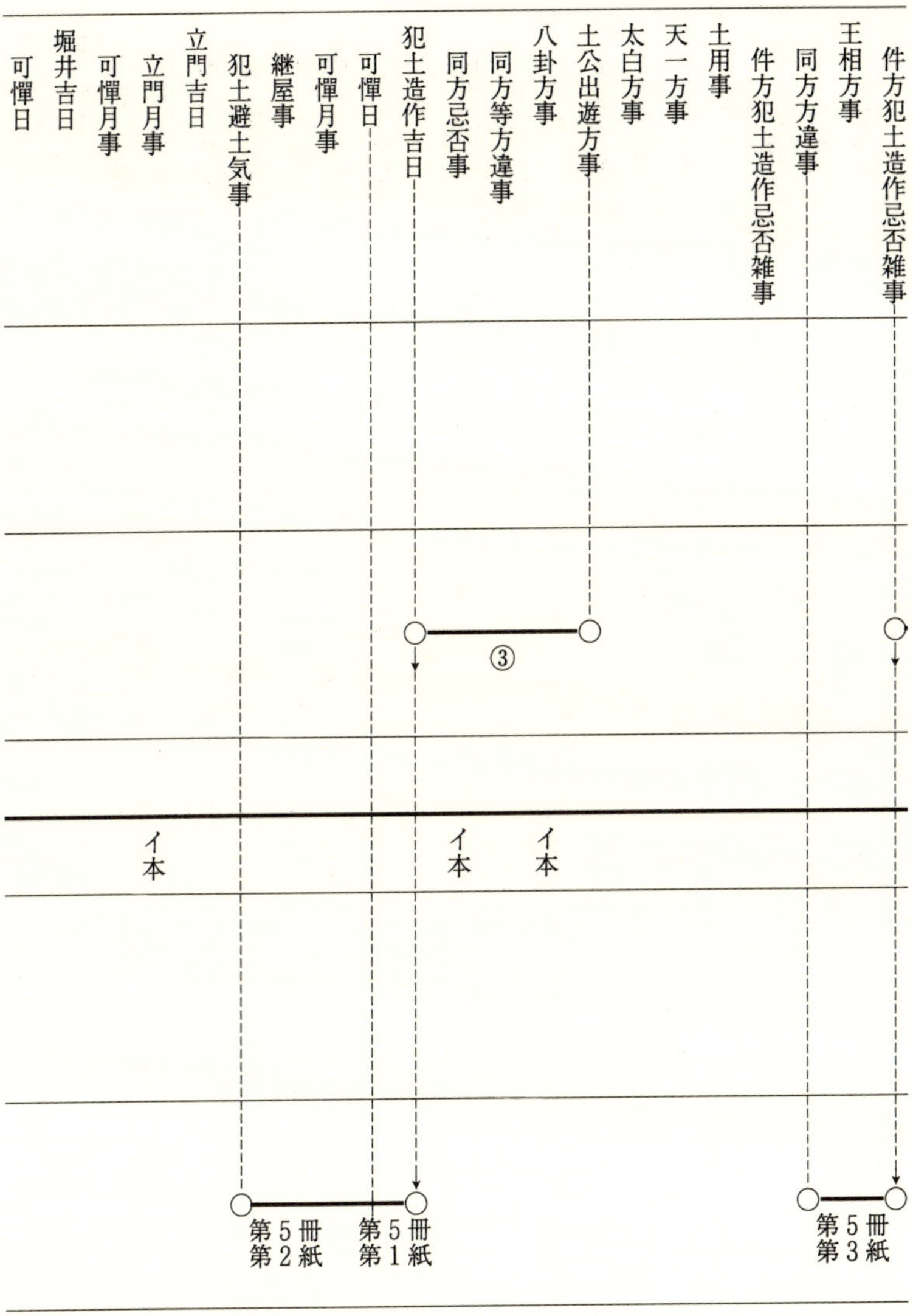
件方犯土造作忌否雑事
王相方事
同方方違事
件方犯土造作忌否雑事
土用事
天一方事
太白方事
土公出遊方事
八卦方事
同方等方違事
同方忌否事
犯土造作吉日
可憚日
可憚月事
継屋事
犯土避土気事
立門吉日
立門月事
可憚月事
堀井吉日
可憚日
③
イ本
イ本
イ本
第5冊 第3紙
第5冊 第1紙
第5冊 第2紙

項目	区分	異本
立倉吉日		
立厩吉日		
造神社事	④	
朱雀日造神社例	④	
白虎足日例	④	
丙・丁并午日例		
寅・戌日例		
九月修造例		
造御願寺日次例	⑤	
立柱上棟日例	⑤ ⑥	イ本
移徙吉日	⑥	
白虎足日例	⑥	
玄武日例		イ本
可憚日		イ本
青龍頭日例		
青龍脇日例		
青龍足日例		
天季日		
厭・厭対日例		
忌遠行日例	①（第一帖）	
火曜日例	①	イ本

不入吉日例 御物忌例 御移徙作法事 〔勘申日〕	○ ②		（承元四年八月　日）		

注
1 復元項目は山下氏註（3）論文に拠った。
2 「伏見宮本定本」「伏見宮本稿本」の欄で、①②等の数字は現在整理された各帖ごとの紙数を示す。
3 各断簡の記事は、復元項目の途中から始まり途中で終わるものが多いが、その場合は○印を以って示した。
4 伏見宮本と若杉家本の接続関係は↓や↑で示した。
5 「史料本」の欄に記す「イ本」の符号は、史料本の本文中に「イ・・・」という注記があることを示す。

表二　勘文Ⅱ「勘申　神事仏事日并例等事」の復元項目と諸本

〈復元項目〉	〈伏見宮本定本〉	〈伏見宮本稿本〉	〈史料本〉	〈若杉家本定本〉	〈若杉家本稿本〉
神事吉日 厭日　厭対日 往亡日　道虚日 伐日　八龍　七鳥 九虎　六蛇日 厭・厭対日神事例 往亡日神事例		（第四帖）		第1～13紙	第3冊 第1紙

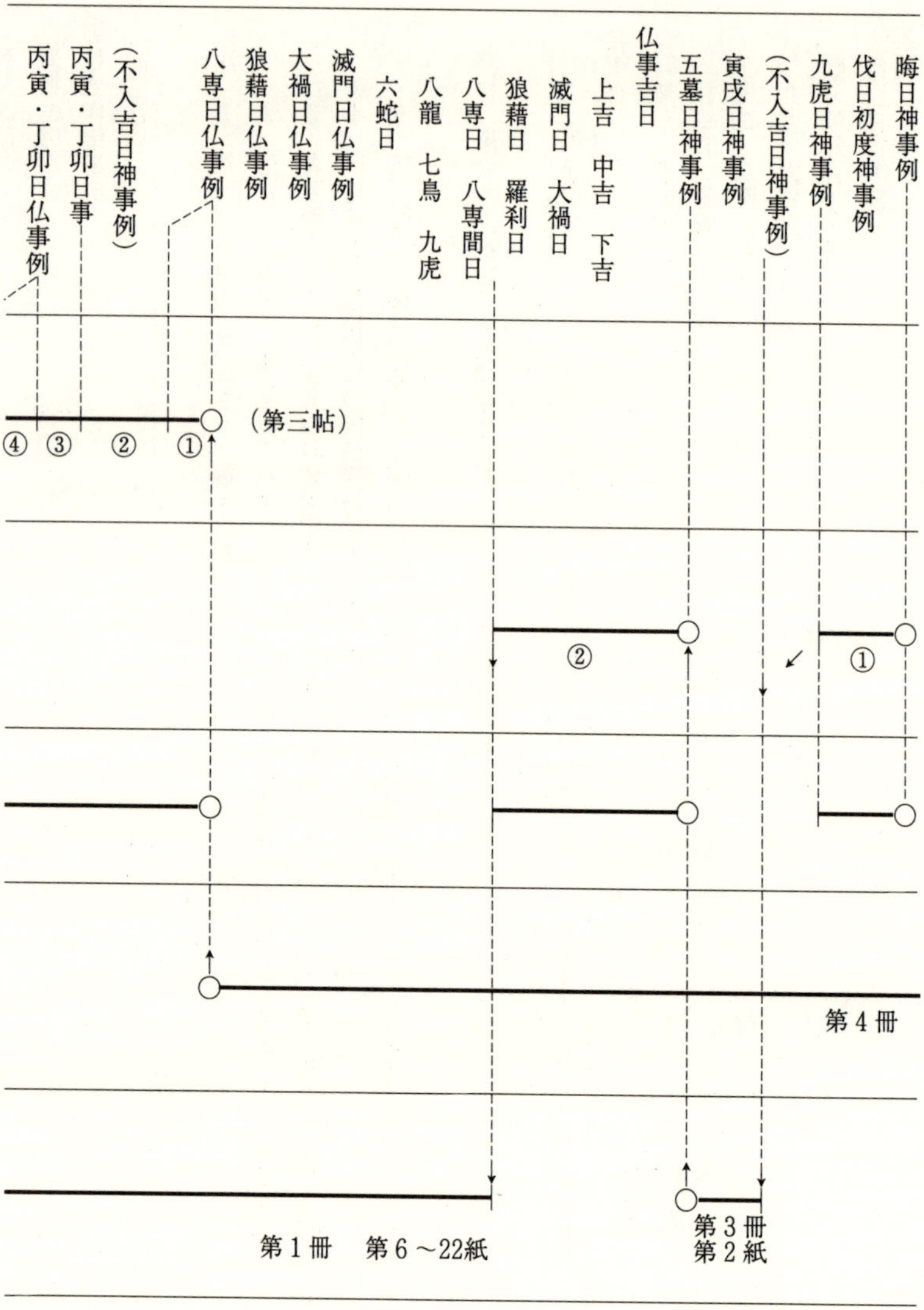
晦日神事例
伐日初度神事例
九虎日神事例
（不入吉日神事例）
寅戌日神事例
五墓日神事例
仏事吉日
上吉　中吉　下吉
滅門日　大禍日
狼藉日　羅刹日
八専日　八専間日
八龍　七鳥　九虎
六蛇日
滅門日仏事例
大禍日仏事例
狼藉日仏事例
八専日仏事例
（不入吉日神事例）
丙寅・丁卯日事
丙寅・丁卯日仏事例
（第三帖）
①
②
③
④
①
②
第4冊
第3冊
第2紙
第1冊　第6～22紙

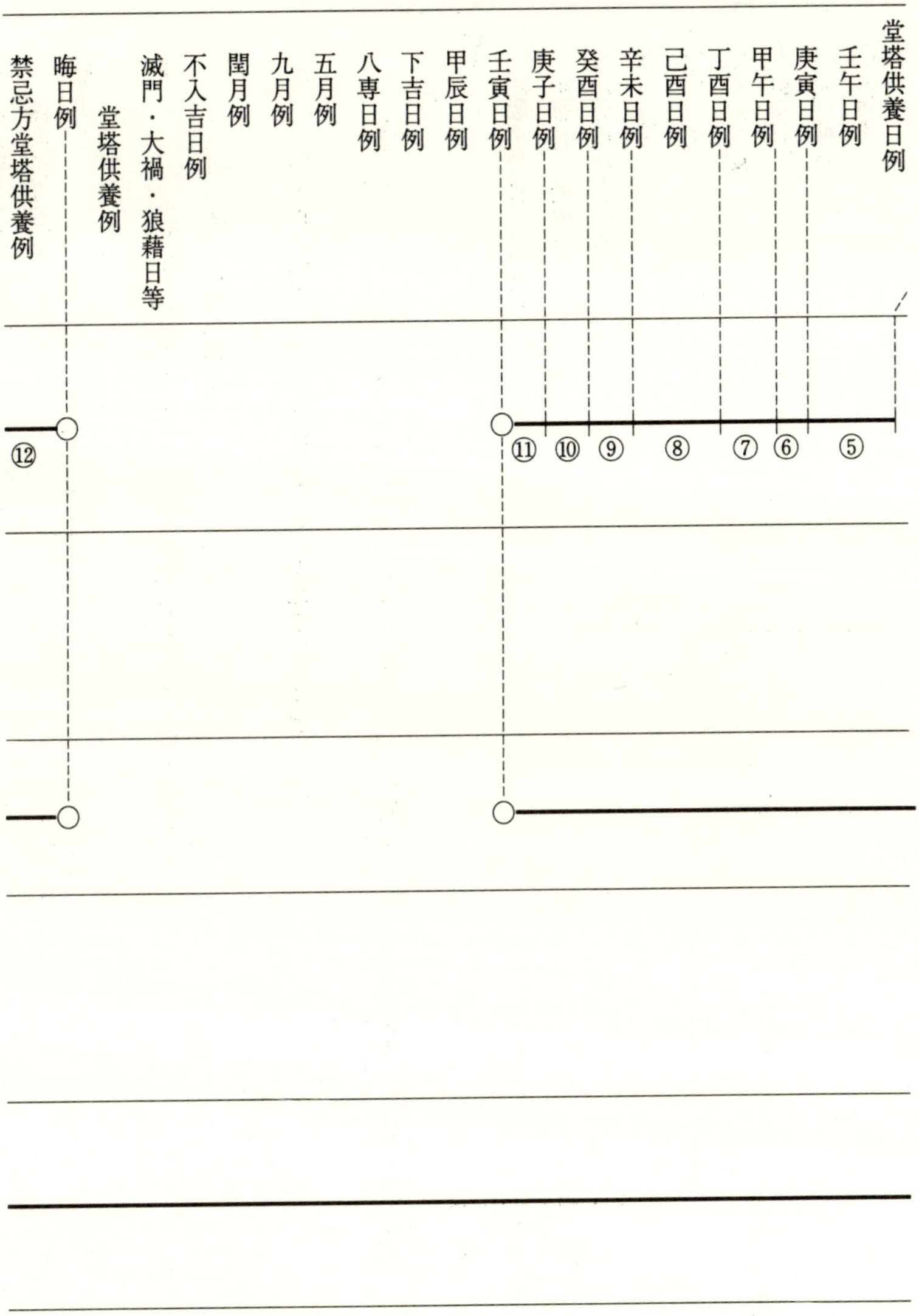
堂塔供養日例
壬午日例
庚寅日例
甲午日例
丁酉日例
己酉日例
辛未日例
癸酉日例
庚子日例
壬寅日例
甲辰日例
下吉日例
八専日例
五月例
九月例
閏月例
不入吉日例
滅門・大禍・狼藉日等
堂塔供養例
晦日例
禁忌方堂塔供養例
⑤
⑥
⑦
⑧
⑨
⑩
⑪
⑫

〈復元項目〉	〈伏見宮本定本〉	〈伏見宮本稿本〉	〈史料本〉	〈若杉家本定本〉	〈若杉家本稿本〉
諸寺修造間当禁忌方時	⑬				
被仰付寺家例	⑭				
〔勘申日〕	（承元四年九月五日）		（承元四年九月五日）		（承元四年八月　日）

注　1　「復元項目」の欄で、（　）の項目は定本のみに見えるものである。
　　2　他は表一の注に同じ。

表三　勘文Ⅲ「勘申　吉事等日事」の復元項目と諸本

〈復元項目〉	〈伏見宮本定本〉	〈伏見宮本稿本〉	〈史料本〉	〈若杉家本定本〉	〈若杉家本稿本〉
吉事日					第1冊 第1～5紙
嫁娶吉日					
陰陽不将日　可憚日					
陽将日　陰将日					
陰陽不将日入内例					
陽将日例					
陰将日例		○（第五帖）	○		○
陰陽将日例					
産間雑事日		①			
母屋庇間事					
切臍緒事					

勘文事
沐浴吉日
可取沐浴水方角事
蔵胞衣吉日
可蔵置胞衣方角事
可憚日
着衣吉日
剃髪吉日
可憚日
五十日・百日真菜事
御書始日例
元服・着袴吉日
天子御元服例
東宮御元服例
親王御元服例
伐日御元服例
辛日例
伐盗日例
九坎日例
御忌月御元服例
有閏月年御元服例

②

第3冊
第6～19紙

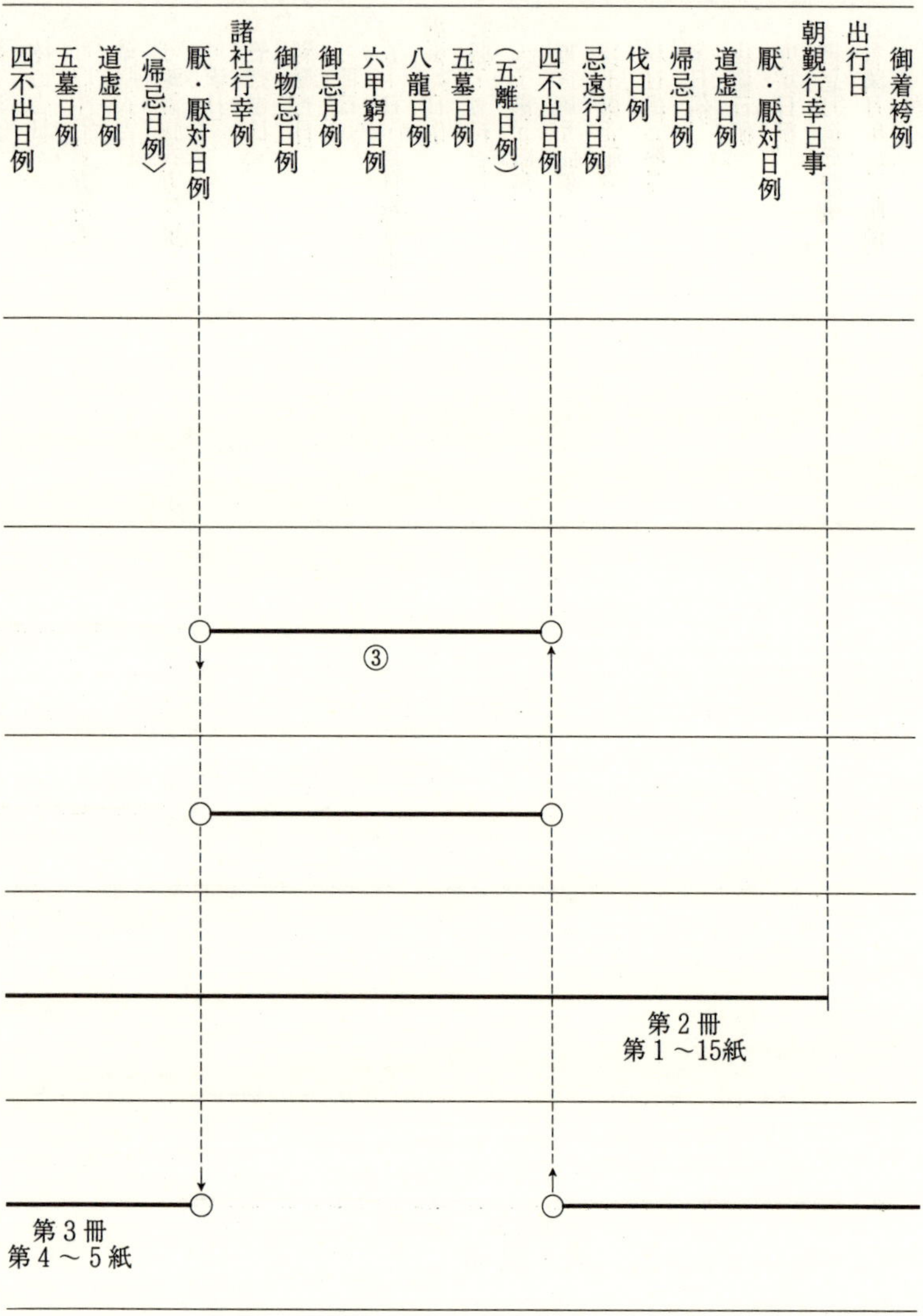
御着袴例
出行日
朝覲行幸日事
厭・厭対日例
道虚日例
帰忌日例
伐日例
忌遠行日例
四不出日例
（五離日例）
五墓日例
八龍日例
六甲窮日例
御忌月例
御物忌日例
諸社行幸例
厭・厭対日例
〈帰忌日例〉
道虚日例
五墓日例
四不出日例
③
第２冊
第１～15紙
第３冊
第４～５紙

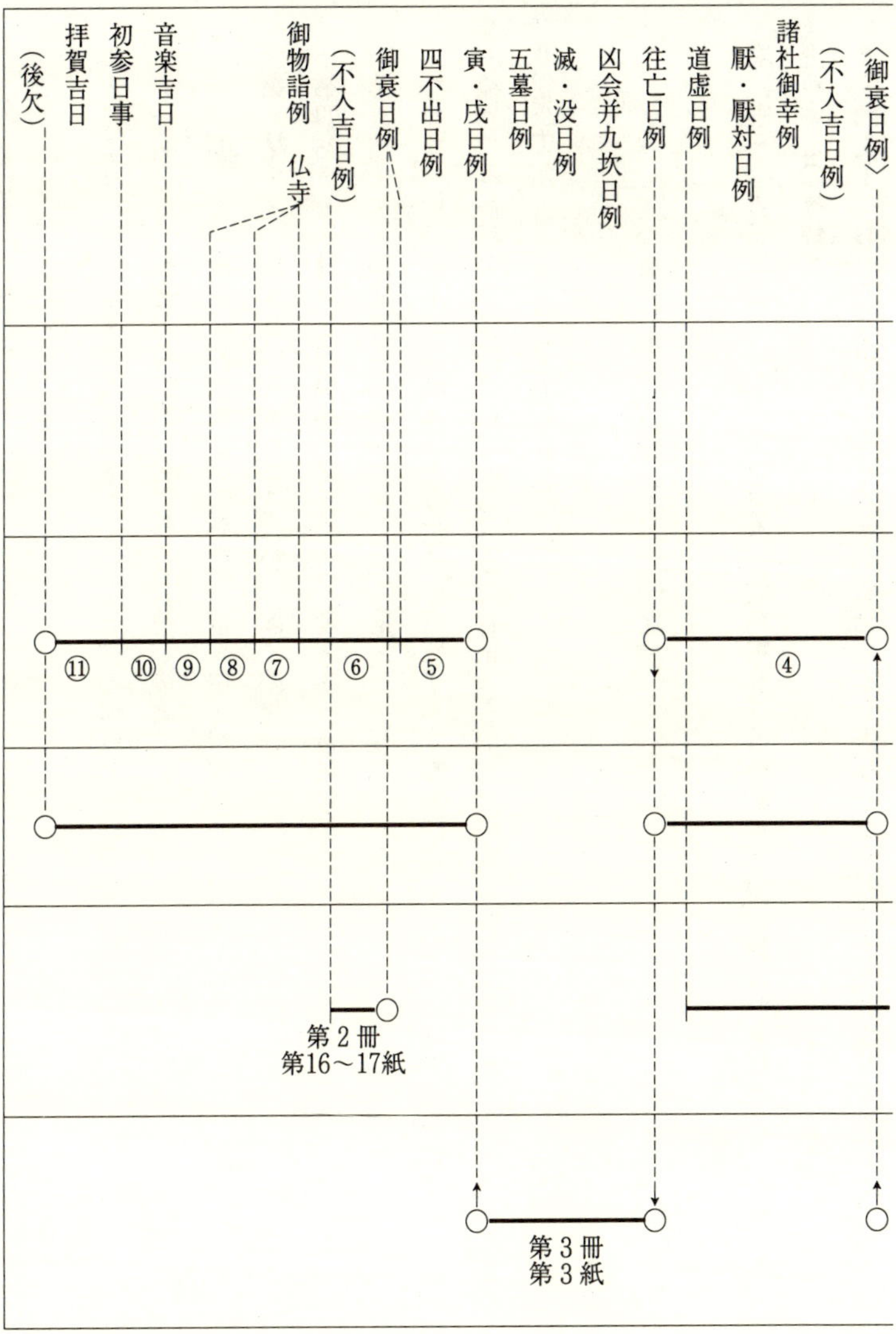
〈御衰日例〉
（不入吉日例）
諸社御幸例
厭・厭対日例
道虚日例
往亡日例
凶会并九坎日例
滅・没日例
五墓日例
寅・戌日例
四不出日例
御衰日例
（不入吉日例）
御物詣例　仏寺
音楽吉日
初参日事
拝賀吉日
（後欠）
④
⑤
⑥
⑦
⑧
⑨
⑩
⑪
第２冊
第16～17紙
第３冊
第３紙

注1　「復元項目」の欄で、（　）の項目は定本のみに見え、〈　〉の項目は稿本のみに見えるものである。
　2　他は表一の注に同じ。

以上により、伏見宮本は現在以下のような五帖の構成で整理がなされている。
第一帖・・・勘文Ⅰの定本（全二紙）　前・後欠
第二帖・・・勘文Ⅰの稿本（全六紙）　前・中・後欠
第三帖・・・勘文Ⅱの定本（全十四紙）　前・中欠
第四帖・・・勘文Ⅱの稿本（全二紙）　前・中・後欠
第五帖・・・勘文Ⅲの稿本（全十一紙）　前・中・後欠
すなわち、伏見宮本には勘文Ⅰと勘文Ⅱに所属すべき断簡が定本と稿本の両方残されていたが、勘文Ⅲには定本がなく稿本のみが伝存していたのである。また各帖とも前欠で中間にも欠失部が多く、末尾が存在するのは第三帖（勘文Ⅱの定本）のみであることがわかる。

三、史料本・若杉家本との比較

次に表一〜表三に基づいて、伏見宮本と史料本及び若杉家本との比較検討を行う。

〈史料本との比較〉
まず勘文Ⅰにおいて、現存の伏見宮本と伏見宮本を書写した史料本とを比較してみると、以下のような事実や問題点が浮かび上がってくる。

一、史料本の上巻（勘文Ⅰに相当）は、書写当時にはほぼ完全に存在した伏見宮本の定本を写したものと考えられる。なぜならば、定本としてわずかに残る二紙部分（第一帖①②）の記載内容を照合すると、史料本の誤写一字を除いて史料本は伏見宮本と全く一致し、また史料本の中に何箇所か記される対校跡のイ本の注記（表一「史料本」欄の「イ本」と記した箇所）が、同じく伏見宮本として存在している勘文Ⅰの稿本（第二帖）の記事に一致するからである。

二、また史料本のイ本の注記は、現在では伏見宮本に稿本が残っていない部分においても見られるので、このことから逆に史料本書写当時には伏見宮本にその部分の稿本（断簡）が存在したものと考えられる。つまり勘文Ⅰの稿本は、今以上に伏見宮家に伝わっていたのである。

三、但し史料本が伏見宮本の勘文Ⅰの定本を書写したと考えた場合に問題となるのは、史料本の勘文Ⅰの勘申日が定本の徴証たる「承元四年九月五日」ではなく、稿本の徴証とされている「承元四年八月　日」となっていることである。これをいかに考えるかであるが、次のような二通りの考え方が挙げられる。

イ　伏見宮の定本における勘申日がもともと「承元四年八月　日」と記されていて、そのまま書写された（『泰栄卿記』寛政二年（一七九〇）九月二日条によれば「承元四年八月」とあるので、この可能性もあるが、そうすると「九月五日」の日付を有するものが定本という考え方は成り立たなくなる）。

ロ　勘文Ⅰの本文部分は殆ど定本が揃っていたが、勘申日を含む末尾部分が欠けていたので、稿本の日付すなわち「承元四年八月　日」を史料本の書写の際に賀茂清茂が記した（但し、この場合は稿本の末尾の断簡が史料本書写当時に伏見宮家にあったことが前提となる）。

史料本書写当時、伏見宮本の勘文Ⅰの稿本が今以上に伝存していたと考えられることからすれば、一応後者の可能性を支持しておきたい。

また、勘文Ⅱ及び勘文Ⅲにおいて伏見宮本と史料本とを比べてみると、史料本で書写されている部分は伏見宮本の断簡が残っている内容にすべて一致するので、勘文Ⅱと勘文Ⅲに関しては、史料本書写当時より伏見宮家にこれ以外の断簡は存在していなかったと考えられる。

〈若杉家本との比較〉

次に伏見宮本と若杉家本の両者を比べてみると、以下のような知見が得られる。

a　伏見宮本と若杉家本とは本来一具の関係であることから、当然ながら両本間で接続する部分（表一～表三参照）は同一の筆跡と認められる。しかし、両本間で共通する虫損や紙のよごれ（染みなど）は確認できなかった。

b　伏見宮本と若杉家本の間で接続する部分の一折りの行数は、両本を合わせて完全なものになる。したがって、本書が折本の装幀とされた時期は、少なくとも室町前期に孝重流が断絶し、本書が伏見宮家と土御門家に分かれたときより以前のことと考えられる(8)。

c　若杉家本には全冊にわたって紙背に紙継番号もしくは紙継記号が付されており、また第三冊には裏書も存するのに対して、伏見宮本の紙背にはそれらが全く記されていない。すなわち若杉家本に見られる紙継番号や紙継記号は、土御門家に伝来した分につき同家が新たに表紙を付けて装幀する際に独自に記したものと思われ、折本への改装とは直接的な関係はないと考えられる。裏書が記された時期については明らかではないが、その記事の下限が延慶四年（一三一一）正月三日の花園天皇元服の記事であり、次の天皇元服事例である至徳四年（一三八七）正月三日の後小松天皇の例を記していないことから、一応この間のことと推定される。なお第三冊には頭書もあるが、裏書と同筆ゆえ、同時期に記されたものであろう。

四、成立とその後の伝存状況

次に、本書の成立及びその後の伝存状況について考えてみたい。

〈成立まで〉

承元四年(一二一〇)八月以前、後鳥羽上皇より院宣が出され、安倍孝重に本勘文の勘申の命が下りる。その後、同年八月某日に稿本(勘文Ⅰ〜Ⅲ)が成立する。しかし、この稿本にはいくつかの箇所において補訂が加えられ、同年九月五日に定本(勘文Ⅰ〜Ⅲ)が成立した。定本の正本は後鳥羽上皇に献上されたと思われるが、その副本は孝重の許に稿本とともに保存されたと考えられる。

〈成立以後〉

孝重没後、その子孫に稿本及び定本(副本)が伝えられたが、室町前期頃までに稿本及び定本ともに多くの箇所で糊がはがれ、いくつかの断簡に分かれた状態になる。そしてそれ以前には、すでに本書全体が折本仕立てにされていたと考えられる。

室町前期、安倍季弘・孝重流が断絶し、これを契機として稿本・定本が伏見宮家と土御門家に分かれて伝わったと考えられる。土御門家は季弘の弟泰茂の家系であり、こちらに伝来した方は、その後、同家において稿本・定本ともに現在の若杉家本の装幀とされた。伝来時にはすでに折本状態であったが、接続がかなり乱れていたので、同家において新たに紙継番号・紙継記号を裏に付し、表紙を添えて、稿本三冊・定本二冊の計五冊の折本とした。しかし稿本の三冊については、多くの部分で順番を正し得ないままとなった。

土御門家に伝わったものは、少なく見て若杉家本として現存する断簡であり、

勘文Ⅰの稿本三紙（若杉家本第五冊）

勘文Ⅱの定本の前半部（同本第四冊）と稿本の大部分（同本第三冊・第一冊）

勘文Ⅲの定本の後半部（同本第二冊）と稿本の一部（同本第一冊・第三冊）

である。一方、伏見宮家に移管された方は、

勘文Ⅰの定本の全てかあるいは末尾を除いた殆ど（第一帖①②ほか）と稿本の一部（第二帖①～⑥ほか）

勘文Ⅱの定本の後半部（第三帖①～⑭）と稿本の一部（第四帖①②）

勘文Ⅲの稿本の一部（第五帖①～⑪）

である。伏見宮本については、江戸中期の宝永三年（一七〇六）～享保十一年（一七二六）の間のある時期に賀茂清茂により書写が行われたが（史料本の奥書等による）、これが現在東京大学史料編纂所が所蔵する『陰陽博士安倍孝重勘進記』一冊である(9)。賀茂清茂が書写を行った時点では、勘文Ⅰの定本の殆どは伏見宮家に存在していたと考えられるが、勘文Ⅱ及び勘文Ⅲについては、この当時より紙数が現在と同じであり、しかも錯簡が甚だしい状態であった(10)。

その後、寛政二年（一七九〇）九月二日の時点で、伏見宮家には『遷幸之記』と題される書が七冊ほどあったと伝えられる（『泰栄卿記』同日条）。これが伏見宮本『陰陽博士安倍孝重勘進記』の当時の名称と形態であった。

一方、これと同じ時、土御門家に伝来した本は『日時勘文部類』と称され、それは五冊の折本として存在していた（『泰栄卿記』同日条）。こちらは若杉家本の当時の呼称と形態である(11)。

伏見宮本は、その後、勘文Ⅰの定本の大部分（二紙を除いたすべて）と稿本の一部が散佚してしまう。賀茂清茂が書

写した寛政年間には、まだかなりの分量が存在していたが、戦後の昭和二十年代に伏見宮家から書陵部へ本書が引き継がれるまでの間に、何らかの理由で少なからず散佚が生じてしまい、現在伝存する量にまで減少したものと考えられる。

また土御門家旧蔵の『日時勘文部類』五冊は、明治初年に土御門家が上京した折、同家の家司たる若杉家が京都に残された他の土御門家文書とともに管理するところとなったが、[12]昭和五十九年に「若杉家文書」が一括して京都府立総合資料館に寄贈され、本書もそのまま同館所蔵「若杉家文書」の中で五冊の折本として現存している。

〈伏見殿文庫記録目録との比較〉

ところで、寛政二年（一七九〇）の時点で『遷幸之記』七冊としてみえた伏見宮本の内訳（構成）を知る手がかりとして、高松宮家旧蔵『伏見殿文庫記録目録』（一冊、国立歴史民俗博物館所蔵、函架番号H－六〇〇－九八九）がある。これは霊元天皇が伏見宮家の所蔵する記録類を禁裏にて書写する目的で作成された天皇自筆による目録であるが、この中の後半部には次のような記載がみられる（a～hの記号は便宜上付したもの）。

a「産雑事　折本一冊　一枚」
b「諸社御幸例　折本一冊　八枚」
c「造作移徙等事　折本一〃〔冊〕　廿三枚」
d「造神社仏事　折本一〃　十四枚」
e「遷都例　折本一〃　四枚」
f「行幸例　折本一〃　一枚」
g「御読経幷堂塔供養日例　折本一冊　十四枚」

h「雑事吉日事　　折本一ｌ　　五枚」

目録の中ではａｇｈの三冊は他の類似史料とともに、それぞれ別の箇所に記されているが、ｂ～ｆの五冊は同種の史料中において一括して記載されている。各冊の史料名や折本の装幀から考えて、これら計八冊（帖）は、十七世紀後期の霊元朝頃における伏見宮本『陰陽博士安倍孝重勘進記』の存在状況を示すものと思われる。[13]寛政二年時では七冊とあるが、「凡七冊計」と記すので（『泰栄卿記』同年九月二日条）、実際は八冊あったものと思われる（あるいは記述内容の性格がやや異なるａが寛政二年の時には数えられなかったのかもしれない）。そこでこれら八冊が、現存する、あるいは散佚した伏見宮本のどの部分に相当するのかを検討したい。

まず確実なものからみていくと、ｂ「諸社御幸例　折本一冊　八枚」は第五帖（勘文Ⅲの稿本）④～⑪の計八紙に相当する。またｆ「行幸例　折本一ｌ　一枚」は第五帖③の一紙に当たる。さらにｇ「御読経幷堂塔供養日例　折本一冊　十四枚」は第三帖（勘文Ⅱの定本）①～⑭の計十四紙に合致する。これらは、いずれも紙数と内容の一部が一致することから間違いないであろう。

ついで、内容から判断して対応関係がほぼ確実なものとして、ｄ「造神社仏事　折本一ｌ　十四枚」が第二帖（勘文Ⅰの稿本）①～⑥の六紙に（不足分の八紙は散逸か）、ｅ「遷都例　折本一ｌ　四枚」が第一帖（勘文Ⅰの定本）①②の二紙に（不足分の二紙は散逸か）、ｃ「造作移徙等事　折本一ｌ　廿三枚」が現在は散佚して残らない勘文Ⅰの定本前欠部分に、それぞれ相当すると考えられる。ｄについて言えば、第二帖④の冒頭に「造神社事」と記され、しかもこの料紙は汚れが特に目立つので、伏見宮家に所蔵されていた期間はこの一紙が一番上に置かれていたものと思われ、これによりｄは「造神社仏事」と表記したものと推定される。また現在紙数は八枚不足するが、その部分にも史料本のイ本の注記があることから、史料本が書写された時点ではまだ散佚していなかったものと思われる。ｃについては、勘文Ⅰの冒頭の記載に「犯土造作移徙等事」とあるので、これを略して記したのであろう。

残るa「産雑事　折本一冊　一枚」とh「雑事吉日事　折本一ｌ　五枚」については、内容からみてaが第五帖①②に相当し（但しこれは二紙存するので紙数が合わないが、二紙は一連のものなので、併せて一紙と記したものか）、またhが第四帖（勘文Ⅱの稿本）①②の二紙に相当するかと思われる。h「雑事吉日事」は第四帖②に「仏事吉日」とあることから付した目録名であろう。なお、hは現在三紙分不足することになるが、勘文Ⅱの稿本全体において伏見宮本と若杉家本とを併せると不足分は冒頭部分の二紙のみとなるので、hの紙数「五枚」が正しいものとすれば、あるいはaに相当するとした第五帖②の一紙が第四帖①②及び散佚した二紙と一緒になっていたということも考えられる。また不足する冒頭の二紙部分は史料本にも書写されていないので、これは清茂の書写以前に散佚したものと考えられる。

五、内容について

最後に『陰陽博士安倍孝重勘進記』の内容について若干触れておきたい。本書をいち早く紹介された村山修一氏は、その解題において、本書にみえる注目記事をいくつか挙げておられる。(14)例えば保元元年（一一五六）四月二十九日の鳥羽法皇御願熊野本宮八角七重塔供養の記事や建久四年（一一九三）正月二十九日の最勝寺・千躰阿弥陀堂の修造の記事などは、それぞれ八角七重塔や千躰阿弥陀堂の存在自体について他に所見がなく、本書によってのみ知りうる事柄であると評価されている。

そこで、本書によりどれぐらいの新しい歴史事実が知られるかを調査するために、本章末に附表『陰陽博士安倍孝重勘進記』所引事例編年表を掲載した。この表は山下氏が復元された翻刻史料に基づいて、本書に引かれた全ての事例を年月日順に並べ換えたものである。これによれば、引用事例の延べ数は千例を越える膨大な数にのぼるが、表の「史料」欄において、『史料綜覧』における事項（綱文）掲出の有無をチェックした。そして、『史料綜覧』で取り上げられていない事例（「史料」欄No.35以下に○印のない事例）の中には、村山氏が指摘された以外にも次のような注目すべき記事がみえる。

すなわち、No.285・286・288・289によれば、延久二年（一〇七〇）の円宗寺（初名は円明寺）における金堂及び灌頂堂・法華堂・常行堂などの棟上時期が知られる。従来はこれらの堂について造立供養の時期しか判っていなかったので、建築儀礼の面からも目を惹く記事といえる。またNo.318やNo.445によれば、承保四年（一〇七七）白河天皇女御藤原道子の懐妊により法勝寺の作事が停止されたこと、承徳二年（一〇九八）堀河天皇女御藤原苡子の懐妊により内裏造営が停止されたことが知られるが、このような内容は本書（現在は史料本のみが存在する部分）にしか現れない貴重な記録である。(15) さらにNo.911では、嘉応三年（一一七一）正月二十三日に後白河法皇が熊野詣に進発した勘例を載せるが、これも他の史料には見えず、本書によってはじめて確認できる事実である。(16) なお、この時の熊野詣は『玉葉』同年二月二十六日条に「左中将定能朝臣来申慶賀、依参熊野詣御共、延及于今也」とある記事に対応するものと考えられ、この少し前に熊野から還幸があったものと思われる。また、No.914・921・922・929などについても、後白河法皇の御幸につき新たに知られる事例である。

以上、わずかの例を挙げたにしかすぎないが、本書を活用していくことで、陰陽道の禁忌内容のみならず、従来の史料では埋もれていた歴史事実、特に平安中期から鎌倉初期に至る朝廷の造営活動や臨時行事の一端を明らかにすることができる。(17) 今後も個々の事例について、史料批判を加えながら、さらに検討していくべきものといえよう。

註

（1）村山修一編『陰陽道基礎史料集成』（東京美術、一九八七年）に若杉家本・史料本の影印が所収されている。

（2）第一冊＝勘申吉事等日事（四五一号）、第二冊＝朝覲行幸日事勘申（四五二号）、第三冊＝勘申神事仏事日幷例等（四五三号）、第四冊＝勘申神事仏事日幷例事（四五四号）、第五冊＝作事日等勘申断簡（四五五号）。

（3）山下克明「『陰陽博士安倍孝重勘進記』の復元」（『年代学（天文・暦・陰陽道）の研究』大東文化大学東洋研究所、一九九六年）。

（4）なお「陰陽博士安倍孝重勘進記」という書名も本来のものではなく、江戸中期に賀茂清茂が伏見宮本を書写した際に付けたものである。しかし、すでに『大日本史料』その他でこの書名が一般的に用いられているので、本書でも「陰陽博士安倍孝重勘進記」を書名として採用した。

（5）村山氏註（1）前掲書。

（6）鈴木一馨「京都府立総合資料館所蔵若杉家本『陰陽博士安倍孝重勘進記』上・下」（『国書逸文研究』二十六号・二十七号、一九九四年・一九九五年）。

（7）山下氏註（3）論文。

（8）山下氏註（3）論文では、若杉家本が折本になる以前に伏見宮本が安倍氏の手を離れ伏見宮家に移管されたと推測されているようであるが、この点は本文のように考えるべきものと思う。なお本書の半分近くの断簡が伏見宮家に入った経緯についての詳細は不明である。但し、『看聞日記』応永二十三年（一四一六）六月二十六日条によれば、この日孝重の末裔である安倍守経が伏見宮第二代治仁王の琵琶灌頂の吉日を勘申しており、それは伏見宮第一代栄仁親王の時も同様であったという。すなわち守経と伏見宮家とは早くより交流があり、そうした関係から、孝重の系統が守経の養子有重で断絶した後、本書の半ばが伏見宮家に移管されたのであろう。宮家では貞成親王の代に当たるものと考えられる。

（9）賀茂清茂については児玉幸多「賀茂清茂伝」（『歴史地理』第七十巻六号、一九三七年）、また『図書寮叢刊　書陵部蔵書印譜　下』（宮内庁書陵部、一九九七年）、三六六頁などを参照。

（10）なお、史料本の忠実な写本として、内閣文庫所蔵『類集雑抄』一冊がある。
（11）若杉家本の写本には、これまでに（イ）大将軍八神社所蔵皆川家本『勘策考』一冊、（ロ）岩瀬文庫所蔵柳原本『勘策考』一冊、（ハ）山下克明氏所蔵『日時勘文部類』一冊の三本が確認されている。これらはいずれも土御門家に伝来した本の一部を近世に写したものである。
（12）『京都府立総合資料館所蔵　改訂増補　文書解題』（京都府立総合資料館、一九九三年）五三頁。
（13）詫間直樹「伏見宮家の記録目録」（『日本歴史』六一五号、一九九九年）。
（14）村山氏註（1）前掲書、三六一〜三六二頁。
（15）詫間直樹「平安後期の犯土造作について」（『建築史学』二五号、一九九五年）。
（16）安田元久『後白河上皇』（人物叢書、吉川弘文館、一九八六年）の「後白河上皇移徙一覧」にもこのことは記されていない。
（17）一九九七年に刊行された『大日本史料』第一編補遺（別冊二）では、『陰陽博士安倍孝重勘進記』の所引事例のうち、延喜十七年までのものが掲載されている。

附表『陰陽博士安倍孝重勘進記』所引事例編年表

凡例

一、この表は山下克明「『陰陽博士安倍孝重勘進記』の復元」（『年代学（天文・暦・陰陽道）の研究』大東文化大学東洋研究所、一九九六年）において翻刻されたものをもとに、所引事例を編年整理した表である。表中、同じ事例が複数見えるものは、別の箇所においてそれぞれ引用されたものである。

一、前掲書のうち校訂注〔　〕は概ねそのまま採用した。但し参考及び説明のための注を示す（　）は、一部補訂を加え、人名・寺社名を示す傍注のみ採用し、その他は省略した。

一、当表作成にあたっては原則として常用漢字を用いた。

一、所引事例編年表を作成するにあたり、本文を次のように改めた。

・割注及び傍書は〈　〉で表した。

・裏書は日付の前に※印を付して区別した。

・暦注欄及び記事欄において、表記が条文になくても、項目及び前後の記事からわかるものについては、（　）で補足した。

・寺社名・人名が項目として立ててあるものについては、記事欄に項目名（寺社名・人名）を表記し、その後に／を入れ、条文と区別した。

　例：円宗寺

　　延久二年二月廿九日庚寅、玄武日、金堂棟上、→記事欄：　円宗寺／金堂棟上

・勘文全文を引用してあるものについては、事書のみを記事欄に記し、末尾の注に「勘文省略」と表記した。

・記事の長文のものは、冒頭のみを記事欄に記し、末尾の注に「記事省略」と表記した。

・勘申者を明記するものは、末尾の注に人名を表記した。

一、当表の史料欄（№35以下）においては、『史料綜覧』にその事項（綱文）が掲出されているものに〇印を付した。

No.	年月日干支	西暦	暦注	記事	史料
1	天平勝宝四年四月九日乙酉	752	下吉	東大寺大仏開眼会也、天皇（孝謙）率百官有臨幸、五位已上着礼服、請僧一万口、有種々音楽云々	
2	神護景雲四年八月庚寅朔	770		被立伊勢勅使〈参議従四位下藤原継縄〉	
3	延暦七年正月（十五日）甲子	788		平城天皇／御元服〈御年十五〉	
4	延暦十三年十月廿一〔二〕日辛酉	794	玄武(マ、)	天皇（桓武）自長岡京遷御平安京	
5	延暦十三年十月廿一〔二〕日辛酉	794	忌遠行、四不出	自長岡京遷都平安京	
6	延暦十三年十月廿一〔二〕日辛酉	794	火曜	〈イ自長岡京〉遷都平安京	
7	延暦十三年十月廿一〔二〕日辛酉	794	不入吉、四不出	遷都葛野京〈平安京也〉	
8	延暦十三年十月廿一〔二〕日辛酉	794		桓武天皇、自長岡京遷幸葛野京〈後号平安京〉、令童男十人着緑色衣、牽黄牛十頭、挟路相候〈東西各五頭〉、陣烈〔列〕御輿前云々、天皇御年五十八、御生気在乾、童男可着白色衣歟、雖然令着緑色衣、是依禁火事被用水色歟	
9	延暦十七年四月十七日丁卯	798		淳和院／御元服	
10	※延暦十七年四月丁卯（十七日）	798		淳和天皇／加元服〈十三〉	
11	延暦十八年二月七日辛巳	799	伐	嵯峨天皇／御元服	
12	※延暦十八年二月辛巳（七日）	799		嵯峨天皇／御元服〈十四〉	
13	弘仁七年六月十五日己酉	816		嵯峨天皇／御書始〈御年卌一〉	
14	弘仁十四年八月一日癸未〔壬午〕	823	伐（マ、）	仁明天皇／御元服〈御年十四〉	
15	承和五年六月廿六日壬子	838		仁明天皇／御書始〈御年廿九、御践祚以後、始読御群書治要第一巻〉	
16	承和六年十二月二日庚戌	839		被立伊勢勅使〈参議春宮大夫文屋朝臣秋津〉	
17	承和九年二月　日（十六日辛巳）	842		文徳天皇／御元服〈御年十六〉	
18	※承和九年二月辛巳（十六日）	842		文徳天皇／御元服〈十六〉	
19	承和十二年二月　日（十六日癸巳）	845		光孝天皇／御元服	
20	※承和十二年二月癸巳（十六日）	845		光孝天皇／御元服	
21	仁寿元年四月廿五日丁卯	851		文徳天皇／御書始〈御年廿五、御践祚之後、始被講文選〉	
22	仁寿四年十一月廿九日庚戌	854		被立伊勢奉幣使	
23	貞観二年二月十日辛卯	860	復、厭対	清和天皇／御書始〈御年十一〉	
24	貞観三年三月十四日戊子	861	不入吉	修補東大寺設会供養	

No.	年月日干支	西暦	暦注	記事	史料
25	貞観三年三月十四日戊子	861	（不入吉）	修補東大寺設会供養	
26	貞観六年正月一日戊子	864		清和天皇／御元服〈御年十五〉	
27	貞観六年正月三日庚寅	864		清和天皇／後宴	
28	貞観十七年十月十七日丙寅	875	太〔大〕禍	吉祥院供養〈菅丞相（菅原道真）願也、昌泰三〔四〕年坐事、因茲大禍日殊憚来者也、雖当上吉日不可用之歟〉	
29	貞観十八年十一月廿七日庚子	876	天季、厭	天皇（清和）遷幸染殿院	
30	貞観十八年十一月廿七日庚子	876	厭	天皇（清和）遷幸染殿院	
31	元慶三年四月廿六日乙酉（傍書「貞観十七年四月乙亥〈他本〉八歳〈イ本〉」）	879	伐	陽成天皇／御書始〈御年十二〉(1)	
32	元慶六年正月二日乙巳	882	九坎日	陽成院／御元服〈御年十五〉	
33	元慶六年正月三日丙午	882		陽成院／後宴	
34	元慶八年四月四日甲午	884		光孝天皇／御書始〈御年五十五、践祚後始読御文選〉	
35	仁和四年十月六日庚午	888	陰陽不将	藤原温子／入内〈宇多天皇、同九日為女御〉	○
36	仁和四年十月九日癸酉	888		宇多院／御書始〈御年廿二、御践祚後、始読御周易〉	○
37	寛平九年四月九日甲寅	897		被立賀茂奉幣使	○
38	寛平九年七月三日丙子	897	陰陽将	為子内親王／入内〈醍醐、同廿五日為妃〉	○
39	寛平九年七月三日丙子	897	伐	醍醐天皇／御元服〈御年十三〉	○
40	※寛平九年七月三日	897		醍醐天皇／御元服〈十三〉	○
41	昌泰元年二月（傍書「正イ」）廿八日戊戌〔戊辰〕	898	无翹（マ、）	醍醐天皇／御書始〈御年十四〉(2)	○
42	昌泰二年正月三日丁酉	899	忌遠行	醍醐天皇／行幸朱雀院（宇多上皇）〈朝覲〉	○
43	昌泰二年正月三日丁酉	899	五離	醍醐天皇／行幸朱雀院〈朝覲〉	○
44	昌泰二年十一月廿一日辛亥	899		宇多院／法皇御幸東大寺	
45	延喜二年八月十九日壬辰	902	五墓	被立宇佐幷香椎奉幣使	
46	延喜二年八月卅日癸卯	902	（晦日）	被立七社奉幣使	
47	延喜四年三月廿六日辛酉	904	八専	仁和寺円堂供養	
48	延喜四年三月廿六日辛酉	904		仁和寺円堂供養、従公家（醍醐天皇）御在所〈大内〉、当大将軍方〈西方〉	
49	延喜四年十一月卅日庚寅	904	（晦日）	被立諸社奉幣使〈伊勢以下臨時御祈也〉	○
50	延喜四年十一月卅日庚寅	904		被立諸社奉幣使〈伊勢以下臨時御祈也〉	○
51	延喜九年八月七日庚子	909	九虎	被立宇佐使	
52	延喜十七年正月廿四日甲戌	917	厭	醍醐天皇／行幸亭子院（宇多法皇）〈朝覲〉	○
53	延喜十七年正月廿四日甲戌	917	道虚	醍醐天皇／行幸亭子院〈朝覲〉	○
54	延喜十七年九月廿四日庚午	917	道虚	宇多院／御幸石山	○
55	延喜十八年正月三日丁丑	918	帰忌	醍醐天皇／行幸（マ、）六条院〈朝覲〉	
56	延長三年正月三日丙申	925	五離	醍醐天皇／行幸仁和寺〈朝覲〉	○

No.	年月日干支	西暦	暦注	記事	史料
57	延長六年十一月廿四日乙未	928	五墓	被立宇佐使	
58	延長七年正月三日甲戌	929	厭	醍醐天皇／行幸仁和寺（宇多法皇）〈朝覲〉	○
59	延長八年二月十七日辛亥	930		朱雀院／御書始〈御年八、東宮御時〉	○
60	承平二年二月廿二日甲戌〔廿三日乙亥〕	932	无翹（マヽ）	村上天皇／御書始〈御年七、親王御時〉	○
61	承平二年九月廿二日辛丑	932	五墓	被立一代一度（朱雀天皇）大神宝使	○
62	承平七年正月四日丁巳	937	伐盗	朱雀院／御元服〈御年十五〉	○
63	承平七年正月五日戊午	937		朱雀院／後宴	○
64	天慶三年二月十五日辛亥	940	辛	村上天皇／御元服〈御年十五〉	○
65	天慶三年四月十九日甲寅	940	陰将	藤原安子／入飛香舎〈三品（成明）親王、村上〉	○
66	天慶五年四月廿九日壬午	942	厭	朱雀院／行幸賀茂社	○
67	天慶九年十一月廿九日丙辰	946	陽将（マヽ）	藤原述子／入内〈村上、十二月廿六〔五〕日為女御〉	
68	天暦二年正月三日癸丑	948	帰忌	村上天皇／行幸朱雀院（朱雀上皇・藤原穏子）〈朝覲〉	○
69	天暦二年正月三日癸丑	948	伐	村上天皇／行幸朱雀院	○
70	天暦三〔二〕年十二月七〔卅〕日丙子〔甲辰〕	948	十一月節（マヽ）、陽将、伐（マヽ）	徽子女王／入内〈村上、去四月七日為女御〉	○
71	天暦三年正月五日己酉	949	忌遠行	村上天皇／行幸東二条院（藤原穏子）〈朝覲〉	○
72	天暦三年正月五日己酉	949	五離	村上天皇／行幸東二条院〈朝覲〉	○
73	天暦三年正月五日己酉	949	八卦御物忌	村上天皇／行幸東三〔二〕条院〈朝覲〉	○
74	天暦三年七月十日辛亥	949	滅門	被行季御読経	○
75	天暦四年正月廿五日癸亥	950	六甲窮	村上天皇／行幸朱雀院〈朝覲〉	○
76	天暦五年三月九日庚午	951	下吉	天台惣持院供養〈天慶四年炎上之後、新造也〉	
77	天暦五年三月九日庚午	951	狼藉	天台惣持院供養	
78	天暦六年正月三日庚申	952	五離	村上天皇／行幸二条院〈朝覲〉	○
79	天暦六年三月廿七日癸未	952	滅門	被行臨時仁王会	○
80	天暦六年四月十五日庚子	952	青龍脇	太上皇（朱雀）自二条院遷御新造皇后御所〈皇后〔太皇太后〕（藤原穏子）未渡御以前也〉、其間不幾、左大臣（藤原実頼）以下歩行	○
81	天暦六年四月十五日庚子	952	火曜	太上皇（朱雀）〈イ自二条院〉遷御新造皇居〔后〕御所、	○
82	天暦六年十月二日乙酉	952	下吉	醍醐御堂供養〈朱雀院奉為延喜（醍醐天皇）、被造立供養之〉	○
83	天暦六年十一月廿八日庚辰	952		昌子内親王御着袴〈於弘徽殿有此事〉	
84	天暦六年十二月八日庚寅	952		東宮（憲平親王）〈冷泉院〉御着袴〈御年三〉	○
85	天暦九年十一月十日甲辰	955	陽将	藤原芳子／入掖庭〈村上〉	

No.	年月日干支	西暦	暦注	記事	史料
86	天暦十年四月十九日辛巳	956	伐	冷泉院／御書始〈御年七、東宮御時〉	○
87	天徳元年五月一日丁亥	957		延暦寺講堂供養、是従内裏当大将軍方、座主僧正延昌沙汰修造供養之間、公家（村上天皇）不被避方忌(3)	○
88	天徳四年十一月四日庚子	960	白虎足	天皇（村上）自職御曹司遷幸冷泉院〈有水火作法〉	○
89	応和元年八月十六日丁未	961		若宮（守平親王）〈円融院〉御着袴〈御年三〉	○
90	応和元年十一月七日丁卯	961	滅門	公家（村上天皇）有万僧供養事	○
91	応和元年十一月廿日庚辰	961	白虎足	天皇（村上）自冷泉院遷幸内裏〈去年回禄之後新造也〉	○
92	応和三年二月廿八日辛亥	963	重日、陽将	昌子内親王／入太子（憲平親王）宮〈冷泉院春宮御時、太子今日御元服〉	○
93	応和三年二月廿八日辛亥	963	辛	冷泉院／御元服〈御年十四〉	○
94	応和三年三月十九日辛未	963		雲林院御塔会〈公家（村上天皇）御沙汰〉	○
95	康保元年二月廿三日庚午	964	伐	規子内親王御着裳	○
96	康保二年八月廿六〔七〕日甲子	965		輔子内親王始笄〈御年十三〉	○
97	康保三年八月廿日壬子	966		円融院／御書始〈御年八、親王御時〉	○
98	康保三年八月廿五日丁巳	966		選子内親王〈大斎院〉御着袴	○
99	康保三年八月廿七日己未	966		具平親王御着袴	○
100	安和元年十月十四日甲子	968	陰陽将	藤原超子／入内〈冷泉院〉	○
101	安和年中（二年七月二十一日）	969		済時（藤原）大将以丙寅日（七月二十一日）行賀父大臣（藤原師尹）五旬算之法事、年中大臣有事（十月十五日師尹薨ズ）	○
102	天禄元年十二月十三日庚辰	970		東宮（師貞親王）〈花山院〉御着袴〈御年三〉	○
103	天禄三年正月三日甲午	972		円融院／御元服〈御年十四〉（頭書「村上天皇　天慶三年二月十五日、御元服」「冷泉院　応和三年二月廿八日、御元服」）(4)	○
104	天禄三年正月五日丙申	972		円融院／後宴	○
105	天禄四年二月十二日壬午	973	太〔大〕禍	被行臨時仁王会	
106	天禄四年九月廿二日己未	973	太〔大〕禍、八専	於清涼殿被行大般若御読経	
107	天延二年五月八日乙卯	974	八専	春季御読経始也	○
108	天延元〔二〕年八月十五日庚寅	974		被立石清水奉幣使〈臨時御祈也〉	○
109	天延二年九月十六日辛酉	974	八専	公家（円融天皇）被行臨時御読経	○
110	天延三年三月十一日癸未	975	滅門	被行季御読経〈発願今日也〉	○
111	天延三年三月卅日壬寅	975	滅門	被行臨時仁王会	○

No.	年月日干支	西暦	暦注	記事	史料
112	天延三年六月廿五日庚戌	975	太〔大〕禍	於神泉苑被行祈雨御読経	
113	貞元元年二月廿二日己未	976	八専	春季御読経始也	○
114	貞元元年五月十九日乙酉	976	滅門	於大極殿被行御読経〈臨時御祈〉	○
115	貞元元年十月廿一日甲寅	976	太〔大〕禍	被行臨時仁王会	○
116	貞元元年十月廿一日甲寅	976	八専	被行臨時仁王会	○
117	貞元二年七月廿九日戊子	977	玄武	天皇（円融）遷幸新造内裏	○
118	貞元三年四月十日甲子	978	陰陽不将	藤原遵子／入内〈円融院、五月廿二日為女御〉	○
119	貞元三年八月四日丙辰〔十七日己巳〕	978	陽将	藤原詮子／入内〈円融院、十二〔一〕月四日為女御〉	○
120	天元三年二月廿六日甲〔庚〕午	980	往亡	被立十六社奉幣使	○
121	天元三年九月三日癸卯	980	下吉	延暦寺中堂供養〈炎上之後、新造也〉	○
122	天元三年九月三日癸卯	980		延暦寺中堂供養	○
123	天元三年十月十日庚辰	980	不入吉	円融院／行幸賀茂社	○
124	天元四年二月廿日戊子	981	不入吉	円融院／行幸平野社	○
125	天元五年二月十九日壬午	982		華山院／御元服〈御年十五〉	○
126	天元五年十二月十七日甲戌	982		東宮（懐仁親王）〈一条院〉御着袴〈御年三〉	○
127	永観元年三月廿六日壬午〔廿二日戊寅〕	983		円融寺供養	○
128	永観元年三月廿六日壬午〔廿二日戊寅〕	983	狼藉（マヽ）	円融寺供養	○
129	寛和元年二月廿二日丁酉	985		観音院供養〈皇大〔太〕后宮(昌子内親王)御願、即有行啓〉	○
130	寛和元年二月十九日甲午〔廿二日丁酉〕	985	太〔大〕禍（マヽ）	観音院供養〈皇大〔太〕后宮昌子御願也、在西坂本〉	○
131	寛和二年二〔三〕月廿三日辛酉〔廿二日庚寅〕	986	八専、四不出（マヽ）	円融院／法皇於東大寺御受戒	
132	寛和二年七月十六日壬午	986		三条院／御元服〈御年十一〉	
133	寛和二年十二月八日（「六イ」）壬寅	986		一条院／御書始〈御年七、御践祚初〉（傍書「花山院　貞元二年三月廿八日」）(5)	○
134	永延元年十月廿六日乙卯	987	八専、四不出	円融院／御幸南京巡拝諸寺	○
135	永延二年三月廿日丁丑	988	下吉	円融寺御塔供養	
136	永祚元年二月十六日丁卯	989	厭対	一条院／行幸円融院〈朝覲〉	○
137	永祚元年九月廿日戊戌	989		円融院／於天台登壇廻心	
138	正暦元年正月五日壬午	990		一条院／御元服〈御年十一〉（頭書「華山院　天元五年二月十九日、御元服」）(6)	○
139	正暦元年正月七日甲申	990		一条院／後宴	○
140	永祚二年正月廿五日壬寅	990	陽将	藤原定子／入内〈一条院、二月十一日為女御〉	○
141	正暦三年六月八日庚午	992	下吉	松崎寺（円明寺）供養〈桃園中納言保光（源）卿造立供養之、其後無子孫云々、因茲於庚午・辛未者近代憚来者也、辛未日事、見先篇〉	○

No.	年月日干支	西暦	暦注	記事	史料
142	正暦四年正月三日壬辰	993	伐	一条院／行幸東三条院（藤原詮子）〈朝覲〉	○
143	正暦四年正月三日壬辰	993	五墓	一条院／行幸東三条院（藤原詮子）〈朝覲〉	○
144	正暦四年十一月廿七日庚辰	993	不入吉	一条院／行幸大原野社	○
145	正暦五年正月三日乙卯	994	四不出	一条院／行幸東三条院（藤原詮子）〈朝覲〉	○
146	長徳二年七月廿日戊午	996	陰陽不将	藤原義子／入内〈一条院、八月九日為女御〉	○
147	長徳二年十一月十四日庚辰	996	陰陽不将	藤原元子／入内〈一条院、十二月二日為女御〉	○
148	長徳四年正月廿二日壬午	998		円教寺供養〈有行幸（一条天皇）〉	○
149	長徳四年六月十五日癸卯〔二月十一日庚子〕	998	陰将	藤原尊子／入内〈一条院〉	○
150	長保元年八月廿一日辛未	999		慈徳寺供養〈東三条院（藤原詮子）御幸、左・右大臣（藤原道長・同顕光）扈従〉	○
151	長保元年十一月一日庚辰	999	陰陽不将	藤原彰子／入内〈一条院、同七日為女御〉	○
152	長保三年五月廿九日庚子	1001	狼藉	於十二門有大般若御読経事〈依天下疾疫御祈也〉	○
153	長保三年九月十五日癸未	1001	太〔大〕禍	被行季御読経〈発願今日也〉	○
154	長保五年三月廿六日丙辰	1003	不入吉	一条院／行幸賀茂社	○
155	長保五年十月八日甲子	1003	青龍足	天皇（一条）遷幸内裏〈炎上之後新造也〉	○
156	寛弘元年五月十七日庚子	1004	狼藉	公家（一条天皇）被始御読経〈七箇日〉	○
157	寛弘元年八月六日戊午	1004	八専間	於大極殿被行仁王経御読経	○
158	寛弘元年八月十六日戊辰	1004	五墓	被立宇佐使	
159	寛弘元年閏九月廿七日戊寅	1004	十月節、太〔大〕禍	季御読経始也	○
160	寛弘元年十月廿一日辛丑	1004	五墓	一条院／行幸平野・北野両社	○
161	寛弘二年八月廿一日丁酉	1005	狼藉	於大極殿立百高座、被講仁王経	○
162	寛弘四年三月六日癸卯	1007	狼藉	被行臨時仁王会	○
163	寛弘五年十二月五日辛卯	1008	玄武	太上皇〈冷泉〉遷御新造南院	○
164	寛弘（傍書「六」）年中	1009		具平親王以丁卯日被修仏事〈母氏（荘子女王）周忌法事〉、其年中（寛弘六年）有事（七月二十八日具平親王薨去）	○
165	寛弘七年二月廿日庚子	1010	陰陽不将	尚侍従二位藤原妍子／入太子(居貞親王）宮〈三条院春宮御時、同八年八月為女御〉	○
166	寛弘七年十月廿二日丁卯	1010		若宮（敦成親王）〈後一条院〉御着袴〈御年三〉	○
167	寛弘七年十一月廿八日癸卯	1010	白虎足	天皇（一条）自枇杷第遷幸一条院〈回禄之後新造也〉	○
168	寛弘八年八月十一日壬子	1011	火曜	天皇（三条）遷幸内裏〈御受禅之後初度也〉	○

No.	年月日干支	西暦	暦注	記事	史料
169	寛弘八年八月十一日壬子	1011	不入吉、四不出	天皇（三条）遷幸内裏〈御受禅以後初度〉	○
170	長和二年十一月廿八日丙辰	1013	不入吉	三条院／行幸石清水宮	○
171	長和三年十一月廿八日庚戌	1014		後一条院／御書始〈御年七、東宮御時〉（傍書「三条院永観元年八月十六日」）(7)	○
172	長和五年二月一日丙子	1016	伐	被立伊勢奉幣使〈後一条院代初〉	○
173	長和五年十二月三日癸酉	1016		三条院／御幸広隆寺	○
174	寛仁二年正月三日丁酉	1018		後一条院／御元服〈御年十一〉（頭書「三条院　寛和二年七月十六日、御元服」）(8)	○
175	寛仁二年正月五日己亥	1018	厭	後一条院／後宴	○
176	寛仁二年三月七日庚子	1018	二月節、陰陽不将	尚侍従三位藤原威子／入内〈後一条院、四月廿八日為女御〉	○
177	寛仁二年四月廿八日辛卯	1018	白虎足	天皇（後一条）遷幸内裏〈回禄之後新造也〉	○
178	寛仁三年八月廿八日壬子	1019	伐盗	後朱雀院／御元服〈御年十一〉	○
179	※寛仁三年八月廿八日	1019		後朱雀院／御元服〈十一〉	○
180	寛仁四年三月廿二日癸酉	1020		法成寺阿弥陀堂供養〈三宮（太皇太后藤原彰子・皇太后同妍子・中宮同威子）行啓〉	○
181	寛仁四年閏十二月廿七日癸酉	1020		同寺（法成寺）十斎堂供養	○
182	寛仁四年閏十二月廿七日癸酉	1020		法成寺十斎堂供養	○
183	寛仁五年二月一日丙午	1021	陰将	尚侍従三位藤原嬉子／入太子（敦良親王）宮〈後朱雀院〉	○
184	治安元年十月十四日丙辰	1021	不入吉	後一条院／行幸春日社	○
185	治安二年二月廿七日丁卯	1022	厭対	被立宇佐使	○
186	治安二年七月十四日壬午	1022		法成寺金堂供養〈有行幸（後一条天皇）、東宮（敦良親王）・三后（太皇太后藤原彰子・皇太后同妍子・中宮同威子）行啓〉	○
187	治安二年十月十三日己酉	1022		仁和寺内観音院供養	○
188	治安二年十月廿五日辛酉	1022	四不出	後一条院／行幸平野社	○
189	治安二年十一月廿八日甲午	1022	厭対	後一条院／行幸大原野社	○
190	治安二年十二月二日丁酉	1022		法成寺西北院供養	
191	万寿元年六月廿六日壬午	1024		法成寺薬師堂供養、号浄瑠璃院、被准御斎会、有勧賞	○
192	万寿元年十二月廿六日庚辰	1024	不入吉	後一条院／行幸北野社	○
193	万寿四年三月廿三日甲子	1027	四月節、陰陽不将	一品禎子内親王／入太子（敦良親王）宮〈後朱雀院東宮御時〉	○
194	万喜〔寿〕四年五月五日甲辰	1027		法成寺釈迦堂〔仏〕供養	○
195	長元二年十二月廿日甲辰	1029	不入吉	後一条院／行幸賀茂社	○
196	長元三年八月廿一日壬寅	1030		東北院（法成寺）供養〈被准御斎会〉	○

No.	年月日干支	西暦	暦注	記事	史料
197	長元三年十月廿九日己酉	1030		法成寺塔供養〈被准御斎会〉	○
198	長元三年十月廿九日己酉	1030	晦日	法成寺塔供養	○
199	長元三年十一月廿日己巳	1030		章子内親王御着袴	○
200	長元四年正月三日辛亥	1031	十二月節、厭	後一条院／行幸高陽院〔京極院カ〕〈朝覲〉	○
201	長元四年八月廿五日庚子	1031	九虎	被立伊勢公卿勅使〈参議源経頼卿〉	○
202	長元四年十月廿日甲午	1031		興福寺御塔供養〈被准御斎会〉	○
203	長元四年十月廿九日癸卯	1031		馨子内親王御着袴〈即叙二品〉	○
204	長元五年正月三日乙亥	1032	八龍	後一条院／行幸高陽院〈上東門院御所、朝覲〉	○
205	長元六年八月十九日壬子	1033	不入吉、四不出	女院（上東門院藤原彰子）渡御上東門院〈号京極殿、有御反閇〉	○
206	長元三〔七〕年七月十八日	1034		主上〔東宮（敦良親王）〕更衣〈陽明門院〉有御産事〈皇子（尊仁親王）〉	○
207	長元七年九月十三日己亥	1034		有皇子〈後三条院〉御五十日事、去八日当御五十日、而依凶会日今日被行之	○
208	長元七年十月廿九日乙酉	1034		若宮御百日也、昨日当御百日、而依九坎日今日被行之	○
209	長元八年正月二日丁亥	1035	伐	後一条院／行幸上東門院（藤原彰子）〈朝覲〉	○
210	長元九年二月廿四日	1036		賀茂下社御殿造改日時定（9）	
211	長元九年三月十二日辛卯	1036	白虎足	（賀茂下社御殿）始木作（10）	
212	長元九年十月廿三日丁卯	1036		姫宮（敬子女王カ）御着裳〈李部王（敦平親王）御女〉	
213	長暦元年正月七日庚辰	1037	十二月節、陰陽不将	藤原嫄子／入内〈後朱雀院、同廿九日為女御、同三年八月有事〉	○
214	長暦元年七月二日壬寅	1037		後冷泉院／御元服〈御年十三〉	○
215	※長暦元年七月二日	1037		後冷泉院／御元服〈十三〉	○
216	長暦元年八月十一日庚辰	1037	不入吉	後朱雀院／行幸賀茂社	○
217	長暦元年十二月十三日庚辰	1037	陰陽不将、臘日	一品章子内親王／入太子（親仁親王）宮〈後冷泉院、今日先着裳〉	○
218	長暦元年十二月十三日庚辰	1037	月殺	一品宮（章子内親王）御着袴〔裳〕	○
219	長暦二年十一月廿五日丁巳	1038		若宮（尊仁親王）〈後三条院〉御着袴〈御年三〉	○
220	長暦三年十二月廿一日丁丑	1039	陰陽不将	藤原生子／入内〈後朱雀院、去十三日〔閏十二月〕為女御〉	○
221	長暦四年九月九日辛酉	1040		被修造平野社〈同日遷宮〉	
222	長久元年十一月廿三日甲戌	1040		若宮御着袴	
223	長久元年十一月廿三日甲戌	1040		女一宮（祐子内親王）御着袴	○
224	長久二年八月三日庚辰	1041	不入吉	後朱雀院／行幸大原野社	○
225	長久二年八月廿七日甲辰	1041	不入吉	後朱雀院／行幸松尾社	○
226	長久二年十一月廿九日甲戌	1041		姫宮御着袴	
227	長久二年十二月十五日	1041		勘申遷幸内裏作法事　（11）	
228	長久三年三月廿六日己巳	1042	陰将	藤原延子／入内〈後朱雀院〉	○

No.	年月日干支	西暦	暦注	記事	史料
229	長久三年十一月五日甲戌	1042		後三条院／御書始〈御年九、親王御時〉（傍書「後朱雀院　長和四年十二月四日」、頭書「後冷泉院　長元七年七月十八日〔十一日〕」）(12)	○
230	長久四年三月十六日	1043		勘申遷幸一条院作法事 (13)	
231	永承元年十月八日甲寅	1046	青龍足	天皇（後冷泉）遷幸内裏〈炎上之後新造也〉	○
232	永承元年十二月十九日甲子	1046		後三条院／御元服〈御年十三〉	○
233	※永承元年十二月十九日	1046		後三条院／御元服	○
234	永承元年十二月（廿一日）丙寅	1046	陰陽不将	藤原茂子／入太子（尊仁親王）宮〈後三条院春宮御時〉	○
235	永承二年四月卅日甲戌	1047		被立祈年穀奉幣使	
236	永承二年十月十四日乙卯	1047	陽将	藤原歓子／入内〈後冷泉院、即日〔三年七月十日〕為女御〉	○
237	永承二年十二月十四日甲寅	1047		被立八十島祭（後冷泉天皇）使	
238	永承三年三月二日庚子	1048		興福寺供養〈被准御斎会〉	○
239	永承四年十一月廿七日丙辰	1049	不入吉	後冷泉院／行幸春日社	○
240	永承五年三月十五日壬寅	1050		法成寺金堂北新御堂供養〈被准御斎会〉	○
241	永承五年十月七日辛酉	1050	四不出	後冷泉院／行幸平野社	○
242	永承五年十一月廿八日庚辰	1050	不入吉	後冷泉院／行幸大原野社	○
243	永承五年十二月廿一日癸卯	1050	陽将	藤原寛子／入内〈後冷泉院、即日〔廿三日カ〕為女御〉	○
244	永承六年二月廿八日己酉	1051	五離	後冷泉院／行幸東北院〈上東門院御之、朝覲〉	
245	永承六年七月十九日丁卯	1051	火曜	天皇（後冷泉）遷幸冷泉院〈回禄之後新造也〉	○
246	永承六年十一月八日乙卯	1051	陽将	馨子内親王／入太子宮〈後三条院〉	○
247	永承七年十一月廿九日庚午	1052	厭対	被立伊勢公卿勅使〈参議源経成卿〉	○
248	天喜元年三月四日甲辰	1053		平等院阿弥陀堂供養〈被准御斎会〉	○
249	天喜二年四月廿六日己未	1054	八専	於大極殿以六十口僧被行御読経	
250	天喜二年八月十一日壬寅	1054		長谷寺供養	○
251	天喜三年四月廿六日	1055		貴布禰社神殿造立日時定 (14)	○
252	天喜三年六月十日丁酉	1055		（貴布禰社神殿）立柱上棟 (15)	
253	天喜三年十月廿五日己酉	1055		円乗寺塔供養〈被准御斎会〉	○
254	天喜四年二月廿二日甲辰	1056	青龍頭	天皇（後冷泉）遷幸一条院〈新造〉	○
255	天喜四年十二月九日丙辰	1056	不入吉	後冷泉院／行幸賀茂社	○
256	天喜五年三月十四日庚寅	1057		上東門院（藤原彰子）八角御堂（法成寺）供養	○
257	天喜五年十一月卅日壬寅	1057		崇福寺供養〈治安二年炎上之後新造也、公家（後冷泉天皇）御沙汰也〉	○

No.	年月日干支	西暦	暦注	記事	史料
258	康平元年十一月廿八日乙未	1058	五墓	被立伊勢公卿勅使〈参議経季（藤原）卿〉	○
259	康平二年三月八日壬寅	1059		仁和寺内新御堂供養〈中宮（章子内親王）御願、被准御斎会〉	○
260	康平二年十一月三日甲午	1059	厭対	被立宇佐使	
261	康平三年三月廿五日甲寅	1060	厭対	後冷泉院／行幸白河殿〈朝覲、上東門院御所〉	○
262	康平三年八月十一日丁卯	1060	厭	天皇（後冷泉）自三条第遷幸新造高陽院	○
263	康平三年八月十一日丁卯	1060	御物忌	天皇（後冷泉）自三条第遷幸新造高陽院〈回禄之後新造也〉	○
264	康平四年七月廿一日壬寅	1061	往亡日	法成寺東北院供養〈上東門院（藤原彰子）御願也〉、依往亡日仙院（上東門院）不渡御	○
265	康平四年十月廿五日甲辰	1061		平等院塔供養〈被准御斎会〉	○
266	康平五年四月廿二日	1062		内大臣藤原師実兼任左近衛大将	○
267	康平五年四月廿四日辛丑	1062	五墓、道虚	（藤原師実）令申慶賀	
268	康平五年四月廿七日甲辰	1062	不入吉	後冷泉院／行幸石清水宮	○
269	康平五年七月十三日戊午	1062	四不出	後冷泉院／行幸賀茂社	○
270	康平六年十月廿九日丁酉	1063		天台実相院供養〈公家（後冷泉天皇）御沙汰〉	○
271	康平六年十二月廿七日甲午	1063		白河院／御書始〈御年十一、皇孫御時〉	
272	治暦元年十月十八日甲辰	1065		法成寺金堂供養〈有行幸（後冷泉天皇）、被行赦令・勧賞事〉	○
273	治暦元年十二月九日甲午	1065		白河院／御元服〈御年十三〉	○
274	※治暦元年十二月九日	1065		白河院／御元服〈十三〉	○
275	治暦二年七月二日甲寅	1066	六月節、陰将	藤原昭子／入太子（尊仁親王）宮〈後三条院〉	
276	治暦二年十月十三日甲午	1066		平等院五大堂供養	○
277	治暦二年十一月廿日庚午	1066	厭対	被立伊勢公卿勅使〈参議藤原泰憲卿〉	○
278	治暦三年二月廿五日癸酉	1067		興福寺供養〈准御斎会、炎上之後新造也〉	○
279	治暦四年八月廿七日丁卯	1068	厭	被立宇佐使	○
280	延久元年八月廿二日丙辰	1069	陽将、下弦	藤原道子／入太子（貞仁親王）宮〈白河院〉	○
281	延久元年十月十一日甲辰	1069	不入吉	被立八十島祭（後三条天皇）使	
282	延久元年十一月八日庚子	1069	厭	被立伊勢公卿勅使〈参議藤原良基卿〉	○
283	延久元年十二月五日丁卯	1069		聰子内親王御着裳〈御年廿〉	
284	延久二年二月廿六日丁亥	1070	伐	後三条院／行幸陽明門院（禎子内親王）〈閑院第、朝覲〉	○
285	延久二年二月廿九日庚寅	1070	玄武、三宝上吉	円宗寺／金堂棟上	
286	延久二年三月十九日庚戌	1070	白虎脇、三宝不入吉	円宗寺／灌頂堂棟上	

No.	年月日干支	西暦	暦注	記事	史料
287	延久二年八月廿二日庚辰	1070	不入吉	後三条院／行幸春日社	○
288	延久二年十月七日甲子	1070	青龍脇、三宝不入吉	円宗寺／法華堂棟上	
289	延久二年十月十六日癸酉	1070	青龍足、三宝中吉	円宗寺／常行堂棟上	
290	延久二年十一月廿八日乙卯	1070	四不出	後三条院／行幸平野幷北野社	○
291	延久二年十二月廿六日壬午	1070		円明寺供養〈天皇（後三条）行幸〉、同三年六月三日、改円明寺為円宗寺	○
292	延久三年三月九日甲午	1071	陰将	藤原賢子／入太子（貞仁親王）宮〈白河院〉	○
293	延久三年六月廿九日壬午	1071		円宗寺常行堂・灌頂堂等供養〈有行幸〉	○
294	延久三年八月廿八日庚辰	1071	白虎足	天皇（後三条）遷幸内裏〈回禄之後新造也〉	○
295	延久三年十月廿九日庚辰	1071	不入吉	後三条院／行幸日吉社	○
296	延久四年八月廿八日甲辰	1072		（法成寺）西北院供養	○
297	延久四年八月廿八日甲辰	1072	九月節	（法成寺）西北院供養	○
298	延久五年二月廿日甲午	1073		後三条院／太上皇幷陽明門院（禎子内親王）・一品宮（聰子内親王）参御天王寺〈先参詣石清水・住吉社、次参御天王寺〉、廿七日還御	○
299	延久五年三月十一日甲寅	1073	厭対	被卜定賀茂斎王（篤子内親王）	○
300	延久五年四月六日己卯	1073	伐	被立天神地祇大奉幣使〈白河院代初〉	
301	延久五年四月廿七日庚子	1073	五月節、厭対	被立宇佐使	
302	承保元年十月卅日甲午	1074	（晦日）	被行大嘗会（白河天皇）御禊	○
303	承保元年十二月廿六日	1074		中宮（藤原賢子）御産〈皇子（敦文親王）〉	○
304	承保二年正月十三日丙午	1075		皇子御行始也	○
305	承保二年二月廿日壬午	1075		皇子御五十日也、於弘徽殿有宴会事	
306	承保二年四月十日辛未	1075		若宮御百日也	
307	承保二年八月十三日壬寅	1075	玄武、三宝中吉	法勝寺／金堂棟上	
308	承保二年八月十六日乙巳	1075		東宮〈実仁〉御着袴〈御年二〉	○
309	承保三年四月廿三日戊申	1076		白河院／行幸賀茂社	○
310	承保三年六月十三日丁酉	1076		金剛寿院供養〈公家（白河天皇）御沙汰、後三条院御願〉	○
311	承保三年八月廿一日甲辰	1076	不入吉	白河院／行幸平野社	○
312	承保三年八月廿九日壬子	1076	四不出	白河院／行幸大原野社	○
313	承保三年十月廿六日己酉	1076	白虎頭、三宝上吉	法勝寺／阿弥陀堂棟上、被立直金堂	
314	承暦元年正月十一日壬戌	1077	厭	白河院／行幸陽明門院（禎子内親王）〈朝覲〉	○
315	承暦元年正月十一日壬戌	1077	伐	白河院／行幸陽明門院（禎子内親王）〈東三条、朝覲〉	○
316	承暦元年四月十日己丑	1077	厭対	被立石清水奉幣使	
317	承暦元年四月十日己丑	1077	不入吉	被立石清水奉幣使	

№.	年月日干支	西暦	暦注	記事	史料
318	承保四年五月二日	1077		被留白河御願〈法勝寺〉作事、依女御（藤原道子）御懐妊事也	
319	承保四年六月廿四日	1077		被始件（法勝寺）作事、后妃懐妊之時有造作例云々、仍又被始之	
320	承暦元年七月十日戊午	1077	八専間	於大極殿被行千僧御読経、依天下疱瘡・旱魃等御祈也	○
321	承暦元年七月十六日甲子	1077		輔仁親王御着袴〈御年五〉	
322	承保四年八月十二日	1077		伊勢豊受太神宮遷宮日時定(16)	
323	承保四年九月七日甲寅	1077		(伊勢豊受太神宮) 立正殿柱上棟梁(17)	
324	承暦元年九月七日甲寅	1077		伊勢豊受太神宮立正殿柱上棟	
325	承暦元年十月十八日乙未	1077	厭対	被立伊勢奉幣使〈去月例幣延引、今日被立之〉	○
326	承暦元年十月十八日乙未	1077	五墓	被立伊勢奉幣使〈去九月例幣延引、今日被立之〉	○
327	承暦元年十月廿七日甲辰	1077	白虎脇、三宝中吉	法勝寺／三昧堂棟上	
328	承暦元年十二月六日壬午	1077	厭対	奉幣梅宮社	○
329	承暦元年十二月十八日甲午	1077		法勝寺供養〈有行幸（白河天皇）、被行勧賞〉	○
330	承暦二年正月廿七日壬寅	1078		興福寺御塔供養	○
331	承暦二年四月十一日甲寅	1078		媞子〔内脱〕親王御着袴〈御年二〉	
332	承暦二年四月十三日丙辰	1078	不入吉	白河院／行幸賀茂社	○
333	承暦二年六月卅日壬申	1078	(晦日)	被立諸社奉幣使	
334	承暦二年十二月四日甲辰	1078	不入吉	伊勢斎内親王（媞子）禊東河、入大膳職	
335	承暦三年七月九日	1079		中宮（藤原賢子）御産〈皇子(善仁親王)、堀川院〉	○
336	承暦三年九月四日己巳	1079		二宮御五十日也	○
337	承暦三年十月五日庚子	1079		法成寺塔供養〈准御斎会〉	○
338	承暦三年十月廿日乙卯	1079		御百日也	○
339	承暦四年正月廿四日戊子	1080	不入吉	被立伊勢公卿勅使〈権大納言源顕房卿〉	○
340	承暦四年九月十五日甲辰	1080	不入吉	斎宮（媞子内親王）群行	○
341	承暦四年十月十五日癸酉	1080		天台持明院供養〈公家（白河天皇）御沙汰〉	
342	永保元年五月廿四日	1081		賀茂別雷社遷宮日時定(18)	
343	永保元年八月十三日丁卯	1081		(賀茂別雷社) 立神殿(19)	○
344	永保元年十月廿日癸酉	1081		宇佐弥勒寺堂塔供養	○
345	永保元年十月廿七日庚辰	1081	白虎脇、三宝下吉	法勝寺／立御塔心柱、薬師堂・法華堂棟上	○
346	永保元年十一月廿八日庚戌	1081		善子内親王御着袴〈御年五〉	○
347	永保元年十二月四日丙辰	1081	不入吉	白河院／行幸春日社	○
348	永保二年八月廿五日甲戌	1082		姫宮御着袴	
349	永保二年十一月廿七日甲辰	1082		仁和寺御願北院供養	○
350	永保二年十二月十日丙辰	1082	不入吉	被立伊勢公卿勅使〈権中納言源俊明卿〉	○

No.	年月日干支	西暦	暦注	記事	史料
351	永保二年十二月廿五日辛未	1082		安楽寺塔供養〈公家（白河天皇）御沙汰〉	
352	永保三年二月九日乙卯	1083	正月節	若宮（善仁親王）〈堀川院〉御着袴〈御年五〉	
353	永保三年四月十日乙卯	1083	四不出	白河院／行幸賀茂社、以申日雖被定式日、依相当御物忌、今日行幸也	○
354	永保三年十月一日癸酉	1083		法勝寺御塔供養〈九重〉、天皇（白河）臨幸、有音楽・赦令・勧賞等事	○
355	応徳元年二月十一日庚辰	1084	火曜	天皇（白河）遷幸新造三条皇居	○
356	応徳元年五月六日甲辰	1084		天台惣持院供養〈公家（白河天皇）御沙汰、延久二年炎上之後新造也〉	○
357	応徳元年五月六日甲辰	1084		天台惣持院供養	○
358	応徳二年二月廿六日庚寅	1085		天台勝楽院供養〈公家（白河天皇）御願〉	○
359	応徳二年七月十日壬寅	1085	白虎頭、三宝中吉	法勝寺／常行堂棟上	○
360	応徳二年八月廿九日庚寅	1085		法勝寺常行堂供養	○
361	応徳三年三月廿五日壬午	1086		禎子〔禛子カ〕内親王御着袴	
362	応徳三年六月十六日壬寅	1086		円徳院（延暦寺）供養〈在梶井〉	○
363	応徳三年十月廿日甲辰	1086		東寺塔供養〈天喜三年回禄之後、新造也〉	○
364	応徳三年十二月一日乙酉	1086	伐	被立伊勢奉幣使〈堀河院代初〉	○
365	寛治元年二月五日戊子	1087	玄武	太上皇（白河）遷御新造鳥羽殿	○
366	寛治元年二月廿一日甲辰〔廿日癸卯〕	1087	不入吉(マヽ)	被立伊勢・賀茂両社奉幣使	○
367	寛治元年五月十九日庚午	1087		白河院／自鳥羽殿御幸平等院、同廿一日還御、廿三日被行御幸勧賞	○
368	寛治元年六月二日壬午	1087	天季	太上皇（白河）遷御法勝寺新造御所	○
369	寛治元年八月廿八日丁未	1087	不入吉	太上皇（白河）遷御摂政（藤原師実）大炊御門第	○
370	寛治元年十一月八日丙辰	1087	不入吉	被立三社奉幣使〈被申大嘗会(堀河天皇）由〉	○
371	寛治元年十二月廿四日壬寅	1087		堀河院／天皇御書始〈御年九〉	○
372	寛治二年二月廿二日己亥	1088	不入吉	白河院／御幸高野聖廟、左右大臣（源俊房・源顕房）以下諸卿供奉、於宇治有御儲事	○
373	寛治二年三月九日丙辰	1088	不入吉	堀河院／行幸石清水宮	○
374	寛治二年八月廿九日壬寅	1088		延暦寺講堂供養〈修造之後供養也〉	○
375	寛治二年九月十三日丙辰	1088	不入吉	伊勢斎内親王（善子）禊東河、入野宮	○
376	寛治二年十月八日庚辰	1088	不入吉	被立一代一度大神宝使	○

No.	年月日干支	西暦	暦注	記事	史料
377	寛治二年十一月廿八日庚子	1088		白河院／有御登山（延暦寺）御幸、左大臣以下供奉	○
378	寛治三年正月五日丙子	1089	伐	堀河院／御元服〈御年十一〉	○
379	寛治三年正月七日戊寅	1089		堀河院／後宴	○
380	寛治三年五月十九日戊子	1089	厭対	被立廿二社奉幣使〈依祈雨也、即日大雨降〉	○
381	寛治三年五月十九日戊子	1089	不入吉	被立諸社奉幣使〈廿二社也、依炎旱也、即日大雨降〉	○
382	寛治三年七月廿日戊子	1089	白虎足	太上皇（白河上皇）遷御六条第〈新造也〉	○
383	寛治三年七月廿日戊子	1089	火曜	太上皇（白河）遷御六条第〈新造〉	○
384	寛治三年八月廿七日甲子	1089	不入吉	被立石清水・松尾社奉幣使	
385	寛治三年十二月廿一日丁巳	1089	不入吉	白河院／御幸近江彦根寺〈今日太白在東方〉	○
386	寛治四年二月十四〔十七〕日壬子	1090	四不出	堀河院／行幸平野社	○
387	寛治四年二月廿三日戊午	1090	四不出	堀河院／行幸大原野社	○
388	寛治四年四月九日甲辰	1090	不入吉	賀茂斎内親王（令子）禊東河、入大膳職	○
389	寛治四年六月五日戊戌	1090	太〔大〕禍	仰七道諸国被転読仁王経	
390	寛治四年七月十三日丙子	1090	伐	鴨御祖・別雷二社各被奉不輸田六百余町、為供御田	○
391	寛治四年十月廿七日戊午	1090	四不出	堀河院／行幸松尾社	○
392	寛治四年十一月四日甲子	1090	不入吉	被立伊勢公卿勅使〈権大納言源雅実卿〉	○
393	寛治四年十一月廿九日己丑	1090	不入吉	太上皇（白河）参御石清水宮	○
394	寛治四年十二月四日甲午	1090	十一月節、厭対	被立（マ、）宇佐使	○
395	寛治四年十二月十四日甲辰	1090	不入吉	被立宇佐使	○
396	寛治五年正月十一日辛未	1091	不入吉	上皇（白河）御幸賀茂社	○
397	寛治五年正月十三日癸酉	1091	忌遠行	堀河院／行幸院（白河上皇）〈六条院〔大炊殿カ〕、朝覲〉	○
398	寛治五年正月十三日癸酉	1091	五離	堀河院／行幸院〈六条院〔大炊殿カ〕、朝覲〉	○
399	寛治五年正月十三日	1091		左〔右〕近衛中将藤原忠実叙従三位	○
400	寛治五年正月十六日丙子	1091	伐、相剋	（藤原忠実）令申慶賀	
401	寛治五年二月十七日丙午	1091		白河院／御幸高野廟	○
402	寛治五年三月八日丁卯	1091	厭対	堀河院／行幸日吉社	○
403	寛治五年四月十五日甲辰	1091	不入吉	賀茂斎内親王（令子）禊東河、入紫野院	○
404	寛治五年八月廿四日	1091		宇佐宮造立日時定（20）	○
405	寛治五年九月廿四日己酉	1091	道虚	白河院／御幸鞍馬寺	○
406	寛治五年十月三日戊午	1091	四不出	堀河院／行幸稲荷并祇園社	○
407	寛治五年十月廿五日庚辰	1091	陰陽不将	三品篤子内親王／入内〈堀河院〉	○
408	寛治五年十一月廿二日丙午	1091		（宇佐宮）始木作（21）	

No.	年月日干支	西暦	暦注	記事	史料
409	寛治五年十二月十七日辛未	1091		木津橋寺供養〈太上皇（白河）御願〉、大納言実季（藤原）卿検臨供養事、同廿四日戊〔丑〕刻、実季卿頓滅、依之後代為不吉例	
410	寛治五年十〔十二〕月廿二日丙子	1091	不入吉	上皇（白河）御熊野詣御進発	
411	寛治六年正月十九日壬寅	1092		興福寺北円堂供養	○
412	寛治六年正月廿五日	1092		正三位行左〔右〕近衛中将藤原忠実任権中納言	○
413	寛治六年正月廿六日己酉	1092	厭	（藤原忠実）令申慶賀	○
414	寛治七年正月三日辛巳	1093	伐	堀河院／行幸院（白河上皇）〈六条殿、朝覲〉	○
415	寛治七年正月三日辛巳	1093	伐	権中納言藤原忠実叙従二位、同夜令申慶賀	○
416	嘉保元年正月三日乙亥	1094	厭	堀河院／行幸院（白河上皇）〈六条院、朝覲〉	○
417	寛治八年三月廿八日己亥	1094		権中納言藤原忠実兼任左近衛大将	○
418	寛治八年三月廿九日庚子	1094	帰忌	（藤原忠実）令申慶賀	○
419	嘉保元年十一月廿六日甲子	1094	不入吉	被行宇佐遷宮	
420	嘉保元年十二月四日辛未	1094	不入吉	被立宇佐使	○
421	嘉保二年三月十四日己酉	1095		皇大〔太〕后宮（藤原歓子）小野御堂供養	○
422	嘉保二年三月廿九日甲子	1095	不入吉	堀河院／行幸石清水宮	○
423	嘉保二年四月十五日庚辰	1095	不入吉	堀河院／行幸賀茂社	○
424	嘉保二年九月廿四日丙辰	1095	八専間	於南殿被行千僧御読経、又上皇（白河）一日内被奉書写供養大般若経、奉為玉体（堀河天皇）安穏也	○
425	嘉保二年九月廿六日戊午	1095	八専間	於清涼殿被供養金泥法華経	○
426	嘉保二年十月十八日庚辰	1095	不入吉	被立伊勢公卿勅使〈権大納言源雅実卿〉	○
427	嘉保二年十一月十二日甲辰	1095	不入吉	被立松尾奉幣使	○
428	嘉保三年六月二日	1096		伊勢豊受太神宮正遷宮日時定(22)	○
429	永長元年七月五日壬辰	1096	五墓	被立八社奉幣使	○
430	永長元年七月十五日壬寅	1096		金峯山寺供養〈公家（堀河天皇）御沙汰〉	
431	嘉保三年七月廿八日乙卯	1096	白虎足	（伊勢豊受太神宮）立心柱(23)	
432	永長二年三月廿四日	1097		左近衛大将藤原忠実兼任権大納言	○
433	永長二年三月廿五日己卯	1097	往亡、伐	（藤原忠実）令申慶賀	○
434	承徳元年八月廿一日壬寅	1097		醍醐御堂（無量光院）供養〈太上皇（白河法皇）御沙汰〉	○
435	永長二年十月十一日辛卯	1097	火曜	天皇(堀河)遷幸高陽院小寝殿	○
436	承徳元年十月十七日丁酉	1097		法成寺新御堂供養〈被准御斎会〉	○
437	承徳元年十一月廿五日乙亥〔五日乙卯〕	1097	不入吉(マヽ)	被立伊勢公卿勅使〈権大納言源師忠卿〉	○

No.	年月日干支	西暦	暦注	記事	史料
438	承徳二年三月五日甲寅	1098	八専	於南殿被行大般若御読経、依天変御祈也	○
439	承徳二年三月廿七日丙子	1098	不入吉	被立八社奉幣使	
440	承徳二年十月廿日甲午	1098		祇園御塔供養〈公家（堀河天皇）御沙汰、中宮（篤子内親王）御願〉	○
441	承徳二年十月廿三日丁酉	1098		法勝寺九重御塔供養〈修造之後、更供養也〉	○
442	承徳二年十月廿六日庚子〔廿日甲午〕	1098		祇園御塔供養	○
443	承徳二年十月廿九日癸卯	1098	陰陽不将	藤原繁子／入内〈堀河院、十二月八日為女御、後改名為苡子〉	○
444	承徳二年十一月廿六日庚午	1098	厭対	被立八社奉幣使〈被告還宮之由〉	○
445	承徳二年十二月廿日	1098		暫停止造内裏事之由被宣下、依女御（藤原苡子）懐妊御事也	
446	康和元年五月十二日甲寅	1099	八専	公家（堀河天皇）被始行大般若御読経〈七箇日〉、為止瘴煙也	○
447	康和二年五月十六日壬午	1100	厭	堀河院／行幸日吉社	○
448	康和二年六月六日	1100		勘申遷御内裏作法事（24）	
449	康和二年七月十七日壬午	1100		有任大臣節会	○
450	康和二年七月十八日癸未	1100	道虚、伐	右大臣〈忠実（藤原）〉、内大臣〈雅実（源）〉共令申慶賀	○
451	康和二年八月十日甲辰	1100		天台御願供養〈仏眼院〉	○
452	康和二年九月九日壬申	1100	厭対	被立諸社奉幣使〈被告天下病事并霖雨之由〉	○
453	康和二年十月七日庚子	1100		中宮（篤子内親王）御願御堂供養〈号西南院、在梶井内、相当円徳院西南也〉	○
454	康和二年十月廿六日己未	1100	厭対	被立宇佐使	○
455	康和二年十一月二日甲子	1100	厭	被立諸社奉幣使〈依地震御祈也〉	○
456	康和二年十一月二日甲子	1100	不入吉	被立諸社奉幣使〈依地震御祈也〉	○
457	康和三年正月二日癸亥	1101	六甲窮	堀河院／行幸院（白河法皇）〈鳥羽殿、朝覲〉	○
458	康和三年三月廿九日庚寅	1101		鳥羽証金剛院供養〈院（白河法皇）御願〉	○
459	康和三年四月廿三日癸丑	1101	厭対	被行石清水臨時祭〈依式日延引、今日被行之〉	○
460	康和三年八月十三日壬寅	1101	玄武、三宝中吉	尊勝寺／金堂棟上	○
461	康和三年十月十三日庚子	1101	玄武、三宝中吉	尊勝寺／立御塔心柱	○
462	康和三年十一月七日甲子	1101	不入吉	奉幣八幡宮（石清水）〈依去九月鳩恠也〉	○

No.	年月日干支	西暦	暦注	記事	史料
463	康和四年正月二日戊午	1102	四不出	堀河院／行幸院（白河法皇）〈鳥羽殿、朝観〉	○
464	康和四年七月廿一日甲辰	1102		尊勝寺供養〈有行幸（堀河天皇）、中宮（篤子内親王）同行啓、被行勧行〔賞カ〕〉	○
465	康和四年八月十二日甲子	1102	不入吉	被立伊勢太神宮奉幣使〈依度々放火事也〉	○
466	康和五年正月十六日	1103		女御（藤原苡子）有御産事〈皇子（宗仁親王）〉	○
467	康和五年三月十四日	1103		伊勢太神宮遷宮日時定（25）	○
468	康和五年三月十五日甲午	1103		皇子御五十日也、於高松殿〈上皇（白河）御坐此第〉有此事、天皇（堀河）有臨幸、令奉含御	○
469	康和五年三月廿五日甲辰	1103	朱雀	（伊勢太神宮）立心柱（26）	
470	康和五年四月十六日甲子	1103	不入吉	被立伊勢公卿勅使〈権大納言藤原家忠卿〉	○
471	康和五年六月九日丙辰	1103	不入吉	奉幣賀茂社	○
472	康和五年七月廿五日壬寅	1103		興福寺供養〈公家御沙汰〉	○
473	康和五年九月四日庚辰	1103		被修造賀茂別雷社〈同日遷宮〉	○
474	康和五年十月三日己酉	1103		日吉御塔供養〈公家〔上皇カ〕御願〉	○
475	康和五年十一月五日庚辰	1103	不入吉	堀河院／行幸石清水宮	○
476	康和五年十一月七日壬午	1103	厭対	被立伊勢奉幣使〈被謝申霖雨祟之由〉	○
477	康和五年十一月廿五日庚子	1103		高野大塔供養	○
478	康和五年十一月廿七日	1103		春日社修造日時定（27）	○
479	康和五年十二月五日庚戌	1103		（春日社）始木作（28）	
480	長治元年正月三日戊寅	1104	伐	堀河院／行幸院（白河法皇）〈高松殿、朝観〉	○
481	長治元年正月廿七日壬寅	1104		転輪院供養〈公家御沙汰〉	○
482	長治元年二月五日己酉	1104		白河院／法皇御幸広隆寺〈自高松殿御所依当太白方、前夜有御方違事〉	○
483	長治元年二月廿七日辛未	1104	不入吉	堀河院／行幸賀茂社	○
484	康和六年八月二日癸卯	1104	白虎頭、三宝下吉	尊勝寺／阿弥陀堂棟上	
485	長治元年八月十一日壬子	1104		太子初嘗魚味	○
486	長治二年二月十九日戊午	1105	太〔大〕禍	天台大衆於祇園社、令修如法百座仁王会、九色幡・七宝案皆以調備、奉祈国家安穏	○
487	長治二年三月廿四日辛酉	1105	八専	於大極殿被行大般若御読経、依御薬御祈也	○
488	長治二年七月八日癸卯	1105	青龍足、三宝下吉	尊勝寺／法華堂棟上	
489	長治二年十月廿七日辛卯	1105		東宮（宗仁親王）〈鳥羽院〉御着袴〈御年三〉	○
490	長治二年十二月十九日壬午	1105		尊勝寺内阿弥陀堂供養	○
491	嘉永〔承〕元年七月二日辛卯〔三日壬辰〕	1106	不入吉（マヽ）	於神泉苑被行孔雀経御読経	○

No.	年月日干支	西暦	暦注	記事	史料
492	天仁元年三月廿九日己卯	1108	伐	被立天神地祇大奉幣使〈鳥羽院代初〉	○
493	天仁元年三月卅日庚辰	1108	(晦日)	被立廿二社奉幣使	○
494	天仁元年八月廿一日戊戌	1108	玄武	天皇(鳥羽)遷幸内裏〈御受禅之後初度遷幸也、有水火・黄牛・御反閇等事〉	○
495	天仁二年二月廿七日壬寅	1109		法勝寺内曼陀羅堂供養〈太上皇御願也、即曼陀羅堂者北斗堂也、有臨幸、被行勧賞〉	○
496	天仁二年四月三日丁丑	1109	厭対	被立七社奉幣使〈依石清水行幸御祈也〉	○
497	天仁二年六月廿一日甲午	1109		祇園御堂供養〈院(白河法皇)御願〉	
498	天仁二年七月十六日己未	1109	八専	於延暦寺被行千僧御読経、依臨時御祈也	
499	天仁二年八月十六日戊子	1109	不入吉	鳥羽院/行幸賀茂社	○
500	天仁二年八月十八日庚寅	1109		鳥羽御塔供養〈太上皇(白河法皇)御願〉	○
501	天仁二年九月十五日丙辰	1109	不入吉	伊勢斎内親王(恂子)禊東河、入野宮	○
502	天仁二年十一月廿二日壬戌	1109		被立八十島祭(鳥羽天皇)使	○
503	天永元年二月二日辛未	1110	不入吉	被立伊勢公卿勅使〈権大〔中〕納言藤原宗通卿〉	○
504	天永元年二月廿二日辛卯	1110	厭対	鳥羽院/行幸院(白河法皇)〈六条坊門第、朝覲〉	○
505	天仁三年二月廿五日	1110		右近衛権中将藤原忠通叙従三位	○
506	天仁三年三月二日庚子	1110	相剋	(藤原忠通)令申慶賀	○
507	天永元年三月十八日丙戌〔丙辰〕	1110		被立春日奉幣使	○
508	天永元年三月十八日丙戌〔丙辰〕	1110	五墓(マヽ)	被立春日奉幣使〈被謝申社内穢気事〉	○
509	天永元年四月十二日庚辰	1110	不入吉	賀茂斎内親王(官子)禊東河、入紫野院	○
510	天永元年五月廿六日甲子	1110	厭対	被立伊勢奉幣使〈依豊受宮正殿心柱朽損事也〉	○
511	天永元年五月廿六日甲子	1110	不入吉	被立伊勢奉幣使〈被告心柱顛倒之(豊受大神宮)由〉	○
512	天永元年六月一日戊辰	1110	五墓	被立廿二社奉幣使〈依彗星変御祈也〉	○
513	天永元年七月廿五日	1110		同宮(伊勢太神宮)遷宮日時定(29)	
514	天永元年八月一日丁酉	1110	朱雀	(伊勢太神宮)始木作(30)	
515	天永元年八月八日甲辰	1110	不入吉	太上皇(白河法皇)被献金銀神宝於石清水宮、依臨時御祈也	○
516	天永元年八月廿日丙辰	1110	不入吉	被立伊勢奉幣使〈依内外宮修理幷豊受宮心柱事也〉	○
517	天永元年八月廿八日甲子	1110	不入吉	於南殿被行仁王経御読経	○
518	天永元年九月廿六日辛卯	1110	十月節、往亡	被始春日行幸神宝〔事脱カ〕	○

No.	年月日干支	西暦	暦注	記事	史料
519	天永元年十一月一日	1110		伊勢豊受太神宮遷宮日時定(31)	
520	天永元年十一月十八日壬午	1110		(伊勢豊受太神宮) 立心柱(32)	
521	天永元年十一月十八日壬午	1110	厭対	被立伊勢幣帛使〈依大神宮心柱顚倒事也〉	○
522	天永元年十二月七日辛丑	1110	五墓	被立伊勢公卿勅使〈大納言源俊明卿〉	○
523	天永二年正月廿九日壬辰	1111	五墓	被立廿二社奉幣使〈依春日行幸御祈也〉	○
524	天永二年二月十一日甲辰	1111	不入吉	鳥羽院／行幸春日社	○
525	天永二年三月十一日癸酉	1111		鳥羽御塔供養〈上皇(白河法皇)御願〉	○
526	天永二年四月廿四日丙辰	1111	不入吉	被行広瀬・龍田祭〈依式日延引、今日被行之〉	○
527	天永二年五月九日庚午	1111	厭	被立廿二社奉幣使〈依豊受宮御門・玉垣・柱為大風顚倒、并諸社恠・天変等也〉	○
528	天永二年八月十日庚子	1111	九虎	被立祈年穀奉幣使	○
529	天永二年八月廿三日癸丑	1111	八専間	被行最勝講〈去五月延引、今日被始行之〉	○
530	天永二年八月廿八日戊午	1111	八専間	於南殿被行臨時仁王会	○
531	天永二年十二月十四日壬寅	1111		鳥羽院／天皇御書始〈御年九〉	○
532	天永三年二月十七日甲辰	1112		石清水御塔供養〈公家(鳥羽天皇)御願〉	○
533	天永三年二月廿九日丙辰	1112	不入吉	被行祈年祭〈依式日延引、今日被行之〉	○
534	天永三年二月卅日丁巳	1112	(晦日)	被立三社奉幣使〈伊勢・石清水・賀茂被告上皇(白河法皇)御賀之由〉	○
535	天永三年六月十九日	1112		筑後国高良宮神殿修造日時定(33)	○
536	天永三年七月廿一日	1112		伊勢豊受太神宮遷宮日時定(34)	
537	天永三年八月一日戊戌〔乙酉〕	1112	朱雀	(伊勢豊受太神宮) 立心柱(35)	
538	天永三年八月十三日丁酉	1112	厭対	鳥羽院／行幸平野社	○
539	天永三年十月廿日甲辰	1112	白虎足	(筑後国高良宮神殿) 立柱上棟(36)	
540	天永三年十二月十四日丁酉	1112		摂政右大臣忠実任太政大臣	○
541	天永三年十二月十六〔日脱〕己亥	1112	厭	被立伊勢奉幣使〈被告明年御元服由〉	○
542	天永三年十二月十七日庚子	1112	相剋	(藤原忠実) 令申慶賀	○
543	永久元年正月一日甲寅	1113	伐盗	鳥羽院／御元服〈御年十一〉	○
544	永久元年正月三日丙辰	1113		鳥羽院／後宴	○
545	永久元年正月八日辛酉	1113	四不出	鳥羽院／行幸院(白河法皇)〈六条殿、朝覲〉	○
546	永久元年正月八日辛酉	1113	五離	鳥羽院／行幸院(白河法皇)〈六条院、朝覲〉	○

No.	年月日干支	西暦	暦注	記事	史料
547	永久元年正月八日辛酉	1113		鳥羽院／行幸院（白河法皇）〈御元服以後朝覲也、雖為御忌月不被憚之〉	○
548	永久元年三月一日壬子	1113	滅門、八専	於法勝寺被行大般若御読経	○
549	永久元年四月十五日乙丑	1113	厭対	被立七社奉幣使〈被申春日・日吉神民并延暦・興福両寺濫行事〉	○
550	永久元年十月十一日己未	1113	厭対	鳥羽院／行幸日吉社	○
551	永久元年十月十六日甲子	1113	不入吉	太上法皇（白河）御幸石清水宮	○
552	永久元年十一月廿四日辛丑	1113	五墓	被立伊勢奉幣使	○
553	永久二年正月廿七日甲辰	1114	不入吉	被立伊勢公卿勅使〈権中納言藤原宗忠卿〉	○
554	永久二年二月廿日丙寅	1114		太上皇（白河法皇）於法勝寺被行千僧御読経〈観音経〉、依臨時御祈也、即有臨幸	○
555	永久二年八月一日癸卯	1114	厭	被立稲荷奉幣使〈依社内穢気事也〉	○
556	永久二年八月廿二日甲子	1114	不入吉	被立八社奉幣使〈被謝申御占祟社也〉	○
557	永久二年十一月五日丙子	1114	厭	被立伊勢公卿勅使〈権中納言源能俊卿〉	○
558	永久二年十一月五日丙子	1114	不入吉	被立伊勢公卿勅使〈権中納言源能俊卿〉	○
559	永久二年十一月廿三日甲午	1114	厭	鳥羽院／行幸賀茂社	○
560	永久二年十一月廿九日庚子	1114		白河九躰阿弥陀堂（蓮華蔵院）供養〈太上法皇（白河）御願也〉、天皇（鳥羽）臨幸、皇后（令子内親王）并前斎院（禛子内親王）入御、院司・宮司等有勧賞、又仏師・舞人等被行賞、又有非常赦令	○
561	永久三年正月廿九日庚子	1115		権中納言藤原忠通任権大納言	○
562	永久三年二月六日丙午	1115	道虚、相剋	（藤原忠通）令申慶賀	○
563	永久三年二月九日己酉	1115	厭	白河院／御幸石清水宮	○
564	永久三年二月廿七日丁卯	1115	厭対	被立伊勢臨時幣帛使	○
565	永久三年五月十三日壬午	1115	厭	被立伊勢奉幣使〈依去年遷宮錦御被文有相違也〉	○
566	永久三年六月六日甲辰	1115	不入吉	被立伊勢并吉田社幣帛使	○
567	永久三年七月廿一日	1115		春日社修造日時定（37）	
568	永久三年八月五日壬寅	1115		（春日社）立正殿柱上棟（38）	
569	永久三年十月廿八日甲子	1115	不入吉	被行春日社遷宮	○
570	永久四年二月十九日癸未	1116	伐	鳥羽院／行幸院（白河法皇）〈白河殿、朝覲〉	○
571	永久四年三月六日庚子	1116		春日御塔供養〈被准御斎会〉	○
572	永久四年四月廿六日己丑	1116	不入吉	被立石清水并稲荷奉幣使	
573	永久四年四月廿八日丁卯	1116		権大納言藤原忠通任内大臣	
574	永久四年五月一日庚午	1116	伐、相剋	（藤原忠通）令申慶賀	
575	永久四年六月廿日壬午	1116		賀茂御塔供養〈公家（鳥羽天皇）御沙汰〉	○

No.	年月日干支	西暦	暦注	記事	史料
576	永久四〔五カ〕年八月十一日丙寅	1116		太上皇（白河法皇）於法勝寺被行千僧御読経〈観音経〉、依臨時御祈也〈上皇臨幸〉	
577	永久四年八月廿八日己丑	1116	不入吉	被立伊勢豊受宮遷宮神宝使	○
578	永久四年十月四日甲子	1116	不入吉	被立伊勢奉幣使	
579	永久五年三月七日乙未	1117	五墓	鳥羽院／行幸院（白河法皇）〈小六条殿、朝覲〉	○
580	永久五年三月十二日庚子	1117		白河阿弥陀堂内新造御塔供養〈法皇（白河）御願、即有臨幸、蓮華蔵院内三重御塔也、被行勧賞〉	○
581	永久五年六月廿二日己卯	1117	狼藉	於南殿被行仁王経御読経〈百口〉、又於延暦寺被行千僧御読経〈依炎旱也〉	○
582	永久五年六月廿二日己卯	1117	不入吉	自今日三箇日、於南殿被行仁王経御読経〈百口〉、又於延暦寺被行千僧御読経〈依旱魃御祈也〉	○
583	永久五年七月二日戊子	1117	不入吉	於神泉苑被行孔雀経御読経	○
584	永久五年八月廿四日己卯	1117	厭対	被立七社奉幣使〈依石清水・賀茂行幸御祈也〉	○
585	永久五年十月十九日癸酉	1117		公家（鳥羽天皇）御願白河御塔供養	○
586	永久五年十月卅日甲申	1117	（晦日）	被立八社奉幣使〈遷幸（土御門殿）御祈也〉	○
587	永久五年十一月六日庚寅	1117		熊野御塔供養〈上皇（白河法皇）御願、即有臨幸〉	○
588	永久五年十一月六日庚寅	1117		被供養熊野御塔、法皇（白河）御願也、自去年大将軍在南方、而被造立供養畢	○
589	永久五年十一月十日甲午	1117	厭対	天皇（鳥羽）遷幸土御門新宮〈有水火・黄牛・御反閇等事〉	○
590	永久五年十二月十三日丙寅	1117	陰陽不将	藤原璋子／入内〈上皇（白河法皇）御養女、実故春宮大夫公実（藤原）卿二女、今日有着裳事〉	○
591	元永元年二月十日壬戌	1118	伐	鳥羽院／行幸院（白河法皇）〈白河殿、朝覲〉	○
592	元永元年五月十四日乙未	1118	不入吉、五墓	於法勝寺被行千僧御読経〈仁王経〉、依世間不静也	
593	元永元年五月廿八日己酉	1118	滅門	於神泉苑被行孔雀経御読経〈依祈雨也、翼〔翌〕日大雨降〉	○
594	元永元年七月廿三日癸卯	1118	青龍脇、三宝下吉	最勝寺／金堂棟上、立御塔	○
595	元永元年八月十四日甲子	1118	不入吉	被立祈年穀奉幣使	○
596	元永元年八月廿三日癸酉	1118	狼藉	於法勝寺被行千僧御読経〈依臨時御祈也〉	○
597	元永元年閏九月七日丙辰	1118	不入吉	法皇（白河）熊野御進発〈三御山〉	○
598	元永元年十月廿六日甲辰	1118	不入吉	中宮（藤原璋子）被立鹿島使	○

No.	年月日干支	西暦	暦注	記事	史料
599	元永元年十二月十七日甲午	1118		最勝寺供養〈天皇（鳥羽）行幸、上皇（白河法皇）御幸〉	○
600	元永二年二月十一日丁亥	1119	伐	鳥羽院／行幸院（白河法皇）〈白河殿、朝覲〉	○
601	元永二年五月十四日己未	1119	八専	於天台山被行千僧御読経、依臨時御祈也	○
602	元永二年五月廿八日	1119		中宮（藤原璋子）於三条第有御産事〈皇子（顕仁親王）〉	○
603	元永二年七月廿一日乙丑	1119	復、帰忌	於内裏有若宮御五十日事	○
604	元永二年九月九日壬子	1119	帰忌	於内裏有若宮御百日事	○
605	元永二年十一月十六日戊午	1119	厭対	被立賀茂奉幣使〈依御祖社炎上事也〉	○
606	保安元年二月二日癸酉	1120	厭	鳥羽院／行幸院〈三条烏丸第〉	○
607	保安元年二月二日癸酉	1120	五離	鳥羽院／行幸院（白河法皇）〈三条第、朝覲〉	○
608	保安元年二月九日庚辰	1120	不入吉	被立七社奉幣使〈依石清水・賀茂行幸御祈也〉	○
609	保安元年二月廿日辛卯	1120	厭対	鳥羽院／行幸石清水宮	○
610	保安元年二月廿六日丁酉	1120	厭	鳥羽院／行幸賀茂社	○
611	保安元年三月十四日甲寅	1120	八専	於清涼殿被転読大般若経〈請僧卅口〉、依臨時御祈也、又今日被始行円宗寺最勝会〈去月依石清水・賀茂行幸式日延引、今日被行之〉	○
612	保安元年三月十五日乙卯	1120	八専	公家（鳥羽天皇）於法勝寺被行千僧御読経、上皇（白河法皇）有臨幸、依天下咳疎〔嗽〕御祈也	○
613	保安元年八月十二日庚辰	1120	不入吉	被立祈年穀奉幣使	○
614	保安元年十二月十四日庚辰	1120	不入吉	被立北野奉幣使〈依鹿出来事也〉	○
615	保安元年十二月廿八日甲午	1120		若宮（顕仁親王）始聞食真菜	○
616	保安二年四月七日辛未	1121	不入吉	鳥羽院／行幸賀茂社	○
617	保安二年四月廿五日己丑	1121	厭対	被立九社奉幣使〈依御慎幷天変也〉	
618	保安二年四月廿五日己丑	1121	不入吉	被立九社奉幣使〈依御慎幷天変也〉	
619	保安二年五月廿一日甲寅	1121	八専	於賀茂上・下社被供養金泥最勝王経〈右中弁雅兼朝臣（源）参向行事〉、又於最勝寺被造始百体三尺延命像、依御薬御祈也	
620	保安二年十月卅日辛酉	1121	（晦日）	被立宇佐使	○
621	保安三年二月廿六日乙卯	1122	八専	被行臨時仁王会	
622	保安三年三月廿九日戊子	1122	不入吉	太上皇（白河法皇）於法勝寺被行千僧御読経〈薬師経〉、依臨時御祈也〈上皇有臨幸〉	
623	保安三年四月十六日甲辰	1122	不入吉	法皇（白河）御幸賀茂社	○
624	保安三年六月廿七日甲寅	1122		中宮（藤原璋子）御産〈皇女（禧子内親王）〉	○
625	保安三年八月十七日癸卯	1122	厭	於内裏有姫宮御五十日事	○

No.	年月日干支	西暦	暦注	記事	史料
626	保安三年九月廿八日甲申	1122	厭対	鳥羽院／行幸賀茂社	○
627	保安三年十月五日庚寅	1122	太〔大〕禍	於内裏御殿被行大般若御読経、又於八幡・賀茂・春日・日吉・祇園社有御読経事	
628	保安三年十月六日辛卯	1122	狼藉	於延暦寺被行千僧御読経、依公家（鳥羽天皇）御薬御祈也	
629	保安三年十月八日癸巳	1122		於三条殿有姫宮御百日事、母后令奉含給〈依聖躬（鳥羽天皇）御不予也〉	
630	保安三年十二月十五日庚子	1122		法勝寺内塔堂供養〈法皇御願、被安置卅万基塔〉	○
631	保安四年正月三日丁巳	1123		若宮（顕仁親王）〈粟田宮〉御着袴〈御年五〉	○
632	保安四年十二月十五日甲午	1123		皇后宮（令子内親王）御堂供養〈堀河第内巽角〉	○
633	天治元年正月一日庚戌	1124		姫宮（禧子内親王）於仙院始聞食真菜	
634	天治元年二月十九日丁酉	1124	厭	白河院／御幸石清水宮〈被献幣帛・御馬并金字大般若経〉	○
635	天治元年五月廿八日	1124		中宮（藤原璋子）御産〈皇子（通仁親王）〉	○
636	天治元年七月廿日乙未	1124	五墓、復	若宮（通仁）御五十日也、上皇（鳥羽）令奉含御	○
637	天治元年九月十三日丙戌	1124	五墓	於三条殿有若宮（通仁）御百日事	○
638	天治元年十月六日己酉	1124		中宮（藤原璋子）被供養興福寺内御堂、諸卿参入、被行勧賞	○
639	天治元年十月廿三日丙寅〔廿一日甲子〕	1124		白河院（マ、）／御幸高野	○
640	天治二年正月三日乙亥	1125	（八龍）	（崇徳天皇）朝覲行幸	○
641	天治二年三月十日壬午	1125	狼藉	法皇（白河）於法勝寺被行千僧御読経〈両院（白河法皇・鳥羽上皇）御幸〉	○
642	天治二年五月廿四日乙未	1125		待賢門院（藤原璋子）御産〈皇子（君仁親王）〉	○
643	天治二年七月廿日己丑	1125	帰忌	於三条殿有若宮（君仁）御五十日事	○
644	天治二年九月九日丁丑	1125	月殺	若宮（君仁）御百日也	○
645	天治二年十月廿一日戊午	1125	四不出	崇徳院／行幸賀茂社	○
646	天治二年十一月九日丙子	1125	不入吉	法皇（白河）・上皇（鳥羽）・女院（待賢門院）熊野御進発	○
647	天治二年十二月十三日庚戌	1125		始聞食魚味（通仁）	○
648	大治元年正月二日戊辰	1126	（五墓）	（崇徳天皇）朝覲行幸	○
649	大治元年二月二日戊戌	1126	正月節、厭	太上皇（白河法皇）始渡御新造烏丸第（三条東殿）〈播磨守家保朝臣（藤原）造進之、有御反閇〉	○
650	大治元年三月七日癸酉	1126		白河三重御塔供養〈太上法皇（白河）御願〉	○

No.	年月日干支	西暦	暦注	記事	史料
651	大治元年七月廿三日丁亥	1126		待賢門院於三条殿有御産事〈皇女（恂子内親王）〉	○
652	大治元年九月十九日壬午	1126		姫宮〈恂子〉御五十日也	○
653	大治元年閏十月六日丁卯	1126	道虚	御百日也（恂子）	○
654	大治元年十一月三日甲午	1126	厭対	若宮（君仁）始聞食魚味	○
655	大治二年正月十二日壬寅	1127		白河五重御塔供養〈太上法皇御願、両院・女院臨幸、被行勧賞	○
656	大治二年二月三日癸亥	1127	不入吉	三院（白河・鳥羽・待賢門院）御熊野詣御進発	○
657	大治二年三月十二日壬寅	1127		法勝寺円堂〈白河御堂〉供養、〈太上法皇御願〉	○
658	大治二年九月十一日	1127		待賢門院於三条殿有御産事〈皇子（雅仁親王）〉	○
659	大治二年十月卅日丙戌	1127	五墓、晦日	白河院／両院〈白川・鳥羽〉自鳥羽殿御幸高野廟	○
660	大治二年十一月八日甲午	1127	厭対	有若宮（雅仁）御五十日事	○
661	大治二年十一月廿五日辛亥	1127		鳥羽院／御幸広隆寺	○
662	大治二年十二月廿二日丁丑	1127		今宮（雅仁）御百日也	○
663	大治二年十二月廿五日庚辰	1127	月殺	粟田宮（崇徳天皇）／天皇御書始〈御年九〉	○
664	大治三年正月二日丁亥	1128	（伐）	（崇徳天皇）朝覲行幸	○
665	大治三年正月十七日壬寅	1128		斎院（恂子内親王）御着袴	○
666	大治三年三月十三日丁酉	1128		円勝寺供養〈待賢門院御願〉、天皇（崇徳）行幸、両院（白河法皇・鳥羽上皇）幷女院（待賢門院）御幸、有音楽・赦令・勧賞等事	○
667	大治三年四月廿七日庚辰	1128	不入吉	崇徳院／行幸春日社	○
668	大治三年六月十三日丙寅	1128		太上皇（白河法皇）於法勝寺被行千僧御読経、三院（白河法皇・鳥羽上皇・待賢門院藤原璋子）有御幸	○
669	大治三年九月廿八日己酉	1128		於法勝寺被供養小塔十八万余基	○
670	大治四年正月一日庚辰	1129		粟田宮（崇徳天皇）／御元服〈御年十一〉	○
671	大治四年正月三日壬午	1129	十二月節、御衰日	粟田宮（崇徳天皇）／後宴	○
672	大治四年正月九日戊子	1129	陽将	従三位藤原聖子／入内〈崇徳院、同十六日被下女御宣旨〉	○
673	大治四年四月廿七日乙亥	1129		今宮（雅仁）始聞食真菜、摂政（藤原忠通）被奉含之	○
674	大治四年閏七月廿日	1129		女院（待賢門院）於播磨守家保朝臣（藤原）三条京極宅有御産事〈皇子（本仁親王）〉	○
675	大治四年九月十六日辛酉	1129		若宮（本仁）有御五十日事	○
676	大治四年十月十九日甲午	1129	厭対	崇徳院／行幸平野社	○
677	大治四年十一月一日乙巳	1129		於春日殿有若宮（本仁）御百日事	○

No.	年月日干支	西暦	暦注	記事	史料
678	大治四年十二月十六日庚寅	1129		尊勝寺内御堂供養〈太上皇（鳥羽上皇）有臨幸、延命堂歟〉	○
679	大治五年六月廿四日甲午	1130		蓮華蔵院内三重御塔供養、両院（鳥羽上皇・待賢門院）有臨幸	○
680	大治五年九月七日丙午	1130		鳥羽院／御参籠同寺（広隆寺）	○
681	大治五年十月四日癸酉	1130		天台惣持院供養、顛倒之後、近江守宗兼（藤原）朝臣募重任功造進之	○
682	大治五年十月廿五日甲午	1130		法金剛院供養〈待賢門院御願〉、上皇（鳥羽）・女院（待賢門院）臨幸、有音楽・勧賞・赦令等事	○
683	大治五年十二月廿六日甲午	1130		最勝寺五大堂供養〈院（鳥羽上皇）御願、即臨幸〉	○
684	天承元年二月九日丙子	1131	不入吉	両院（鳥羽・待賢門院）御熊野詣御進発	
685	天承元年三月十九日丙辰	1131	不入吉	崇徳院／行幸稲荷幷祇園社	○
686	天承元年七月八日壬寅	1131		鳥羽泉殿内阿弥陀堂供養〈上皇（鳥羽）・女院臨幸、有恩赦幷勧賞事〉	○
687	天承元年十月十日癸酉	1131		賀茂下社御塔供養〈女院（待賢門院）御願〉	○
688	天承元年十月十七日庚辰	1131	不入吉	太上皇（鳥羽）御幸石清水宮	○
689	長承元年三月十三日甲辰	1132		得長寿院供養〈上皇（鳥羽）・女院（待賢門院）臨幸、有赦令幷勧賞事〉	○
690	長承元年六月廿七日丙辰	1132	七月節、厭	鳥羽院／御幸賀茂社	○
691	長承元年六月廿七日丙辰	1132	不入吉	上皇（鳥羽）御幸賀茂社	○
692	長承元年八月十七日甲辰	1132		仁和寺二品（覚法）法親王被供養三重御塔	
693	長承元年十月七日甲午	1132		宝荘厳院供養〈上皇御願、天皇（崇徳）臨幸〉	○
694	長承元年十月十四日辛丑〔十三日庚子〕	1132	五墓（マヽ）	鳥羽院／御幸高野廟	○
695	長承二年正月二日戊午	1133	（四不出）	（崇徳天皇）朝覲行幸	○
696	長承二年正月十一日丁卯	1133		上皇（鳥羽）於新御堂御所有尊勝陀羅尼供養事	○
697	長承二年五月十日甲子	1133	厭対	鳥羽院／御幸賀茂社	○
698	長承二年五月十日甲子	1133	不入吉	上皇（鳥羽）御幸賀茂社	○
699	長承二年六月廿九日壬子	1133	七月節、陰将	藤原泰子／参太上天皇（鳥羽上皇）宮、同三年三月十九日立后〈今日改御名勲子為泰子〉	○
700	長承三年正月五日乙卯	1134	（四不出）	（崇徳天皇）朝覲行幸	○
701	長承三年正月七日丁巳	1134	不入吉	女院（待賢門院）参御日吉社	
702	長承三年四月廿五日甲辰	1134		女院御願白河御塔〔堂カ〕供養也〈出雲守藤原光隆蒙重任宣旨造進之、叙従五位上畢〉	
703	長承三年五月十五日甲子	1134	厭対	崇徳院／行幸賀茂社	○
704	長承三年五月十五日甲子	1134	不入吉	崇徳院／行幸賀茂社	○

No.	年月日干支	西暦	暦注	記事	史料
705	長承三年八月廿七日甲辰	1134		園城寺金堂供養〈太上皇（鳥羽）御沙汰〉	○
706	長承三年十月廿日乙未	1134	五墓	両院（鳥羽上皇・待賢門院）熊野御進発	○
707	長承三年十二月廿八日癸卯	1134	白虎足	太上皇〈鳥羽〉渡御白河北殿東新造御所〈権中納言顕頼（藤原）卿募加賀重任功、造進之〉	
708	保延元年正月四日戊寅	1135	（伐）	（崇徳天皇）朝覲行幸	○
709	保延元年正月廿八日壬寅	1135		仁和寺南院（田中殿）供養〈奉為太上皇御息災也〉	○
710	保延元年二月十四日戊午	1135	四不出	鳥羽院／太上皇御幸石清水宮	○
711	保延元年二月廿七日辛未	1135	不入吉	上皇（鳥羽）御幸春日社	○
712	保延元年三月廿七日庚子	1135		法金剛院内北斗堂供養〈両院（鳥羽上皇・待賢門院）御幸〉	○
713	保延元年四月廿三日丙寅	1135		太上皇（鳥羽）於法勝寺被行如説仁王会、依世間不静也、両院（鳥羽上皇・待賢門院藤原璋子）御臨幸	○
714	保延元年五月十八日庚寅	1135		仁和寺供養〈准御斎会、両院（鳥羽上皇・待賢門院）有御幸〉	○
715	保延元年五月十八日庚寅	1135		仁和寺供養	○
716	保延元年十二月四日	1135		太上皇妃（藤原得子）〈長実卿女〉於美作守顕能朝臣（藤原）八条宅有御産事〈姫宮（叡子内親王）〉	○
717	保延二年正月五日癸酉	1136	（忌遠行）	（崇徳天皇）朝覲行幸	○
718	保延二年正月五日癸酉	1136	（五離）	（崇徳天皇）朝覲行幸	○
719	保延二年正月廿六日甲午	1136	復	於東三条殿有御五十日事（叡子）	○
720	保延二年三月四日辛未	1136	滅門	熊野本宮五重御塔供養〈院（鳥羽上皇）御願〉	
721	保延二年三月四日辛未	1136	滅	熊野本宮五重御塔供養	
722	保延二年三月廿三日庚寅	1136		鳥羽勝光明院供養〈上皇（鳥羽）御願〉、天皇（崇徳）臨幸、有赦令・勧賞等事	○
723	保延二年三月廿七日甲午	1136		於東三条殿有姫宮（叡子）百日事	○
724	保延二年九月七日壬申〔八日癸酉〕	1136	厭対（マヽ）	鳥羽院／御幸石清水宮	○
725	保延二年九月十五日庚辰	1136	不入吉	上皇（鳥羽）御幸賀茂社〈有金字大般若供養事〉	○
726	保延二年十月十五日己酉	1136		法金剛院内三重御塔丼金泥一切経供養也〈天皇（崇徳）臨幸、両院（鳥羽上皇・待賢門院）御幸〉	○
727	保延三年四月八日	1137		上皇妃従三位〈得子〉於八条亭有御産事〈皇女（暲子内親王）〉	○
728	保延三年五月十九日庚辰	1137	不入吉	女院（待賢門院）参御日吉社	○

No.	年月日干支	西暦	暦注	記事	史料
729	保延三年六月三日癸巳	1137		於白河殿有姫宮（暲子）御五十日事	
730	保延三年七月十七日丁丑	1137	帰忌	姫宮（叡子）始聞食魚味	○
731	保延三年七月廿三日癸未	1137	伐日、月殺	於白河殿有姫宮（暲子）御百日事	○
732	保延三年七月廿八日戊子	1137	白虎足	太上皇（鳥羽）自白河殿渡御三品〈得子（藤原）〉八条第〈有御反閇・黄牛等事〉	
733	保延三年八月廿二日壬子	1137	四不出	鳥羽院／御幸日吉社	○
734	保延三年九月廿六日癸〔乙〕酉	1137		鳥羽院／御参籠広隆寺	○
735	保延三年閏九月十五日甲辰	1137		鳥羽院／於広隆寺被修万燈会	
736	保延三年十月十三日辛未	1137	厭	鳥羽院／御幸賀茂社	○
737	保延三年十月十五日癸酉	1137		鳥羽東殿御堂供養〈上皇（鳥羽）御願、安楽寿院歟〉	○
738	保延三年十二月十日丁卯	1137		姫宮〈叡子〉御着袴〈御年三〉	
739	保延三年十二月廿五日壬午	1137	正月節	後白河院／御書始〈御年十一、親王御時〉	○
740	保延四年正月廿六日壬子	1138	四不出	鳥羽院／上皇・女院（待賢門院）御熊野御進発	○
741	保延四年六月十九日癸酉	1138		成勝寺／木作始	
742	保延四年八月四日丁巳	1138	八専	上皇（鳥羽）於法勝寺被行如説仁王会	
743	保延四年九月廿一日甲辰	1138	不入吉	上皇（鳥羽）御幸石清水宮	
744	保延四年九月廿六日己酉	1138		鳥羽院／有登山（延暦寺）御幸、関白（藤原忠通）以下扈従	○
745	保延四年十月二日乙卯	1138	狼藉	上皇（鳥羽）於延暦寺被行千僧御読経	
746	保延四年十月二日乙卯	1138	八専	上皇（鳥羽）於延暦寺被行千僧御読経	
747	保延四年十月廿七日庚辰	1138	白虎脇、三宝下吉	成勝寺／金堂棟上并立諸門	
748	保延四年十月廿七日庚辰	1138		姫宮〈暲子〉有御魚味事	
749	保延五年正月四日乙酉	1139	（伐）	（崇徳天皇）朝覲行幸	○
750	保延五年正月四日乙酉	1139	（忌遠行）	（崇徳天皇）朝覲行幸	○
751	保延五年正月四日乙酉	1139	（五離）	（崇徳天皇）朝覲行幸	○
752	保延五年二月廿二日癸酉	1139		鳥羽東殿三重御塔供養〈上皇御願〉	○
753	保延五年三月十日庚寅	1139	白虎頭、三宝上吉	成勝寺／鐘楼・経蔵棟上	
754	保延五年五月十八日丁酉	1139		於八条殿三位殿（藤原得子）有御産事〈皇子（体仁親王）〉	○
755	保延五年六月廿六日甲戌	1139		若宮（体仁）有御行始事	
756	保延五年七月十日戊子	1139		若宮（体仁）於内裏中宮（聖子）御方有御五十日事	
757	保延五年八月廿九日丙子	1139	伐日	春宮（体仁）有御百日事〈主上（崇徳）令奉含御〉	
758	保延五年十月廿六日癸酉	1139		成勝寺供養〈天皇（崇徳）臨幸、頗為不宜例歟〉	○
759	保延五年十二月廿日丙寅	1139		姫宮〈暲子〉御着袴〈御年三〉	

No.	年月日干支	西暦	暦注	記事	史料
760	保延五年十二月廿七日癸酉	1139		後白河院／御元服〈御年十三〉	○
761	保延六年正月二日戊寅	1140	（伐）	（崇徳天皇）朝覲行幸	○
762	保延六年二月廿三日戊辰	1140	不入吉	上皇（鳥羽）并女御殿（藤原得子）熊野御進発	○
763	保延六年五月廿七日庚子	1140	厭対	崇徳院／行幸石清水宮	○
764	保延六年閏五月一日甲辰	1140	不入吉	崇徳院／行幸賀茂社	○
765	保延六年十月廿九日庚子	1140		春日社五重御塔供養〈准御斎会〉	○
766	保延六年十月廿九日庚子	1140	晦日	春日社五重塔供養	○
767	保延六年十一月廿六日丙寅	1140		春宮（体仁）聞食魚味	
768	保延六年十二月十日庚辰	1140	不入吉	高陽院（藤原泰子）参御石清水宮	○
769	保延六年十二月十二日壬午	1140		鳥羽殿内焔魔天堂供養〈上皇（鳥羽）御願也〉	
770	保延六年十二月十七日丁亥	1140	不入吉	上皇（鳥羽）・女院（高陽院カ）并前斎院熊野御進発	○
771	永治元年二月廿一日庚寅	1141		白河新御堂（歓喜光院）供養〈美福門院（藤原得子）御願〉、上皇（鳥羽法皇）有臨幸、被行赦令・勧賞事	○
772	永治元年三月三日壬寅	1141	厭対	上皇（鳥羽）并女御（藤原得子）殿初渡御白河新御所〈有水火童女・御反閇等事〉	○
773	永治元年十月廿六日辛卯	1141		東宮（体仁親王）於三条殿御着袴〈御年三〉	○
774	永治元年十一月八日	1141		女御殿（光清法印女）於八条殿有御産事〈姫宮、高松院（姝子内親王）〉	○
775	永治元年十一月十六日庚戌	1141		姫宮（姝子）御行始也	
776	康治元年正月一日乙未	1142	十二月節、往亡、五墓	姫宮（姝子）有御五十日事	○
777	康治元年二月十八日壬午	1142		於院有姫宮（姝子）御百日事	○
778	康治元年九月八日丁酉	1142		鳥羽院／有御登山（延暦寺）事〈限七ヶ日、御参籠中堂〉	○
779	康治二年閏二月五日壬辰	1143	不入吉	両院（鳥羽・崇徳）御熊野詣御進発	○
780	康治二年六月廿日乙巳	1143		姫宮（姝子）有御真菜事	
781	康治二年七月廿九日	1143		賀茂別雷社神殿修造日時定（39）	
782	康治二年八月四日戊子	1143	白虎足	（賀茂別雷社神殿）立正殿柱上棟（40）	
783	康治二年八月六日庚寅	1143		白河新御堂供養〈金剛証院歟、皇后宮（藤原得子）御願也〉、被准御斎会、上皇有臨幸	○
784	天養元年六月十七日丁酉	1144		園城寺内眞如院供養〈待賢門院御沙汰也〉	○
785	天養元年七月十七日丙寅	1144		於法勝寺被行如説仁王会、依嘉蓮御祈也、上皇（鳥羽法皇）有御幸	○

No.	年月日干支	西暦	暦注	記事	史料
786	天養元年十月十七日甲午	1144		鳥羽〔仁和寺〕孔雀明王堂供養〈一院（鳥羽法皇）御幸、被行勧賞〉	○
787	天養元年十月廿八日乙巳	1144		若宮〈重仁親王〉御着袴	○
788	久安元年正月五日辛亥	1145	往亡、厭	鳥羽院／御登山（延暦寺）	○
789	久安元年九月廿四日丁卯	1145		一院（鳥羽法皇）於白河北殿奉為故女院（待賢門院）有御修善事	○
790	久安元年閏十月八日己酉	1145	忌遠行	鳥羽院／御幸天王寺	○
791	久安元年十一月九日庚辰	1145	不入吉	近衛院／行幸石清水宮	○
792	久安元年十二月四日甲辰	1145	不入吉	近衛院／行幸賀茂社	○
793	久安二年十月卅日丙辰〔丙寅〕	1146	八専間（マヽ）	於法金剛院有一切経会事〈両院（鳥羽法皇・崇徳上皇）御幸〉	○
794	久安二年十一月廿八日甲午	1146		白河仏頂堂供養〈右衛門督家成（藤原）卿造進之〉	○
795	久安三年二月十日甲辰	1147	不入吉	一院（鳥羽）御熊野詣御進発	○
796	久安三年二月廿二日丙辰	1147	不入吉	近衛院／行幸春日社	○
797	久安三年八月十一日壬寅	1147		鳥羽九躰阿弥陀堂供養〈天皇（近衛）行幸、有音楽・赦令・勧賞等事〉	○
798	久安三年十月十日庚子	1147	白虎頭、三宝中吉	延勝寺／金堂棟上、立御塔	○
799	久安三年十二月十二日壬寅	1147		近衛院／天皇御書始〈御年九〉	○
800	久安四年二月廿三日壬子	1148	四不出	鳥羽院／一院御熊野詣御進発	○
801	久安四年五月十日丁卯	1148		法勝寺千僧御読経也、一院（鳥羽法皇）有御幸	○
802	久安四年八月十六日辛未	1148	不入吉	近衛院／行幸平野社	○
803	久安四年九月十日乙未	1148	五墓	鳥羽院／御幸同寺（天王寺）	○
804	久安五年二月十三日丙寅	1149	帰忌	行幸院(鳥羽法皇)	○
805	久安五年三月廿日壬寅	1149		延勝寺供養〈天皇行幸、一院（鳥羽法皇）・皇大〔太〕后宮（藤原聖子）・皇后宮（藤原得子）同入御、有音楽・赦令・勧賞事〉	○
806	久安五年八月廿二日辛未	1149	不入吉	近衛院／行幸北野社	○
807	久安五年十月十一日己未	1149	厭対	崇徳院／行幸日吉社	○
808	久安五年十一月九日丁亥	1149	不入吉	女院（美福門院）幷姫宮熊野御進発	○
809	久安五年十一月十一日己丑	1149		鳥羽院／御幸同寺（天王寺）	○
810	久安五年十一月十二日庚寅	1149		天王寺念仏堂供養、上皇御沙汰、自昨日臨幸、左兵衛尉源頼方募靫負尉功造進之、供養以前被抽任、為励不日之功也	○
811	久安五年十二月廿七日乙亥	1149	不入吉	一院（鳥羽）御幸祇園社	○
812	久安六年正月四日壬午	1150		近衛院／御元服〈御年十一〔十二〕〉	○
813	久安六年正月五日癸酉〔未〕	1150	御衰日	近衛院／後宴	○
814	久安六年正月十日戊子	1150	陽将	藤原多子／入内〈近衛院、同十九日被下女御宣旨〉	○

No.	年月日干支	西暦	暦注	記事	史料
815	久安六年正月廿日戊戌	1150		行幸院（鳥羽法皇）〈御元服以後朝覲〉	○
816	久安六年三月四日辛巳〔五日壬午〕	1150	不入吉	両院（鳥羽・美福門院）御熊野詣御進発	○
817	久安六年四月廿一日乙卯〔丁卯〕	1150	陰将	藤原呈子／入内〈近衛院、同廿八日為女御〉	○
818	久安六年五月廿九日甲辰	1150		仙院（鳥羽法皇）於最勝寺被供養小塔八万余基	○
819	久安六年六月廿二日丁卯	1150		一院（鳥羽法皇）令始十一面供十壇、又被始三尺延命并愛染王各百躰、依御慎年也	
820	仁平元年三月五日丙子	1151	不入吉	両院（鳥羽・美福門院）御熊野詣御進発	○
821	仁平元年六月十三日壬午	1151		福勝院供養〈高陽院（藤原泰子）御願、一院（鳥羽法皇）有臨幸、被行勧賞〉	○
822	仁平元年六月廿七日	1151		伊勢太神宮正遷宮日時定（41）	○
823	仁平元年八月十二日己卯	1151	白虎足	（伊勢太神宮）立正殿柱上棟（42）	
824	仁平元年九月七日甲辰	1151	不入吉	近衛院／行幸賀茂社	○
825	仁平元年九月十日丁未	1151		鳥羽院／法皇并美福門院参御同寺（天王寺）	○
826	仁平元年十二月十六日壬午	1151		金峯山御堂供養〈鳥羽法皇御願〉	
827	仁平二年九月十日辛丑	1152	五墓、忌遠行	鳥羽院／法皇・高陽院・美福門院参御同寺（天王寺）、左大臣（藤原頼長）以下扈従	○
828	仁平三年正月二日壬辰	1153	（伐）	（近衛天皇）朝覲行幸	○
829	仁平三年正月二日壬辰	1153	（五墓）	（近衛天皇）朝覲行幸	○
830	仁平三年正月廿八日戊午	1153	四不出	鳥羽院／一院御熊野詣御進発	○
831	仁平三年二月十九日戊寅	1153	（下吉）	那智御山御塔供養〈一院（鳥羽法皇）御願也、去月廿八日御熊野詣御進発、今月十四日、於本宮被供養金泥一切経、今日十九日那智御塔供養也〉	
832	仁平三年六月廿七日	1153		伊勢豊受太神宮遷宮日時定（43）	○
833	仁平三年八月十日丁卯	1153		（伊勢豊受太神宮）立正殿柱上棟（44）	
834	久寿元年八月九日庚寅	1154		鳥羽新御堂供養〈金剛心院〉、被准御斎会、一院（鳥羽法皇）・新院（崇徳上皇）・女院（美福門院）・前斎院（恂子内親王）・姫宮渡御、主上（近衛天皇）依御薬事無行幸	○
835	久寿元年十月廿一日庚子	1154		白河三重御塔供養〈在福勝院内〉、高陽院（藤原泰子）御願也、被准御斎会	○
836	久寿二年二月廿七日甲辰	1155		鳥羽不動堂（安楽寿院）供養〈入道大相国（藤原忠実）為院（鳥羽法皇）御祈被造進之〉	○

No.	年月日干支	西暦	暦注	記事	史料
837	久寿二年十月十一日乙酉	1155	伐	被立伊勢奉幣使〈後白河院代初〉	○
838	久寿二年十二月一日甲戌	1155	十一月節	二条院／御書始〈御年十三、東宮御時〉	○
839	久寿二年十二月九日壬午	1155		二条院／御元服〈御年十三〉	○
840	久寿二年十二月十二日乙酉	1155	伐	被立宇佐使〈代初（後白河天皇）宇佐使也〉	○
841	保元元年正月廿四日丙寅	1156		於鳥羽北殿有尊勝陀羅尼供養事	○
842	保元元年四月廿九日庚子	1156		熊野本宮八角七重御塔供養、法皇（鳥羽）御願也、不被避王相方、且是永久五年大将軍雖在南方、白河法皇令供養同山多宝塔御、准件例被遂供養者也	
843	保元元年四月廿九日庚子	1156		高野大塔供養〈依当王相方、公家（後白河天皇）無御沙汰、偏付寺家、長者寛遍参入御山行其事〉	○
844	久寿三年四月廿九日庚子	1156	晦日	熊野本宮八角七重御塔供養	
845	久寿三年四月廿九日庚子	1156		鳥羽法皇被供養熊野本宮八角七重御塔、不被避王相方、……(45)	
846	久寿三年四月廿九日庚子	1156		高野大塔供養、為公家（後白河天皇）御沙汰被造営之、而立夏以後依当王相方、付寺家被造立供養畢(46)	○
847	保元元年五月廿六日丙寅	1156		被始最勝講	○
848	保元元年閏九月八日	1156		宇佐宮遷宮日時定(47)	
849	保元元年閏九月八日	1156		宇佐宮造立日時定(48)	
850	保元元年十一月十二日庚辰〔己卯〕	1156	白虎足	（宇佐宮）立柱上棟(49)	
851	保元元年十一月廿二〔三〕日庚寅	1156		（宇佐宮）立柱上棟(50)	
852	保元元年十二月廿八日丙寅〔乙丑〕	1156		最勝寺灌頂也	
853	保元二年七月十六日己卯	1157	不入吉	於延暦寺被行千僧御読経	
854	保元二年八月四日	1157		可被立安嘉・達智両門日時定(51)	
855	保元二年八月二〔九カ〕日壬寅	1157		（安嘉・達智両門）始木作日時(52)	
856	保元二年八月十日癸卯	1157	下吉	鳥羽御堂供養〈金剛心院内御堂也〉	
857	保元二年九月二日甲子	1157		（安嘉・達智両門）立日時(53)	
858	保元二年十月八日庚子	1157	青龍足	天皇（後白河）自高松皇居遷幸新造内裏〈有水火・黄牛・御反閇等事〉	○
859	保元三年十二月廿八日	1158		宇佐正宮造作日時定(54)	○
860	平治元年正月三日戊午	1159	（四不出）	（二条天皇）朝覲行幸	○
861	保元四年二月十一日	1159		鴨川合社造立日時定(55)	

No.	年月日干支	西暦	暦注	記事	史料
862	保元四年二月十一日	1159		鴨川合社造立日時定（56）	
863	保元四年二月十三日戊戌	1159		（鴨川合社）始木作（57）	
864	保元四年二月十七日壬寅	1159		（鴨川合社）始木作（58）	
865	保元四年三月四日己未	1159	白虎足	（鴨川合社）立柱上棟（59）	
866	平治元年七月十八日	1159		竈門下宮神殿造立日時定（60）	
867	保元四年十月九日己未	1159	朱雀	（宇佐正宮）立柱上棟（61）	
868	平治元年十月九日己未	1159	朱雀	（竈門下宮神殿）立柱上棟（62）	
869	永暦元年七月廿日	1160		稲荷社修造日時定（63）	
870	永暦元年八月五日	1160		日吉社二宮十禅師宝殿造立日時定（64）	
871	永暦元年八月十七日壬戌	1160		（稲荷社）始木作（65）	
872	永暦元年十月十一日乙卯	1160	（四不出）	（二条天皇）朝覲行幸	○
873	永暦元年十月十七日辛酉	1160	朱雀	（日吉社二宮十禅師宝殿）立柱上棟（66）	
874	永暦元年十二月六日庚戌	1160		（稲荷社）立正殿柱上棟（67）	
875	永暦元年十二月十日甲寅	1160		（稲荷社）立正殿柱上棟（68）	
876	応保元年二月廿八日辛未	1161	不入吉	二条院／行幸春日社	○
877	応保元年四月十三日乙卯	1161	玄武	太上皇（後白河）渡御新造東山殿（法住寺殿）〈有水火・黄牛・御反閇等事〉	○
878	応保元年四月十三日乙卯	1161	火曜	太上皇（後白河）渡御新造東山殿	○
879	永暦二年四月十三日乙卯	1161	不入吉、四不出	太上皇（後白河）渡御新造東山殿〈有水火・黄牛・御反閇等事〉	○
880	応保元年八月廿六日丙寅	1161	往亡、帰忌	後白河院／御幸新熊野	
881	応保二年正月十日丁丑	1162	（忌遠行）	（二条天皇）朝覲行幸	○
882	応保二年三月十六日壬子	1162	四不出	二条院／行幸石清水宮	○
883	応保二年十一月八日庚子	1162	青龍足、三宝中吉	蓮華王院／卅五間御堂〈被奉安置千躰千手観音像〉棟上	
884	応保三年二月十九日庚辰	1163	不入吉	太上皇（後白河）御熊野詣御進発	○
885	応保三年三月廿五日丙辰	1163	不入吉	二条院／行幸石清水宮	○
886	応保三年四月廿四日甲申	1163	道虚	二条院／行幸賀茂社	
887	応保三年十月廿三日庚辰	1163	不入吉	二条院／行幸石清水宮	○
888	長寛二年二月十一日丙寅	1164		公家（二条天皇）於御殿被供養等身五大尊、即被奉渡法勝寺	
889	長寛二年四月廿六日庚辰	1164		後白河院／御登山（延暦寺）	○
890	長寛二年六月廿日癸酉	1164	御衰日	後白河院／法皇御幸稲荷社	
891	長寛二年八月廿七日庚辰	1164	不入吉	二条院／行幸賀茂社	
892	長寛二年十二月十七日丁酉	1164		蓮華王院供養〈一院（後白河上皇）御願〉	○
893	永万二年九月四日甲辰	1166	不入吉	上皇（後白河）参御日吉社	○
894	仁安二年正月十六日乙卯	1167	四不出	後白河院／太上皇御幸石清水宮	○
895	仁安二年正月十九日戊午	1167	不入吉、四不出	太上皇（後白河）遷御新造法住寺殿〈有水火・黄牛・御反閇事〉	○
896	仁安二年二月二日辛未	1167	不入吉	上皇（後白河）御幸賀茂社	○

No.	年月日干支	西暦	暦注	記事	史料
897	仁安二年二月十九日戊子	1167	不入吉	上皇（後白河）御熊野詣御進発	○
898	仁安三〔二〕年八月十三日丁未	1167		姫宮〈二条院姫宮〉御着袴	
899	仁安二年十二月九日壬寅	1167		高倉院／御書始〈御年七、春宮御時〉	○
900	仁安三年三月八日庚午	1168	伐	被立伊勢奉幣使〈高倉院代初〉	○
901	仁安四年正月十四日辛未	1169	不入吉	上皇（後白河）御熊野詣御進発	○
902	仁安四年二月廿九日丙辰	1169	不入吉	上皇（後白河）御幸賀茂社	○
903	仁安四年三月十三日己巳	1169		後白河院／御幸高野廟	○
904	嘉応元年四月廿六日壬子	1169	四不出	高倉院／行幸石清水宮、同廿七日癸丑還御東山殿、依帰忌日直不還宮、廿八日甲寅天皇拝観上皇（後白河）并女院〈建春門院（平滋子）〉、有音楽・勧賞事、入夜還御閑院第	○
905	嘉応元年八月廿九日壬子	1169	四不出	高倉院／行幸賀茂社、去廿一日依御物忌延引、今日又御物忌日也、雖然被用之	○
906	嘉応二年三月廿日辛未	1170	白虎足	太上法皇（後白河）自七条殿移御新造鳥羽北殿〈建春門院（平滋子）同渡御〉、有水火・黄牛・御反閇等事	○
907	嘉応二年三月廿日辛未	1170	不入吉	太上法皇（後白河）自河東七条殿移御新造鳥羽殿〈有水火・黄牛・御反閇事〉	○
908	嘉応二年三月廿六日丁丑	1170	太〔大〕禍	季御読経始也	○
909	承安元年正月三日戊寅	1171	伐	高倉院／御元服〈御年十一〉（頭書「後白河院　保延五年十二月廿七日、御元服」「二条院　久寿二年十二月九日、御元服」(69)	○
910	承安元年正月四日己卯	1171		高倉院／後宴	○
911	嘉応三年正月廿三日戊戌	1171		（後白河法皇）御熊野詣御進発	
912	承安元年四月廿七日辛未	1171	不入吉	高倉院／行幸大原野社	○
913	承安元年八月廿五日丁卯	1171		於東大寺被行千僧御読経	
914	嘉応三年十一月十三日癸未	1171	御衰日	後白河院／御幸日吉社	
915	承安元年十二月十五日乙卯	1171	四不出	後白河院／御熊野詣御進発	○
916	承安二年正月十六日	1172		伊勢豊受太神宮遷宮日時定(70)	
917	承安二年二月三日壬寅	1172	白虎脇、三宝中吉	最勝光院／御堂棟上	○
918	承安二年二月十九日戊午	1172		（伊勢豊受太神宮）修造正殿(71)	
919	承安二年二月廿七日丙寅	1172		被行春季御読経〔仁王会〕〈発願日也〉	○
920	承安二年十月廿三日戊午	1172	四不出	高倉院／行幸稲荷并祇園社	○

No.	年月日干支	西暦	暦注	記事	史料
921	承安二年十一月一日丙寅	1172		法皇（後白河）御熊野詣御進発	
922	承安二年閏十二月十三日丁丑	1172	御衰日	後白河院／御幸日吉社	
923	承安三年正月卅日癸亥	1173	不入吉	法皇（後白河）御熊野詣御進発、女院（建春門院）同参御	○
924	承安三年三月廿日壬子	1173	四不出	高倉院／行幸石清水宮〈昨日十九日依御物忌延引〉	○
925	承安三年三月廿四日丙辰	1173	道虚	後白河院／御幸醍醐寺	○
926	承安三年三月廿四日丙辰	1173		後白河院／参御石間寺	○
927	承安三年三月廿五日丁巳	1173	凶会	後白河院／御幸石山寺	
928	承安三年四月十三日乙亥	1173	不入吉	高倉院／行幸賀茂社	○
929	承安三年五月十二日癸卯	1173	御衰日	後白河院／御幸稲荷社	
930	承安三年五月十八日己酉	1173	滅門	被行春季御読経〈発願日也〉	
931	承安三年八月六日丙寅	1173		被行臨時仁王会	
932	承安三年十月廿一日庚辰	1173	下吉	最勝光院供養〈建春門院（平滋子）御願也、天皇（高倉）臨幸、法皇（後白河）御幸、有舞楽・赦令・勧賞事〉	○
933	承安三年十月廿六日乙酉	1173	御衰日	後白河院／御幸日吉社	○
934	承安三年十一月十二日辛丑〔十一日庚子〕	1173	道虚	後白河院／御熊野詣御進発	○
935	承安三年十一月十二日辛丑〔十一日庚子〕	1173	五墓	（後白河法皇）熊野御進発	○
936	承安三年十二月八日丙寅	1173		一院（後白河法皇）令参籠蓮華王院御、令奉転読千巻千手経御	
937	承安三年十二月十五日癸酉	1173	狼藉	法勝寺大乗会始也	
938	承安四年二月廿三日庚辰	1174	下吉	蓮華心院供養〈八条院（暲子内親王）御願、在常葉、法皇臨幸〉	○
939	承安四年七月十日乙未	1174	往亡	後白河院／御幸新熊野〈御参籠〉	
940	承安四年七月十六〔八〕日癸卯	1174	白虎頭、三宝下吉	蓮華王院／被立御塔心柱〈五重御塔〉	○
941	承安四年十月五日己未	1174	八専	後白河院／御幸中堂	
942	承安四年十一月十一日甲午	1174	厭対	被立伊勢公卿勅使〈権中〔大〕納言藤原実国卿〉	○
943	承安四年十一月廿七日庚戌	1174	不入吉	太上法皇（後白河）渡御法住寺南殿東小寝殿〈建春門院（平滋子）同渡御也、無御移徙作法〉	○
944	安元元年正月四日丙戌	1175	五墓	高倉院／行幸院（後白河法皇）〈法住寺殿、朝覲〉	○
945	安元元年二月十四日丙寅	1175		建春門院（平滋子）於最勝光院被始行百箇日御懺法、法皇（後白河）并女院（建春門院）自法住寺殿御幸彼御所	○
946	承安五年四月廿九日庚辰	1175	晦日	皇嘉門院（藤原聖子）九条御堂供養	○
947	承安五年六月十七日丙寅	1175		（後白河法皇）御幸日吉社	○

No.	年月日干支	西暦	暦注	記事	史料
948	安元元年八月廿九日丁丑	1175		後白河院／御幸東寺〈初度〉	
949	承安五年九月十一日己丑	1175	不入吉	法皇（後白河）参御日吉社	
950	安元元年九月十四日壬辰	1175	五墓	（後白河法皇）熊野御進発	
951	承安五年九月十四日壬辰	1175	不入吉	法皇（後白河）熊野御進発	
952	安元元年十月廿日丁酉	1175	御衰日	後白河院／御幸日吉社	
953	安元二年正月三日己酉	1176	忌遠行	高倉院／行幸院（後白河法皇）〈法住寺殿、朝覲〉	○
954	安元二年正月三日己酉	1176	五離	高倉院／行幸院（後白河法皇）〈法住寺殿、朝覲〉	○
955	安元二年三月十日乙卯〔九日甲寅〕	1176	四不出（マ、）	後白河院／御幸有馬湯山、建春門院同御幸、四不出日尤可被憚歟、而還御之後七月八日女院御事、若是四不出日之故歟	
956	安元二年九月十三日乙卯	1176	四不出、八専	後白河院／御幸天王寺〈御参籠也〉	○
957	安元二年九月廿四日丙寅	1176	九坎、凶会	後白河院／御幸信貴山〈自天王寺還御次、即御一宿也〉	
958	安元二年十一月三日甲辰	1176		後白河院／御幸笠置寺、五日還御	○
959	安元三年二月八日戊寅	1177	滅	後白河院／御幸新熊野并今日吉	
960	安元三年二月十一日辛巳	1177	不入吉	法皇（後白河）熊野御進発	
961	治承元年十月十四日庚辰	1177	不入吉	高倉院／行幸賀茂社	○
962	治承元年十二月十七日壬午	1177		蓮華王院御塔供養〈天皇（高倉）行幸〉	○
963	治承二年正月四日己亥	1178	厭	高倉院／行幸院（後白河法皇）〈法住寺殿、朝覲〉	○
964	治承二年二月廿日乙酉	1178	伐	後白河院／御幸鞍馬寺〈初度〉	
965	治承二年三月廿二日丙辰	1178	不入吉	高倉院／行幸春日社	○
966	治承二年八月十日辛丑	1178	五墓、御衰日	後白河院／御幸天王寺	○
967	治承二年十一月十一日庚午	1178	厭対	後白河院／御幸今日吉	
968	治承二年十二月二日辛卯	1178	白虎頭、三宝不入吉	最勝光院／被立御塔心柱	○
969	治承三年正月二日辛酉	1179	忌遠行	高倉院／行幸院（後白河法皇）〈法住寺殿、朝覲〉	○
970	治承三年正月二日辛酉	1179	四不出	高倉院／行幸院（後白河法皇）〈法住寺殿、朝覲〉	○
971	治承三年正月二日辛酉	1179	五離	高倉院／行幸院（後白河法皇）〈法住寺殿、朝覲〉	○
972	治承三年三月廿日戊寅	1179	厭対	後白河院／御幸石清水宮〈二七日御参籠〉	○
973	治承三年三月廿日戊寅	1179		（後白河法皇）御幸石清水宮	○
974	治承三年七月十日丙寅	1179		法皇（後白河）於七条殿御所〈長講堂〉、被始五十日御逆修、仍関白（藤原基房）以下公卿多以参入	○
975	治承三年八月廿七日壬子	1179	四不出	高倉院／行幸石清水宮	
976	治承三年九月十日乙丑	1179	御衰日、忌遠行	後白河院／御幸同寺（天王寺）	○

No.	年月日干支	西暦	暦注	記事	史料
977	治承四年七月十六日丙寅	1180		於法勝寺被行如説仁王会、依彼寺嘉蓮恠異也	○
978	養和二年四月十四日甲寅	1182		（後白河法皇）御幸日吉社	○
979	養和二年四月十四日甲寅	1182	御衰日	後白河院／御幸日吉社	○
980	養和二年六月二日辛丑	1182	五墓	（後白河法皇）参御今日吉	
981	養和二年七月九日丁丑	1182	往亡	後白河院／御幸新熊野〈御参籠〉	
982	寿永二年正月廿九日乙未	1183	晦日、五墓	後白河院／参御嵯峨法輪・広隆寺等、自八幡還御之次也	
983	寿永二年六月廿八日辛酉	1183	四不出、御衰日	後白河院／御幸石清水宮	○
984	寿永二年六月廿八日辛酉	1183	御衰日、御年五十七、卯酉	後白河院／御幸石清水宮	○
985	寿永二年七月一日癸亥	1183	六月節、厭対	後白河院／御幸賀茂社	○
986	寿永三年二月七日丙寅	1184		被奉始造五大毘沙門天像、為被追討西海平家之御祈也、同十三日、被梟平家通盛卿以下首	
987	元暦元年四月十六日甲戌	1184	青龍足	法皇（後白河）移御白河押小路殿〈有水火・黄牛・御反閇等事〉	○
988	元暦元年四月廿八日丙戌	1184	五墓	（後白河法皇）御幸新熊野	
989	元暦元年七月五日辛卯	1184	玄武	天皇（後鳥羽）自閑院第遷幸内裏〈御践祚以後初度遷幸也、有水火・黄牛・御反閇等事〉	○
990	元暦元年九月十五日辛丑	1184	五墓	（後白河法皇）参御日吉社	○
991	寿永三年十二月十二日丁卯	1184	道虚	後白河院／御幸日吉社	○
992	元暦二年正月廿八日壬子	1185	四不出	後白河院／御幸得長寿院	
993	元暦二年二月七日辛酉	1185	凶会	後白河院／御幸白河熊野宮〈中御門末〉	
994	元暦二年三月廿六日己酉	1185		後白河院／御幸七観音幷因幡堂〈初度〉此後毎月参御	○
995	元暦二年四月五日戊午	1185	凶会	後白河院／御幸日吉社	○
996	元暦二年四月五日戊午	1185	四不出、凶会	後白河院／御幸日吉社	○
997	元暦二年八月廿三日癸酉	1185	狼藉	法皇（後白河）於六条殿被供養五輪塔一万基	○
998	元暦二年八月廿七日丁丑	1185		後白河院／御幸東大寺、八条院（暲子内親王）・上西門院（統子内親王）同参御、明日〈廿八日〉大仏開眼会也	○
999	元暦二年九月廿日庚子	1185	九虎、帰忌	後白河院／参御清水寺・蓮華王院・六角堂・行願寺等	
1000	元暦二年十月十八日丁卯	1185	道虚	後白河院／御幸賀茂社	○
1001	元暦二年十一月十八日丁酉	1185	道虚	後白河院／御幸石清水宮	
1002	元暦二年十一月卅日己酉	1185	道虚	後白河院／御幸五社〈平野・北野・祇園・今日吉・稲荷等也〉	
1003	文治二年二月七日乙卯	1186	四不出	後白河院／御幸石清水宮	○

No.	年月日干支	西暦	暦注	記事	史料
1004	文治二年二月十日戊午	1186	四不出	後白河院／御幸賀茂社	
1005	文治二年二月十二日庚申	1186	道虚	後白河院／御幸日吉社	
1006	文治二年四月廿三日庚午	1186	狼藉	後白河院／参御江文寺幷補陀落寺・大原来迎院等	
1007	文治二年六月九日乙卯	1186	五月節、滅、九坎	後白河院／御幸新熊野	
1008	文治二年七月十三日戊子	1186	六月節、九坎	後白河院／御幸今日吉	
1009	文治二年九月十九日壬戌	1186		（後白河法皇）御幸日吉社	
1010	文治二年十月五日戊寅	1186		（後白河法皇）御熊野詣御進発	○
1011	文治二年十一月十三日丙辰	1186	玄武	法皇（後白河）渡御白河押小路殿〈修造之後渡御也〉	○
1012	文治二年十二月一日甲戌	1186		当院（後鳥羽上皇）／御書始〈御年七、御践祚以後〉	○
1013	文治三年正月十六日戊午	1187	四不出	後白河院／御幸石清水宮	○
1014	文治三年正月十九日辛酉	1187	四不出	後白河院／御幸賀茂社	○
1015	文治三年十一月七日甲辰	1187	不入吉	当院（後鳥羽天皇）／行幸石清水宮	○
1016	文治四年十二月五日	1188		勘申遷御六条殿作法事（72）	
1017	文治五年二月廿二日壬午	1189		後白河院／御参籠天王寺〈百ヶ日〉	○
1018	文治五年十月廿九日乙卯	1189	四不出	当院（後鳥羽天皇）／行幸春日社	○
1019	建久元年正月三日戊午	1190		当院（後鳥羽上皇）／御元服〈御年十一〉	○
1020	建久元年正月五日庚申	1190		当院（後鳥羽上皇）／後宴	
1021	文治六年正月廿七日壬午	1190		当院（後鳥羽天皇）／行幸院〈六条殿、御元服以後朝覲也〉	○
1022	建久元年二月十六日庚子	1190	滅門	後白河院／御幸高雄寺	○
1023	建久元年六月二日乙酉	1190		後白河院／御幸東大寺、其次先参御信貴山、次参御法隆寺	
1024	建久元年六月四日丁亥	1190		後白河院／参御七大寺	
1025	建久元年六月五日戊子	1190	九坎	後白河院／御幸長谷寺	
1026	建久元年十月十七日戊戌	1190	凶会	後白河院／御幸東大寺〈依十九日大仏殿上棟也〉	○
1027	建久三年十月十四日	1192		鳥羽勝光明院可有修理、而当御忌方（後鳥羽天皇）、付寺家可被修造歟之由被仰下〈左少弁藤原宗隆奉行〉、……（73）	
1028	建久四年正月廿九日	1193		最勝寺幷千躰阿弥陀堂・十一面堂・仏頂堂・尊星王堂等、為公家（後鳥羽天皇）御沙汰可被修造、……（74）	
1029	建久四年二月十六日	1193		御願寺修造雖被付造国司、犯土方忌猶被付寺家歟、有所見者委可注申之由被仰下〈左中弁藤原親経朝臣奉行也〉、……（75）	
1030	建久五年九月廿二日己酉	1194		興福寺供養〈炎上之後新造也〉	○

No.	年月日干支	西暦	暦注	記事	史料
1031	建久五年九月廿二日己酉	1194		興福寺供養	○
1032	建久六年三月十二日丁酉	1195		東大寺供養〈有行幸（後鳥羽天皇)〉	○
1033	建久七年十二月十九日	1196		勘申遷御三条殿作法事（76）	
1034	建久八年四月廿二日乙丑	1197	帰忌	当院（後鳥羽上皇）／行幸三条殿（七条院藤原殖子）〈朝覲、七条院御所〉	○
1035	建久九年三月十五日壬子	1198	四不出、帰忌	当院（後鳥羽上皇）／太上皇御幸日吉社	○
1036	正治元年十一月廿七日乙卯	1199	四不出	今上（土御門天皇）行幸院（後鳥羽上皇）〈二条殿、御践祚已後朝覲也〉	○
1037	正治三年正月廿三日甲戌	1201	厭	当今（土御門天皇）／行幸院（後鳥羽上皇）〈二条東洞院第、今夜有御物忌事〉	○
1038	建仁元年十二月廿二日戊戌	1201		今上（土御門天皇）／御書始〈御年七、御践祚以後〉	○
1039	※建仁三年十二月廿五日	1203		順徳院／御書始	○
1040	元久二年正月三日辛酉	1205	伐盗、辛	今上（土御門天皇）／御元服〈御年十一〉	○
1041	元久二年正月四日壬戌	1205		今上（土御門天皇）／後宴	
1042	元久二年正月十九日丁丑	1205	帰忌	今上（土御門天皇）／行幸院（後鳥羽上皇）〈大炊御門京極、御元服以後朝覲也〉	○
1043	元久二年八月十三日丁卯	1205	玄武	当院〈太上皇イ〉（後鳥羽上皇）渡御水無瀬殿〈修造之後渡御也、有黄牛・御反閇事〉	○
1044	元久二年八月十三日丁卯	1205	火曜	当院（後鳥羽上皇）渡御水無瀬殿〈修造之後渡御也、有黄牛・御反閇事〉	○
1045	承元二年九月七日甲辰	1208		交野御堂供養〈当院（後鳥羽上皇）御願、即有臨幸〉	○
1046	承元二年九月七日甲辰	1208		交野御堂供養	○
1047	承元二年十二月廿五日庚寅	1208	復	当東宮（守成親王）／御元服〈御年十二〉	○
1048	※元久二年正月三日（傍書「承元二年十二月廿五日イ」）	1208		順徳院／御元服〈十二〉	○
1049	※貞応元年正月三日	1222		後堀川院／御元服	○
1050	※貞応元年十二月一〔八カ〕日	1222		後堀川院／御書始	○
1051	※嘉禎三年十二月廿九日	1237		四条院／御書始	○
1052	※仁治二年正月五日	1241		四条院／御元服〈十一〉	○
1053	※仁治三年正月廿日	1242		後嵯峨院／御元服〈廿三〉	○
1054	※建長三年十二月九日	1251		後深草院／御書始	○
1055	※建長五年正月三日	1253		後深草院／御元服〈十一〉	○
1056	※正元元年八月廿八日	1258		亀山院／御元服〈十一〉	○
1057	※文永十一年十二月　日	1274		後宇多院／御書始〈七歳〉	○
1058	※建治二年六月廿五日	1276		伏見院／御書始	○
1059	※建治三年正月三日	1277		後宇多院／御元服	○
1060	※建治三年十二月十九日	1277		伏見院／御元服〈十三〉	○
1061	※永仁二年六月廿五日	1294		後伏見院／御書始〈七歳〉	○

No.	年月日干支	西暦	暦注	記事	史料
1062	※永仁六年六月廿七日	1298		後二条院／御元服〈十四〉	○
1063	※正安二年正月三日	1300		後伏見院／御元服〈十三〉	○
1064	※嘉元元年十二月廿日	1303		後醍醐院／御元服〈十六〉	○
1065	※延慶四年正月三日	1311		花園院／御元服〈十五〉	○

【注】
(1)(2) 傍書は裏書と同筆
(3) 諸寺修造間当禁忌方時、被仰付寺家例
(4) 頭書は裏書と同筆
(5) 傍書は裏書と同筆
(6) 頭書は裏書と同筆
(7) 傍書は裏書と同筆
(8) 頭書は裏書と同筆
(9) 勘申者（安倍時親）
(10) 210で選定
(11) 勘申者（安倍時親）、勘文省略
(12) 傍書・頭書は裏書と同筆
(13) 勘申者（安倍時親・巨勢孝秀）、勘文省略
(14) 勘申者（巨勢孝秀・菅野信公）
(15) 251で選定
(16) 勘申者（安倍国随以下）
(17) 322で選定
(18) 勘申者（安倍有行）
(19) 342で選定
(20) 勘申者（賀茂道言・賀茂成平）
(21) 404で選定
(22) 勘申者（賀茂成平・賀茂光平・賀茂家栄）
(23) 428で選定
(24) 勘申者（大中臣光俊・賀茂道言）、勘文省略
(25) 勘申者（安倍泰長・菅野貞義）
(26) 467で選定
(27) 勘申者（安倍泰長以下）
(28) 478で選定
(29) 勘申者（賀茂家栄・安倍泰長・安倍宗明）
(30) 513で選定
(31) 勘申者（賀茂家栄・安倍泰長・安倍宗明）
(32) 519で選定
(33)(34) 勘申者（賀茂光平・安倍泰長・賀茂家栄）
(35) 536で選定
(36) 535で選定
(37) 勘申者（賀茂光平・安倍泰長・賀茂家栄）
(38) 567で選定
(39) 勘申者（賀茂守憲・賀茂憲栄・安倍晴道）
(40) 781で選定
(41) 勘申者（賀茂憲栄・安倍晴道・賀茂周憲）
(42) 822で選定
(43) 勘申者（賀茂憲栄・安倍広賢・賀茂周憲）
(44) 832で選定
(45) 記事省略
(46) 諸寺修造間当禁忌方時、被仰付寺家例
(47) 勘申者（賀茂在憲・安倍泰親・安倍季弘）

(48) 勘申者（賀茂在憲・安倍広賢・安倍泰親・安倍季弘）
(49) 848で選定
(50) 849で選定
(51) 勘申者（賀茂在憲・安倍泰親・賀茂済憲・安倍季弘）
(52)(53) 854で選定
(54) 勘申者（賀茂在憲・賀茂済憲）
(55) 勘申者（賀茂在憲・賀茂周平・安倍業俊）
(56) 勘申者（賀茂在憲）
(57)(58) 862で選定
(59) 861で選定
(60) 勘申者（賀茂在憲・安倍泰親・賀茂宣憲・安倍信業・賀茂済憲・安倍季弘）
(61) 859で選定
(62) 866で選定
(63) 勘申者（賀茂在憲・安倍季弘）
(64) 勘申者（賀茂在憲・賀茂周平・安倍信業・安倍時晴）
(65) 869で選定
(66) 870で選定
(67)(68) 869で選定
(69) 頭書は裏書と同筆
(70) 勘申者（賀茂在憲・安倍時晴・安倍季弘）
(71) 916で選定
(72) 勘申者（賀茂在宣・安倍季弘）、勘文省略
(73)(74)(75) 諸寺修造間当禁忌方時、被仰付寺家例、記事省略
(76) 勘申者（安倍季弘）

第二章　陰陽道旧記抄

『陰陽道旧記抄』翻刻

凡　例

一、本書の底本は、宮内庁書陵部所蔵の土御門本（函架番号　土―一〇四）である。

一、校訂上の基準は、次のもの以外、第一章の凡例と同様である。

1　底本の丁替りは、丁表裏の終わりに」を付して示し、その表裏の始めに当たる部分の行頭に丁付けおよび表裏を(1オ)(1ウ)の如く示した。

2　朱書は『　』内に入れた。

3　合点は、朱書の場合は┐（点線）で示し、墨書の場合は┐で示した。

4　底本の欠損文字は、□［　］等で示した。

一、上欄に、本文中の主要な事項その他を標出した。

（外題）
「旧記」
（内題）
「旧記　　　一巻
雖不全備有虫之破損、口訳
多可秘蔵也、」

（前欠）
（1オ）
寅戌日不祠祀、鬼神不享、凶也、
子午日不可上屋、凶、
重・復日不蓋屋、造立宅舎蓋屋不用伐日、必不久居、同日立柱火灾也、
堪余経云、亥日不立柱、満日不服薬、
亡往日遠行、必不帰故郷、閇日不治目、必不明、
〔往亡〕
危日不船行、覆没不還、
百忌暦云、
竈・門・井・厠者家神也云々、

堪余経
百忌暦
竈・門・井・厠は家神なり

己酉不移徙、十人死、甲辰日又不移徙、必凶也、

日遊異名

乳虎、狂虎、天侯、天□不可也、□大凶、産婦同避之□」

新撰陰陽書

（1ウ）□〔玉カ〕堂ハ紫微宮也、明堂文昌宮也、降宮大微□□□□□、已上□見新撰陰陽書、

帝王秘籙

帝王秘籙第八云、流星入心不出其年臣殺主云々、

尚書暦

尚書暦云、午日不蓋屋、必見火光、又治竈有凶殃、不可弔人、反受喪、

八龍者天一之守東方史者、七鳥日者天一之守南方史也、

九虎者天一之守於西方史者、六蛇者天一之守北方史者、

孟仲季事　孟長、仲中、季少也、

七月七日仏事不憚之、先例堂供養事不行、

六甲占

六甲占云、□時ト四時也云々、」

文道光ら造内裏日時を勘進土用の間に立つるは僻事との難あり

（2オ）天徳四年（九月二十三日）内裏焼亡之後、道光（文）・保遠（賀茂）・晴明（安倍）三人等一時参内、進□（造カ）宮之日時各退出了、今経両三日自傍光栄（賀茂）朝臣難云、以土用之間可被立之由、各加連署令奏覧之条、僻事也、各依失錯被献怠状也、誠雖先儒非無左道哉、

移徙の後三年は宅神を祭らず

斎院出御の時陰陽師御祓を奉仕す

錫紵日を以て月に易える

或記

藤原致忠廁に於いて天文事を語り射らる

「服者乃祭宅神事、更不忌来哉、

「移徙之後三年内不祭宅神云々、

□児乃行泰山祭之故、件乳母致精進之事常事歟、

□(或カ)人説云、艮方不可立門、是号鬼門之故也、□不可忌之由、明白也、」

（2ウ）

□(移)徙事

□妻之人、其夜相具天相渡也、而妻産婦者依夫可相渡也、但不可留忌歟、可渡之因縁者、

是依夫不尋妻衰日、依之也、陰者順陽之義也、

「斎院自本院出御之時、陰陽師奉仕御祓云々、

荷前日除寅・戌日并重・復歟、

「公家乃服を謂御錫紵《シャクチョ》《ナマリノヌノきヌ》也、以日易月也、不可類庶人歟、」

（3オ）

「或記云、備後守致忠(藤原)天暦御時為〔リ〕蔵人、召天文博士保憲(賀茂)、有被召仰事、致忠為御使往反之間、

粗以知天文事云々、其後於廁対人天聊語天文事之時、忽有射者、其箭中柱、即致忠驚云、

吾於廁猥語天文之故、熒惑星射吾也、而今年(春)祭木星、依彼助中柱也云々、

「受領出門、大将軍・王相方不忌之、

天一・大白〔太〕方可忌之、
「□甃牛馬ヲハ不置豹尾方云々、」

旧説
天一・太白・遊年以下等の方は正方を忌む

（3ウ）旧説云、天一・太白・遊年已下等方、可□〔忌カ〕正方一辰、至前後者、犯之無妨、
仮令在震者、不可犯卯方也、

黄帝妙心経

黄帝妙心経云、土王時不動五寸云々、

大槐経

算尽法　常以大吉加本命、天罡加行年、即為算尽也、見大槐経、
稼穡　種《ウヘルヲ》之曰稼、斂《ヲサムルヲ》之曰穡、　木曰曲直　師古曰、言ハ可揉《タワメテ》而曲《マケツ》可矯《タメ》而直ツ、

四輔

四輔事　前疑者博士也、後承大史也、左輔者尚書也、右弼者廷尉也、」

五徳

（4オ）五徳　仁・義・礼・智・信也、
説者云、重服計月、軽服数日云々、然者三月者九十日也、他效此、

道虚日に参詣するは忌まず

道虚日ニ参詣仏寺事、不忌之、堺外忌之、是依出行也、見口伝、帰忌日糧〔精カ〕同之、

口伝

中慶賀人
公家・院・諸宮御衰日不可忌之、厭日幷厭対日・帰忌・五墓・伐日、正・五・九月之間不忌之、申日可□〔尋カ〕先例、国忌日有其憚、忌日同前、

□〔重カ〕復日死闕之代忌之、不然者無其忌歟、」

□□日本自不被行吉事上、何申慶賀□雖往亡日、嘉保四年〔マヽ〕三月廿九〔五カ〕日己卯伐日、□〔往〕亡日

（4ウ）

口伝

也、而左大将〔藤原忠実カ〕殿令申御慶賀也、見口伝、

僧慶賀

四月賀茂祭以前・六月・九月・十二月・神今食以前不可申慶賀云々、是件等御修法御持僧各退出云々、是為神事之故也、又有伊勢事之日無他事、普通之事也、見口〔伝〕」、

口伝

朱雀日の壊屋は忌まず

朱雀日壊屋不可忌、立有憚、　立屋・居礎同日普例也、

口伝

壊神社申酉日不憚、是依神事也、壊舎屋、申日有禁忌也、　見口伝、」

占射覆物法

（5オ）

占射覆物法

徴明、主稲・麦・大豆・麻、　河魁、主鍬《クワ》・鋤《スキ》、　従魁、主金・銭・力-絹・飛虫・麦也、

伝送、〔女〕主刀-兵・璧-玉・石・麦・粟《アハ》、　小吉、主酒倉・蘗《ヘキ》-麴《キク》・羊・鷹・乗格・五-穀、　勝先、主五-穀・酒倉・羅-網・黍《キヒ》・小豆、〔易〕、

太一、主弓・弩・毒薬・玉・金・銀・李・魚・塩、　天罡、主魚-網・生魚也、　太衝、主林・木・菓筐・糸・綿・黍・粟、

功曹、〔易〕主文書・林・大姫・菓実・木・竹・黍・魚・塩・粟・禾、　大吉、主桑《クハ》・麻穀・米・皮革、　神后、主経緯・衣布・泉・酒・漿・稲・大豆・革、〔女〕、

集霊金匱経

集霊金匱経云、日父、辰母、時子、陽神風、陰神雨、青龍好雨、水神又雨、井星臨日辰雨、

太一、主弓箭、　大吉、主宅田、　神后、主竹・衣服、　伝送、主刀釼・宝、
功曹、主仙人・貴人、　白虎、主風、　太衝、主風、　太裳、主糸綿、　白虎、□□」

金匱経

(5ウ)罡日胡仰、柔日何伏哉(爪)、
金匱経曰、罡日為陽、々之性首於天、故仰視之、
柔日為陰、々之性首於地、故伏視之、
閇吟　十二神各帰其家、名曰、｜｜〔閇吟〕、
陽之自任、陰之自信、其意如何、
罡日以日上神為用、柔日以辰上神為用、此陽之自任、陰之自信也、

大史百忌暦

大史百忌暦云、
道虚日出行者不求不帰、必逢盗賊事云々、但可忌三日以上、雖宿境外可忌、
伏龍在門之時、立中門不可忌避之、是中門ハ非正門之故也、」

慶賀の舞踏作法

(6オ)中慶賀舞踏作法　公卿ハ於中門奏之、四位以下於殿上口申之、
先拝次拝之時、即置笏於地起而左右左、左者左辺向也、畢次居臥而左右左、了乍居取笏不立而拝一度、了
即乍取笏立拝二度、了次立小揖退出、非国母之皇后ニハ再拝、関白・大臣以下再拝云々、

天地瑞祥志

天地瑞祥志十七云、無徳而大其虚不過三年必滅亡也、
東王父ハ天地男、　西王母ハ陰陽女也、遊方、
丁亥死不東行、　丁丑日死不可西行也、」

（6ウ）東大寺

東大寺大仏殿造営始

神亀二年乙丑、始造大仏殿、

大仏開眼供養

天平十七年乙酉、造了、天平勝宝四年□□〔壬辰カ〕四月九日乙酉、開眼大仏、

興福寺

興福寺焼亡

康平三年庚子、五月四日焼亡、

上棟

同五年壬寅、六月廿七日壬寅上棟、

再建供養

治暦三年丁未、二月廿五日癸酉供養、

法事

五七日以後正日以前、吉日法事恒例也、但其間無吉日之時、偏不撰善悪日、正日行法事

口伝

之条、先例多之、見口〔伝〕、」

枢機経

（7オ）枢機経云、

亡奴婢、求斗・星下、一云、亡婢求昴・軫・星下、奴翌〔翼〕・亢・星下、　亡布帛、求辟下、　亡船、求軫・太衝下、

亡穀船、求翌〔翼〕・太一下、　亡衣装、求功曹下、神后下、　亡銭財、求伝送・小吉之下、

亡羅納、求翌〔翼〕・尾下、　亡箭刀兵、求井・太一下、　亡文書、求功曹下、　亡馬、求勝先下、一云、亡走倉求□〔箕カ〕下、

亡牛、求大吉下、　亡鶏、求従魁下、一云、飛鳥求昴・星・魁下、　亡凡物、亢下、　亡貴人、求斗星下、

亡諸侯、求七星下、

天一、主皇者、大〔太〕裳、主諸侯、青龍、主二千石、神后、主庶人諸婦人、

□〔天カ〕后、主皇后・夫人、　青龍・六合・天后・大〔太〕裳、主官禄、

魁罡、主疾病、　白虎、主死亡、

空亡加日辰不信云々、射覆蔵物用神為左右、陽神為左、陰神為□〔右〕、」

（7ウ）

□〔酒カ〕味

従魁加木味酸爪也　加火味苦《カラシ》、加金新㦲、色白味辛、加水甘美、一云、淡而不美、加土甘、亦以天罡決之、天罡加孟酸、加中清、加季美也、

斬開卦択

斬開卦択云、日辰踰魁罡ト云ハ、所謂魁罡臨（加也、）今日日辰也、三天云ハ、功曹・天罡・河魁、此三神有三伝也、是秘説也、三伝中見功曹也、又説、

三交卦

三交卦云、大〔太〕衝・従魁為六合大陰、為門戸之神閉匿万物匿罪人、三交云ハ、謂用ニ得大〔太〕衝

禁忌方に桟敷を作るは忌まず

八卦方忌凡人は遊年の方以外忌まず

着帯九月を忌む

造堂塔には奉字を書かず

僧侶の移徙は貴賤を論ぜず反閇なし

毛詩纂要

為一交、将得六合為二交、用発其中為三交、以此占人家匿罪人之象也、

「日遊在内之時、不煤掃云々、但忌母屋、自余不忌之、

「諸禁忌□〔方カ〕ニ作桟敷事、不忌、又不避悪日也、」

（8オ）「八卦方ハ遊年方之外ハ凡人不忌之、

公家ハ自余方有御沙汰云々、

「所宛ニハ必用夜時云々、　「着帯、五月、九月忌之、

「造堂塔ニハ奉字不可書也、造仏時奉造と必書之故也、是口伝也、

「僧移徙ニハ不論貴賤無返閇也、

秋間、堀・泉不可忌也、是不准井之故也、土用間、□〔可カ〕忌之、〔安倍〕季弘、

「□〔摂カ〕政御衰日ハ春除目可忌之、秋除目無憚、春除目不避重・復日、」

（8ウ）□〔流カ〕火事、毛詩第八云、七月流火、注云、流ハ下〔カ〕也、纂要云、流ハ行□〔六カ〕月火星中、至七月始西行、故曰流火云々、

天高下事天東高西下、地東下西高、

「天子有三公由緒如何、不審也、

或秘書

勘或秘書云、天子法日、々ハ陽之精人、君之像也、日中有三足之烏、故有三公也、烏赤法三光、々々ハ日・月・星也、王者父天・母地・兄日・姉月、

三王

三王、夏禹・殷湯・周文王、徳不及帝、故称王、

三公
大史百忌暦

三公、司徒・司空・大尉也、『大歳為天子、見大史百忌暦、』

徐服祓

（9オ）徐服祓事自三鏡方用々時之時也、大将軍・王相・天一・太白等方皆避之、

□此御祓可令出合也、院宮、若貴女、若無出合者、於枝屋可被行之、必避寝殿之故也、

石清水八幡宮
行教和尚建立

八幡宮事

行教和尚建立云々、敦実親王殊奉崇之云々、

重服之時ハ所帯官爵皆辞之、若自不辞者、被召也、服後任本官、曰之服任也、

服任拝賀ハ公家幷殿下御衰日、御本命□□衰日等皆可避之、直物之次ナトニ□」

卜禁日

（9ウ）〔卜〕□禁日

子亥戌

史記亀策伝

史記亀策伝云、卜禁日、々々々不可以卜云々、

□子日
亀本姓蔡、名教、字子禹、以甲子死子不卜、甲子強忌云々、
群忌隆集

群忌隆集云、子不問卜、必重殃、一云、反受其殃云々、

文書紛失事
以功曹所臨之郷為在方也、仮令功曹加卯上者、東西ヲ為在方也、又以功曹之相生日為出来期也云々、即丙・丁・壬・癸日是也云々、

庚申日、是殺亀日也、四廃日不卜、時又、春、庚申、夏、壬癸、秋、甲乙、冬、丙丁、

神不在日、四日、七日、廿日、謂之｜｜｜｜（神不在日）、此日不亀卜云々、不相階之故云々、但有先例也、」

婚姻
礼記経解注

(10オ)婚姻、礼記経解注云、謂嫁娶也、婿曰婚、妻曰姻、

六畜

六畜、馬・牛・羊・亥・鶏・犬、但諸家之説多以不同、或牛・馬・羊・猪・狗・鶏也、

五牲

五牲、麋・鹿・麕・狼・兎、

四神

四神具足事
居宅、東有流水為青龍、西有大道為白虎、前有瀦池為朱雀、後有丘陵為玄武、

大嘗会

大嘗会云ハ、奉饗諸国神祇冥道、此故謂大嘗会也《ヲホナメノクワイ也》、

□御内之後、初度御祈ニハ必被行七瀬御禊也、
□神社不可忌諸禁忌幷土用事、又有忌説也、
渡産所、五月、九月不忌之、」

産所渡御九月は忌まず

（10ウ）
霊所祓事川合瀬・松先・東鳴瀧・石蔭・西鳴瀧・大井河・耳敏川、撫物用衣□衣、
川合ハ糺社南、松先氷室ト云所、東鳴瀬〔瀧カ〕東山麓也、石蔭船岡西也、耳敏川朱雀門前也、

霊所祓

諸社行幸次第石清水一、賀茂二、春日三、平野四、大原野五、松尾六、北野七、日吉八、稲荷九、祇園十、
已上十ヶ社也、後三条院御代以後例也、

十箇社行幸は後三条天皇以後例となる

八十嶋祭ハ於住吉浜祭之、供物等ハ入小船投海中也、

八十嶋祭は住吉浜にて祭る

〔閏月〕
〳〵之事、元服・着袴不忌、
閏月年殖樹事、子不生云々、又児不利云々、子ハ菓実也、然者為人無其憚歟、
閏月遣使於所知事永代庄園ハ可忌也、遷替領ハ不可忌也、
吉書幷拝賀日時、不忌道虚日、拝賀日ニハ不勘時也、
熊野詣奉幣、不忌道虚幷寅戌日也、」

能野詣奉幣道虚日・寅戌日は忌まず

（11オ）
伐日仕従《ツカフ》者事、尤有憚也、

寅日神事を忌むも祓は忌まず

寅日雖忌神事不忌祓、仍所被祓用也、

方忌に当たるも公所では犯土造作憚りなし

自住所雖相当大将軍・王相方、於公所始造作犯土之条、無其憚云々、見口丨〔伝〕、

屋棟条

以東成西、以南成北之条、所可忌也、以子午屋成卯酉（々々屋成子午）専不可忌、但於本棟木者不可用世

俗号之屋廻云々、

継屋寝殿は忌むべし　西継を忌む

□〔継カ〕屋条

□寝殿可忌、至雑舎者不可忌、（西継事忌之、東継事不□□〔忌之カ〕」）

（11ウ）□魚《カレイ》　楚王取此魚、切取片身、□片身□入海、故各王尩〔マヽ〕□□

□〔父カ〕欠謂狐〔孤〕、无妻謂独云々、

出産三十日以内に行始は常事なり

産卅日内、行始常ノ事也、

辛卯日、師曠死日不挙音楽云々、此日扁昔〔鵲〕死也、

於新所可被御祈等事

散位〔供歟〕、反閇、火灾祭、土公祭、井霊祭、（但井未掘不行之、）

六月祓

六月祓事

日本書紀
万葉集

日本記(マヽ)云、天照太神御孫室孫命ヲ葦原ノ中津国乃欲為王、彼国ニ蛍火元(光)神及蝿声邪鬼多シト云ヘリ、仍如夏蚊乱悪神乃有也、是ヲハラヘナコムトテ六月祓ハ爪ルナリ、万葉集云、和儺祓ハ云ナコシノ」

（○第十六紙一行目ノ文章コレニ続クカ）

新車に乗る忌み

(12オ)乗新車忌

諸甲幷寅、執・軫宿、重・復日、衰日、

伐日は忌み有り
口伝

五月・九月可忌之、乗新車、伐日可有忌也、見口伝、

口伝

九月始乗新鞍無憚、但節会行幸供奉料被調儲者有禁忌、見口伝、

口伝

六月解除人、食鹿幷妊者、不忌、服者、可忌也、軽服除服以後不忌、月水不忌之、見口伝、

懐妊者ある時門・戸・井・廁を治さず

有妊者時不治門・戸・井・廁、(見)丨口丨(伝)、

□重服之時無軽服、是依重失条也、見口丨(伝)、

(有)□供養仏経不忌、但於参詣者有憚也、

口伝

□間、火葬不忌、土葬可忌、見口丨(伝)、火葬例□□

立屋太ヽら不忌、□□族之居所可尋方□□」

(12ウ)□仕人行除服之祓、無憚云々、

□(天)徳四年内裏焼亡、其度切《セツ》刀卌二幷《ヘイ》(柄)、為火灾成□(灰)燼、後案、如《ク》元《ノ》造鋳卌幷(柄)了後、今於二柄者、皆悉依不覚非造、而晴明(安倍)朝臣語式神云、若廻神通造二柄哉、式神云、頗所覚也、可造、仍以造形進上之処、勅宣、忽以難必定、若焼失以前見御刀歟、将有本様歟、其時申云、晴明只今非造形、式神廻神通所造也、敢不可狐疑、仍遺紙形於愛宕護山、七日七夜被造鋳之間、大夫殿(安倍晴明)行事、仍此賞超越上臈三人、任寮属、元陰陽師也、主計頭保憲(賀茂)朝臣鎮二柄云々、」

安倍晴明式神により節刀二柄を新鋳するとの説

晴明節刀新鋳の賞により属に任ぜらる

(13オ)天変御祈重日不憚之耳、

徳星何星哉、或人答云、歳星也、見本書、

本書

皇天ハ北辰耀魄宝、上帝ハ大徴(微カ)五帝也、見礼記月令巻、

礼記月令巻

諒闇間、葺菖蒲不忌之、

諒闇の間菖蒲を葺くは忌まず

有人問云、凡祭ニ供物ヲ埋地事、有所見哉如何イハ、、

可答之様見礼記祭法巻、埋之者陰陽ハ出入於地也、

又焼上事如何、答、祭天焼之、祭地埋之、祭山懸之、祭河流之、不知神之所為也、

礼記祭法巻

朝野僉載第廿云、

朝野僉載

□臣ハ乱国ヲ、妬婦ハ破家ヲ、

左伝　「左伝第三云、王者ハ無敵《カタキヲ》於天下、」

天地瑞祥志　（13ウ）□□〔天地カ〕瑞祥志云、戌亥方為□門也、普通以丑寅方為鬼門也、

五音

黄	白	青	赤	黒
君	臣	民	事	物
一	平	雙	黄	盤
宮	商	角	徴	羽
中	西	東	南	北
土	金	木	火	水
季	秋	春	夏	冬

六軍鏡　五行躰 六軍鏡云、木、直、火、鋭、土、円、金、方、水、曲、

口伝　御神祭ニハ無日時勘文云々、猶若《有》択申事者、択申此両字を不載也、見口伝、

五行　五行ハ従水始火次木次金次土為後、是皆差対衝之故也、

水生数一、成員六、火生数二、成員七、木生数三、成員八、金生数四、成員九、土生数五、成員十、」

三光　（14オ）□〔三〕光 日月星、又三辰、

□〔日カ〕観世音為宝光、月得大勢作名月、星虚空蔵号普光、

説云、天地初開之時、未有日月星辰、有天人来下照臨、爾時人民多生苦悩、於是阿弥陀仏

遣二菩薩、一名宝応声、二名宝吉祥、即伏義・女禍也、共相議向第七天取七宝、来造日月星辰廿八宿照天下、所以日月星宿、西行一《コト》切人天、尽稽首阿弥陀仏是也、（出須弥四域経・造天地経等幷法花文句等略抄、）

五星

〔五〕□星（一云五緯、）加日月為七曜、加羅・計〔都脱〕為九執也、」

（14ウ）

□□〔歳 時カ〕

大歳

大歳

唐虞曰載、（取物終亦始也、）夏曰歳、（取歳星行一次、）殷曰祀、（取四時一終、）周曰年、（取禾一熟、）又十二年曰紀、卅年曰世、（亦云、父子曰世、）

甲　乙　丙　丁　戊　己　庚　辛　壬　癸

閼逢　旃蒙　柔兆　強圄〔圉〕　暑雍〔著〕　屠維　上章　重光　玄戦〔黓〕　昭陽

子　丑　寅　卯　辰　巳

困敦　赤奮若〔奮〕　摂提格　単閼　執徐　大荒落

午　未　申　酉　戌　亥

敦牂　協洽　涒灘《タン》　作噩　閹茂　大淵献

歳次

歳次

〔玄〕□枵、星紀、折木、大火、寿星、鶉尾、

〔鶉 火カ〕□□、鶉首、実沈、大梁、降婁、陬訾、」

時

（15オ）

□〔時カ〕

夜半、子、鶏鳴、丑、平旦、寅、日出、卯、食時、辰、禺中、巳、
日中、午、日昳、未、晡時、申、日入、酉、黄昏、戌、人定、亥、

律

律
正、泰簇、二、夾鐘、三、沽洗、四、仲呂、五、蕤賓、六、林鐘、七、夷則、
八、南呂、九、無射、十、応鐘、十一、黄鐘、十二月、大呂、

四風

四風、春谷風、夏颽風、秋泰風又商風、冬朔風涼風、

四気

四気、春青陽、夏朱明、秋白蔵、冬玄英、

三伏

三伏、夏□□□〔至後三庚〕、□□〔為初〕□〔伏〕、夏至後四庚、為中伏、立秋後初庚、為□〔後〕□〔伏〕、」

五十日百日事

（15ウ）御五十日幷百日事、先御五十日餅以吉日召之、□於百日餅者以帰日召之、又五十日・百日
同日召之時、偏就百日、不謂善悪日作也、然者判吉日不能撰進故也、

大夫殿の御説

大夫殿御説、
今案、五十日以吉日召之、百日ハ帰百日之不論善悪日召之、又五十日・百日一度召之時ハ、
於百五十日以吉日召之歟、
（○コノ間、約三行分空白）」
（16オ）□□〔ハラ〕ヘト読メリ、ナコシト云ハ、タトヘハナコムト云心歟、即和儺ハ鬼ヲナコムル心歟、

八専事

自壬子至癸亥十二日也、何号八専哉、所得専ハ一也、壬子水也、甲寅木也、乙卯木也、丁巳火也、己未土也、庚申金也、辛酉金也、癸亥水也、仍是謂八専、癸丑・丙辰・戊午・壬戌、除此四日、是謂間日、十二日ヲ除四日、残八日也、故号八専、委事見八専経、

（○コノ間、約二行分空白）」

（16ウ）□式之中、只以六壬式決万事吉凶者、

大橈序云、黄帝経云、壬任也、生万物故謂之壬、々数六、謂之六壬、鄭玄云、壬者任用也、所以常運六甲无窮、謂之六任、々為水、五行自水始也、位在北方、々々為幽闇、々々鬼神之所処焉、所以卜者皆説《託或本》於鬼神、以知将来、故用六壬為各経、

見金櫃経式義、」

八専

八専経

六壬式を以て万事を決する吉凶

大橈序
黄帝経

金櫃経式義

『陰陽道旧記抄』解題

『陰陽道旧記抄』は、陰陽道を家業とした安倍氏に伝わる古書・古説を抄録した書であり、安倍氏の後裔である土御門家に伝えられた。引用された古書の多くは中国より伝来した陰陽道書であり、また古説としては安倍氏に伝承された『口伝』等の記述が散見される。

本書は未翻刻であり、これまであまり注目されることはなかったが(1)、他の陰陽道書には見られない記事が少なからず記されており、その全貌を明らかにすることは、陰陽道そのものの内容はもとより、古代中世の宮廷文化の一端を解明する上でも意味があるものと思われる。したがって、ここに本書の翻刻を掲載したが、以下では本書の概要について述べておきたい。

なお、本書の書名については、後述するように外題・内題ともに「旧記」としか記されていない。しかし、すでに『和漢図書分類目録』（宮内庁書陵部、一九五二年）や『大日本史料』（第一編之十六）などでは「陰陽道旧記抄」の名で掲記されているので、本稿でもこれを書名とした。

一、書誌

本書は土御門家旧蔵本の中の一冊で、現在は宮内庁書陵部が所蔵する。函架番号は、土―一〇四。土御門家旧蔵本は大正五年十二月に同家より宮内省に献納され、本書もその際に引き継がれた。書陵部が所蔵する土御門家旧蔵史料の全体像については、第五章「書陵部所蔵土御門家旧蔵史料目録」を参照されたい。

本書は袋綴冊子本仕立てで、一冊。法量は、縦二七・五㎝、横二三・九㎝。紺色表紙で、外題は題簽に「旧記」とあり、内表紙（原表紙）には内題として「旧記　一巻／雖不全備有虫之破損、口訳多可秘蔵也」と記される。奥書等は記されていない。料紙は楮紙で、本文墨付十六丁を有する。このうち冒頭から十三丁は黄紙であり、残りの三丁は白紙である。後述のごとく黄紙十三枚は本来は都状として用いられたものである。本文には殆どの項目等に朱の合点が付されており、墨の合点も若干存する。また内題に「不全備」とあるように、本書は前欠であり、紙背文書の残り方から冒頭部におそらく一紙分を欠いているものと思われる。本書の写本は現在のところ確認されていない。

紙背文書については、本文墨付全十六丁のうち最後の三丁を除く十三丁の料紙に存する。この十三丁はすべて黄紙で、承元三年（一二〇九）の年紀を有する権僧正道誉（九条兼実弟兼房の男）の泰山府君祭都状である。これまで平安・鎌倉時代の都状の例文はいくつか知られているが、それらはいずれも写しであり、都状の原本ということになると、おそらくこの承元三年権僧正道誉の都状が現時点では最も古いものと認められる（但しこれは案文とみられる）。こうした点からも本書の価値の高さがうかがわれる。なお紙背文書については、本章末尾に「附」としてその翻刻と解題を掲載している。

本書の作成においては、まず料紙とした都状（黄紙）十三枚と白紙三枚をすべて縦に半分に折って袋綴の冊子装にし、その上で本文を記していったものとみられる。これは記事が全て折り目を避けて書かれていること、また各料紙の両端には記事が書かれていないことからそのように考えられる。しかし、内題に「一巻」と記されていること、また巻子装になっていた状態でしか生じない虫損が存することから、本書はある時点（巻首の料紙が失われ、内題が記された時期より以前）でいったん冊子装から巻子装に改装されていたものと考えられ、その後もう一度、現在の冊子装に戻されたということになる。(2)

二、著者と成立時期

本書の著者については、これを特定することはできない。しかし、筆跡の状況および紙背文書の承元三年の年紀を有する都状案が反古紙となって使用されたことから考えて、本書の成立は承元三年をさほど下らない時期、すなわち鎌倉前期頃と考えられる。したがって、その時代の安倍氏に属する人物が著したものであることは間違いないであろう。『和漢図書分類目録』では南北朝写とするが、その根拠は不明であり、これには従わない。本書は鎌倉前期に成立した原本である可能性が高いと思われる。

本書の中で安倍氏に属する人物の人名が記されているのは、「晴明」と「季弘」の二人のみである。安倍季弘は正治元年（一一九九）に卒去していることから、年代的にみて、季弘の男（養子）孝重などを著者の候補とすることもできよう。第一章で述べたように、安倍孝重は承元四年に後鳥羽上皇の命によって『陰陽博士安倍孝重勘進記』を勘申・作成しており、これとの関連性も考えられるからである。

三、内　容

本書の内容上の特徴は、いくつかの項目ごとに関係記事が記され、全体的に注釈書もしくは類書のような形式を採っ

ていることである。以下、主な項目を列記すると、

孟仲季事／移徙事／四輔事／□火事／天高下事／徐服祓事／八幡宮事／文書紛失事／四神具足事／霊所祓事／閏月年殖樹事／閏月遣使於所知事／伐日仕従者事／屋棟条／継屋条／於新所可被御祈等事／六月祓事／御五十日幷百日事／八専事

となる。しかし各項目記事は全体の整序性や相互の関連性に乏しく、アトランダムに記事が記されていった観がある。この点が本書を注釈書のような性格を持つ史料とみる理由である。

また、本書を類書的性格を持った書とみるのは、末尾の白紙三丁（十四丁〜十六丁）に記された内容のうち、『二中歴』の記事とほぼ同じ文章が二箇所あることからである。すなわち、一つは「三光」から「五星」までの記述で、これは『二中歴』第五、乾象歴の記事に一部が一致する。いま一つは「大歳」から「三伏」までの記述で、こちらは『二中歴』第五、歳時歴の冒頭部に一致する。『二中歴』は鎌倉時代初期に成立したと考えられている類書で、編者は未詳。平安時代の『掌中歴』と『懐中歴』（逸書）を合わせて編集したためにその名があるが、今日では未詳の書物の引用も含まれているという。では、三善為康編で天治元年（一一二四）頃の成立とされる『掌中歴』と本書との関係はどうであろうか。『掌中歴』にも乾象歴および歳時歴が存在し、それぞれ部分的に本書と同様の記述が存するが、『二中歴』の記事ほどの一致性はみられない。

これらのことから、本書末尾の三丁の記事の継承関係については、本書が『二中歴』よりも先に成立したのであれば、『掌中歴』→本書→『二中歴』となり、本書の成立が『二中歴』よりあとであれば、『掌中歴』→『二中歴』→本書となろう。しかしながら、現在のところこの点については判断がつかない。ただ後者であっても、『二中歴』の古写本は尊経閣文庫所蔵の鎌倉時代末期の写本であることから、末尾の三丁の記事については、本書における書写の方

が古いものと思われる。

次に、本書の中から目を惹く記事を挙げておきたい。それは十二丁裏に記される天徳四年（九六〇）内裏焼亡後の節刀新鋳に関する記事である。ここでは焼失した節刀四十二柄のうちの二柄について元の形を覚えている者がおらず、これを新鋳できないでいたところ、安倍晴明が式神の神通力に基づいて鋳造し、師の賀茂保憲がこれを鎮したという逸話が伝えられている。この伝承については『中右記』嘉保元年（一〇九四）十一月二日条裏書所引の「長徳三年五月廿四日蔵人信経私記」にも関連記事がみえるが、本書では安倍氏興隆の祖となった晴明の事績を顕彰する内容として記されている点が注目されるのである。

また、節刀新鋳の記事の末尾には「仍此賞超越上臈三人、任寮属、元陰陽師也」とあり、部分的ながら晴明の官歴が記されるが、これに関しては、『安倍氏系図』（『続群書類従』巻百七十）の晴明の注記に「維範云」として「応和元任陰陽師、天暦〔禄カ〕元任少属、同二兼天文博士、寛和元兼主計権助」とある記事や『親信卿記』天禄三年（九七二）十二月六日条に「天文博士安陪（マヽ）晴明於右兵衛陣外令奏天文奏」と記す記事などと併せ読むことによって、従来より不明な点が多い晴明の官歴の一端を推定することができる。

四、引用書籍について

最後に、本書に引用された日中の書籍について確認しておきたい。

〈中国の書籍〉

本書に引かれた中国の書籍を記載順に挙げると次のようである（〈　〉内の数字は引用度数を示す）。

堪余経、百忌暦、新撰陰陽書、帝王秘籙、尚書暦、六甲占、黄帝妙心経、大橈経、集霊金匱経、金匱経、大史百忌暦〈2〉、天地瑞祥志〈2〉、枢機経、斬開卦択、三交卦、毛詩、纂要、史記亀策伝、群忌隆集、礼記経解注、礼記月令巻、礼記祭法巻、朝野僉載、左伝、六軍鏡、八専経、大橈序、黄帝経、金匱経式義

以上、二十九書籍のうち半数以上が陰陽書であるが、陰陽書以外の古典を引用していることも本書の特色の一つである。現在では中国の陰陽書はまとまって残されているものは少ないが、本書にもみえる『百忌暦』については書陵部所蔵の土御門本に一冊の抄本があり(函架番号、土—一〇六)、また『天地瑞祥志』は尊経閣文庫に唯一の抄本が所蔵されている。(3)

かかる中国の陰陽書全般の研究については、すでに山下克明氏の研究があり、(4)個別には『六甲占』について触れた小坂眞二氏の研究もある。(5)しかし、本書にも引かれ、また『陰陽博士安倍孝重勘進記』(第一章参照)や『陰陽吉凶抄』(第三章参照)にも数多く引用される『群忌隆集』などについては、これまで詳しく言及した研究がなく、その検討は今後の課題でもあろう。

〈日本の書籍〉

本書に引かれた日本の書籍は、以下のものである。

或記、口伝、日本紀、万葉集

この中で、まず「或記」について触れておくと、これは三丁表に「或記云」として引用され、その内容は備後守藤原致忠が熒惑星に射られた記事である。ところで、これと同様の逸話は『江談抄』第三、雑事にも載せられる。『江談抄』は平安後期に大江匡房の談話を藤原実兼が筆録した説話集であり、本書にみえる「或記」とは、『江談抄』の可能性が高いであろう。内容が天文のことに関わることから採られたものと思われる。

次に「口伝」について若干の検討を行いたい。本文中「見口伝」と記す例は、左に挙げた十二例が確認される。

1「道虚日ニ参詣仏寺事、不忌之、堺外忌之、是依出行也」
2「・・・何申慶賀□雖往亡日、・・・□〔往〕亡日也、而左大将殿令申御慶賀也」
3「僧慶賀／・・・又有伊勢事之日無他事、普通之事也」
4「壊神社（申酉日不憚、是依神事也、壊舎屋、申日有禁忌也）」
5「法事／五七日以後正日以前、吉日法事恒例也、但其間無吉日之時、偏不撰善悪日、正日行法事之条、先例多之」
6「自住所雖相当大将軍・王相方、於公所始造作犯土之条、無其憚云々」
7「乗新車忌／諸甲并寅執軫宿重復日・衰日・五月・九月可忌之、乗新車、伐日可有忌也」
8「九月始乗新鞍無憚、但節会行幸供奉料被調儲者有禁忌」
9「六月解除人、食鹿并妊者不忌、服者可忌也」
10「有妊者時不治門・戸・井・厠」
11「有重服之時無軽服、是依重失条也」
12「□間、火葬不忌、土葬可忌」

※なお、八丁表には「造堂塔ニハ奉字不可書也、造仏時奉造と必書之故也」の一条につき「是口伝也」と注記されるが、これが口頭伝承にとどまるのか、或いは記されたものかは判断ができないので、事例には入れなかった。

これら十二例はいずれも「口伝に見える」とあることから、ここでいう「口伝」とはいわゆる口伝書の類で、安倍氏において代々口頭で伝授されてきた陰陽道に関する諸説が文字として記され、書籍に類した形態で存在したものと考えられる[6]。

内容的に注目される記事としては、例えば6は「住所」から大将軍や王相方に当たる方角で「造作犯土」を始めても、それが「公所」であれば憚りがない、というものである。「公所」の正確な意味は不明であるが、辞書的には「君主の所」「公事を処理するところ」(『大漢和辞典』)などの意があり、また『陰陽博士安倍孝重勘進記』には「公家御在所大内、」という表記もみえる。すなわち「公所」を天皇の御在所と解すれば、平安後期以降、数多くの造宮事業が行われたが、それらの場面では、通常大将軍や王相の方忌みが考慮されているので、この「口伝」の内容は、現実とはやや乖離した安倍氏独自の家説とみなされよう。また7・8では「新車」(牛車の類)や新鞍に乗るに際しての忌むべき日や月を明記しているが、こうした内容は本書成立以前の陰陽書では見られないものである[7]。

以上のように、本書の内容は全体からみれば断片的な要素が多いことは否めないが、個々の記事に注目していくと、平安末期から鎌倉前期頃における宮廷社会の陰陽道のあり方や特色ある禁忌内容が垣間見られ、そこに引用された書籍とともに今後さらに究明を要するものと思われる。本翻刻および解題はそのための基礎作業というべきものである。

註

(1) 小坂眞二「太一式占の命期説と六壬式占の厄歳説」(年代学研究会編『天文・暦・陰陽道』岩田書院、一九九五年)。
(2) この点については、櫛笥節男氏の御教示を賜った。
(3) 中村璋八「天地瑞祥志について」(『日本陰陽道書の研究』汲古書院、一九八五年)。
(4) 山下克明「陰陽道の典拠」(『平安時代の宗教文化と陰陽道』岩田書院、一九九六年)。

（5）小坂眞二「吉田文庫本『六甲占抄』について」（『中村璋八博士古稀記念　東洋学論集』汲古書院、一九九六年）。
（6）口伝が文字化されることの歴史的な意味については、鈴木理恵「平安時代の貴族社会における口伝の位置」（『日本教育史研究』十三号、一九九四年）で論じられている。
（7）鎌倉中期頃の成立とみられる『陰陽吉凶抄』では「造乗新車良日」の項目が立てられ、吉凶の日次が記されている（第三章参照）。

附『陰陽道旧記抄』紙背文書——翻刻及び解題——

『陰陽道旧記抄』の紙背文書は、従来裏打ち紙が厚く判読困難であったため、書陵部では平成八年度の修補の際に、紙背文書を撮影し、閲覧用カラー写真複製を作成した（『書陵部紀要』第四十九号「彙報」参照、一九九七年）。これによりその全体像が明らかとなった。翻刻文はその写真をもとに作成したものである。なお、翻刻文中『　』は墨書であることを示す。

一、翻　刻

〔翻刻A〕（第二紙及び第十一紙、口絵写真参照）

（第二紙）

謹上　泰山府君都状

南浮州日本国権僧正『道誉』　年『廿九』

献上　　冥道諸神一十二座

銀銭　二百四十貫文

白絹　一百二十　疋

鞍馬　一十二　疋
勇奴　三十六　人
右　　謹啓泰山府君冥道諸神
等、夫以凡堺之質、禍厄是多、動犯忌
諱、鬼瞰延避、何況今年図卦之所差
当可慎、曜宿之所会旁有恐、就中恠異
時示夢想間驚、誠非蒙神恩争消　」
（第十一紙）
此徴哉、抑退厄延命只在祈息也、□
崔夷希之福、趙顔子之算、皆祈
泰山所蒙感応也、仍為転禍厄保寿
福、敬儲清浄之礼奠、跪供光駕之諸神、
伏乞早垂　　玄鑑、必答丹祈、削死籍
□〔於〕北宮、録生名於南簡、延年益算、長生
□〔久〕視、家門泰平、所願成就、謹啓、

日本国承元三年七月『十五』日権僧正『道誉』　謹状　」

〔翻刻B〕（第一紙、第三～十紙、第十二・十三紙）

謹上

銀銭　二十貫文

白絹　十疋

鞍馬　一疋

勇奴　三人

右為息災延命送上謹状

日本国承元三年七月『十五』日権僧正『道誉』　謹状

」

二、紙背文書の概要

『陰陽道旧記抄』全十六紙（本文のみ）のうち紙背文書は第一紙から第十三紙まで全十三紙に見られ、料紙はすべて黄紙を用いている。

内容は第二紙の書き出しに「謹上　泰山府君都状」とあるように、陰陽道祭祀のうちの泰山府君祭の祭文（都状）である。

これらは、日付の「十五」と人名「道誉」と年齢「廿九」という文字を除いて、すべて朱書されている。内容から第二紙は第十一紙に接続し、これで一通の都状（翻刻A）を構成していたことがわかる。この一通と、それ以外の十一通（翻刻B）の全十二通が現存している。Bの形式は「捧物献納状」ともいわれる。泰山府君祭において都状は全十三通一セットとして使用されることから、翻刻B形式のものがもう一通存在したと思われる。第十四紙目からは黄紙ではない別の紙を用いていることからすれば、おそらく前欠部分にもう一通あったと推測される。なお、『陰陽道旧記抄』が前欠であることは、内表紙に「雖不全備有虫之破損、口訳多可秘蔵也」とあることからも明らかであろう。

当都状は実際に泰山府君祭で使用されたものではなく、その案文と考えられる。案文とする根拠は次の通りである。まず第一紙を含む十一通の祭文（翻刻B）の書き出し「謹上」の下が空欄になっている。実際に使用されたものであれば「謹上」の下に各冥道十二神（閻羅天子、五道大神、泰山府君、天地水官、司命、司禄、本命、開路将軍、土地霊祇、家親丈人）の名が記載されるはずである。さらに第二紙（翻刻A）八行目の「右」の下が約三字分空いているが、ここも本来ならば願主の名が入ると思われる。また、この都状が安倍家で反故になり、『陰陽道旧記抄』の料紙として利用され、同家に伝存してきたことも一つの根拠となろう。以上からこの都状は案文とすることができる。

次に文書の内容を見ていく。まず当都状の作成年代は、文書中の「承元三年七月『十五』日」という日付から知ることができる。つまり承元三年（一二〇九）七月十五日に泰山府君祭を行い、権僧正である「道誉」という人物の息災延命を祈願し、その際作成された都状案なのである。前述のように日付部分の「十五」と名前「道誉」は墨書されている。通常この部分は願主が自署するのであるが、願主が病気・物忌等の際は陰陽師が書く場合がある。(1) 当都状の場合はどちらによるものか判断し難い。

ここにみえる願主「道誉」という人物について略述すると、『尊卑分脈』第一巻に藤原兼房の男で「権僧正　一身阿闍梨　道誉」とみえる人物に該当する。同史料には寺門派であることを示す「寺」の注があること、さらに『猪隈関白記』建暦元年（一二一一）二月十七日条に「権僧正道誉　園城寺」とあることから、園城寺僧であったことがわかる。『明月記』正治二年（一二〇〇）九月十二日条には「道誉僧都叙法印、禅林寺太政大臣入道御子宮最勝院」と見え、『尊卑分脈』の記載を裏づけている。

【略系図】

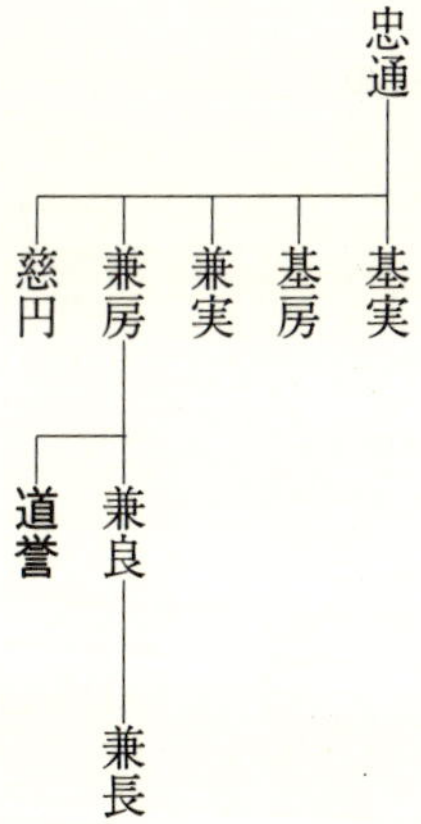

三、当都状の史料的価値

日本における都状の最古の例は、『朝野群載』第十五にみえる永承五年（一〇五〇）の後冷泉天皇泰山府君都状である。次いで、『同』所収の永久二年（一一一四）藤原為隆の都状であり、これは二種類の都状（翻刻Aの形式とBの形式）を載せている。このほか『本朝続文粋』巻十一に保延四年（一一三八）の藤原実行の都状案や『台記』康治二年（一一四三）の藤原頼長が行った泰山府君祭の都状案が存在する。しかしいずれも原本ではなく、写されたものである。現在都状の原本としては、書陵部所蔵土御門家旧蔵史料中の江戸時代の歴代天皇の都状、歴代徳川将軍の都状(2)などがよく知られている。それ以前のものでは、京都府立総合資料館所蔵若杉家文書中の都状案(3)があるが、遡っても室町時代までである。前述のように当都状は鎌倉初期のものと考えられることから、案文とはいえ、都状原本としては最古の例となろう。

そこで、他の都状との比較から若干気が付いた点を述べてみたい。本都状（翻刻A）は前述の『朝野群載』所収の後冷泉天皇泰山府君都状に類似する箇所が見られる。例えば「崔夷希」「趙顔子」の文言である。『朝野群載』では「昔日崔夷希之祈二東岳一、延二九十之算一、趙顔子之奠二中林一、授二八百之祚一」とあるのが、本都状では、「崔夷希之福、趙顔子之算、皆祈二泰山一所レ蒙二感応一也」となっている。また若杉家文書中の『祭文部類』(4)所収永禄十年（一五六七）二月泰山府君都状では「昔崔希夷祈二福於東岳一、忽報二万戸公一、趙顔子請二命於泰山一、更延二八百之祚一」となっており、表現こそ相違するが、共通したモチーフ(5)が用いられていることがわかる。同様に「削二死籍於北宮一録二生名於南簡一…」といった文言も前記三つの都状に共通して見え、平安後期以来ある程度都状の文章パターンが存在したことを示すものといえよう。今後、時代の相違する各都状の比較検討を通して本都状の史料的価値がさらに明らかにされることと思う。

以上、簡単に概要を述べてきたが、黄紙に朱書し、日付・人名・年齢を墨書するという都状の様式は原本でなければわからない。そうした意味においては、陰陽道のみならず、古文書学の分野にも新たな一史料を提供することになると思われる。

註

（1）例えば当都状とほぼ同時期の藤原家実の日記『猪隈関白記』には、正治元年四月三十日条での泰山府君祭で「都状判陰陽師加之、依余軽服也」とあり、同様に承元二年八月二十二日条でも家実の服忌により陰陽師安倍有親が都状に「判」（署名）を加えている。

（2）川田貞夫「徳川家康の天曹地府祭都状——その正本の決定を中心に——」（『日本歴史』三二八、一九七五年、のち『陰陽道

叢書』3、名著出版、一九九二年に所収)。

(3) 村山修一編著『陰陽道基礎史料集成』(東京美術、一九八七年)に所収。

(4) 前掲註(3)村山編著書に所収。

(5) 「崔夷希」「趙顔子」なる人物は、これら都状の他にも、遠藤克己氏(『新訂増補版 近世陰陽道史の研究』七一〇頁、新人物往来社、一九九四年)紹介の土御門家記録二(東京大学史料編纂所蔵、請求番号二〇七五―八七八)所収の「泰山尊神御来由」という記録中にも見えている。遠藤氏はその注において、「崔夷希趙顔子については、調査しても不明である。方士とも思われる」(七四二頁)と述べている。

第三章　陰陽吉凶抄

『陰陽吉凶抄』翻刻

凡　例

一、本書の底本は、東京大学史料編纂所所蔵本（函架番号　貴－二七－三）である。

一、校訂上の基準は、次のもの以外、第一章の凡例と同様である。

1　底本の丁替りは、丁表裏の終わりに」を付して示し、その表裏の始めに当たる部分の行頭に丁付けおよび表裏を（1オ）（1ウ）の如く示した。

2　朱書は『　』内に入れた。

3　合点は、朱書の場合は┐で示し、墨書の場合は┐で示した。また、朱の丸印は◌で示した。

4　底本の欠損文字は、□□等で示した。

5　頭書の記事は「　」内に入れ、関連事項の末尾に移し、もとの場所には※を付した。

6　訂正のための貼紙は「　」内に入れ、貼紙の下の文字は翻刻しない。

7　抹消以外で意図的に文字を枠で囲んであるものは、墨枠は□で示し、朱枠は⬚で示した。

一、上欄に、本文中の主要な事項その他を標出した。

（外題）
「陰陽吉凶抄」

故主計頭殿本

（1オ）
〔 〕一、行雑事吉日　庚戌・癸亥日、故主計頭（賀茂家栄）殿本不入之、如何、

甲子、春忌、乙丑、丙寅、丁卯、己巳、辛未、癸酉、甲戌、乙亥、春忌、丁丑、庚辰、壬午、戊子、己丑、庚寅、辛卯、癸巳、甲午、丁酉、戊戌、己亥、夏忌、庚子、秋忌、壬寅、癸卯、甲辰、乙巳、丙午、丁未、己酉、庚戌、辛亥、秋忌、壬子、冬忌、甲寅、乙卯、丙辰、丁巳、戊午、己未、辛酉、癸亥、冬忌、

随事可用之、厭・々対・往亡・帰忌・道虚・晦・伐・八龍・七鳥・九虎・六蛇等日、可避之、又凶会・九坎・没・滅・蝕日、可忌之、於重・復日者、依事可用之、

保憲抄
法勝寺供養

〔 〕二、三宝吉日　保憲（賀茂）抄云、十二月甲午、三宝奉仕大悪日也云々、例、承応（暦）元十二十八甲午、法勝寺供養歟、

上吉、壬午、庚寅、甲午、丁酉、己酉、

□□（灌頂カ）吉宿事

□日曜密日尤吉鬼宿ヨシ最甘呂・金剛峯用之、阿闍梨云、金曜□　」

（1ウ）
□宿ト者畢・鬼・翼・軫・角・亢・房・斗・虚・辟・奎・婁□之□昴・牛・鬼、不簡日月吉、
中吉、辛未、癸酉、庚子、壬寅、甲辰、
※下吉、丙寅、丁卯、庚午、丁丑、戊寅、庚辰、辛巳、癸未、乙酉、癸巳、辛丑、五墓日、癸卯、丙午、丁未、戊申、辛亥、癸丑、甲寅、八専、乙卯、同、丁巳、同、己未、同、辛酉、同、
（頭書）「三宝吉、和字暦ニ申日可除之、」
今案、上中吉用之、於下吉者急事用之、大禍・狼藉・滅門・八専・羅刹・八龍・七鳥・九虎・六蛇等日、忌之、
下吉日堂塔供養例　又不入三宝吉供養等例

仁和寺・円融寺・松崎寺等堂塔供養の例

天慶二年三月廿一日己巳、仁和寺円堂、同五年三月十八日己卯、仁和寺観寿院、
永延二年三月廿日丁丑、円融院御塔、正暦三年六月八日庚午、松崎寺供養、無子孫歟、庚午最悪日也、（源）保光納言供養日歟、

千僧御読経円教寺供養

元承〔永カ〕元年三月十五日丁巳、於法勝寺千僧御読経、壬辰日、円教寺供養歟、」

仁和寺御塔供養

（2オ）
安元々年閏九月十三日辛酉、（暲子内親王）八条院於仁和寺被供養御塔畢、（後白河）一院有御幸、
大禍・狼藉・滅門日等例

臨時仁王会

「大禍日、天慶二年二月廿二日甲午、臨時仁王会、

道長仏経供養

「狼藉日、天徳四年二月十二日壬午・康保三年二月廿三日戊午等、同、天暦二年二月廿六日丙午、臨時仁王会、寛(弘)治九年三月十五日壬午、左大臣(藤原道長)為息災被供養弥勒・普賢・延命・五大力・仁王経、

「羅刹日事

仁王会日時に羅刹日を勘申

「寛喜三年八月於陣勘申仁王会日時歟、今月廿日癸酉羅刹日也、(安倍)忠光・(賀茂)在友・(安倍)忠俊、職事蔵人大輔(藤原)兼高仁翌日被召問之処、不被召日時於長官(賀茂在俊カ)、兼高只計撰之云々、仍被召怠状畢、(安倍)国道・(賀茂)在継可有憚云々、而(賀茂)在友凡人乃羅刹日等仏事供養例ニ注出云々、仍被遂行畢、可為先例歟、

羅刹日に仏事は行わず

「羅刹日、不可行仏事、必有禍殃、凡不可挙有事云々、雖得良日不可用三宝歟、

「金剛峯日、此日宜作一切降伏法、」

(2ウ)

「仏不礼日、正丑、二辰、三寅、四申、五卯、六酉、七子、八戌、九未、十午、十一酉、十二午、

「八専日、喪家仏事、弥不憚歟、

御修法

「承平二年八月四日癸酉、於竹林院行宮御修法、

最勝寺に於いて造仏

「保安二年五月廿一日甲寅、於賀茂被供養最勝王院、今宮(顕仁親王カ)又於最勝寺被造御仏、

仁和寺円堂供養

「延喜四年三月廿六日辛酉、仁和寺円堂供養、

仁和寺御塔供養

「安元々年閏九月十三日辛酉、(暲子内親王)八条院於仁和寺被供養御塔畢、一院(後白河)有御幸、

橋寺供養以後辛未日用いず

「辛未日

「寛治五年十二月辛未十七日辛未、橋寺供養以後堂塔供養不被用歟、(藤原)実季大納言当日有災之故歟、件寺按察大納言実□(季)卿御建立、同廿四日薨、経中六日、

源保光子孫絶えるにより庚午日を難ず

「庚午日事、正暦三壬辰六月八日松崎寺号円□(明)寺桃園源中納言保光卿供養、

婆羅門僧正説

其後子孫爰亡云々、婆羅門僧正(菩提僊那)説云、子孫死云々、仍時人難之、」

（3オ）

「五月仏供養例多、

東大寺講堂新仏開眼供養

「承平五年五月九日壬寅、東大寺講堂新仏開眼供養、

「別説云、戊寅日偏不可入吉日云々、

「甲子日、(賀茂)宣平朝臣三吉日不合期之時、可用之由被示歟、

「相当神事之時、被行仏事例、

東三条院御八講

「正暦元年十二月八日己酉、(藤原詮子)皇太后宮東三条院御出家以前御八講、同十一日結願、

藤原公季法性寺三昧堂供養

「寛弘四年十二月十日壬寅、(藤原公季)内大臣閑院太政大臣被供養法性寺同三昧堂、神今食前斎勅使、

法成寺東塔心柱を立つ

「承保二年八月十四日癸卯、被立法成寺御塔、件日被遣明日放生会使、

八専日

「八専日、「壬子日、炎魔天会日、「甲寅、地天歓喜会、「乙卯、水天般若会、

「丁巳、火天諸天会、「己未、羅刹(天脱カ)不動会、「庚申、風天歓喜会、「辛酉、吉□□□(祥天豊楽)会、」

（3ウ）

癸亥、毘沙門天成仏会、

是諸天会日也、仍仏・菩薩・聖衆為彼会日仏悉以上天、因之此日不坐、故三宝不
仕也、

唐世宗八専を注す後、忌む所なり

庚申、辛酉、壬子、癸丑、甲寅、乙卯、丁巳、己未、

世宗皇帝大唐顕徳四年丁巳、件八ヶ日注八専、其後所忌来也、不用吉事、用此日、福〔禍カ〕厚
者三年悪応、薄者或一年・一月・半月必悪応、

間日

自壬子至癸亥謂之、但此十二ヶ日内癸丑・丙辰・戊午・壬戌此四ヶ日者称間日、
無他難者細々仏事宥用之、此日仏事皆憚之、若有急事者四柱賢聖奉敬用之、所謂龍樹菩
薩・馬鳴菩薩・菩提菩薩・禁術菩薩是也、

〔 〕三、神吉日

上吉日、乙丑、己巳、壬申、丁丑、己卯、壬午、甲申、乙酉、イ本中、辛卯、甲午、丙申、
己亥、庚子、辛丑、五墓日如何、癸卯、乙巳、イ本中、

中吉日、丙午、イ本上、丁未、同、己酉、同、戊午、己未、庚申、」

（4オ）

下吉日、庚午、或本中、イ本上、丁卯、癸酉、丁酉、戊申、辛亥、壬子、癸丑、乙卯、辛酉、

神社行幸例
石清水宮、賀茂社、平野社行幸・御幸
伊勢奉幣
賀茂社行幸
大原野社行幸
賀茂奉幣
祈雨奉幣
伊勢奉幣

「不入吉日、用神社行幸日例、隠神吉卜名也、
「甲子、嘉保二三廿九甲子石清水行幸、「辛未、寛治五正十一辛未賀茂社院(白河)御幸、「庚辰、天元三十十庚辰賀茂行幸、
「戊子、天元四二廿戊子行幸平野社、「己丑、寛治四十一廿九己丑院(白河)御幸石清水、甲辰、長元二十二(マヽ)廿四甲辰行幸賀茂社、
「丙辰、長保五三廿六行幸賀茂社、此七ヶ日先例所用神吉歟、
今案、雖上中下吉、皆依事可用之、不注其科、但厭・々対・往亡日忌之、月道虚日不可
詣神社、但初度殊忌歟、又晦日・伐日・八龍・七鳥・九虎・六蛇等日不可行初度神事也、
「伐日例上吉伐日可用之、道虚可憚歟、
「天慶十(九カ)十廿八日乙酉、(アキマヽ)
「長和五二一日丙子、伊勢奉幣、後一条院被告御幸(即位カ)由、」
（4ウ）
「厭・々対日例
「天慶五四廿九日壬午、厭日、行幸賀茂社、
「治安二十一廿八日甲午、厭対日、行幸大原野社、
「寅日、不解祭神不饗(享歟)、「戊日、不解祠神不饗、
「寛平九四九甲寅、賀茂奉幣、「寛仁二七十四甲戌、祈雨奉幣、
「仁寿四十一廿九庚戌、伊勢奉幣、

〔一〕四、犯土造作条

年吉凶、遊年在坤造作事坤之外強不忌歟、於坤方許犯土作事者、忌修宅・動土、八神文也、猶所忌也、

新造内裏立柱上棟

但永観元八七日庚寅、立内裏、円融院、長久二〔一脱カ〕十一庚寅、立内裏、〔後脱〕朱雀院、

凡戊辰・戊戌、名天梁之歳、庚辰・庚戌、名地梁之歳、例、寛弘七庚戌四十五甲子、立一条院寝殿、地梁、」

此等年築室不利、家長多凶少福、財物耗散、家出懸官、

（5オ）

群忌隆集四挙歳

戊子・戊午・己酉・己卯、雖不当梁、応天中仲、一名四挙歳、築室不利禁也、出群忌隆集、

内裏遷御

寛仁二戊午四廿八辛卯、遷御内裏、四挙歳、

戊子・己卯・戊午・己酉、名当梁、余子午卯酉無忌、戊辰、名地梁、余辰無忌、

己亥、名天柱、余亥無忌、己巳、名地柱、余巳無忌、戊戌、名天梁、余戌無忌、

大極殿を立つ

例、元慶二戊戌四廿五庚寅、立大極殿、天梁、

一条院寝殿を立つ

寛弘七庚戌四十五、立一条院寝殿、地梁、

新撰陰陽書

凡天地梁柱及当梁年、忌正堂・正寝上梁・竪柱、凶、余屋舎無忌、出新撰陰陽書、

一、入杣採材木又木作始日等事

入山日又説入名山常以三月三日・十三日・廿三日、七月七日・十七日・廿七日、必有所得

物如立岡方、

抱朴子　「抱朴子不入廿三日・廿七日、大月之〔忌カ〕三日・十一日・十五日・十八日・〔廿四日脱カ〕廿六日・卅日、小月忌一日・五日・十三日・十六日・十八〔廿六カ〕日・廿八日、以此日入山必為山神所〔試脱カ〕、又所求不得、所作不成、不但道〔士カ〕之也、」

霊宝経　（5ウ）「霊宝経云、入山当以保日及義日、若専日者大吉、以制日。伐日必死、

「義日、吉日 甲子、乙亥、丙寅、丁卯、戊午、乙巳、辛丑、辛未、壬申、癸酉、庚戌、庚辰、　「保日、吉 庚子、辛亥、壬寅、癸卯、甲午、乙巳、丙戌、丁丑、丁未、戊申、乙酉、丙辰、

「専日、吉 壬子、癸亥、甲寅、乙卯、丙午、丁巳、庚申、辛酉、戊辰、戊戌、己丑、己未、　「制日、悪日 乙丑、甲戌、壬午、戊子、庚寅、辛卯、丁酉、乙未、丙申、己亥、甲辰、癸巳、

「伐日、悪日 庚午、丙子、戊寅、己卯、辛巳、癸未、甲申、乙酉、丁亥、壬辰、癸丑、壬戌、

抱朴子　「異物入名山良日、甲辰、辛巳、甲午、乙未、　此日入名山々神敬之他□死、出抱朴子、

尚書　甲子日、開日、除日、「四病日、春前一日、夏前一日、秋前一日、冬前一日、尚書云、八節・四病、

四病日　此日百事不可作凶、「四病日、春庚辛、夏壬癸、秋甲乙、冬丙丁、　尚書作四病日猶看良時、

「但用日・出日・中日・味日入此四時、

「一、木作始日等事

「上吉、二日、三日、十日、十八日、十九日、廿六日、廿七日、次吉、五日、八日、十三日、十六日、廿一日、廿四日、廿九日、

居礎日幷木作始日、除天火・地火・天燭・龍口日之外、雖非八神吉日、以立屋之支干吉

日可用之、丙・丁・巳・午・重・復者除之、」一
四火日并丙・丁・己・午日、先例土用禁方強無其沙汰哉、

（6オ）「神社造作間事

殷富門院御所立屋、紀伊守清隆立新屋
群忌隆集
舎宅図

「立屋吉日例、己未、殷富門院（亮子内親王）御所、宣平（賀茂）朝臣撰之、　辛酉、群義云、庚申・辛酉立柱必火焼云々、元永二十一十九辛酉、紀伊守清隆（藤原）立新屋綾小路東洞院、

甲子、春忌、「乙丑、丑日者不可立屋、二年害家長、雖入吉日不可用之、出舎宅図、辛未、癸酉、甲戌、庚辰、戊子、庚寅、辛卯、戊戌、庚子、秋忌、壬寅、

癸卯、甲辰、己酉、庚戌、壬子、冬忌、甲寅、乙卯、

嵯峨釈迦堂上棟

今案、始木作・居礎・立柱・上棟同可用之、立堂八専日不忌歟、嵯峨釈迦堂上棟、承久元

七十九日壬子、在親（賀茂）朝臣撰之、

「十五日、当支干吉日非天火・地火・天燭・龍口「日者」、日次不合期之時者、先例宥撰之者故実歟、有例云々、

「二・三日、十・十一日、十八・九（十九）日、廿六・七（廿七）日、為上吉、　「五・八日、十三・六（十六）日、

廿一・四（廿四）・九（廿九）日、為次吉、晦日不憚歟、

已上件日以当上支干吉日可用之、

一条院対屋を立つ
円教寺五大堂を立つ

「忌日、丁日例、長久四正八丁丑、被立一条院対屋、

同年六二丁酉、被立円教寺五大堂畢、

「丙・丁・巳・午・重・復日、伐日、五墓・八龍・七鳥・九虎・六蛇・四火日等忌之、

廢務日、付年中行事也、不可忌歟、但内裏ナントハ可忌歟、」

（6ウ）

戊寅日、作屋必有死亡也、立柱屋室必火焼大禁忌、

八神日

八神日吉凶

群忌隆集

朱雀、一日、九日、十七日、廿五日、此日作屋、有懸官、家長死、失火、移、群義其主凶、不出其年憂懸官、経日十一月陽気起陰気始立不可起土罒我〔犭我カ〕地本マ、陰陽之気長父長母生之禍至、

上吉、白虎頭、二日、十日、十八日、廿六日、作屋、其年益口、増財物、大吉、移、富貴、其年得財物、大吉、

上吉、白虎脇、三日、十一日、十九日、廿七日、作屋、富貴、安楽至卅年、吉、移、不出二年大富、卅年致富如願、吉、

白虎足、四日、十二日、廿日、廿八日、作屋、三年遭火亡財、害小女、移、其年遭盗亡財、三年逢火失財物、

次吉、玄武、五日、十三日、廿一日、廿九日、作屋、二年一人死、亡財物六畜、凶、移、其年亡財物六畜、年父死失財物、

青龍頭、六日、十四日、廿二日、卅日、作屋、対吏妨、女傷死、移、失財銭、享懸官、得長□本〔女カ〕対吏乳死凶、処罪也、或説坐獄也、支覚也、

青龍脇、七日、十五日、廿三日、作屋、出病女子一人、懸官、凶、移、不出三年享官〔懸脱カ〕、死喪、得病女子死、失財物、

尚書暦

次吉、青龍足、八日、十六日、廿四日、作屋訖、火上神害小女、殺六畜、移、殺女子及六畜、凶、此注已上尚書暦、又三年女病帯官、」

宅撓経

（7オ）

出宅撓経、

天火日、不可蓋屋起土、正・五・九月子、二・六・十月卯、三・七・十一月午、四・八・十二月酉、

地火日、(加木起大凶、又云不立柱、)巳(正)、午(二)、未(三)、申(四)、酉(五)、戌(六)、亥(七)、子(八)、丑(九)、寅(十)、卯(十一)、辰(十二)、

天燭日、(主火災事、)巳(正)、辰(二)、卯(三)、寅(四)、丑(五)、子(六)、亥(七)、戌(八)、酉(九)、申(十)、未(十一)、午(十二)、

龍口日、(犯土蓋屋必失火、)春巳・午、夏巳・午、秋辰、冬寅、

已上件日等、雖相当吉日、不可用之、

立柱次第

立柱次第、春、(南北東西方、)夏、(北南西東、)秋、(東西北南、)冬、(西東南北、)

※凡伏龍、春、(頭西、足東、背北、腹南、)夏、(頭東、足西、背南、腹北、)秋、(頭南、足北、背西、腹東、)冬、(頭北、足南、背東、腹西、)

(頭書)「先腹、次背、次足、次頭、」

閑院内裏上棟

閑院殿立柱次第今度也、建長、

先坤南分、次艮北分、次巽東分、次乾西分、建長三年辛亥歳正月十日良光(安倍)・在清(賀茂)・在盛(賀茂)・晴宗(安倍)・晴平(安倍)参閑院殿歟、」

(7ウ)五、作竈法・竈口首向法(東向貧、西吉、南大陰、北不孝、)或雑書曰、(東多□□(口舌)、南出不孝□(子)、北令人貧、西安大吉、)

新撰陰陽書

一云、家出刑禍致門大凶 一云、家出刑禍致門大凶、

新撰云、陰陽宅安竈内在乙南竈口皆置向西開、

長七尺、闊四尺、高三尺、口闊一尺二寸、口支大八寸、伝□並□□(衡陽カ)□□□吉、

群忌隆集

群義云、午日不治竈、有凶殃、

吉日、甲子、「乙丑」、戊辰、己丑、甲午、乙未、戊戌、甲辰、己酉、甲寅、乙卯、

※家々説同じからざるか

己未、戊子、湯釜許、道言(賀茂)撰之、甲「戌、大炊入之、八月事家々説不同歟、大略他人者強不忌云々、」

二・八月伏龍在竈、治之大凶、「竈神壬子日死、不作竈、」

春、甲・乙、夏、丙・丁、秋、庚・辛、冬、壬・癸、諸丙・丁・庚・辛治竈大凶、口舌・懸

伏龍・土公竈に在る間は之を犯さず

官起也、又伏龍自十一月麋角解日卅日之間在竈、犯之凶、又土公春在竈、犯之凶、

可依節、重・復日、天火・地火・天燭・龍口日可忌之、丙・丁日不治竈、火災飛揚、

群忌隆集の説
両家説

群義説歟、四火日者但不憚之輩在之歟、両家説各別歟、用捨可依時歟、或説壬・癸・

庚・辛日不用歟云々、

勘解由小路家・大炊御門家の説

戸津比殿令渡他所、忌月不忌之由、道言(賀茂)勘之、勘解由小路・大炊御門四火日強不忌

之云々、

(頭書)「竈父日、辛未、丁未、戊子、壬子、竈母日、戊子、丙子、丁巳、竈塗修治忌之、」

(8オ)六、造治門戸法撰云、書在至居曰戸、在区曰門、又云、一扉曰戸、両扉曰門、

陰陽宅図
新撰陰陽書

凡宅開門皆以南方向陽為上、今案、同書陰陽宅図可置八干地、出新撰、

摂政忠通五条坊門東洞院門柱を立つ

蓮華王院

関白頼通高倉院門扉を立つ

在宣、大相国藤原公経の門吉日を撰ず

土公・伏龍門に在る間犯土凶

吉日、棟門・平門之外、強不及吉日沙汰歟、門神乙巳日死、不作門、戸神庚寅日死、不作戸、

甲子、乙丑(貼紙跡アリ)、丙寅、辛未、癸酉、壬午、辛卯、天治元七十六辛卯、摂政(藤原忠通)被立五条坊門東洞院門柱、或雑書近代不用云々、甲午、甲辰、

壬子、丙辰、「新□(撰)」

例、癸卯、建長四蓮華王院西面小門在清(賀茂)撰申也、「丁卯」、「長久二七」十五道言(賀茂)撰之、甲戌、大治二十十一陰陽頭(賀茂家栄カ)立門、丁丑、応天門不快□、

癸未、六条内裏、丁酉、長暦三三十六伏龍在門内時歟、長元八二十二関白(藤原頼通)殿被立高倉殿門扉、戊戌、壬寅、大治二正十二中御門京極長□立門、

庚戌、天永三七廿八陰陽助京極西立門、乙卯、道言(賀茂)撰之、応保二□□□、庚子、在宣(賀茂)入道建保□□(三十)十五大相国公経(藤原)卿撰門吉日歟、戊子、大内諸門皆用之、何□於他所門哉、如何、

四激日、春、戊、夏、丑、秋、辰、冬、未、吉、離盗賊、敢千、

二・八月不作門、又不治門、刑徳陰陽倶合於門戸、故凶、」

(8ウ)夏土公在門、犯土凶、

伏龍在三月清明□(日カ)、百日之間在門、犯土凶、家有妊身婦、不治門・戸・井・厠、皆禁、

重・復日忌之、

立吉月、正、七、十、十一、十二月、此五ヶ月吉日也、可依月節、

嘉禄□(三カ)年六月大相国公経(藤原)卿六月中入七月節之故立門、在継(賀茂)撰之、

神社鳥居、天火日可忌歟、但神事也、如何、別説戊・己日可忌云々、癸丑日永久五正廿四

法成寺南大門上棟
六条内裏を立つ例

法成寺南大門上棟、但仮棟以後歟、尚可尋之、閇日立六条内裏、四火日事、宣憲(賀茂)・宣平(賀茂)無憚之由申之、而閑院殿建暦雖勘申之、在宣(賀茂)不可然之由令申天撰改歟、可有斟酌哉、在公辺火事之後天火・地火日者難用云々、道虚日元久元七六丙寅、在宣(賀茂)撰申於鳥羽殿也、朱雀日火事之後不甘心猶可憚歟云々、九月修理無憚有例云々、又門楼立柱次第不書之、

建暦年中法勝寺南大門の例
承徳年中興福寺南大門の例
法成寺南大門の例

而康和宗明(安倍)令書載之由資元(安倍)申之、建暦年中法勝寺南大門被立之時広基(安倍)・在継(賀茂)不載書之、康和之外依無先例也、承徳興福寺南大門道言(賀茂)不書之、月殺・伐日不忌之、諸子・丑日立門者不利、財物散云々、泰忠(安倍)法成寺南大門之時貞□難［　　　］之、

新撰陰陽書

〔 〕七、造治井法　「陰陽宅置井同在巳、出新撰、」

群忌隆集
后町井の例
六条殿井の例
野宮井の例
釈迦院僧正尊仁御房井の例
高陽院殿御井の例
関白藤原頼通高倉井の例

(9オ)
吉日、甲子、乙丑、辛未、庚辰、永長二三廿成平(賀茂)撰之、己丑、庚寅、甲午、丁酉、宗憲(賀茂)朝臣・晴忠(安倍)云、丁酉主税頭被撰之、又癸日有何事哉云々、又戊己丙丁有他日者可忌避、無日次者何事有哉云々、戊戌、群義、不治井凶、長□□〔承三カ〕四十九掘后町井畢、庚子、辛丑、五墓日也、強不可忌之由宣平(賀茂)説、

辛酉、甲巳(マヽ)吉、六条殿井被掘五月例歟、庚午、野宮井建保四八十九日頭宣平(賀茂)撰之、甲辰、大治元四八、天治元十十、承徳三五二

庚戌、天治元六十六、己酉、釈迦院僧正尊仁御房井建保三十十九日甲辰幷同廿四日己酉宣平(賀茂)撰申之、己未、高陽院殿御井在宣(賀茂)撰申之、

癸酉、承徳二三廿二、乙未、永久二五廿四式部少輔(賀茂)保延三五四顕弘、甲戌、大治元五九、丁未、長元八□□〔九廿カ〕七関白(藤原頼通)殿被掘高倉井畢、

「忌日、復日忌之歟、

賀陽院殿御井の例

地激日、寅正、巳二、申三、亥四、卯五、午六、酉七、子八、辰九、未十、戌十一、丑十二、此日凶、此日不可穿井、至□〔子カ〕膝□死、

頸妻死、後身死凶、又云不可穿井、至膝子死、至頸妻死、自後身死、賀陽院殿、御□〔井カ〕建、永元十十二己未在宣撰申畢、而資元〔安倍〕・□□〔晴光カ〕有憚□□□宣平〔賀茂〕・□〔孝カ〕（賀茂）

重有何事哉由所令申也、卯日不穿泉、不通、壬日、不決泉、災逢喪、

天火・地火・天燭・龍口日等可忌之起土□□〔忌カ〕事、秋土公在井、□□〔犯之〕□ 」

（9ウ）

尚書暦

戊・巳・丙・丁・甲戌、不利凶、又春甲乙、夏丙丁、秋庚辛、冬壬癸、此日治井□〔吉〕、

又凡三日、三月五日、八月一日、又忌卯日不治井、又忌戌不治井、右出尚書暦、又従門出、家貧、従卯地出、富貴宜千年、

辰出、宜佃作二千石、巳、多子孫出二千石、午、対□出貴子、未・申、多口舌、酉、出不孝子、亥、婦女□□〔乱カ〕子・

丑、□神□〔婇カ〕乱、寅、仮女親出屖〔群カ〕忌本、冬夏後五日不治井妨家長、出売諸、井去垣一尺妨家長、

舎宅図

井与宅刑幷令人溺死、屋覆井令人失明、出舎宅図、井在舎北人有友死、出舎宅図、保憲〔賀茂〕抄出歟、又破日可穿

暦林

井、暦林文、道言〔賀茂〕云、土公在井間、井不穿事忌其□此字消不見内故也、

〔〕八、造治溷廁《コンシ》《セ、ナキカハヤ》日吉凶　陰陽宅廁同在人東、

治溷廁忌月、正月・三月・六月・九月・十二月、伏龍在溷廁中凶、財変怪数起、多刑禍疾病、不可出其年中糞、凶、動治如言也、

治廁忌日、甲子、丙子、丁丑、丙寅、丁卯、丙辰、丁巳、丙午、丁未、丙申、丙戌、丁酉、丁亥、皆禁凶、一云、五月不治廁、不利、家長凶、

治廁家日、甲戌、乙亥、癸巳、辛未、乙未、乙巳、此日天狗不張、九神亡、郭登出行、廁溷中皆空、治大吉利、又云四時吉日、 」

（10オ）癸酉巳治泥土廁大吉利、又云癸亥治廁、
奴婢死亡、不利也、

群忌隆集　「治清溷良日、癸酉、癸未、癸卯、壬申、戊申、戊戌、庚子、辛未、庚午、庚申、大吉利、父子不共治廁、不利、夫婦必不共治廁、凶、家有妊婦
不治廁、不利、出群忌、在酉〔東脱カ〕向殺家長、在卯西向不利妻、在辰巳北向大夫死、在丑南向利大吉、出群忌、

買誼雑要暦　宜丑亥北向吉利家長、向在寅卯者凶、廁在辰巳向北大夫死、在酉〔東脱カ〕向殺家長、在卯向西不利、出買誼雑要暦、

百忌暦　「（　）九、立倉吉日向倉方　甲丙庚壬方吉也、百忌暦文、
甲子、乙丑、辛未、甲戌、戊戌《可計歟》、庚子、壬寅、癸卯、甲辰、壬子、甲寅、
乙卯、直、建・満・定・成・収日皆吉也、又甲戌・壬子大吉、
「後二日、可治府庫、納財吉、亥《正》、戌《二》、酉《三》、申《四》、未《五》、午《六》、巳《七》、辰《八》、卯《九》、寅《十》、丑《十一》、子《十二》、

五貧日　「甲日不開倉、銭財亡、「五貧日、寅《正》・巳《二》・申《三》・亥《四》、寅《五》・巳《六》・申《七》・亥《八》、寅《九》・巳《十》・申《十一》・亥《十二》、
「又説、正・五・九、子、二・六・十、卯、三・七・十一、午、四・八・
十二、酉、」

群忌隆集　（10ウ）「忌日、壬辰、壬戌、甲申、乙酉、戊辰、戊戌、己亥、己巳、戊子、戊午、癸丑、癸未、
皆不利、直、除・平・開・破日、皆禁忌、一書癸丑改作癸酉、蓋字之誤也、出群忌、天火・地火・天燭等可忌歟、
別説云、戊戌忌之、偏不可入吉日、乙卯依御未《本》忌日不用習也、又甲子・甲寅依□〔甲カ〕日

不用之開倉、又云不開倉、又云甲不開倉、人〔舎〕吉中空中安云々、

困、円倉也、　倉、舌倉穀倉也、　庫、兵〔庫〕｜也、　椋菌成日、諸倉庫□也、

暦例

〔　〕十、安床帳吉凶　安床帳、満・定日注申・酉忌、　出暦例、

安床良日、戊辰、丙子、丁丑、戊子、己丑、壬寅、癸卯、丙寅、丁卯、乙丑、乙酉、皆吉、

一云、甲寅、乙未、丁巳、令貴子危日安床、吉、十二月危日不用、凶、庚戌、

辛亥、巳・申不利、

治床忌日、戊戌、壬戌、五巳、五亥、五申、庚・辛、破・除・収・開皆不利也、

又忌日、甲寅日注床死、乙巳立死、丁巳大凶夫死凶、戊辰・甲午・未・戌・亥・巳日皆凶、

又云、月三日子・午・戌・巳日治舎必虚、凶也、

又云、癸日不爆床、鬼上床席、無居床、

群忌隆集

又云、未不安床一人、巳・申不買席、鬼上床、出群忌、

床を安んずるに首向あり

安床皆有首向、東首貧賤疾病、西首富貴、南首久富貴吉利本、」

（11オ）

暦林
群忌隆集

暦林云、北首死亡多殃災、已上群忌隆集也、東首別離、南首病也、

〇十一、造厩法

新撰陰陽書　「新撰云、陰陽宅厩同在坤、「天帝捕馬日、戊寅・庚寅、不作馬厩、不出年必死、

相馬経　「相馬経云、戊午・庚午・庚戌・戊寅・庚寅、不得買馬及新造厩、不出年死、

「吉日、甲子・庚子・癸卯、直、満・平・成日、

例、巳丑、甲辰、丙午、（私云）丁未、「庚戌（聊可計歟）、壬子、戊午（聊可計歟）、辛酉、

「可忌、天火・地火・天燭・龍口日、月殺日、

私云　「私云、丙午・丁未・丙・丁・巳・午日、造作有其憚如何、其上馬ハ午日衰日也、旁以可有計歟、

「案馬糟吉日、甲寅、甲申、乙酉、甲辰、又云、辰・申同吉、

暦例　〇十二、移徙法　徳合東行以巳《ツチノト》、南行以辛、西行以乙、北行以丁、移徙入吉、季月不注暦例文、

「吉日、「義・保・専日皆吉、

太政大臣藤原頼実渡御　六条天皇五条内裏遷幸　甲子、乙丑、在俊（賀茂）朝臣承久元十二大相国頼実（藤原）入道渡御、聊有憚之由申之、但在親（賀茂）朝臣撰申畢、在友（賀茂）諸丑日憚云々、」永万二五廿二乙丑、自南院遷幸五条内裏、〔三〕

二条殿渡御例
後嵯峨上皇嵯峨御所御幸

(11ウ)
丙寅、丁卯、甲戌、悪例 二条殿御渡日也、廿日炎上畢、建長五年八(八)廿六甲戌、上皇(後嵯峨)嵯峨御所御渡始、在清(賀茂)朝臣撰申、無御一宿即令帰給云々、

※(頭書)「□(甲カ)子 乙丑」

甲子、乙丑、丙寅、丁卯、甲戌、丁丑、庚辰、壬午、戊子、庚寅、辛卯、

群忌隆集

※甲午、戊戌、庚子、壬寅、癸卯、甲辰、在宣(賀茂)朝臣聊例有憚之由申畢、宣平(賀茂)何事有之由也、群義(忌)云、甲辰日不遷移、必凶、

(頭書)「移徙」

丙午、甲寅、丙辰、二日・三日・四日・五日・八日・十日・十一日・十三日・十六日・

後白河上皇新造法住寺殿に遷御
道長移徙
順徳天皇遷御
九条良輔移徙
藤原彰子移御

十九日・廿日・廿一日・廿六日・廿七日・廿八日・廿九日、

例、戊午、仁安二正十九戊午、法住寺殿新御所御渡畢、寛仁二六廿七戊午、大殿(藤原道長)京極殿渡御、壬子、承(元)久五正廿八壬子、今上(順徳)自大内裏遷幸龍口殿、八(九カ)条左府良輔(藤原)八条院(暲子内親王)御所移徙、建暦二七八壬子、鳥羽殿南北殿移徙、長元六八十九壬子、上東門院(藤原彰子)移京極殿、

鳥羽天皇新造大炊殿に遷御
朱雀天皇綾綺殿に移御

乙卯、天永三十十九日、大内遷御大炊御門新内裏、庚戌、光平(賀茂)朝臣自可渡其外例少、

丙戌、長和四十九丙戌、遷宮五ヶ月、辛丑、天慶元八廿七辛丑、移御綾綺殿、

平安京遷都

四不出日例、延暦十三十廿一(二)辛酉、遷御当朝、金堂経三日・九日・十五日・廿二日・廿七日不可移徙、入舎父母不利云々、此条当時不用也、

二・三日、十・十一日、十九日、廿六・七日(廿七)、為上吉日、

四・五・八日、十三・六日(十六)、廿・廿一日、廿八・九日(廿九)、為次吉日、

「忌遠行日不忌歟、開門者不可忌歟、「桓武天皇延暦十三十廿一〔二〕辛酉、自長岡京遷御当朝、
忌遠行日也、中納言顕〔藤原〕時承暦元十廿九癸酉、忌遠行日、」

（12オ）「忌日、「道虚・「往亡・「帰忌・「厭・々対・「未日、貞観十九二廿九辛未、陽成天皇自東宮遷御仁寿殿、申時未日不就座、宅経文也云々、

「火曜、不忌者可避也、急事用之強何事有哉、白川・鳥羽院此時不可憚之由、事功了、
延暦十三十十三〔廿二カ〕桓武天皇遷幸平安京、永承六七十九後冷泉院遷御冷泉新御所、
永保四三〔二〕十一院〔白河〕遷御新造三条内裏、治暦元八十一摂政師実〔藤原〕渡花山院殿、

「天季日、可随節、正、寅、二、午、三、亥、四、巳午、五、卯午、六、子午、七、申酉、八、午未、九、
卯戌、十、午、十一、子酉、十二、子、不出其年死、家〔賀茂〕栄朝臣抄出也、出尚書暦歟、

「又移徙入屋忌日、丙子、丙戌、庚午、戊寅、壬戌、壬辰、甲申、乙酉、癸丑、癸未、辛巳、
丁亥、

「重・復・辰皆凶、「一云、甲辰日不遷移、嫁娶必凶、一云、忌月三日入屋舎、凶、

「五墓日忌之、一名五行入墓之日也、「春、辰、「夏、未、「秋、戌、「冬、丑、不可挙百事、必大凶、
慎之、「群忌文大窮日、四・六・十六日、「小窮日、五日・十五日、不可還移、入堂必貪耗、」

（12ウ）「天狗日・歳下食歟、移徙百事□〔皆カ〕大凶、出堪余経、歳下食、但不可忌、永長二年□廿六歳下
食、道〔賀茂〕言撰申之、土用不忌之、廃務日例、長元五四四甲辰、宇〔藤原頼通〕治殿渡御若松殿、天治元十

平安京遷御日は忌遠行日なり

陽成天皇遷御宅経

後冷泉天皇遷御、白河天皇遷御、摂政師実花山院殿に渡御

賀茂家栄尚書暦より抄出

五墓日

群忌隆集

堪余経

頼通渡御

忠通渡御
師実渡御
六条天皇五条東洞院殿に遷幸
三条天皇遷御
安倍吉平勘文を献ず
崇徳天皇移徙
源実朝移徙
陰陽不将日
道長鷹司殿に渡御

十二甲辰、殿下（藤原忠通）渡御五条坊門殿、正月例、後宇治殿（藤原師実）嘉保二正十、渡御京極殿、五月例、永万二五廿三乙丑、自南院遷幸五条東洞院実長（藤原）卿家、九月例、三条院長和四九廿四（ママ）丁卯、遷宮閑院、

丙午・丙辰南移必死云々、寛弘三丙午三十四丙辰、可遷御殿・入道殿（藤原道長）山南殿之由、光栄（賀茂）・主計助（安倍吉平）等所撰申也、而吉平（安倍）依日不吉献勘文、申件文之間、令□（止カ）給了、（藤原兼家）長承二十二廿六丙（午脱）移徙六条内裏、建保二十二十六丙午、鎌倉実朝（源）朝臣新造八条屋移徙、鎌倉殿御代官也、

〔〕十三、嫁娶条

陰陽不将立成、付上吉日、

正、丙寅、丁卯、丙子、己卯、己亥、庚子、辛亥、丁亥、　二、丙子、丁丑、丙戌、丁亥、己丑、己亥、庚子、　三、甲戌、丁丑、丙戌、丁亥、己丑、己亥、雖有不将、各有忌、

四、甲戌、甲子、乙亥、丙戌、戊子、戊戌、　五、癸未、戊戌、丙戌、甲戌、乙亥、癸亥、有月忌、　六、壬午、癸未、戊戌、壬戌、甲午、甲戌、雖有不将、各有忌、

七、癸未、壬午、乙未、甲午、戊午、　八、甲午、甲辰、壬辰、壬午、戊午、戊辰、辛巳、癸巳、癸未、雖有不将、各有忌、　九、庚午、辛未、庚辰、辛巳、壬午、癸未、癸卯、戊午、如五月、

十、庚午、己卯、庚辰、辛卯、庚寅、壬午、壬辰、癸巳、壬寅、癸卯、　十一、己巳、丁丑、己卯、庚辰、辛巳、己丑、辛卯、壬辰、辛丑、丁巳、丁卯、　十二、丙寅、丁卯、庚辰、己丑、庚寅、辛卯、辛丑、丙辰、」

（13オ）

右、陰陽不将日、嫁娶吉、

陽将日、例、陰陽不将日、嫁娶吉、永延元十二十六甲辰、御堂関白殿（藤原道長）渡御（源倫子）鷹司殿、

陽将日

正、壬癸甲乙戊、二、辛壬癸甲戊、三、庚辛壬癸戊、四、庚辛壬癸戊、五、辛壬癸己、六、丙丁庚辛戊、七、丙丁庚辛己、八、甲乙丙丁戊、九、甲乙丙丁己、十、甲乙丙丁己、十一、甲乙丙戊癸、十二、壬癸甲乙戊、以此陽将日、娶婦殺夫、亦殺嫜、大凶、

嫜、之羊切、□〔夫〕之父母也、

藤原賢子東宮に入る

陰将日

陰将日、例、延久□〔三〕年三月九日甲午、左大臣（藤原師実）姫君（藤原賢子）参東宮（貞仁親王）、

正、酉申未午巳辰、二、申未午巳辰卯、三、未午巳辰卯寅、四、午巳辰卯寅丑、五、巳辰卯寅丑巳、六、辰卯寅丑子亥、七、卯寅丑子亥戌、八、寅丑子亥戌酉、九、丑子亥戌酉申、十、子亥戌酉申未、十一、亥戌酉申未午、十二、戌酉申未午巳、以陰将日、娶婦害婦、害姑、大凶、

今案、陰陽将相並日、不用吉日、或陽将、或陰将、先例用中吉也、依吉日少歟、

制日、不可嫁娶、死云々、例、永延元十一〔二〕十六甲辰、前太政大臣（藤原）道長、

吉日、甲子、丙寅、丁卯、庚辰、壬午、戊子、庚寅、辛卯、甲午、庚子、天地相去日 壬寅、癸卯、甲辰、丙午、壬子、四不出 甲寅、乙卯、四不出 丙辰、

尚書暦

藤原温子入内

藤原隆季嫁娶

藤原道子入内

（13ウ）

例、丁丑、己丑、戊午、

忌日、未・戌日、尚書暦、未日、不可入嫁娶、女不昌、戌日、不可嫁娶、子孫不利、伐、仁和四十六庚午、伐日、藤原温子、伐日、殺夫也、三伏、永万二七〔十七脱カ〕戊午、三伏日、大理（藤原）隆季卿執娶、月殺、往亡、帰忌、无翹、延久元八廿二丙辰、无翹日、女御（藤原）道子入内、上弦、望、晦、道虚、厭、々対、臘、天狗、歳下食、八龍、七鳥、九虎、六蛇、五墓日等忌之、

下弦与諸吉并者無忌、（謂、諸吉者、歳徳・月徳・天恩・天赦「也」、歳徳合必不可入歟、）五龍死日、（壬戌・丁巳・戊午・庚戌・甲戌是也、不可嫁娶・祠祀、挙百事不吉、）天地相去日、（五亥・戊午・己亥・庚子、嫁娶、夫婦必相棄、）忌遠行、不忌之、文治二六十九源中納言道(通)親迎女、亥日不可娶取、害姑嫜人、別有例、婦死、群義文、廃務日、保安四十二甲寅民部大輔(源カ)憲明嫁娶、月殺、不可以合陰陽、凶、沖和子玉房秘決、嫁娶、是弔女講詑婚媾良日、是夫愛人妻妾良日也、忌夜行、不可忌、在(賀茂)清抄忌之、四不(出脱)日事也、重・復日、可忌之、但重日例少々有之歟、例長久三三廿六己巳藤延子入内、七月不可忌、有例、保延六年七十六戊午右衛門督(藤原宗能)娘、大将殿男中将嫁娶、雖然七日許ハ可忌哉、

群忌隆集
玉房秘決
在清抄
藤原延子入内

〔　〕十四、加冠日吉凶　（謂元服・着袴日也、）

(14オ)
吉日、（光(賀茂)栄云、冠字者加冠也、帯字者可謂着袴裳等類也、亭主正月元三間、雖非元服吉日、以吉日仕用歟、）

甲子、丙寅、丁卯、己巳、癸酉（不入大炊）、甲戌（同）、乙亥、丙子、庚辰、辛巳、壬午、丁亥（不入大炊例）、戊子、庚寅（不入大炊）、辛卯、癸巳、甲午、丁酉（大炊不入）、己亥（同）、庚子（如何）、壬寅、癸卯、甲辰、乙巳、丙午（伐盗大炊不入）、己酉（同）、庚戌（同）、辛亥、壬子、甲寅（伐盗）、乙卯（同）、丙辰、丁巳（伐盗）、癸亥（同）、例（庚申有例歟、）、乙丑、庚午、戊寅、己卯、乙未、丁未、己未、

大炊御門家説

重明以下四親王及び長明・時明親王元服

又可避執・破・収・閇日也、
忌日、帰忌、往亡、道虚、延喜廿一十一廿四乙巳、明(重明・常明・式明・有明)四親王加元服、延喜三二廿四丁亥、長〔長〕明・時晴〔明〕両親王加元服、年五十四、晦、八龍、七鳥、九

堀河院・醍醐天皇・陽成院元服

虎、六蛇、厭対、可除歟、伐日、寛治三正五丙子堀川院、十一、寛平九七三丙子、醍醐天皇受禅、十三、坎日、元慶六正二乙巳、十二月節也、陽成院、十四、

百忌暦

百忌暦云、庚寅日婚冠凶也云々、戊戌孔子死、丁巳葬、五千氏月云、十月不加冠、依陽絶

□

紀延方・寛明親王着袴、源宗光・文徳・村上天皇・冷泉院元服

丑日、不冠帯、不帰故郷父失兄弟、康保元八廿二乙丑紀延方、延長二〔三〕八廿九己丑、弘徽殿親王(寛明親王)始着畢、

辛日、不上頭、無身食云々、応徳元六廿三辛卯、左府御子源(源後房)宗光、承和九二十六辛巳、文徳天皇御子十六、天慶三二十五辛亥、村上天皇十五歳、親王、応和三二廿八辛亥、冷泉院十四、春宮、治承元十二九、

執日例、治承元十二九甲午、執日、東宮若宮、閇日、町尻殿、可避執・破・収・閇日也、

(14ウ)

天子諸侯の元服吉日

伐盗日、冠帯不吉、戊辰、戊戌、己丑、丙午、壬子、甲寅、乙卯、丁巳、己未、庚□〔申〕、辛酉、癸亥、

天子諸侯、正月甲子若丙子為吉日、可加元服、

又有閏月之年元服無忌之由、保憲(賀茂)所勘置歟、

暦例

加冠孟仲月用上次吉、暦例、

宿曜経

宿曜経、昴宿、冠帯吉、理髪鬢不宜修理鬢髪、鬼宿、修理鬢髪、着新衣等吉、心宿、宜修理鬢髪、女宿、穿其〔耳〕、理髪吉、

輔仁親王元服

六月例、後三条院第三御子輔仁親王、寛治元六二日壬午、御元服、応徳元六廿三日辛卯、

源宗光元服

源宗光、左府（源俊房）御子辛日例歟、承保二六廿五乙卯、着袴、三位（藤原宗俊カ）中将殿上大殿北政所歟、

五月例、藤（マヽ）舒応和三五四乙卯、元服、

又三・七・八月例多、

○十五、入学日吉凶　付奏書日吉凶

宅撓経

皇帝五姓宅撓経、寅日不施行書、

暦例

入学、孟仲月丁・開・成日、注出暦例、　丙日不書疏頑不開、倉頡以丙寅死、

倉頡死日入学事を忌む

（15オ）倉頡以丙寅死、勿以此日入学事、書疏頑不開也、

学問始入師良日

寅、申、巳、亥、直、建・成・開皆吉、

堪余経

忌、満・閉・破日不利、学凶、収日書学吉、出堪余、丙寅入学凶、倉頡死日、不読書、

孔子死日入学は凶と百忌暦にあり

丁未入学凶、又云、孔子死日、不教書、　出百忌暦、

初児入学良日、寅・巳、直、建・成・開日大吉、

直云、正・三・五・七・九・十一月、丑・未、二・四・六・八・十・十二月、辰・戌、　是也、

暦例

拝官、拝表、上書、開授、昇壇、臨官拝謁上封、並同用上吉日、出暦例、

「内奏文書忌、六壬・六丙・五寅・五酉日不利、凶、

群忌隆集

「壬不奏書主凶、出群忌、家〔賀茂〕栄云、壬日不奏書、後必有訟、有凶殃、」

百忌暦

(15ウ)「巳日不奏書、二人俱亡、「孔子死日庚子生、「百忌暦云、戊戌死丁巳□〔葬カ〕左伝□書籍説多々、

大外記師元の説

或己丑・乙丑、「大外記師〔中原〕元申云、己丑為多説、孔子死日戊戌・乙丑・丁未□

月令

「孔子世家孔子年七十三以魯哀公十六年四月乙丑卒、月令云、夏小正月丁□万物用入学、

〔 〕十六、「出行吉日　打向太白方可避歟、同付乗船日、

甲子、「丙寅、近代用之歟、丁卯、「己巳、近代用之歟、辛未、甲戌、庚辰、壬午、戊子、

庚寅、「辛卯、近代用之歟、上二八不入、甲午、戊戌、戊日或書云長□〔若カ〕云々、庚子、壬寅、癸卯、甲辰、「丙午、近代用之歟、

丁未、「庚戌、近代用之歟、甲寅、丙辰、己未、

四不出日
賈誼雑要暦

「四不出日、壬子・戊午・乙卯・辛酉、此日出行必死、此四不出日者、賈誼雑要暦定歟、

「今案、□〔十カ〕死一生也、忌遠行、往亡、帰忌、道虚、晦、伐、厭、々対、五墓、八龍、七鳥、九虎、六蛇、

申・酉日等忌之、

「又歳下食不可遠行、大凶、申・酉日亭主不忌歟、五離日・酉日不可還云々、」

東王父・西王母死日

(16オ)東王父丁亥日死、此日不可東行、西王母丁丑死、此日不可西行、

乗船吉日、甲子、乙丑、己巳、辛未、甲戌、乙亥、例庚辰、壬午、上不入如何、

戊子、己丑、庚寅、甲午、戊戌、己亥、甲辰、乙巳、甲寅、

戊午、四不出日如何、可計歟、己未、定・平・開・成・建、乗船吉、

忌日、乙亥、甲申、乙酉、庚辰、庚寅、辛丑、壬子、庚申、辛酉、丙・丁・癸日等忌之、

破日忌む事本文に無し

卯日不乗船、遇災殃、危日不乗船、覆没不還、破日モ不可用歟、無本文、但上辺人々破日不憚如何、

四激日

四激日、春、乙卯、夏、丙「午」、秋、辛酉、冬、壬子、遭塗役凶、

八風日

八風日、春丁巳・己丑、夏甲辰・甲申、秋辛亥・丁未、冬甲子・甲辰、正・五・九月卯、二・六・十月午、三・七・十一月酉、四・八・十二月子、不可乗船、

百忌暦

百忌暦八風日、正卯、二、丁丑、己酉、三、丁丑、己酉、四・五・六、甲辰、甲申、七・八・九、辛未、丁未、十・十一□

此八風日不用歟、

造船吉日、甲子、戊辰、己巳、辛未、甲戌、庚辰、庚寅、甲辰、□□〔庚戌カ〕、□□〔甲寅カ〕」

暦例

(16ウ)凡遠行朔・弦・望不可遠行、但与諸吉幷、無忌、出暦例、

五離日

甲申・乙酉、天地離、戊申・己酉、人民離、丙申・丁酉、日月離、庚申・□□〔辛酉〕□□□〔金石離〕

壬申・癸酉、江河離、此五離日不可行、申日不可去、酉日不可還、

五合日

甲寅・乙卯、天地合、丙寅・丁卯、日月合、戊寅・己卯、人民合、庚寅・辛卯、金石合、壬寅・癸

卯、江河合、此五合日宜百事大吉利、

群忌隆集

今案、群忌曰、五離不可遠行、百事皆凶、五合日可遠行、百事大吉云々、

東王父・西王母・河伯死日

異説、辰日有憂喜、巳日銭財倶亡、又云、逢虎狼不善、亥日不可入千里不還、東王父丁亥日死、不可東行、西王母丁丑日死、不可西行、河伯以庚申日死、此日不可臨水、

天三殺日、庚戌、壬戌、辛亥、庚辰、辛巳、丁亥、不可遠行、不得還也、

五不帰忌日、庚申、壬申、庚戌、辛酉、己亥、不可遠行帰家、

四激日、春乙卯、夏丙丁、秋辛酉、冬壬子、遭塗役凶、

〔 〕十七、造治乗車日　輿同之歟、」

奚仲死日は忌む

（17オ）

奚仲以庚寅日死、或庚子、不可乗治車船、必凶、

造乗新車良日、戊巳日可猶予歟、又辰・戊日・甲子聊可猶予歟、

寅・巳・亥・子・午・丙・丁・壬・癸日等吉、

群忌隆集

卯・酉・辰・戌・庚・辛・戊・巳・執・破・危・除・閇、皆凶、不利、出群忌、非新造者強不忌哉、

後嵯峨上皇今

五月事、建長元四廿二癸亥、上皇（後嵯峨）御幸始今出川殿、大宮院（藤原姞子）御産所也、新造忌之、調立古

出川殿へ御幸の際新車を忌み古車を調立

車、雖為五月節中、不可憚之云々、在清（賀茂）択申之、去年御車乗始ハ新造□（ヲカ）在尚（賀茂）雖為五月節中、申不可憚之由、択申云々、御乗始日、御牛童於御所御出刻限、忽被処御牛畢、御牛ヲハ在清（賀茂）給之、

執日は新車に乗らず

執日不可乗新車、尚書説、五行備問云、甲不作車、甲日又忌之、

師曠死日は音楽を忌む

○十八、音楽日吉凶　師曠以乙卯日死、此日不可作音楽、一経云、辛卯日死、出尚書、

群忌隆集

吉日、甲辰、乙巳、丙辰、丁巳、天生人日也、利為吉事也、

忌、庚戌、辛亥、壬戌、癸亥、天殺人日也、不利勧楽、行罰大凶、建日可歌舞、　閉日、不可以歌楽、出群忌、

会客日、寅日不会客収弘衆、申日不取弘衆内客、酉日不会客、」

（17ウ）帝臨、正月上午、二月上亥、三月上申、四月上丑、五月上戌、六月上卯、七月上子、八月上巳、九月上寅、十月上未、十一月上辰、十二月上酉、

尚書暦

臨日、正月午、二亥、三申、四丑、五戌、六卯、七子、八巳、九寅、十未、十一辰、十二酉、出尚書暦、忌音楽、

○十九、献物日吉凶

「内奏奉献貢人物良日、甲子、甲寅、甲午、甲辰、戊子、戊辰、丙寅、丙辰、己丑、戊午、
己未、皆吉、

群忌隆集
「忌日、丙子、丁亥、戊寅、己卯、庚午、癸未、甲申、乙酉、壬戌、癸亥、壬辰、癸巳、癸
未、癸丑、「庚五酉皆凶不利、出群忌、

群忌隆集
〔一〕廿、出納財物吉凶　「五月庚辰日、不可与他人財物、令人家貧也、又得財家大吉、出群忌、

暦林
又此日与一人一銭後得百倍也、在暦林、
「甲日不開倉、銭財亡、又不内〔納〕金器、害家主、乙日不内〔納〕金銭、主人凶、不内〔納〕財、財不茂、
「庚日不出倉銭、家不祥、「丑日不納銭財、家不昌、「正月庚日与一銭財為得万、
「又云、八月辰日出一銭後得千銭、又云、亥日又如此也、「又云、壬不出、癸不入、

納財吉凶日
「内〔納〕財良日、甲戌、丙午、丙寅、戊寅、庚辰、癸巳、己巳、内〔納〕財大吉、
「内〔納〕財忌日、春甲・乙・寅・卯、夏丙・丁・巳・午、秋庚・辛・申・酉、冬壬・癸・亥・子、
「月殺日、丑《正》、戌《二》、未《三》、辰《四》、丑《五》、戌《六》、未《七》、辰《八》、丑《九》、戌《十》、未《十一》、辰《十二》、」
（18オ）
「別説云、出財壬子忌之、癸未可入吉日、

五貧日
「五貧日、寅《正》・申《二》・巳《三》・亥《四》、寅《五》・申《六》・巳《七》・亥《八》、寅《九》・申《十》・巳《十一》・亥《十二》、

一云、壬寅日内〔納〕財、買償賜皆凶、
又受寄、又戊申・戊寅・癸亥、不内〔納〕財幷及受寄、

出財吉凶日

出財良日、辛卯、丁卯、壬申、丁酉、辛巳、壬子、丁巳、辛未、壬寅、丁亥、
辛酉、壬戌、癸未、満・成・収・定日、皆大吉、

群忌隆集

出財忌日、戊寅、戊午、壬午、壬午〔マヽ〕、丙辰、戊戌、忌出財、
又云、甲申、壬申日、或作午、不可開倉、此日銭財相離、不開庫蔵、凶、出群忌、

出内〔納〕財凶、五貧日、正・五・九月子、二・六・十卯、三・七・十一午、四・八・十二酉、又五貧日、正寅・二申・三巳・四亥、々・々・々・
々、々・々、〔々々〕

恵与人物吉凶、春午、夏酉、秋子、冬卯、此日与一人物得十報、
又戊寅、庚寅、壬子、己酉、辛卯、癸卯、是又同、

〔 〕廿一、出納奴婢日吉凶

出内〔納〕奴婢良日、乙丑、乙亥、丙子、丙辰、甲辰、甲戌、己未、戊子、壬癸、癸巳、辛丑、
甲午、乙未、丁丑、庚戌、己亥、皆吉、

出内〔納〕奴婢忌日、甲申イ、乙酉、庚申、辛酉、建、除、開、皆忌、一云、壬午、丙午、丁巳、

癸巳、凶、」

(18ウ)一云、月二日、四日、七日、八日、十六日、廿四日、此日不可以内〔納〕奴婢及六畜死亡也、

〔 〕廿二、出内〔納〕馬牛日吉凶　　或本、治馬病吉日、戊子、己丑、丙辰、丁卯、

「春、力組亥子、勾絞申酉、「夏、力組寅卯、勾絞戌亥、「秋、力組巳午、勾絞寅卯、「冬、力組申酉、勾絞巳午、此日等重忌之、入一亡千、重忌之、

「馬出納良日、甲子、甲辰、乙巳、乙酉、乙亥、己丑、乙丑、己未、庚申、辛丑、壬戌、
癸巳、癸丑、丙午、丁未、己巳、辛未、丙子、
以此日内〔納〕馬、大富利、必成群、又酉日内〔納〕馬、大富利、必成群、

「馬出納忌日、甲午、甲申、甲寅、乙卯、丙辰、丙寅、丁巳、戊午、戊戌、戊申、庚子、
庚午、庚寅、辛亥、壬寅、丙・丁日、

相馬経

不可内〔納〕馬、不出年人及馬皆凶、出相馬経、

※「治馬良日、戊子、癸丑、癸巳、庚寅、辛卯、戊辰、丁酉、丁丑、壬寅、壬戌、□〔大カ〕吉、
(頭書)「□〔戊カ〕子買馬、□〔己カ〕丑日乗之、□不他□」

尚書暦

「治馬忌日、午・寅・丙・丁、乙卯、辛亥、壬・癸、戊戌、不可治馬、凶、出尚書暦、

「内〔納〕牛良日、丙寅、丁卯、甲申、庚申、戊午、戊戌、甲午、乙未、丙戌、丙午、戊辰、庚午、

尚書

甲戌、収日皆吉、

「内〔納〕牛忌日、庚戌、壬申、乙丑、壬辰、癸丑、丑日買牛、主殺死、

一云、凡牛□、出尚書、」

(19オ)
「牛買吉、正月五月戊寅日、買一牛、百倍富利、

一云、甲寅、壬子、丙辰、吉、

「牛鼻治良（或本書）、丙寅、吉、丁卯、大吉、戊寅、小吉、己卯、大吉万倍、壬午、吉、癸未、吉、辛卯、吉、

壬辰、吉、癸巳、廿倍、壬寅、十倍、癸卯、十倍、

〔 〕廿三、種樹日吉凶　付四方四角種樹法

斉民要術

有閏年、有栽樹、児不利云々、出斉民要術、

五姓図

「吉日、戊辰、戊寅、庚辰、己卯、五姓図云、以伐日種樹、人家数減子口、

忌日、乙・戊、又巳・午・酉・戌・子・戌（マヽ）、乙日不種樹老不秀、尚書云、千歳不長、

「伐（木）忌日、甲・己、春甲・乙、夏丙・丁、秋庚・辛、冬壬・癸、種樹「凶」、

「種樹良日、戊辰・戊寅日、樹生万倍、一云、直、収・成・満・平・定、「大吉」、

一云、巳・午・子・酉・丑日、不可種樹云々、生人死、凶、

群忌隆集　又云、忌天季日、出群忌、

大史百忌暦　種樹日、庚辰・丙子・己卯、已上日種樹、合人多子孫宜□(官カ)、吉、出大史百忌暦、
忌日、乙・戊、又巳・午・酉・戌・子・丑、忌之、

宅撓経　□(宅)撓経云、人舎内秋樹、令人絶後、女婦長病　□□(安カ)宅□」

四方四角種樹法　(19ウ)種樹法、東桃、西楊、南梅、北楡、具安□(宅カ)□
艮桃、巽楊、坤桑、乾竹、

〇廿四、伐樹日

暦例　十月至十二月、午日、執日、注出暦例、

龍首経　春甲・乙日、無伐樹木、忌之、出龍首経、

大史百忌暦　伐樹日例、癸酉、丁亥、甲寅、乙卯、已上日伐樹、妨父母犯之凶、出大史百忌暦、

群忌隆集　又除・平・定・執・危日、伐木吉、出群忌、

尚書 群忌隆集　月殺、伐樹吉、出尚書、又巳日伐木、妊身傷、不利、妊婦児堕、出群忌、

〇廿五、問病弔喪日吉凶　不問弔病喪日

（20オ）

辰日は忌まずとの説あり

問病忌日、戊・巳幷辰日等甚凶、一説、不問病、壬午・辛卯・庚午・乙卯・壬寅、別説、辰日不忌習云々、

弔喪忌日、戊・巳幷辰・午日甚凶、

賀茂家栄の説

已上二ケ条可避重・復日衰日也、可有会釈歟、衰日、近代可避自身幷」妻・嫡子等衰日之由、家栄説云々、戊不哭泣、重有凶、又不視病、久受其殃、巳不問、久受殃、辰不問弔、久受殃、亦不喪哭、巳不弔人、重不行、午不弔人、反受喪、出群忌、

群忌隆集

尚書

反支日、不注不可以視病問喪弔喪□〔告カ〕言人罪名反□家執執及懸官・口舌、大凶、尚書文、

正丑・未、二酉・戌、三丑・亥、四「亥・卯、五亥・子」、六子・寅、七丑・寅、八寅・亥、九卯・亥、十辰・巳、十一巳・午、十二午・未、問病忌、

耆婆脈経

問病忌 丙午、壬寅、癸卯、乙卯、辛卯、辛酉、庚戌、此日視病忌、

一云、壬午、癸酉、出耆婆脈経、

又云、戊寅、壬午、乙酉、癸巳、壬寅、癸卯、戊申、庚戌、癸亥、問病必受、

正庚戌、二辛酉、三壬申、四癸未、五庚午、六辛巳、七戊辰、八己卯、九壬寅、伐日

十癸□子亥〔丑カ〕、十一丙子、十二丁亥、皆忌、受病必死日也、

□経抄

□経抄云、

百忌暦

百忌暦云、子・午・卯・酉・辰・戌、問喪病必代死云々、可尋本説、□〔延カ〕長八年□抄云、

壬寅・乙卯不問病日也、此六ケ日見□□□□□□必死、」

（20ウ）□〔得カ〕病必死日、正庚戌、二辛酉、三壬申、四癸未、五庚□〔午カ〕、六辛□〔巳カ〕、七戊□〔辰カ〕、□□□〔八己卯カ〕、

九壬寅、十癸丑、十一壬子、十二癸亥、

生死を知る法

又云、正、戌、二、酉、三、申、四、未、五、午、六、巳、七、辰、八、卯、九、寅、十、丑、十一、子、十二、□〔亥〕、□定業受病死日也、

凡病□生死知法、面黄目内赤定生、面赤目内白定死、面目同白生、面目同黄色死、面黄目黒死、面黒目内青死、面目青生、

或本云、男女得病必死日、男戊辰、癸亥、女戊寅、癸巳、

群忌隆集

（　）廿六、着新衣服良日

戊辰、壬申、乙酉、丁酉、甲辰、乙巳、己酉、丙午、戊午、吉、

忌、執、収、危、同不利、出群忌、

癸日不濯洗衣、有凶、

（　）廿七、造治兵杖日

庚・辛日は大凶と孫子兵法にあり

「諸庚・辛日不可治及船本マ、(兵脱カ)大凶、出孫子兵法、」

(21オ)
「治刀鎧良日

「戊辰[不審]、壬申、癸酉、戊寅、己卯、壬午、戊子、己丑、「壬辰、癸巳、壬寅、癸卯、戊申、
己酉、壬子、戊午、癸丑、

尚書暦

「忌日、甲・乙・庚・辛日凶、又忌伐日、自刑之日及自傷之忌、酉日不買兵□(仗カ)、及自傷、癸
日不可用兵、尚書暦文、甲日不治兵仗、及自害、亦不鍛□□不中鍛兵所傷之□、辛日不鍛鉄、
兵所傷、亦不鍛

「帯金刀刃鉄良日、巳、午、辰、戌、未、子、亥、丙、丁、戊、己、壬、癸、皆吉、

「忌日、寅、卯、丑、申、酉、甲、乙、庚、辛、凶、

「治刀鎧良日、壬子、癸丑、壬寅、癸卯、壬辰、癸巳、壬午、壬申、癸酉、戊巳(マヽ)、子丑(マヽ)、戊
午、戊辰、戊寅、戊申、己卯、己酉、皆吉、

「忌、甲・乙・庚・辛、凶、

群忌隆集

「諸作兵器兵仗、甲□(乙カ)日及自害、亦辰・午・酉・亥・自刑之日及自傷之忌也、
甲乙日不内(納)金器兵仗、害主人、出群忌、

大神宮造御鎰日時を勘申

「造御鎰日時、例、承暦三三二辛未、被撰大神宮御鎰日時、道栄(賀茂)・道(賀茂)□(言カ)

之□日不造金器幷兵仗具、又□□□忌□□之□

雑物売買の吉凶日

（21ウ）
〔　〕廿八、売買雑物日

戊日不買田、苗不長、癸日不買履、見怪殃、子日不買釜、必死、
巳不可市易、損牛羊、申日不買席、鬼上床、酉日不買兵、及自傷、
戌日不買物、不保即亡、甲寅、乙卯、買一為百、売一亡十、甲辰、丙辰、壬辰、丙寅日、買一得十、売一亡万、
買一得十、売一亡万日、乙丑、丙寅、甲寅、乙巳、辛未、庚戌、甲辰、丙辰、□〔戊カ〕子、庚寅、

群忌隆集

癸巳、乙卯、丁酉、此日不可内〔納〕財物也、出群忌、

〔　〕廿九、着妊者帯吉日

甲子、春忌、丁卯、甲戌、庚辰、壬午、戊子、辛卯、甲午、庚子、秋忌、癸卯、甲辰、丙午、

藤原璋子着帯の例

庚戌、壬子、崇徳院例 冬忌、乙卯、丙辰、戊午、満・平・定・成・開吉、収日近代用之、待賢門院例□〔藤原璋子〕

先に合点方を用う

向吉方、天道・天徳・月徳・生気・月空・養者等方吉歟、先此合点方可用歟、不合期之時可撰他方、

賀茂在清の撰申

着帯在清〔賀茂〕撰之、
産向方、正月、巽無、丙辛天道、癸人道、　二、巽天道□以〔後カ〕□有憚、丁無、辛無、癸酉、　三、丁無、庚天道、乾無、天徳、　四、乙人道、庚癸天道、

五、甲無、乙同、巽人道、辛同、　六、甲天道、乙無、巽同、辛無、壬人道天徳、　七、乙天道、乾無、壬癸人道天道、　八、乙無、庚同、癸無、」

九、甲人道天徳、　丙、天｜、天｜、　丁、無、　癸、酉、　十、甲乙丁、　十一、乙丁辛乾、　十二、乙丙坤、辛乾、

藤原良実御台所御祓

貞永元四十六丙寅、収日、中納言中将良実（藤原）御台所、件日始御祓之時家習トテ不進勘文、在清（賀茂）是誠先例歟、

壬子日崇徳院御着帯日

「壬子日事崇徳院御着帯日云々、中宮藻壁門院（藤原竴子）也（之カ）御着帯、召在継（賀茂）被召問之処、

在継・国道藤原竴子御着帯日を撰申

四月二日壬子、成日、撰申了、而□（国カ）道（安倍）申崇徳院例、四月廿七日丁丑、成日・厭対日・帰忌日等也、撰申畢、大治元三十一丁丑、収日、保安元年三十九己未、復日・月殺日、土用事建日幷満日無日次之時可尋例歟、

産婦の向く方位と座す位置

※「」卅、産事法「産婦向面吉方、正南、二西、三北、四西、五北、六東、七北、八東、九南、十東、十一南、十二西、不向日遊所在也、

乳法、正月、産婦面向於南、以左膝着丙地座、大吉、

二月、産婦面向於西、左右膝着庚地座、大吉、

三月、産婦面向於北、以右膝着壬地座、大吉、

四月、産婦面向於西、以左膝着庚地座、大吉、

五月、産婦面向於北、以右膝着癸地座、大吉、

六月、産婦面向於東、以右膝着甲地座、一云、乙方吉、大吉、

日遊神所在

癸巳、甲午、乙未、丙申、

丁酉、北宮、戊戌、己亥、

庚子、辛丑、壬寅、南宮、

癸卯、西宮、甲辰、乙巳、

丙午、丁未、戊申、東宮、

七月、産婦面向於北、以左右膝着壬地座、大吉、
八月、産婦面向於東、以左膝着甲《一云、乙地、》地座、大吉、」
九月、産婦面向於南、以左膝着丙《一云、丁地、》地座、大吉、
十月、産婦面向於東、以右膝着甲地座、大吉、
十一月、産婦面向於南、以右膝着丁地座、大吉、
十二月、産婦面向於西、以左膝着辛地座、大吉、

（22ウ）

日遊の在する所を避くべし

可避日遊所在、
（頭書）「癸巳、甲午、乙未、丙申、丁酉、北宮、戊戌、己亥、庚子、辛丑、壬寅、南宮、癸卯、西宮、甲辰、乙巳、丙午、丁未、戊申、東宮、」

産婦借地文

産婦借地文
東借十歩、西借十歩、南借十歩、北借十歩、上借十歩、下借十歩、壁方之中四十余歩産婦借地恐有穢汚、或有東海神王、或有西海神王、或有南海神〔王脱カ〕、或有北海神王、或有日遊将軍、白虎夫人横去十丈、軒轅招揺挙高十丈、天狗地軸入地十丈、急急如律令、

暦林記載の借地文作法

暦林云、入所日《入月一日》百、即写一本、読誦三遍、訖帖於所居北壁正中、

反支は昔は陰

反支事、反支者昔ハ陰陽道沙汰歟、而吉平（安倍）□（不）婿之故付医道、以後医道申次之由、古人談之、

陽道沙汰、安倍吉平以後医道中次との説
大歳反支

「年立子十三（マヽ）十五、反支在申、七月産忌、　年立丑十四（マヽ）十六、在酉、八月忌、　年立寅十五（マヽ）十七、在戌、九月忌、　年立卯十六（マヽ）十八、在亥、十月忌、　年立辰十七□□、在子、十一月忌、」
（23オ）
年立巳十八（マヽ）廿、在丑、十二月忌、　年立午十九、在寅、正月忌、　年立未廿、在卯、二月忌、　年立申廿一、在辰、三月忌、　年立酉廿二、在巳、四月忌、
年立戌廿三、在午、五月忌、　年立亥廿四、在未、六月忌、　已上当年数反支、大歳反支也、

本命反支

□〔子年〕生女、反支正月産忌、　亥年生女、二月忌、　戌年生女、三月忌、　酉年生女、四月忌、
申年生女、五月忌、　未年生女、六月忌、　午年生女、七月忌、　巳年生女、八月忌、
辰年生女、九月忌、　卯年生女、十月忌、　寅年生女、十一月忌、　丑年生女、十二月忌、
已上本命反支、

行年反支

※「年立寅、反支辰戌五月産十死、五月忌、立卯、四月忌、　立辰、三月忌、　立巳、二月忌、　立午、正月忌、　立未、十二月忌、
立申、十一月忌、　立酉、十月忌、　立戌、九月忌、　立亥、八月忌、　立子、七月忌、　立丑、六月忌、

暦林の記載

已上行年反支、暦林女人年立反支位ト書載之、
（頭書）「「行年反支也、以大歳支加本命支、伝送所臨及反支月、□□（仮令カ）巳年人大歳卯ナラハ、以大歳卯加本命加本命（マヽ）也、伝送臨戌、
仍□也、」

藤原良実御台所御産行年

「嘉禎三丁酉五廿五、右府良実（藤原）御台所、御産御行年寅十六也、有沙汰、俊宗（賀茂）・晴継（安倍）・在宣（賀茂）可
定也、申之医師親成（和気）歟、同忌云々、定保（賀茂）強非重忌之由申畢、

日反支

「日反支、子丑朔、六日産忌、寅卯朔、五日忌、辰巳朔、四日忌、午未朔、三日忌、申酉朔、二日忌、戌亥朔、一日忌、
守道（賀茂）申云、反支雖多重可忌之由、已以□（明カ）也、」

（23ウ）「反支、正・七・二・八、三・九・四・十、五・十一・六・十二、正・七・二・八、三・九・四・十、五・十一・六・十二、

「婦年十三、行年在庚申、十四、在己未、十五、十六、十七、十八、十九、廿、廿一、廿二、廿三、廿四、廿五、廿六、廿七、廿八、廿九、卅、卅一、卅二、卅三、卅四、卅五、卅六、卅七、卅八、卅九、卌、四十一、卌二、四十三、四十四、四十五、卌六、卌七、四十八、卌九、

暦林の記載

「勘文云、反支注多々、此反支許重可忌云々、暦林云、年立成位ト書載之、
件反支当産者、尤凶也、可産厚敷之不散血之故也、但近来強不忌歟、

暦林
反支は周り来りて人を害す

暦林云、反支者周来害人、名曰反支、若産乳婢〔婦〕人犯者十死、不可不慎、婦人産乳若値反支月者、当在牛皮上若灰上、令汚水血物着地之者、則殺人、又□（浣カ）濯皆以器盛之、過此忌日乃止、凡有七天反支・地反支・年反支・行年反支・五行反支・□

子母秘録

三反支合産十死、出子母秘録、

「□□初受気法

霍氏

□□〔正月〕□、二月有血脈、三月作胎、四月形体成、五月振動、六月筋骨立、
七月□□生、八月蔵府具、九月穀気会、十月神備能生、出霍氏、
□時、先以朱砂点婦頭後宛々中点鼻□間、
□時、北者利闍羅抜陀耆利闍羅呵娑婆可、」

『陰陽吉凶抄』解題

はじめに

本書は様々な日の吉凶を集成した陰陽道書である。外題に「陰陽吉凶抄」とあるのみで、奥書等もなく、その成立・伝来等の詳細は不明である。ただ引用されている勘例から鎌倉中期頃の成立と推測される。本書には多くの勘例が引かれ、その一部は東京大学史料編纂所編『大日本史料』等に収載されるほか、陰陽道の研究(1)において部分的に引用される程度であり、その全面的な翻刻はいまだなされていない。ここに全体の翻刻を示し、成立時期や著者、内容上の特徴など若干の解題を述べてみたい。

一、概　要

本書は東京大学史料編纂所に所蔵される全一冊の陰陽道書である(函架番号貴―二七―三)。書名は、新補表紙の外題「陰陽吉凶抄」とあるのによったものと思われる。装幀は縦三一・七cm、横二五・一cmの袋綴、原表紙及び内題はない。本文二十三丁で、全面に天地と縦に十二本(十一行)の押界線が引かれている。編目名には朱筆の丸点を冠し、随所に朱筆の合点が見られる。編目は三十条で、それを列挙すると次の通りである。

一、行雑事吉日／二、三宝吉日／三、神吉日／四、犯土造作条／五、作竈法・竈口首向法／六、造治門戸法／七、造治井法／八、造治溷廁日吉凶／九、立倉吉日向倉方／十、安床帳吉凶／十一、造厩法／十二、移徙法／十三、嫁娶条／十四、加冠日吉凶／十五、入学日吉凶 付奏書日吉凶／十六、出行吉日／十七、造治乗車日／十八、音楽日吉凶／十九、献物日吉凶／二十、出納財物吉凶／二十一、出納奴婢日吉凶／二十二、出納馬牛日吉凶／二十三、種樹日吉凶 付四方四角種樹法／二十四、伐樹日／二十五、問病弔喪日吉凶／二十六、着新衣服良日／二十七、造治兵杖日／二十八、売買雑物日／二十九、着妊者帯吉日／三十、産事法

現在のところ本書の写本は確認されていない。しかし本書が原本であるかどうかは、次のような諸点が見られることからなお検討を要する。すなわち①所々に誤写とおもわれる箇所（十二丁裏承元を承久と誤写等）や傍書・貼紙による字句の訂正がみられる。②九丁裏に「此字消不見」の傍書がある。③十三丁表に「陰陽不将日嫁娶吉」を重複して記し、一方を抹消している（十四丁表の「治承元年十二九」等も同様）。④六丁裏「罠〔栽カ〕地本マ、」や二十丁裏の「船」の傍書「本マ、」などのように、判読できない文字や脱字がある箇所には「本マ、」「本」の割注や傍書がみられる。⑤二十一丁表の治刀鎧良日として挙げる「戊辰」の右に朱筆で「不審」の傍書がある。このうち①～④はいずれも書写の際に起こりうるものであり、引用書から抄出した際のものか、或いは親本からの転写の際のものか二つのケースが考えられる。しかし、①③④が特定の箇所に集中的に見られるものではなく、本書全体に散在しているということは、本書が原本ではなく、親本からの転写本である可能性が高いことを示すものと言えよう。また、⑤は類書等との校合の際に加筆されたものと思われる。書写年代については不詳であるが唯一の古写本として貴重である。

二、本書の成立

本書の成立時期を考えるのに参考になるのは、本文中にみられる勘例と人物である。

まず、本書の成立時期であるが、引用される多くの吉凶日勘例の内最も新しい年紀を持つのは「十一、造厩法」にみえる賀茂在清撰申の建長五年（一二五三）八月二十六（八）日後嵯峨上皇御幸の例である。このほか建長年間の年紀には建長元年（十七、造治乗車日）、同三年（四、犯土造作条）、同四年（六、造治門戸法）がみえる。また、「十二、移徙法」に先例として引かれる承元五年（一二一一）正月二十八日壬子の例に「今上自大内裏遷幸龍口殿」とある。『猪隈関白記』同日条からこの「今上」とは順徳天皇であることがわかる。つまり、本書は順徳天皇を「今上」と記し、建長五年までの勘例を載せていることから鎌倉中期に成立した陰陽道書と考えられる。

次に本書の著者であるが、残念ながらそれを明確に示す記載は見られず、著者不明とせざるを得ない。しかしながら本書で引用される書や説の中に、「保憲抄」・「故主計頭殿本」（陰陽雑書）・「在清抄」や「家栄説」・「宣平説」など賀茂氏に伝わる書や家説が多いこと、引用される勘申例も賀茂氏の人物によるものが圧倒的に多いことなどから、賀茂氏の人物によって作成された陰陽道書と見なすことができよう。さらに著者を絞り込むために、本文中にみえる安倍氏と賀茂氏の人物（血縁関係等の詳細は第四章『医陰系図』を参照）を検出してみると次のようになる。

〈安倍氏〉

吉平、宗明、晴忠、広基、泰忠、資元、良光、忠光、国道、忠俊、晴宗、晴継、晴平

〈賀茂氏〉

保憲、光栄、守道、道言、成平、道栄、光平、宗憲、家栄、宣憲、在宣、宣平、俊宗、在親、在俊、在継、定保、在友、在尚、在清、在盛

結果は安倍氏が十三名、賀茂氏が二十一名と賀茂氏の方が多く、このことは賀茂氏によって作成された書との推定を補強するものと思われる。注目したいのは、在宣をはじめ、その子在親・在俊・在継、孫の在友・在尚・在清・在盛など「在」を通字とする一群が目立つことである。引用されている勘例の下限が建長五年であることからすれば、年代的には在清・在盛等の世代か、若しくはその子息の代あたりの人物が、本書の著者である可能性があろう。

三、内容上の特徴

まず引用書は次の通り。数字は引用度数を示す。

〈中国の書籍〉

群忌隆集（「群義」）〈29〉、新撰陰陽書〈5〉、霊宝経、抱朴子〈2〉、尚書〈8〉、舎宅図〈3〉、尚書暦〈7〉、（皇帝五姓）宅撓経〈2〉、陰陽宅図、賈誼雑要暦〈2〉、（大史）百忌暦〈8〉、暦例〈7〉、相馬経〈2〉、宅経、堪余経〈2〉、沖和子玉房秘決、五千氏月、宿曜経、月令、五行備問、斉民要術、五姓図、龍首経、耆婆脈経、孫子兵法、子母秘録、霍氏

〈日本の書籍〉

故主計頭殿本、保憲抄〈2〉、和字暦、□〔延カ〕長八年□抄、暦林〈7〉、在清抄

〈不明〉

或雑書、□経抄

中国の書籍では、『群忌隆集』が特に多く引かれているのが目をひくほか、『耆婆脈経』、『子母秘録』などの医書を引いているのが特徴といえよう。ちなみに両書は丹波康頼撰『医心方』にも引用されている。

日本の書籍の内「故主計頭殿本」であるが、「一、行雑事吉日」の編目に位置し、本文中では「庚戌・癸亥日、故主計頭殿本不レ入レ之、如何」とある。本書に先行する陰陽道書で「庚戌・癸亥日」を行雑事吉日に入れていない書としては、現存するものでは、元暦元年（一一八四）に安倍泰忠が書写したことが知られる『陰陽略書』と賀茂家栄撰の『陰陽雑書』がある。(2) 両者を比較してみると体裁は後者にほぼ一致する。著者家栄は主計頭を歴任していることからすれば、「故主計頭殿本」とは、賀茂家栄撰『陰陽雑書』と考えるのが妥当であろう。現に本書はその影響をかなり受けており、例えば「三、神吉日」に引かれる勘例は、一例を除きすべて『陰陽雑書』に収載されている。この他「家栄朝臣抄出」（十二、移徙法）、「家栄云」（十五、入学日吉凶）、「家栄説」（廿五、問病弔喪日吉凶）とある箇所の記述も同書からの引用とみられる。

また、「在清抄」なる書が見られる。賀茂在清の著作と考えられるが、現在のところその存在は確認されていない。本書「廿九、着妊者帯吉日」の「着帯在清撰之」として列挙される吉日は、『陰陽雑書』にも見えず、あるいは「在清抄」なる書からの引用であろうか。在清は鎌倉時代の陰陽道官人で、父は在継。弘長から弘安の初め頃にかけて陰陽頭として記録(3)などに散見するほか、京都府立総合資料館所蔵の若杉家文書中に「賀茂在清置文」がある。在清の直系五代後の在方は『暦林問答集』を著した人物として知られ、その男在貞に至り、勘解由小路家を称するようになる。在貞の男在盛（本書にみえる「在盛」とは別人）は日記『在盛卿記』(4)を残し、『吉日考秘伝』(5)を著した人物として著名である。このように在清の系統は、室町期には賀茂氏の主流勘解由小路家を形成していくのである。本書には在清の名が数カ所みられ、著者との関係が注目されるが、現段階では手がかりがなく不明とせざるを得ない。ただ先述したように、著者は在清と同世代もしくは次世代あたりの人物と思われ、想像を逞しくするならば、「在清抄」を容易に見ることができる立場の者（例えば近親者等）であるかもしれない。

引用書以外で内容上注目しておきたいのは七丁裏の「勘解由小路・大炊御門四火日強不忌之云々」との一文である。「勘解由小路・大炊御門」とは居住地にちなんだ家号と考えられ、共に陰陽道に関わる家であることは容易に推測できる。勘解由小路家は室町時代に賀茂在貞が称すことになるが、本書成立頃にはすでに後の勘解由小路家へつながる賀茂氏の一流がそこに居住していたものと推測される。一方、大炊御門家は不明であるが、同家の説はこの文以外にもみられる。例えば七丁裏の治竈吉日として挙げる「甲戌」の割注「大炊入之、八月事家々説不同歟」や、十四丁表の加冠吉日として挙げる干支の傍書「不入大炊」「大炊不入」等である。こうした引用の仕方からすると、大炊御門家説は本書著者の依拠する説とは異にするものであることがわかる。それでは大炊御門家は安倍氏・賀茂氏どちらなのであろうか。参考になるのは、同じ七丁裏に「群忌隆集」の説を挙げた後、「四火日者但不憚之輩在之歟、両家説各別歟、用捨可依時歟」と記し、続いてこれを忌まずとする賀茂道言の勘申例を挙げる一文であろう。この四火日を憚らない輩とは、前に挙げた勘解由小路家・大炊御門家、勘申例を挙げる賀茂道言、さらに八丁裏で四火日について憚りなしを申す賀茂宣憲・宣平親子などが該当し、主に賀茂氏において用いられた説と考えられる。とすると史料中の「両家」とは安倍氏と賀茂氏を指すと考えるのが妥当であり、四火日を憚らない賀家説とそれを忌む安家説があり、本書著者は時によって用捨すべきかと記している。したがって四火日を憚らないとする大炊御門家は賀茂氏の一流である可能性が高い。具体的にどの一流なのかは現段階では特定できないが、賀茂氏内部で家説に異同がある様子が窺え興味深い。

最後に他の陰陽道書との関係について触れておきたい。類似の書としては、前述『陰陽雑書』と、室町中期の陰陽道書である『吉日考秘伝』（賀茂在盛撰）とがある。両書は共に賀茂氏の人物によって著された書であり、共通する編目・本文も多い。但し編纂方針にやや相違がみられ、前者は多くの勘例を載せているのに対し、後者はほとんど勘例を引いていない。本書はこの両書の間の時代に位置する陰陽道書であり、両書と共通する編目・本文も多々みられる。勘例を多く引いているという点で『陰陽雑書』と類似する体裁を持っており、その勘例も共通するものが多い。しかし、平安末から鎌倉中期にかけての勘例には、本書独自のものが多くみられ、これらは『陰陽雑書』を始め、本書に先行する『陰陽略書』『陰陽博士安倍孝重勘進記』にも見えないものがあり、鎌倉初・中期の吉凶日勘例を知ることができるという点で重要である。一方、編目は『吉日考秘伝』と共通する部分が多く、その編纂にあたって、本書が少なからず影響を与えていることを物語っている。あるいは勘解由小路家に本書が伝えられて、在盛によって利用された可能性も考えられる。

中村璋八氏(6)は『陰陽雑書』と『吉日考秘伝』との編目を比較し、削除された編目と新たに加えられた編目とから、各時代において社会の要求に適応した禁忌が残り、また新たに加えられていくという禁忌の変遷を読みとっている。平安末期の『陰陽雑書』、鎌倉中期の本書、室町中期の『吉日考秘伝』の三書は、成立時期が相違し、いずれも賀茂氏の手によって作成された陰陽道書である。また、天理大学附属天理図書館所蔵『承久三年具注暦』紙背文書(7)も、その全貌は明らかではないが、これらと類似する鎌倉時代の陰陽道書と見られる。したがってこれら陰陽道書の内容を比較検討することにより、陰陽道禁忌の時代的変遷等を明らかにできるものと考えられ、本翻刻及び解題がその一助となれば幸いである。

註

（1）小坂眞二「陰陽不将日について」（『年代学（天文・暦・陰陽道）の研究』大東文化大学東洋研究所、一九九六年）など。

（2）両書とも中村璋八『日本陰陽道書の研究』（汲古書院、一九八五年）翻刻所収。

（3）『民経記』嘉禄三年（一二二七）具注暦に陰陽少允として見え、『勘仲記』弘安二年（一二七九）八月十八日条に陰陽頭としてみえる。

（4）『史籍集覧』二十四に「在盛卿記」として、また『続群書類従』巻九〇九に「大膳大夫有盛記」として、それぞれ収載されている。

（5）中村注（2）著書に翻刻所収。

（6）中村注（2）著書。

（7）ここで『陰陽吉凶抄』と類似する書でありながら、あまり知られていない天理大学附属天理図書館所蔵『承久三年具注暦』紙背文書（一巻、函架番号四四五―イ四七）の概略について触れておきたい。

当具注暦は縦二九・五㎝、全長約九五〇㎝、一紙長五二・〇㎝の巻子本である。しかし、等間隔に折り目が見られることから、ある時期には折本だったと思われる。折幅は一六・〇～一七・〇㎝程度である。具注暦は、承久三年（一二二一）の暦首～十月二十六日まで残存しており、間明きはなく、一日一行で、暦上部及び下段の余白等に日記記事等を書き込んでいる。記事の内容は、泰山府君祭や代厄祭への勤仕といったものであることから、陰陽道に関わる人物による書込であることがわかる。

紙背文書は具注暦の紙背全面にわたっており、種々吉凶が記されている。裏打ち紙が厚く判読は難しいが、「・乗船吉日第五」「・立屋吉日　第十三」「・作厠吉日　第廿」「・種蒔吉日　第卅四」「・殖樹吉日　第四十九」などの編目を確認することができた。編目数は五十数条確認できる。『陰陽雑書』や『陰陽吉凶抄』と極めて近い体裁をとるものと思われる。また、表裏ともに陰陽道に関する記録が見られることから、恐らく暦面余白の日記記事と紙背文書は同一人物によって記された可能性が高い。当紙背文書は、承久三年暦を反故にして記されていることから、その後あまり時を経ない時期にかかれたものと推測される。したがって平安末期の『陰陽雑書』と鎌倉中期の『陰陽吉凶抄』の間に位置する陰陽道書であることになろう。全体像ははっきりしないが、共通する編目がみられ、興味深い史料である。

第四章　医陰系図

壬生本『医陰系図』所収「賀茂氏系図」「安倍氏系図」翻刻

凡例

一、本書の底本は、宮内庁書陵部所蔵壬生本『医陰系図』（函架番号　四一五―二二〇）を用い、東京大学史料編纂所所蔵『三条西家重書古文書』所収『医陰系図』影写本（以下三条西本と表記）を校訂に用いた。

一、両本間で文字等の相違する箇所には①②の如く番号を付し、各系図末尾に註として記した。

一、校訂上の基準は、次のもの以外、第一章の凡例と同様である。

1　注記のうち、古体・異体・略体等の文字は、正体に改めた。

2　系線はすべて朱書であり、実線で表した。

3　朱書の合点は、┃で示した。

●賀茂氏 造暦家

∴

- **吉備麻呂**　母、
  右衛士少尉下道朝臣国勝子也、
  中衛大将、中務卿、
  右大臣、従一位、① 賜吉備朝臣姓、
  元正天皇御宇入唐、
  聖武天皇御宇帰朝、
  権化大才人天文・造暦・宿曜・大算等、為吉備来朝、
  紀伝・明経・義尺・訓点等、以此公説為元祖、

●

- **泉**　母、
  左衛門督、式部大輔、左大弁、参議、正四上、
- **虫麻呂**　母、
  従四位下、②
  - **比売**　母、
    聖武天皇祖母、皇太后宮、正四上、
    淡海公室、
  - **諸雄**　母、
    正五下、少納言、
  - **田守**　母、
    播磨守、
- **円興**　母、
  大僧都、

●

- 人麻呂　従五下、左少弁、③　母、
  - 江人　従五下、出羽介、　母、
    - 忠行○　従五上、丹波権介、為峯雄子相続、　母、
- 萱草　従五下、　母、
- 忠峯　従三位、　母、
  - 弟峯　備後守、従五下、　母、
  - 峯雄　従五上、越中守、　母、
    - 忠行　従五上、陰陽博士、丹波権介、　母、
      - 保憲　造暦宣旨、穀倉院別当、暦博士、天文博士、陰陽頭、従四上、　母、
        - 光栄　造暦宣、右京大夫、大炊頭、暦博士、従四上、　母、
        - 光国　権天文博士、　母、
        - 光輔　豊前守、　母、
      - 保胤　儒学・天文・暦術・宿曜・大算諸道才人、得業生、大内記、従五上、改姓慶滋、本朝無双道心者、　母、
        - 忠順　従四上、民部大輔、方略、　母、
    - 女子　刑部卿長猷母、清和天皇寵妻、　母、
  - 直峯　従五下、壱岐守、　母、
  - 女子　貞子、掌侍、正五下、④　母、
  - 女子　松芳子、従五上、　母、
- 諸魚　従五下、中宮亮、　母、

女子 従五上、茅子、
母、

出家 法名寂心、号内記上人、

保章 能登守、文章博士、従四上、
母、

為政 策、文章博士、民部大輔、
母、

保遠 主計助、陰陽博士、正五下、
母、

資光 無官、
母、

義行 従五下、暦博士、
母、

守道 主計頭、暦博士、従四下、
母、

道清 暦博士、陰陽頭、従五上、
母、

道言 造暦宣、主税頭、暦博士、陰陽頭、正四下、
母、

光平 主計頭、暦博士、陰陽頭、正四下、
母、

守憲 権陰陽博士、陰陽頭、従四上、
母、

尚憲 従五下、内蔵助、陰陽少允、
母、

尚栄 従五下、陰陽少允、
母、

尚言 散位、
母、

行憲 散位、
母、

道平　造暦宣、主計頭、暦博士、陰陽博士、正四下、母、

成平　造暦宣、内匠頭、暦博士、陰陽頭、従五上、母、

陳経　造暦宣、権暦博士、少外記、従五上、文章博士、母、

道栄　陰陽助、権暦博士、従五上、母、

基栄　主計頭、陰陽頭、従五下、母、

保平　勘解由判官、詩仙、母、

家栄　暦博士、縫殿頭、陰陽頭、正四下、母、

憲栄　猶子、主計頭、陰陽頭、従四下、母、

基栄　陰陽師、母、

保栄　大舎人頭、暦博士、従五上、母、

成栄　母、

保家　従五上、左京亮、母、

周栄　従五下、散位、母、

守栄　大監物、従四下、陰陽助、母、

宣昌　従四下、諸陵頭、権漏刻博士、母、

繁栄　従五上、木工助、母、

有栄　従四下、陰陽権助、母、

宣栄　母、

員栄　母、

弘栄　従五上、漏刻博士、母、

宣栄　母、

宗憲　造暦、内匠頭、暦博士、陰陽頭、従四下、母、

周平　図書頭、権暦博士、従四下、母、

憲平　従四上、権暦博士、母、

定平　主計頭、正四下、権暦博士、母、

定氏　従四下、陰陽権少允、母、

在澄　従五上、陰陽少允、母、

在弥　従五下、散位、母、

家保　正四下、権暦博士、母、

定名　従四下、権暦博士、母、

定員　正四下、権暦博士、母、

- 定清　従四上、権暦博士、　母、
  - 清平　内匠頭、陰陽頭、正四下、　母、
    - 清周　正四下、陰陽頭、　母、
      - 定継　采女正、正四下、陰陽頭、　母、
        - 定有　飛騨守、従五下、　母、
        - 在永　母、
        - 定勝
          - 定職　陰陽博士、
    - 定周　陰陽頭、　母、
- 定統　陸奥権守、　母、
  - 定秀　左京大夫、正四上、陰陽頭、　母、
    - 定守　従四下、主税頭、陰陽権助、　母、
      - 定世　主税頭、従四下、図書頭、　母、
        - 定俊　豊前守、　母、
      - 定豊　母、
      - 定弘　弾正少弼、従四上、陰陽助、　母、
        - 定長　左馬助、従五下、　母、定直朝臣、
          - 定尚
        - 定康　従三位、刑部卿、⑤　左京権大夫、　母、　改秀ー、又改在ー、
          - 秀弘　陰陽権博士、
- 定材　飛騨守、漏刻博士、　母、
  - 定仲　造暦宣、大蔵少輔、　母、

- 定良　従五下、漏刻博士、母、
  - 定直　造暦宣、兵庫頭、権暦博士、母、
    - 定時　三川守、権暦博士、母、
    - 定久　母、
- 以平　陰陽少允、母、
  - 以之　母、
    - 統平　土佐守、従五下、陰陽少允、母、
      - 統保　母、

●

- 在憲　造暦宣、暦博士、主計頭、陰陽頭、正四位下、⑥　母、
  - 宣憲　暦博士、縫殿頭、陰陽頭、正四下、母、造暦宣、
    - 宣平　暦博士、陰陽頭、正四下、母、
      - 宣俊　主計頭、正四下、暦博士、母、
        - 道茂　従四下、暦博士、母、
          - 季茂　従五上、母、
        - 宣氏　従五下、修理亮、母、
          - 宣尚　従五上、陰陽少允、母、
      - 宣支　従四上、漏刻博士、母、

- 俊平（造暦宣、従四下、縫殿頭、陰陽権大允、母、）
  - 俊宗（正四下、大監物、陰陽少允、母、）
    - 俊定（正五下、陰陽少允、母、）
      - 俊秀（周防守、漏刻博士、従四下、母、）
    - 定氏（従五下、陰陽少允、母、）
      - 在澄（従五上、陰陽少允、母、）
- 道栄（従四下、陰陽少允、母、）
  - 在康（正五下、修理亮、母、）
    - 宣康（従五上、漏刻博士、母、）
      - 保平（母、）
- 憲成（従五上、漏刻博士、母、）
  - 成宣（従五上、漏刻博士、母、）
    - 長宣（諸陵頭、母、）
      - 清俊（母、）
  - 邦平（陰陽大允、従五下、母、）
  - 基成（漏刻博士、従五下、母、）

済憲
造暦宣、権暦博士、雅楽頭、陰陽博士、正四下、
母、

伊憲
従五下、漏刻博士、
母、

在経
諸陵頭、権暦博士、従四下、
母、

在賢
従五下、諸陵頭、
母、

在職
造暦宣、権漏刻博士、
母、

在臣
猶子、
母、

在宣
造暦宣、暦博士、図書頭、陰陽頭、正四下、
母、

在忠
暦博士、主税頭、陰陽頭、従四下、
母、

在親
造暦宣、暦博士、図書頭、陰陽頭、正四上、
母、

在明
造暦宣、内匠頭、暦博士、陰陽助、陰陽頭、正四上、
母、

- 在尚　陰陽権助、暦博士、正四下、母、
  - 在仲　従四上、暦博士、母、
    - 在村　母、
  - 在言　主計頭、陰陽頭、正四下、母、
    - 在遠　正四下、陰陽少允、母、
      - 保尚　母、
    - 在維　従四上、主殿助、母、
      - 在前　母、

- 在直　造暦宣、図書頭、大舎人頭、権暦博士、母、
  - 在統　造暦宣、権暦博士、権陰陽博士、母、
    - 在彦　造暦宣、兵庫頭、大膳大夫、暦博士、正四下、母、
      - 在済　造暦宣、穀倉院別当、正四下、暦博士、陰陽頭、母、
        - 在維　兵庫頭、母、
      - 在名　筑後守、大炊権助、母、
    - 在材　造暦宣、主計頭、漏刻博士、権暦博士、母、
      - 在永　陰陽博士、権暦博士、従五上、母、

- 保直　従四下、図書頭、権暦博士、　母、
  - 在臣　造暦宣、従四上、陰陽権助、　母、
    - 在千　造暦宣、大舎人頭、⑦暦博士、従四上、　母、
      - 在朝　造暦宣、図書頭、権暦博士、　母、
        - 在前　従五上、権漏刻博士、　母、
    - 在香　造暦宣、雅楽頭、暦博士、従四上、　母、
      - 在寛　図書助、　母、
- 在俊　造暦宣、権暦博士、陰陽頭、　母、
  - 在広　正五下、大監物、　母、
- ●在継　造暦宣、暦博士、大膳大夫、陰陽頭、正四下、　母、
  - ●在清　造暦宣、雅楽頭、暦博士、大膳大夫、陰陽頭、正四下、　母、
- 兼宣　玄蕃頭、陰陽博士、従四上、　母、関東、
  - 在持　正四下、陰陽大允、　母、三嶋住始、⑧
    - 在種　母、

在兼　造暦、宣、図書頭、暦博士、陰陽頭、従四上、　母、

在重　造暦、宣、織部正、陰陽権助、正四下、　母、

在氏　造暦、宣、従五上、主計権助、　母、

在茂　造暦、宣、隼人正、権漏刻博士、　母、

在梁　石見守、　母、

在雄　造暦、宣、従四上、権暦博士、陰陽権助、　母、

在豊　造暦、宣、大舎人頭、暦博士、陰陽頭、正四下、　母、

在岑　造暦、宣、主税頭、権暦博士、　母、

在忠　母、

在秀　造暦、宣、縫殿頭、暦博士、正四下、陰陽頭、　母、

在冬　造暦、宣、大膳大夫、正四上、暦博士、陰陽頭、再任、　母、

陰陽頭再任始也、

在実　造暦、宣、正四上、暦博士、陰陽頭、　母、

在富　暦博士、　母、

在弘　造暦、宣、従三位、暦博士、陰陽頭、⑨　母、

在方　内昇殿、宮内卿、従三位、暦博士、陰陽頭、⑩　母、

在貞　内昇殿、従三位、陰陽頭、宮内卿、⑪　母、

在盛　内昇殿、大膳権大夫、暦博士、陰陽頭、　母、

在栄　暦博士、　母、

- 在世　母、
- 「在言」⑫
- 在長　権暦博士、
- 在政　兵部少輔、

- 保秀　造暦宣、雅楽頭、正四下、権漏刻博士、母、
  - 在種　図書頭、諸陵頭、母、
- 在足　正四下、権漏刻博士、母、
  - 在晴　諸陵頭、母、
- 在全　大舎人頭、母、
  - 在賢　主税権助、母、

- 在益　造暦宣、玄蕃頭、暦博士、正四下、陰陽頭、母、
  - 在夏　造暦宣、大舎人頭、権暦博士、正四上、陰陽頭、母、
    - 在諸　造暦宣、采女正、従四下、権暦博士、母、
      - 在音　造暦宣、権暦博士、陰陽頭、母、
        - 在俊　従五上、陰陽権助、母、早世、
    - 在夏　采女正、権陰陽博士、母、

（造暦宣、）

- 在有（造暦宣、正五下、陰陽権少允、）母、
  - 清平（造暦宣、権暦博士、正四下、陰陽頭、）母、
- 在為（諸陵頭、漏刻博士、従四上、）母、
- 在盛（造暦宣、内匠頭、正四下、陰陽博士、権暦博士、）母、
  - 在資（造暦宣、従四下、陰陽博士、）母、
    - 在連（従五下、大学助、）母、
    - 在廉（造暦宣、雅楽頭、正四下、権暦博士、）母、
      - 在村（造暦宣、陰陽大允、漏刻博士、）母、
        - 在仲（造暦宣、権暦博士、）母、
  - 在貞（造暦宣、大膳権大夫、暦博士、陰陽博士、陰陽頭、正四下、）母、
    - 在弘（正五下、漏刻博士、）母、
      - 在任（造暦宣、正四下、雅楽頭、権暦博士、）母、
        - 保任（従五上、修理亮、）母、
    - 在文（造暦宣、権暦博士、陰陽頭、）母、
      - 在以（造暦宣、権暦博士、陰陽頭、）母、
        - 在氏　母、

在阿　造暦宣、図書頭、漏刻博士、　母、

在春　正五下、陰陽少允、　母、
　└ 在藤　造暦宣、大舎人頭、暦博士、正四下、　母、
　　├ 在並　西市正、権暦博士、正五下、　母、
　　├ 在宇　造暦宣、雅楽頭、権暦博士、　母、
　　│　└ 在康　従五上、暦博士、　母、
　　│　　└ 在能　漏刻博士、　母、
　　└ 在岡　従五下、内蔵助、

註

① 三条西本には「中衛大将、中務卿」はなく、従一位の下に「従一位始」とあり。
② 三条西本は「位」の字なし。
③ 三条西本は「左大弁」に作る。
④ 三条西本は「常侍」に作る。
⑤・⑥ 三条西本は「位」の字なし。
⑦ 三条西本は「頭」の字なし。
⑧ 底本では「三嶋佳始」とあるが、三条西本に従って「三嶋住始」と改める。因みに高松宮本も底本に同じ。
⑨～⑪ 三条西本は「位」の字なし。
⑫ 「在言」は底本になし。三条西本により補う。

●安倍氏　天文家

- **倉橋麻呂**（孝元天皇第一之皇子大彦命之後歟、左大臣、本朝左大臣始、一名仲麿、一説内麿、母、或異朝大鬼王云々、）

或記曰、仲麿者熒惑分身也、降和国輔王道、到異国能天文①陰陽、異朝人怖悪之、令禁圄而遂殺之、仍為霊鬼伏人、吉備麿渡唐之時、見異形教授天文・暦術・算計・儒書令来朝云々、仍仲丸孫葉等猶達天文伝其業云々、依之吉備来朝天文術伝当流乎、

- **益麻呂**（参議、母、贈中納言、）— **東人**（従四上、治部卿、母、）— **寛麻呂**（斎宮頭、治部卿、参議、従四上、母、）— **安仁**（右大弁、民部卿、右大将、春宮大夫、大納言、正三位、母、）
  - **安正**（民部卿、大納言、正二位、②母、）
  - **興行**（延喜侍読、大内記、文章博士、式部大輔、従四上、母、）

興行事
貞観十四年天下大旱、野無青草、経旬月祈之、雨忽下澍、興行終日坐庭中合掌請祈、及晡日雨降如沷器水、万人歓感、

御主人（従一位 右大臣、 母、）
― 広庭（歌人、 参議、中納言、左大弁、従三位、 母、）

　― 島麻呂（伊与守、参議、正四下、 母、）
　　― 粳虫（従五上、 母、）
　　― 道守（従五下、 母、）

　― 吉人（民部大輔、右大弁、東宮学士、陰陽頭、従四下、或吉仁、 母、）
　　― 大家（治部大輔、陰陽頭、従四下、 母、 実者道守子、粳虫孫也、）
　　　― 興風（大田大夫、 母、）
　　　― 兄雄（家本為道守子、春宮大夫、少納言、参議、右中将、右衛門督、正四下、 母、 或元雄、）
　　　　― 春材（正四下、淡路守、）
　　　　― 益材（大和守、大膳大夫、正四下、 母、 贈参議、）

歌人、

― 清行（鋳銭長官、大内記、右衛門権佐、左中弁、従四上、③ 讃岐、 母、）
　― 女子（歌人、 母、）
― 利行（大膳大夫、左衛門大尉、雅楽頭、従四上、 母、）
― 真行（防鴨河使、右衛門権佐、 母、）
　真行事④ 晩了陰陽人也、国若有炎旱之時祈之、雨立降、若有霖雨之時祈之、速時故境豊、百姓富、吏人莫不感之、
　― 常範（治部丞、 母、）
　― 時範（弾正少弼、陰陽頭、従五上、 母、）

- 晴明（穀倉院別当、大膳大夫、左京権大夫、天文博士、従四上、 母、⑤ 司天算術長大才、通神奇異人也、巨門星応化云々、）
  - 吉平（密奏、穀倉院別当、主計頭、陰陽博士、従四上、 母、）
    - 時親（密奏、天文博士、従四上、陰陽頭、同博士、⑥ 母、）
    - 国時（出家、 母、）
      - 盛親（正五下、侍医、釆女正、 母、）
        - 盛良（侍医、 母、）
    - 章親（天文博士、陰陽頭、正五下、 母、）
      - 親尊（僧都、 母、 号天文公、）
  - 吉昌（天文博士、陰陽頭、正五下、 母、）
    - 成親（上野介、 母、）
      - 国成（内記、 母、）

●
- 奉親　従五上、権天文博士、母、
  - 親宗　従五上、権天文博士、母、
    - 宗明　密奏、従五上、権天文博士、母、
      - 広賢　密奏、図書頭、天文博士、従四上、⑦　母、

●
- 信業　密―、従五上、天文博士、母、
  - 資元　天文博士、大膳権大夫、陰陽頭、正四下、母、
  - 奉光　従五上、右京権亮、母、
    - 家広　従五下、陰陽少允、母、
- 宣賢　正四下、大監物、母、
  - 資宣　従四下、陰陽少允、母、
    - 範元　従五上、掃部助、母、
      - 邦連　密―、大蔵権少輔、母、
        - 資忠　従五下、陰陽少允、母、
      - 忠顕　密―、従四下、権天文博士、母、
        - 長能　従五下、陰陽少允、母、
          - 資顕　母、

維範（密ー、天文博士、正四上、陰陽頭、母、）—家氏（密ー、従四上、天文博士、母、）—維道（従五下、母、）

英倫（密ー、大学助、陰陽少允、従五上、母、）—良材（従五下、右京権亮　母、）

業元（左京権亮、母、）—維行（従五下、木工助、母、）—維氏（従五下、母、）—隆周（従五上、出雲守、母、）

資俊（従四下、権漏刻博士、母、）—道世（右京権亮、母、）

勝尊（宿曜師、法眼、母、）

隆茂（従五上、権天文博士、母、号観音寺天文博士、）—広親（従五下、下総権守、母、）—広資（従四下、主計助、母、）—輔雄（従五下、図書助、母、）—広顕（母、）—広景（従五下、出雲守、母、）

- 広基　権天文博士、陰陽頭、正四下、　母、
- 広俊　従四上、権天文博士、　母、
- 広実　従五下、大監物、　母、

- 有行　密奏、天文博士、従四上、陰陽博士、　母、
- 泰長　密奏、天文博士、陰陽博士、雅楽頭、陰陽頭、従四上、　母、
- 政文　権陰陽博士、天文博士、従五上、　母、
- 泰親　密奏、大舎人頭、権天文博士、陰陽頭、正四上、　母、伊豆守高階有長女、　十二歳而喪父泰長、十五歳而喪兄政文、仍晴通加首服教授当道事、

- 季弘　密ー、大膳権大夫、掃部、天文博士、陰陽助、正五下、　母、
- 孝重　密ー、掃部頭、陰陽博士、正四下、　母、
- 季尚　密ー、権天文博士、陰陽博士、正四下、　母、
- 業氏　従四下、陰陽大属、　寛元二為孝俊・泰継被殺害畢、　母、

資重　従五上、武蔵権守、　母、

泰継　従四上、漏刻博士、　母、　依業氏事配流、

親弘　正四下、陰陽少允、　母、

季良　内蔵助、正五下、漏刻博士、　母、

孝俊　従五上、大学助、依業氏事配流、　母、

良康　主税権助、陰陽少允、　母、

頼成　正五下、但馬守、大学権助、　母、

淳宣　密ー、内匠頭、天文博士、従四上、　母、

範春　密ー、織部正、釆女正、従五上、　母、

有宣　大監物、漏刻博士、従五上、　母、

宗光　密ー、図書頭、大舎人頭、大監物、陰陽権助、従四下、　母、

家清　密ー、権陰陽博士、権天文博士、正五下、

範忠　宮内少輔、弾正少弼、　母、

●

淳房 密奏、縫殿頭、大膳権大夫、正四上、天文博士、陰陽頭、
母、

親宣 密奏、主税頭、天文博士、左京権大夫、陰陽頭、正四上、大舎人頭、
母、

守経 弾正大弼、権天文博士、正三位、陰陽頭、
母、

有重 陰陽頭、従四下、
母、

淳光 修理亮、陰陽少允、
母、

業俊 密|、織部正、大舎人頭、天文博士、正四下、
母、

宗基 正五下、陰陽大允、
母、

知輔 従四上、大蔵大輔、
母、

業弘 密|、内匠頭、陰陽博士、従四上、
母、

孝重 掃部頭、陰陽博士、正四下、
母、

尚弘 従五下、大舎人助、
母、

業長 掃部助、
母、

- 道昌　密ー、織部正、従四上、陰陽博士、　母、
  - 業昌　正四下、主殿権助、　母、
    - 光昌　従五上、兵庫助、　母、
      - 有昌　従五上、修理亮、　母、
        - 有重　従五下、　母、
- 良光　密ー、大監物、正四上、権天文博士、陰陽頭、　母、
  - 為親　住関東、従四上、権天文博士、　母、
    - 仲光　従五上、陰陽少允、　母、
  - 有光　密ー、大舎人頭、陰陽権助、正四下、大膳権大夫、　母、
    - 良親　密ー、従四下、大蔵大輔、　母、
    - 良重　従五下、図書助、　母、
      - 有業　主計頭、図書頭、　母、
      - 有尚　密ー、従四上、図書頭、　母、
        - 光尚　正五下、雅楽頭、　母、
          - 有清　従五下、　母、

●

- 泰茂　密ー、大蔵大輔、陰陽大允、従四下、　母、
  - 泰忠　密ー、権天文博士、大舎人頭、陰陽頭、正四上、実者泰親〔男脱カ〕、　母、
  - 貞光　実者泰親八男、陰陽博士、従四上、

密｜

忠光　漏刻博士、従四上、大蔵大輔、母、
忠俊　密｜、陰陽大允、権漏刻博士、従四上、母、
忠継　正五下、漏刻博士、母、
忠弘　母、
忠時　従五上、漏刻博士、母、

泰俊　密｜、従四上、漏刻博士、母、
維弘　密｜、内匠頭、権天文博士、陰陽頭、従四上、母、
泰統　従五上、大監物、早世、母、
維俊　密｜、従五上、大蔵権少輔、母、
泰綱　従五上、織部正、家本｜具、母、

密｜、
泰宣　雅楽頭、天文博士、内井院昇殿、従三位、⑨陰陽頭、母、
有茂　昇殿、宮内卿、正四下、母、
泰家　内井院昇殿、従三位、⑩陰陽頭、宮内卿、母、
有郷　内井院昇殿、従三位、⑫宮内卿、母、「本名｜清」⑬
有長　宮内権大輔、
有正　陰陽助、宮内大輔、

- 有富（従三位、陰陽頭、宮内卿、⑪）〔始為有世卿猶子、〕
  - 有祐（陰陽允、）

- 泰盛（密ー、正四下、漏刻博士、権天文博士、陰陽助、母、）
  - 有弘（密ー、正四上、縫殿頭、権天文博士、陰陽頭、母、）
    - 長親（密ー、正四下、主税頭、権天文博士、陰陽頭、母、）
      - 泰世（密ー、従四上、西市正、大膳大夫、権天文博士、陰陽頭、母、）
        - 有世（内昇殿、密ー、右京大夫、陰陽頭、従二位、⑮、母、⑭）
          - 有盛（昇殿、正三位、刑部卿、⑯、弾正大弼、陰陽頭、母、）
            - 有季（天文博士、陰陽頭、）
          - 有仲（正三位、刑部卿、⑰、本名ー重、⑱）
    - 泰光（密ー、穀倉院別当、大膳権大夫、正四下、陰陽頭、母、）
      - 有俊（密ー、修理権大夫、権天文博士、造酒正、陰陽頭、正四下、母、）
      - 泰尚（従四上、権天文博士、陰陽頭、母、）〔建武決断所寄人、為舎兄貞子相続、⑲〕
        - 有隆（弾正少弼、権天文博士、陰陽大允、母、）
          - 泰顕（備後守、母、）

- 泰成（従四上、大蔵少輔、母、）
  - 為成（従五上、内蔵権助、母、）
    - 泰貞（従四上、大蔵大輔、母、）
      - 為親（従四上、権天文博士、母、）

●

親長 正五下、安芸権守、⑳ 母、

仲光 従五上、陰陽少允、 母、

良親 密｜、正四下、大蔵大輔、 母、

頼成 密｜、但馬守、正四下、大学助、 母、

親貞 従五下、 母、

泰重 従四上、隠岐守、 母、

為重 正四下、権天文博士、陰陽助、 母、

淳光 正五下、大監物、修理権大夫、 母、

為昌 従五上、修理亮、 母、

家元 密｜、従四上、大蔵少輔、玄蕃頭、 母、

業経 密｜、大蔵権少輔、漏刻博士、従四上、 母、

範昌 密｜、雅楽頭、陰陽頭、正四下、 母、

良尚 密｜、従四上、雅楽頭、 母、

範経 従五上、大蔵大輔、 母、

良宣 密｜、雅楽頭、陰陽頭、従四上 母、

- 範尚（密ー、内匠頭、従四上、漏刻博士、権陰陽博士、）母、
  - 範宣（弾正大弼、漏刻博士、陰陽頭、）母、
    - 泰経（右馬権頭、従四下、）母、
- 家尚（密ー、従四上、掃部助、）
  - 範親（正五下、主殿助、）
    - 家俊（密ー、大監物、正四下、陰陽助、）
      - 範秀（密ー、従四下、主計頭、大舎人頭、）
        - 家茂（従五上、大膳亮、）
- 泰基（密ー、従四上、雅楽頭、）母、
  - 忠尚（密ー、天文博士、陰陽頭、正四上、）母、
    - 昌言（密ー、正四下、主計助、）母、
      - 良綱（従五上、大炊助、）母、
  - 忠業（密ー、正四下、権漏刻博士、）母、
    - 尚継（密ー、従四上、陰陽少允、）母、
      - 忠弘（従五上、筑前権守、）母、
  - 清基（密ー、大舎人頭、権漏刻博士、正四下、）母、
    - 清継（正五下、大学権助、）母、
      - 栄名（従五下、）母、

時親 子、●

国随 密ー、天文博士、従五上、陰陽頭、 母、
兼吉 従五下、陰陽助、 母、
晴道 権天文博士、陰陽権助、正五下、 母、
時晴 密ー、主税助、漏刻博士、従四下、 母、

泰房 密ー、従四下、大蔵少輔、 母、
頼房 従四下、大蔵権大輔、 母、
茂房 従四上、織部正、 母、
親盛 正五下、大膳権大夫、 母、
良賢 大蔵権少輔、 母、

時職 密ー、従五上、漏刻博士、
親職 大蔵権大輔、正四下、漏刻博士、
晴茂 密ー、縫殿頭、陰陽博士、陰陽頭、正四下、
茂氏 密ー、大膳大夫、従四上、漏刻博士、
晴臣 従五上、大蔵大輔、
職弘 従五上、修理亮、

晴弘 密ー、正四下、陰陽博士、天文博士、 母、
晴匡 密ー、正四下、陰陽博士、 母、
国明 従五上、陰陽少允、 母、

篤弘 従四下、大膳権大夫、陰陽博士、 母、
親平 縫殿頭、陰陽少允、従五下、 母、
茂平 陰陽少允、

●

晴光　密｜、縫殿頭、漏刻博士、陰陽博士、正四下、母、

貞親　従四下、淡路守、陰陽少允、母、

晴秀　密｜、従五上、漏刻博士、母
晴隆　縫殿頭、正五下、漏刻博士、母、
晴雄　従五上、陰陽少允、母、
晴景　母、

密｜、

晴憲　従四下、陰陽大允、母、
晴親　密｜、正四下、大舎人頭、母、
晴輔　密｜、正四下、陰陽頭、母、
晴兄　密｜、正五下、主計頭、陰陽大允、母、
憲長　陰陽権大允、母、
憲氏　母、

晴宗　玄蕃頭、正四下、陰陽頭、母、
職宗　正五下、修理亮、母、
有長　密｜、正四下、天文博士、陰陽頭、母、為祖父子、
宗長　密｜、従四下、雅楽頭、天文博士、母、
随長　正五下、権天文博士、陰陽博士、母、
有氏　尾張権守、母、

氏長　右近将監、陰陽大允、母、

宗時　従四上、兵部大輔、権天文博士、　母、
└惟長　母、

職長　正四下、信乃守、陰陽頭、　母、
└職光　従四下、玄蕃頭、　母、
　└晴重　従五上、太宰少弐、陰陽大允、　母、
　　└宗弘　従五下、陰陽少允　母、

有宗　仙洞文殿寄人、　密ー、織部正、正四下、陰陽頭、　母、
├知直　従五上、壱岐守、　母、
│└貞宗　丹波守、大学助、　母、
└直明　密ー、　正五下、対馬守、　母、

業宗　於関東被誅、　加賀守、従四上、内匠頭、　母、
└晴遠　雅楽助、対馬守、　母、
　└晴岑　淡路守、図書頭、　母、
　　└時豊　母、

- 国道（密丨、正四下、天文博士、陰陽頭、母、）
  - 晴継（密丨、正四下、大膳大夫、天文博士、陰陽頭、母、）
    - 国高（密丨、正四下、大舎人頭、天文博士、陰陽頭、母、）
      - 晴直（密丨、正四下、大監物、天文博士、母、）
        - 国弘（密丨、正四下、大膳大夫、天文博士、陰陽頭、母、）
          - 晴経（密丨、正五下、漏刻博士、天文博士、母、）
            - 国綱（従五下、母、）
  - 国継（母、）
    - 国憲（住関東、従四下、大舎人助、母、）
      - 明藤（正四下、陰陽頭、母、㉑）
        - 貞藤（従五下、漏刻博士、母、）

- 晴綱（密丨、従四下、漏刻博士、母、）
  - 晴賢（密丨、正四下、織部正、陰陽助、母、）
    - 晴平（密丨、従四下、漏刻博士、母、）
      - 時尚（正四下、主税頭、陰陽頭、母、）
        - 時村（密丨、正四下、権天文博士、陰陽頭、母、）
          - 道尚（掃部助、従五上、母、）
          - 時兄（三川権守、陰陽少允、母、）
        - 晴澄（従四上、陰陽少允、母、）
      - 時光（正四下、筑前守、図書頭、母）
        - 時彦（従四下、陰陽少允、母、）
          - 時賢（従五上、母、）

親平（従五下、大学助、母、）—親泰（修理亮、母、）

晴任（従五上、兵庫頭、母、）—親家（従五下、内蔵助、母、）

昌平（従五上、修理亮、母、）—晴廉（肥後守、正五下、陰陽少允、母、）—晴正（母、）

時成（従四下、内蔵助、母、）—晴藤（正四下、陰陽頭、母、）—貞藤（従五下、漏刻博士、母、）

以下住南都、

晴泰（従五上、内蔵助、陰陽大允、母、）—晴世（従五下、大膳亮、母、）—晴氏（従五下、大学助、母、）—晴季（従五下、陰陽少允、母、）

●

時景　母、

　晴長　母、
　　清氏　従五下、内蔵助、母、
　　　時員　従五下、陰陽少允、母、

　晴尚　従五上、大膳亮、母、
　　晴文　従五上、大膳亮、母、
　　　晴冬　母、

　道幸　従五上、陰陽少允、母、
　　時名　従五下、図書助、母、
　　　幸淳　従五下、左将監、母、

　晴公　従五下、雅楽助、母、
　　晴遠　従五下、雅楽助、母、
　　　晴峯　母、

有親　従五上、大蔵権大輔、陰陽大允、母、

　有道　内蔵助、陰陽助、母、
　　兼親　従五上、掃部助、母、
　　　兼貞　従五下、母、

有貞　従五上、内蔵助、母、
　└時貞　従四上、陰陽大允、母、
　　└重親　密ー、正四下、陰陽頭、母、
　　　├重雄　正四下、大蔵少輔、大舎人頭、陰陽権助、母、　㉒
　　　│└重吉　石見守、主計頭、陰陽大允、母、
　　　├有雄　密ー、正四下、石見守、図書頭、陰陽権助、母、
　　　│└有泰　正五下、大監物、漏刻博士、母、
　　　│　└重尚　従五上、内蔵助、母、
　　　└重明　従五上、陰陽権少允、母、
　　　　└知長　従五下、陰陽少允、母、

道定　従五下、加賀権守、母、
　└智鏡　泉涌寺長老、明親房、母、

有尚　住関東、従五下、近江掾、母、
　└貞尚　為晴貞子、従五下、掃部助、母、
　　└晴重　正五下、陰陽少允、母、
　　　└晴親　図書助、母、

親貞　従五下、主殿助、母、住関東、
　└有茂　従五下、大膳亮、母、
　　└資親　従五上、大蔵権大輔、母、

註

① 底本は「致」に作るが、三条西本に従い「到」に改める。
② 三条西本は「位」の字なし。
③ 底本は「右衛権佐」に作るが、三条西本により「門」の字を補う。
④ 「真行事」以下の注記は三条西本になし。
⑤ 三条西本には人名の左に「八十五歳卒」の注記がある。
⑥ 底本は「同博頭」に作るが、三条西本に従い「同博士」に改める。
⑦ 底本は「天文博頭」に作るが、三条西本に従い「天文博士」に改める。
⑧～⑫三条西本は「位」の字なし。
⑬ 「本名ー清」は底本になし。三条西本により補う。
⑭ 三条西本には「有世」に関する次のような裏書がみえる。
「称名院殿日記
康暦二年三月廿八日、晴、今日聞、去廿一日左京大夫安倍有世朝臣昇殿、申拝賀、侍・如木雑色等召具之、子息〈名字可尋〉着束帯扈従、湯漬付簡云々、陰陽道昇殿始也、珍重々々、」
⑮～⑰三条西本は「位」の字なし。
⑱ 底本は「本名重」に作るが、三条西本に従って「本名ー重」に改める。
⑲ 三条西本はこの部分の注記を「為舎〈有歟〉兄貞俊子相続」とする。
⑳ 三条西本は「正五下」なし。
㉑ 三条西本は「晴藤」につくる。
㉒ 「重雄」の下の系線は底本になし。三条西本により補う。

『医陰系図』解題
——壬生本を中心として——

はじめに

『医陰系図』は、その名が示すとおり、医道三氏（和気氏、丹波氏、惟宗氏）と陰陽道二氏（賀茂氏、安倍氏）の系図を載せる。恐らく個々に独立した系図をある時期に類聚したものと思われる。後述のように各氏系図はおよそ室町期を下限としていることから、当系図はその頃に成立したものと考えられる。成立時期の近い『尊卑分脈』と比べると、人物・注記ともに詳細であり、本書で翻刻した各陰陽道書やその他記録等に見える安倍・賀茂両氏の人物の系譜関係を調べるのに有益な史料である。

ここでは、翻刻の底本として用いた壬生本の概略を中心に述べ、次にその他の写本の概略に触れ、最後に参考として、他の陰陽道系図について触れておきたい。

一、壬生本『医陰系図』一巻

壬生家旧蔵本で、現在宮内庁書陵部所蔵（函架番号四一五―二二〇）。縦三四・二㎝。外題に「系図第《（アキマヽ）》医陰」とあるように、「第」の後が空いている。これは壬生本『楽所系図』も同様であり、後述するように、ある集成系図の一

つであることを示すものとみられる。巻首には「目録」として、

・医道

　・和気氏　・丹波氏

　・惟宗氏

・陰陽道

　・賀茂氏　・安倍氏

とあり、医道三氏と陰陽道二氏を収載した系図であることを記している。人名の記載範囲を見ると、和気氏は、垂仁天皇を始祖とし、富業及び尚成を系図の末尾としている。丹波氏では、高貴王から始まり、盛長、治康、定基まで。惟宗氏は、俊雅から光方あたりまで。賀茂氏は、吉備麻呂から始まり、在栄まで。安倍氏は、倉橋麻呂から始まり、有長・有季を末尾としている。

当系図は江戸初期の書写とされているが、本文の成立はもう少し遡る。それを探るには、各系図の末尾にあたる人物の経歴が重要な手がかりとなる。つまり、書き継ぎ等がない場合、末尾にあたる人物の存命中にその系図が作成された可能性が高く、その注記と経歴の比較から、系図のおおよその成立時期を推測することができる(1)。そこで、所収各系図の末尾にあたる人物の注記と略歴を整理したのが〈表1〉である。

これからまず気が付くのは、系図末尾の人物注記が簡略なものが多い点である。まず和気富業（富就）は、注記に略歴が全く記されておらず、その父保家、祖父郷成の注記と比較するとその少なさは特異であり、富業の代である十五世紀末頃に和気氏系図が作成されたことを推測させる。また尚成（時尚）は経歴不明であるが、その父「茂成（明茂）」が、宝徳三年（一四五一）に非参議従三位に昇り、文明八年（一四七六）に出家、極位は従二位、同十五年（一四

〈表1〉

系図末尾の人物	系図の注記	略　　　歴
和気富業（富就）	本名―成	長禄元・十二・五正五下、同四・二・五従四下、文正元・十二・十七従四上、文明十一・四・二十正四下、長享二・七・二十八卒（以上『歴名』）
和気尚成（時尚）	権侍医、改時尚	（経歴不明）、早世（『尊』）
丹波盛長	院内昇殿、典施兼帯正四下、施薬院使、典薬頭、本名雅―、	文安五・一・五正四下（以上『歴名』）、宝徳三年非参議従三位、長禄三・四・十一薨非参議正三位（以上『公補』）
丹波治康	（注記なし）	康正三・二・二十九正四下、長禄四・十二正四上（以上『歴名』）、寛正四年非参議従三位、同年出家薨非参議従三位（以上『公補』）
丹波定基	（注記なし）	文安六・一・七従五上、享徳二・二・二十三正五下、寛正五・七・二従四上、文明六・六・十正四下（以上『歴名』）
惟宗光方	（注記なし）	（経歴不明）
賀茂在栄（在通）	暦博士	長禄元・十二・五正五下、同四・二・五従四下、文明元・十二・十五正四下（以上『歴名』）、文明十二年非参議従三位、永正九年薨非参議従二位（以上『公補』）、改在通（『尊』）
安倍有長（泰清）	宮内権大輔	康正元・十・十三従四下、長禄元・十・二十九従四上、同四・二・五正四下・改泰清（以上『歴名』）、文明五年非参議従三位、永正八年薨非参議従二位（以上『公補』）
安倍有季	天文博士、陰陽頭	康正二年非参議従三位、寛正六年薨非参議正三位（以上『公補』）

※史料の略称は次の通り。『歴名』＝『歴名土代』、『公補』＝『公卿補任』、『尊』＝『尊卑分脈』

八三）に卒去（『尊卑分脈』）の人物であるから、その子尚成（時尚）も富業と同時期十五世紀末頃に存命中と思われ、その代に作成されたとしても矛盾はない。

次に丹波盛長の位階に注目すると、略歴では非参議正三位まで昇っているのに、注記には「正四下」とあり、極位が記されていない。これは存命中に系図が作成されたためであろう。ちなみに盛長が正四位下の時期は文安五年（一四四八）～宝徳三年（一四五一）であり、この間に系図が作成されたとすれば、叙爵以前と思われる治康・定基の注記が全くないのも理解できる。この点はもう少し検討を要するが、丹波氏系図本文は十五世紀後半には成立していたものと考えられる。

惟宗光方の経歴は不明である。しかし、その父「光之」は『園太暦』貞和元年（一三四五）十一月五日条に権侍医として見える人物なので、およそ十四世紀末から十五世紀初頭が系図の下限とみられる。

賀茂在栄（在通）も公卿に列せられながら、注記が「暦博士」のみであるのは、在栄が公卿に昇る文明十二年（一四八〇）以前の状況を示しているものと考えられる。したがって賀茂氏系図本文も十五世紀末の成立と考えられる。

安倍氏系図でも、有長・有季共に公卿に昇ったにもかかわらず、注記がわずかであるのは、二人が存命中で、有季が公卿に昇る康正二年（一四五六）以前の状況を示しているためと推測される。したがって安倍氏系図本文は十五世紀後半に作成された可能性が考えられる。

以上から各系図によって下限に差があるが、およそ十五世紀後半から十五世紀末の間に収まり、『医陰系図』はこの頃に所収五氏の系図を類聚して成立したと考えられる。

ところで、前述のように壬生本は江戸初期の書写と目されており、同じく壬生本の『菅原氏系図』『清原氏系図』『中原氏系図』『小槻氏系図』『楽所系図』と書写・装幀が一致する。『図書寮典籍解題　歴史篇』では、壬生本の各系図間に相互に連繋があることから、これらを集成した「諸道系図」が存在し、室町中期前後に編纂類聚され、『尊卑分脈』に影響を与えていたとの興味深い指摘をしている。洞院公定撰の『尊卑分脈』は、「帝王系図」や「諸道系図」等も含まれていたとの指摘(2)もあり、両者の関係はさらなる検討を要するが、壬生本の系図群はこうした点の解明に欠かすことのできない重要な史料である。

二、諸　本

A．錦小路本『医陰系図』一巻

錦小路家旧蔵本で、現在宮内庁書陵部所蔵（函架番号五一二―八二）。外題「医陰系図」。縦二六・五㎝。「錦小路蔵書」の方形朱印あり。内題は「医陰系図」とあって、次に「目録」とつづき、壬生本他と同じ体裁をとっている。但し陰陽道二氏を欠く。系線はすべて朱書である。内題の前に新補紙が継がれており、そこに「康頼」以下錦小路家は頼庸まで、小森家は忠頼までの略系図が記され、本文とは別筆と思われる。

当本については、『図書寮典籍解題　歴史篇』の壬生本「医陰系図」の所で次のように解説されている。

医陰系図としては別に、室町後期の書写に係はる錦小路本（五一二・八二）一軸がある。前系図と全く同一系統本であるが、陰陽道二氏を缺き、丹波氏の経長、知基、頼季各流の後に、若干同筆の書きつぎがある。丹波氏頼季流の錦小路家の人によって書写書継ぎされたもの。

ここで特に注目したいのは、「同筆の書きつぎがある」とする点である。もしそうならば、この書き継ぎの下限が当本の書写年代とすることができるのである。そこで書き継ぎ部分をもう少し詳しく検討してみたい。

まず書き継ぎ部分は丹波氏の系図のみに見られ、当本が錦小路家の人によって書写・書き継ぎされたものであることを裏付けている。書写年代を考えるのには、主に次の四箇所の書き継ぎが重要になってくる。

a盛長の後の「成長（重長）－利長－保長」。

b兼康の下から系線が横にのびて引かれる「頼定－頼豊－頼秀－頼量－頼直－頼景－頼慶－頼重－頼元－頼仲－頼房」。

c治康の後の「親康」。

d定基の後の「秀直－盛直」。

これらの書き継ぎは『図書寮典籍解題 歴史篇』が指摘するように、本文と同筆であることは一見して認められる。次にその下限であるが、このうち最も生没年が下る人物は頼房である。頼房は『地下家伝』によれば、慶長七年（一六〇二）に生まれ、正保三年（一六四五）正月に死去している。このことから、当系図は江戸初期の丹波氏の状況を示しており、当本は室町後期の書写と言われてきたが、少なくとも江戸初期まで下ることは間違いないようである。ところで丹波氏頼季流は天文十七年（一五四八）に盛直死去により中絶し、宝永四年（一七〇七）に頼庸によって再興され錦小路家を称した。当本には盛直のあとに系線が系図末まで引かれており、再興を想定していると思われること、また当本が錦小路家に伝来してきたことなどを考えると、或いは頼庸による再興の時期に壬生本と同系統の『医陰系図』から医道のみを書写し、書き継ぎを施したものとも考えられる。なお、内題の前にある別筆の略系図も、錦小路家成立のことと関連して記されたものと推測される。

B．高松宮本『医陰系図』一巻

旧高松宮家に伝来した本で、現在は国立歴史民俗博物館所蔵（函架番号H－六〇〇－一一二五）。江戸時代の写本。外題に「系図第《アキママ》　医陰」とあること、内容も、人名・注記とも壬生本に合致することから、同一系統の写本と考えられる。高松宮本にはこの外に四道系図（菅原氏・清原氏・中原氏・小槻氏）、楽所系図があり、これらも外題・内容などが壬生本と一致する。

ところで、江戸中期の禁裏文庫の内容を示す東山御文庫蔵『禁裡御蔵書目録』(3)には、函分類「系図　一合」の内に四道系図・楽所系図とともに医陰系図一巻がみえる。しかし、現在東山御文庫には該当する系図は見当たらない。高松宮本中には同目録に対応する書籍が確認できることから、高松宮本『医陰系図』はもと禁裏本であったものが、ある時期に同宮家（有栖川宮家）に入った可能性が考えられる。

C．三条西本『医陰系図』一巻

東京大学史料編纂所に所蔵される「三条西家重書古文書」影写本中に含まれる一本（函架番号三〇〇一―六）。影写のもととなったのは、三条西家に伝来した写本(4)であるが、反町茂雄氏(5)によれば、古書肆弘文荘には昭和二十二年に入ったとしている。同氏著書(6)には、この写本について「医道陰陽道系図」と題され、その注及び解説に「三条西実隆自筆、永正頃古写本」「紙背に了庵桂悟等の五山僧の詩草七枚と、文亀四年（一五〇四）の仮名暦一巻完存。フランク・ホーレー氏へ」と記し、実隆自筆の永正頃の古写本とされている。原本未確認(7)の上、『実隆公記』にも当本書写の記事は見出せないが、紙背文書はそれを写した影写本によって確認でき、それから知られる時代としては実隆自筆本と見て問題はない。したがって影写本と雖もその価値は高いと言えよう。

以下内容について影写本にしたがって述べる。まず、外題はなく、内題は「医陰系図」とあって、次に「目録」とつづき、壬生本他と同じ体裁をとっている。系線はすべて朱書であり、壬生本・錦小路本・高松宮本にみられる人名左の「母」記載がすべて省略されている。人名・注記ともに壬生本・高松宮本と若干相違する。特に医道の和気氏と丹波氏は、系図の末尾にあたる人物が壬生本より一・二代後まで記載されている。それを挙げると、和気氏は茂成の後「明重－明孝」（注記は明重の所に「実父重長」とあり）が書き加えられ、同様に富業の後の「親就」（注記なし）、丹波氏では盛長の後の「重長」（注記「従三位」）、治康の後の「親康」（注記なし）、定基の後の「秀直－盛直」（注記なし）がそれぞれ書き加えられている。末尾五人の略歴を『歴名土代』『公卿補任』等から整理すると次のようになる。

「和気明孝」、明応四年叙爵、大永六年非参議従三位、永禄二年十月薨去。
「和気親就」、文明五年叙爵、永正十四年非参議従三位、大永六年出家。
「丹波重長（成長）」、長禄元年叙爵、延徳元年非参議従三位、同二年五月薨去。
「丹波親康」、文明十年従五位上、永正十年非参議従三位、同十七年出家。
「丹波盛直」、明応四年叙爵、天文十年非参議従三位、天文十七年薨去。

これを参考にして三条西本の成立時期を考えたい。まず、実隆自筆本であること、紙背に文亀四年（永正元年）仮名暦が存在することから、永正二年（一五〇五）以降で、実隆が没する天文六年（一五三七）以前という時期が割り出せる。さらに系図末尾の人物の注記の検討から時期を絞り込むことができる。すなわち、先に挙げた末尾五人のうち、極位が注記されるのは、丹波重長の「従三位」のみで、他の四人は前掲のように公卿に列せられたにもかかわらず注記がない。このことは、系図の記載が行われた時点で、四人は少なくとも公卿に昇る以前だった可能性が高いことになり、四人のうち最も早く公卿に列せられた丹波親康の永正十年（一五一三）以前に書写されたと見ることができる。よって三条西本の成立は、永正二年～永正十年の間と絞り込むことができそうである。おそらく三条西本はすでに存在した「医陰系図」を書写し、その時点で末尾にあたる前掲の人物を書き加え、永正二年～永正十年頃に作成された系図であると推測される。

なお、当本の紙背文書中に三条公豊（一三三四～九五出家）の日記である「称名院殿日記」（『公豊公記』）康暦二年（一三八〇）三月二十八日条(8)を引用している箇所がみられる。全文を示すと次の通りである。

称名院殿日記

康暦二年三月廿八日、晴、今日聞、去廿一日左京大夫安倍有世朝臣昇殿、申㆓拝賀㆒、侍・如木雑色等召㆓具之㆒、子息名字可尋、着㆓束帯㆒扈従、湯漬付㆑簡云々、陰陽道昇殿始也、珍重々々、

これは裏書と考えられ、内容が安倍有世に関する記述であること、後述する柳原本がこれを頭書の形で「有世」のところに載せていることなどから、安倍氏系図中の「有世」の裏書として位置していたものとみて間違いないであろう。おそらく三条西家において記されたものと考えられる。

D．柳原本『医陰系図』一冊

柳原家旧蔵本で、現在は西尾市岩瀬文庫所蔵（函架番号一二七―一二三）。外題に「極秘　医陰系図」とあり、縦約二七・二㎝、横約二〇・二㎝の冊子本の形態をとる。第一丁表右に「岩瀬文庫」「日野柳原秘府得朋記之印」の長方形朱印がある。系線は朱書である。奥書には、

以或家古巻、命家人写之、可秘、

寛政八八廿一

正二位藤（花押）（印）（紀光）

とあり、柳原紀光の命により行われていた書写が、寛政八年（一七九六）八月二十一日に終わったことが知られる。

内容は人名・注記とも三条西本と一致する。安倍有世の頭書に三条西本に見える裏書「称名院殿日記」が記されていることからすれば、親本である「或家古巻」とは三条西本の可能性が高い。

三、その他の安倍・賀茂氏系図

『医陰系図』の他に一般的に知られている系図としては、『尊卑分脈』『群書類従』『続群書類従』『系図纂要』所収のものがあり、それぞれ翻刻されて利用の便が計られている。ここでは、これら以外に比較的詳細な二つの系図の概略を、参考資料として紹介したい。

宮内庁書陵部所蔵『陰陽家系図』一巻

壬生家旧蔵本（函架番号四一五―二〇一）。縦約二八・三cm。外題には「安倍氏系図」とあるが、安倍氏と賀茂氏の系図を収載している。本文の系線は朱書されている。所々に「以或本加之」の注記を施し、本文の朱系線から墨系線を引き、人名・注記を書き継いでいる。恐らく他の系図を参照して書き込んだものと考えられる。注記は『医陰系図』ほど詳細ではないが、人物によっては死去した年月を記しており、安倍・賀茂両氏の人物を調査するには有益である。

次に内容であるが、他の系図と大きく異なるのは、賀茂氏庶流の幸徳井家の一流が収載されている点である。幸徳井家は賀茂定弘の養子として安倍友幸が入り成立したため、安倍・賀茂両系図に収載されており、安倍氏は「友伝」、賀茂氏はその子「友信」を系図の末尾としている。『地下家伝』からそれぞれの経歴を見てみると、友伝は慶安元年（一六四八）に生まれ天和二年（一六八二）に死去しており、友信は寛文六年（一六六六）に生まれ、貞享二年（一六八五）

に暦博士を辞していることが確認できる。したがって当系図も十七世紀後半に書かれたものと考えられる。

宮内庁書陵部所蔵『諸家系図』所収「安倍氏系図」・「賀茂氏系図」一折

谷森善臣旧蔵本（函架番号谷－一）。縦約一八・七cm、横約一一・〇cmの折本である。表紙には「姓氏、俗名融通、大内裏図、南殿賢聖図、帝王幷百官唐名、官位相当」との外題が本文と同筆で書かれており、第一紙右下に「観文堂」の長方形朱印がある。

当本については、皆川完一氏[9]と今江廣道氏[10]が検討しており、皆川氏は、当本は、室町初期の書写と思われる仁和寺所蔵『系図』を祖本とする写本で、上下二冊のうち下冊に当たるものであること、さらに上冊に当たるものは、現在尊経閣文庫に所蔵[11]されていることを指摘した。それを受けて今江氏は、史料編纂所所蔵の「仁和寺文書」（影写本、函架番号三〇七一・六二－五一－一四）を調査し、その中に当本と同一のものが収められていることを確認し、当本は祖本に忠実な江戸時代の写本であると述べている。

当本の祖本仁和寺所蔵『系図』の概要については、『平城京発掘調査報告Ⅲ[12]』に報告されている。それによれば、縦一三・九cm、横一〇・七cmの折本で、巻首を欠くため原題は不明であるが、包紙に「系図二帖」と記されている。また、書写年代を示す奥書はなく、系図に記される人物の下限から、系図の成立は応永年間（一三九四～一四二八）と推定しており、その書写年代も「書風・紙質から考えて、系図の成立から遠くへだたらず、ほぼ室町初期として大過ない」としている。

内容は外題から知られるように百科全書の類であるが、「姓氏」の前に外題にない諸氏の系図を多数収載している。この内「中原氏系図」については、既に今江氏によって紹介・検討されている。これらの中に賀茂氏・安倍氏の系図も収載されており、『続群書類従』に収載の一本と若干の誤記を除けば一致する。続群書類従本の底本は『諸家系図纂』所収のものであり、その祖本は恐らく当本と同じく仁和寺所蔵『系図』と推測される。[13][14]

当系図の概要について述べると、記載様式は、『図書寮典籍解題 歴史篇』が指摘するように、嫡流、支流の本系は朱線が引かれ、他は墨線である。また人名のうち僧籍のものは朱筆で記されている。系図の記載範囲は、安倍氏系図は、「御主人」から記されるが、系線の引かれるのは「兄雄」からである。下限は家氏の男「仲通」前後と思われる。賀茂氏系図は「忠峯」から始まり、定氏の男「定持」前後まで収載されている。当本は前述の『医陰系図』と較べると、注書はそれほど詳細ではないが、当本によって初めて知られる人物や僧、また経歴などがみられ興味深い。

以上安倍・賀茂両氏の諸系図の概要を述べてきた。『医陰系図』も含めて、系図に見える人物の詳細な検討は今後の課題であるが、今江氏が中原氏系図の検討で行ったような記録・文書で裏付けを取る作業を進めることによって、これら系図の史料的価値が判明すると考えられる。

註

（1）このような方法によって『尊卑分脈』所収系図の成立年代を推定した論考に、飯田瑞穂「尊卑分脈雑記」（『新訂増補国史大系月報』六十二、一九六七年）がある。

（2）益田宗「尊卑分脈の成立と編成」（『東京大学史料編纂所報』第二〇号、一九八五年）。

（3）勅封一七四―二―二五。山崎誠「禁裡御蔵書目録考（四）東山御文庫蔵『禁裡御蔵書目録』一」（『国文学研究資料館文献資料部　調査研究報告』一七、一九九六年）に翻刻されている。同目録については、田島公「禁裏文庫の変遷と東山御文庫の蔵書――古代・中世の古典籍・古記録研究のために――」（『日本社会の史的構造』古代・中世、思文閣出版、一九九七年）

によれば、霊元天皇が東山天皇に譲位した前後の状態を示す目録に、元文四年頃までに収書したものを加え、桜町天皇在位中に作成されたものとされている。

（4）東京大学史料編纂所影写本には、昭和十四年に三条西実義氏所蔵本を影写した旨が記されている。

（5）反町茂雄「三条西伯爵家文庫の崩壊」（『一古書肆の思い出』3、平凡社、一九八八年。一九九八年に平凡社ライブラリーとして再刊）。

（6）反町前掲註（5）著書参照。また、『弘文荘待賈古書目録』第十七号（弘文荘、一九四九年四月発行）に当本が掲載（写真無し）されており、その解説には「巻末に署款なけれど、実隆の筆蹟たる事明瞭、永正初年頃の写にか丶るべし。紙背には、五山僧侶の自筆詩稿七枚、中に東福寺の了庵桂悟のものなどあり。いづれも三條西殿に呈したる祝賀の詩稿にて各葉とも完存。外に文亀四年の仮名暦一箇年分あり。（後略）。」とある。

（7）三条西本はフランク・ホーレー氏が購入し、ホーレー文庫（寶玲文庫）に入ったものと推測されるが、その後の所在は不明である。ちなみに、前掲反町著書に当本と共に掲載されている実隆自筆の『楽所系図』は、寶玲文庫に入ったのち、現在天理大学附属天理図書館に所蔵（函架番号七六一－イ四九）されており、その影印と解説が天理図書館善本叢書第七十二巻『古道集』（八木書店、一九八六年）に収載されている。

（8）この条文は尊経閣文庫所蔵『公豊卿記』（函架番号六－四七書）によって確認できる。

（9）皆川完一「俗名融通」（『古事類苑月報』第八号、一九六七年十一月）。

（10）今江廣道「法家中原氏系図考証」（『書陵部紀要』第二十七号、一九七五年）。

（11）この指摘は今江前掲註（10）論文の補注に皆川氏の御教示として記されている。皆川氏の言う上冊にあたるものとは、尊経閣文庫所蔵の『帝皇系図』（函架番号五－九）を指すと考えられる。この本は縦約一八・七㎝、横約一一・〇㎝で折本の形態をとり、法量・装幀ともに当本と同じである。外題には「帝皇系図、女院次第、藤氏系図、平氏系図、源氏系図」と記される。

（12）奈良国立文化財研究所学報第十六冊『平城京発掘調査報告Ⅲ　内裏地域の調査』（奈良国立文化財研究所、一九六三年）。

（13）『続群書類従』巻第一六七「賀茂系図」、巻第一七〇「安倍氏系図」。
（14）座田司氏「賀茂系図」及び甲田利雄「安倍氏系図」（『群書解題』第三下、系譜部三所収）による。

第五章　書陵部所蔵土御門家旧蔵史料目録

解説

一、土御門家史料の現状

宮内庁書陵部所蔵の土御門家旧蔵史料は大正五年十二月に子爵土御門晴行より献納されたものである。総数は四六七点。近世の史料が大半を占めるが、中には平安末期にまで遡るものもある。当部の他に京都府立総合資料館所蔵の若杉家文書、京都市大将軍八神社所蔵の「皆川家旧蔵資料」(1)、前田育徳会尊経閣文庫所蔵本、東京大学史料編纂所影写本、福井県遠敷郡名田庄村暦会館所蔵史料(2)等にも同家の史料が含まれており、これらと一部流出した史料等(3)を合わせることにより、近世土御門家の蔵書群の概略を知ることができる。特に土御門家の家司若杉家は、明治初年に土御門家が東京に移住の後、京都に残された文書・典籍等を引き継いだと考えられており(4)、当部所蔵本とともに、土御門家旧蔵史料の二大史料群として陰陽道研究の重要な史料となっている。

土御門家史料の大半は近世の史料によって占められているが、その理由の一つには、土御門晴栄が明治九年頃に作成した『土御門家譜』(5)に「久修代家傳之書類兵火ニ焼失」と記しているように、室町末期の土御門久修の代に、それ以前の蔵書がかなり失われてしまったことによるものと思われる。晴明以来の安倍氏の文書・典籍が、土御門流に相伝された時期やその過程等については、今後さらなる検討を要する。

二、土御門家の蔵書目録

土御門家蔵書の全貌がわかるような目録は現段階では確認できない。但し、東京大学史料編纂所の『諸家蔵書目録(乙)』(6)中に、明治四十四年七月に和田英松・諏訪強哉両氏が出張閲覧した際に作成した「子爵土御門晴栄氏蔵書目録」

がある。これには現在書陵部に所蔵されていない史料も見られ、皇室に献納される以前の蔵書の状況を知ることができ興味深い。このほか『弘文荘敬愛書図録Ⅱ』(7)に「土御門家蔵書目録」(四枚一冊、昭和十八年製)なる書が掲載されているが、実見する機会がなく、内容は不明である。

このように、土御門家史料の全体像はいまだ明確に示されていないのが現状である。ここに書陵部所蔵土御門家旧蔵史料の目録を作成し、旧蔵書の全体像を明確にする第一歩とし、土御門家の蔵書史、さらには陰陽道研究の一助としたい。

註

(1) 鈴木一馨「京都市大将軍八神社所蔵『皆川家旧蔵資料』について」(『年代学(天文・暦・陰陽道)の研究』大東文化大学東洋研究所、一九九六年)参照。

(2) 隼田嘉彦・大鹿久義「若狭国古文書所在目録(七)」(『若狭』十号、一九七四年)、『わかさ名田庄村誌』(名田庄村発行、一九七一年)等を参照。

(3) 同家より流出した史料は、無窮会神習文庫、国立歴史民俗博物館所蔵「田中穣氏旧蔵典籍古文書」など各所蔵機関に蔵されるもの以外に、『弘文荘敬愛書図録Ⅱ』(一九八四年二月発行)には、「家秘要録天変地妖記　永享－慶長中　六冊」「家道要録　一冊」「家秘要抄　一冊」「彗星出現一件　嘉永六年七月　一包」「彗星出現一件　安政五年八・九月　一包」「陰陽道習学職札　文政十・文久四・慶応四　三通」「土御門家蔵書目録　四枚一冊」「土御門家旧邸宅図」など八点が収載されている。

(4) 京都府立総合資料館『京都府立総合資料館所蔵　改訂増補文書解題』(一九九三年十一月発行)所収「若杉家文書」参照。

(5) 東京大学史料編纂所所蔵『土御門家譜』(函架番号四一七五－四三〇)

(6) 東京大学史料編纂所所蔵『諸家蔵書目録(乙)』巻之四(函架番号RS四一〇〇－一三八)

(7) 前掲註(3)参照。

目録

※「史料名」は、『和漢図書分類目録』に従い、そのページを「目録頁数」として示した。

函架番号	史料名	著作者	員数	時代	目録頁数	備考
土—一	御膳略次第		一	土御門晴雄写	三七六下	
土—二	三節会次第		一	安政三写（土御門晴雄）	三四一上	
土—三	装束色目		一	江戸末写	三八八上	
土—四	大史日策　安永九	土御門泰邦	二	自筆	九二七下	
土—五	立太子次第		一	江戸末写	三五一上	
土—六	御用向書通案　宝暦六（尾欠）	土御門泰通	一	自筆	九一〇下	
土—七	日時勘文留　宝永元—嘉永四		二九	江戸中—末期写	三三三下	
土—八	勘文類　天変地妖　践祚　御産等　宝暦十二—弘化三（有欠）	土御門泰栄・晴親・晴雄	七	土御門晴雄写	三七八上	
土—九	泰邦卿記　宝暦十一—明和九（有欠）	土御門泰邦	七	自筆	九六九下	明和三、六年欠
土—一〇	晴親卿記　文化二—天保十三（有欠）	土御門晴親	二七	写本	九五三下	
土—一一	晴雄卿記　天保十五—嘉永四	土御門晴雄	六	自筆	九五三下	弘化二年欠
土—一二	土御門晴親覚書	土御門晴親	一	自筆原本	九三六上	
土—一三	仮殿渡御之次第		一	江戸末写	三七四下	
土—一四	御産御用肝要抜書　元文五—安政六		一	江戸末写	三七四下	
土—一五	備忘	土御門晴雄	三	自筆	四一六上	
土—一六	内侍所仮殿御寄附之記　嘉永四、五	土御門晴雄	一	自筆	三三二下	
土—一七	御所御所御祈之記　嘉永四、五	土御門晴雄	一	自筆	三一九上	

十一—一八	禁中並公家中諸法度　慶長二十　附公家衆法度（慶長十八）		一	江戸中写	一二〇〇下	
十一—一九	近代摂関便覧　一条内基—九条尚忠		一	江戸末写	一〇八八上	
十一—二〇	服紀令　寛政御定		一	江戸末写	一二〇七下	
十一—二一	日時勘文　慶応元、四		一八	慶応元、四写	一三三三下	
十一—二二	御家道規則記　土御門家		一	江戸末写	一一八四上	
十一—二三	天曹地府御神事次第　宝暦十（家治公）、天明七（家斉公）		二	江戸中写	一三二八下	
十一—二四	天曹地府御神事次第　宝暦十三（後桜町天皇）、天明元（光格天皇）		二	江戸中写	一三二八下	
十一—二五	天曹地府御祭御日記　弘化四　孝明天皇即位		一	原本	一三二八上	
十一—二六	天曹地府祭御日記　嘉永七（家定公）、安政六（家茂公）		二	原本	一三二八下	
十一—二七	天曹地府御用留日記　延享三　家重公		一	原本	一三二八上	
十一—二八	天曹地府祭一件　天明七（家斉公）、天保八（家慶公）		二	原本	一三二八下	
十一—二九	天曹地府祭御神供経営覚　延宝八（綱吉公）		一	原本	一三二八下	
十一—三〇	内裏御造営御謝祭御日記　安政二		一	原本	一三二七下	
十一—三一	内裏御造営御謝祭御日記　安政二		一	写本	一三二七下	
十一—三二	御朱印御改御留記　家定公（嘉永七—安政三）、家茂公（安政六—文久二）		二	江戸末写	九〇六上	
十一—三三	節分星奠之規則　弘化三・正改		一	原本	四一四下	
十一—三四	諸国陰陽師支配方日記　安政三、慶応三		二	原本	九二〇上	
十一—三五	諸国触頭名前仮留　元治元		一	江戸末写、明治二訂正	一〇九二上	
十一—三六	太史局草		一	江戸中写	一一九〇上	
十一—三七	交食表		一	江戸末写	一四六三下	

十一—三八	日躔五箇表		一	明治写（宮川亮）	一四六五下	
十一—三九	天変地妖勘文案　文化—天保		一	原本写本	一四六五下	
十一—四〇	天曹地府御神事御用途控　明和八　後桃園天皇		一	江戸中写	一三八上	
十一—四一	天曹地府祭御用具之覚　天明元（光格天皇）		一	原本	一三八下	
十一—四二	天曹地府御祭料米請払		一	江戸中写	一三八上	
十一—四三	勘文端作年月抜萃　天保十四—安政三		二	江戸末写	一三七八上	
十一—四四	土御門晴雄民部卿拝賀記録　安政六・八—十		一	原本	九三六上	
十一—四五	泰栄卿記　寛政元—文化二（有欠）	土御門泰栄	二四	自筆	九七〇下	
十一—四六	泰胤朝臣記　寛政五、八—十	土御門泰胤	四	自筆	九七〇上	
十一—四七	土御門家雑掌日記　享保五		一	原本	九三五下	享保五年九月六日～十一月一日
十一—四八	泰栄卿記　天明二、六	土御門泰栄	二	自筆	九七〇下	
十一—四九	七曜暦日月食書抜　貞享元以後	土御門晴雄	一	自筆	一四六三下	
十一—五〇	冬至御作法一式之留帳　宝暦三		一	原本	一三五一下	宝暦三年十一月二十七日
十一—五一	御直日記　寛政十二	土御門泰栄	一	原本	八八三上	
十一—五二	封し廻文　土御門晴雄取扱		一	明治写	一〇一五上	
十一—五三	天文秘略		一	江戸中写	一四六五下	
十一—五四	天測大成		一	江戸中写	一四六五上	上巻
十一—五五	旦暮弁論　草案		一	江戸末写	一四六五上	二巻
十一—五六	晋書　第十一　天文志上		一	江戸末写	一四六四下	
十一—五七	石清水八幡宮正遷宮留　文化九		一	原本	一九三上	
十一—五八	大殿祭次第　寛政三　附勤仕之次第		二	寛政三写	一三三三下	寛政三年十月
十一—五九	改暦宣下暦号定等次第　天保十三		一	天保十三写	一二七〇上	天保十三年九月
	革命革令勘文調進留　辛酉革命表、甲子革令表、辛酉					

土—六〇	革命一件（万延元）、甲子革令一件（文久三）、備忘、革勘一件日並抜書（元文六、寛保四）、四六二六配革卦図、寛政十二年十二月日記、革勘類、革命革令年序考	土御門晴雄	一	原本	二七二上	
土—六一	彗星出現一件　天保十四、文久元、二		三	原本	一四六四下	
土—六二	家相玄機　四方		一	江戸末写	四一三上	「安氏蔵書」印あり
土—六三	家相玄機略　四方四隅		三	江戸末写	四一三上	「安氏蔵書」印あり
土—六四	家相略記図　口伝書　天之巻三巻		一	江戸末写	四一三上	「安氏蔵書」印あり
土—六五	家相略記図聞書　口伝　天之巻		一	江戸末写	四一三上	「安氏蔵書」印あり
土—六六	家相伝地形略記		一	江戸末写	四一三上	「安氏蔵書」印あり
土—六七	家相伝地形略記口伝書		一	江戸末写	四一三上	「安氏蔵書」印あり
土—六八	安氏暦法稿　巻六、十一—十三	土御門泰邦	四	江戸末写	一四六二上	
土—六九	安氏暦法稿　巻六、八	土御門泰邦	二	江戸末写	一四六二上	
土—七〇	占事略決	安倍晴明	一	慶長十五写	四一四下	
土—七一	三箇伝極秘巻　坤巻		一	江戸末写	四一四上	
土—七二	都儘似名目集		一	江戸末写	四一七上	
土—七三	陰陽略書		一	慶長十八写（安倍泰重）	四一三上	
土—七四	貞享暦　推歩　巻四、五	保井春海・安倍泰福校	一	江戸中写	一四六四上	
土—七五	永正記　尾欠		一	江戸初写	一六一上	二巻
土—七六	求忌書		一	倉橋泰吉写	四一三下	
土—七七	逐日神殺表		一	江戸中写	一四六五上	
土—七八	太史策牘　享保八—元文五	土御門泰邦	一	江戸中写	九二七下	
土—七九	文肝抄		一	宝永二写（土御門泰福）	二四四下	

土―八〇	幸徳井大黒等一件		一	土御門晴雄写	九九二上	
土―八一	日食変象考	土御門泰邦	一	江戸末写	一四六五下	
土―八二	日時勘文要録　応永―永徳		一	江戸初写	一三三三下	
土―八三	革勘類　寛仁、承暦、文応、元応、康暦、永享、明応		七	江戸末写	一三七二上	
土―八四	善相公辛酉勘文　昌泰三		一	江戸末写	一三一六上	
土―八五	両宮本宮並別宮日時定　天明八―寛政二		一	江戸末写	二四八下	
土―八六	産婦秘要書		一	江戸末写	四一四上	「安氏蔵書」印あり
土―八七	革命諸道勘文　万延元		一	元治元写（伊藤信興）	一三七二上	
土―八八	泰連卿記　元禄十三、享保元、十	土御門泰連	二	自筆	九七〇上	
土―八九	即位関係文書　寛正、文亀　段銭事、大奉幣米事		一	文亀写	一〇〇三上	
土―九〇	具注暦　永久、健保、天福、慶長、寛永、正保、明暦、延宝、元禄、宝永、正徳、（気朔暦）文化、文政、天保		四八	原本写本	一四六三上	
土―九一	日蝕年月表　附月蝕年月表	土御門晴雄	一	写本	一四六五下	
土―九二	貞享暦解　巻十二、十三	西村遠里	一	江戸末写	一四六四上	
土―九三	室町殿御祈日次並諸雑事等事　文明三		一	室町写	一四二〇上	
土―九四	貞享暦　巻七		一	江戸中写	一四六四上	
土―九五	宅鎮祭用物　貞享元		一	貞享元写	三二七下	貞享元年三月
土―九六	石清水八幡宮正遷宮一件　安政六		一	原本	一九二下	
土―九七	日時勘文留　天正七―享保十六（有欠）		二七	原本	一三三三下	
土―九八	泰重卿記　慶長二十―寛永十九、正保五	土御門泰重	一七	自筆	九六九下	正保五年は『禁裏番衆所日記』である。また「目録」では寛永一九年までとなっているが、二〇年まで現存する。

土—九九	迎陽記　泰山府君都状		一	江戸初写	二五一上	
土—一〇〇	勘文留並綱要之事　貞享四、元禄三	土御門泰福	一	自筆	一三七八上	
土—一〇一	泰福卿記　延宝四、九、貞享三、宝永二、四	土御門泰福	五	自筆	九七〇下	
土—一〇二	泰誠朝臣記　元禄四	土御門泰誠	一	自筆	九六九下	
土—一〇三	泰豊朝臣記　正徳五	土御門泰豊	一	自筆	九七〇下	正徳五年五～七月
土—一〇四	陰陽道旧記抄		一	原本カ	四一三上	紙背承元三年泰山府君祭都状案
土—一〇五	土御門家文書　文和—寛永		二	原本写本	一〇〇七上	
土—一〇六	百忌暦		一	正徳二写（土御門泰福）	一四六六上	
土—一〇七	土御門家家領幷家職関係文書案　寿永—寛喜　断簡		三	南北朝写	一〇〇七上	
土—一〇八	泰山府君祭神前供物記　天正十八	土御門久修	一	原本	三三七上	天正十八年十月
土—一〇九	御教書　正平六、応仁元、明応七、土御門家知行之事		三	原本	一〇一八上	
土—一一〇	土御門家譲状　正和二　紀伊国鳴神社半分幷文書等事		一	原本	一〇〇七上	
土—一一一	綸旨　観応二、文和二、四、貞治三、永正八、天和三、寛政四、文久三		二	原本写本	一〇二一下	
土—一一二	改暦宣旨　貞享元、宝暦四、寛政九、天保十三		七	原本	一三七〇上	
土—一一三	朱印状　天正三—元和三　信長・秀吉・秀忠　土御門家知行		八	原本	九九八上	
土—一一四	天曹地府祭都状　徳川家康—家定		一七	原本	二五一下	
土—一一六	徳川将軍家朱印状　綱吉—家茂　諸国陰陽師支配事		八	原本	一〇〇八下	
土—一一七	陰陽道祭用物帳　首尾欠		一	室町写	二〇一下	紙背応永六年仮名暦
土—一一八	七曜暦　寛政十一		一	原本	一四六三下	
土—一一九	具注暦　嘉禎、仁治、弘安、永仁、徳治、延慶、文保、応永、長禄、貞享、元禄、元文、延享、天明、弘化、嘉永		三	原本写本	一四六三上	

土—二〇	剣璽渡御記　元弘元	油小路隆蔭	一	伝冷泉為秀筆	八九九上	
土—二二	平教盛卿消息　治承四　大膳権大夫安倍泰親宛	平教盛	一	自筆	一〇〇四上	
土—二三	藤原宣房書状　土御門右馬助宛　所領事	藤原宣房	一	原本	一〇一六上	
土—二四	柴田勝家書状　土御門家司壱岐美作守宛	柴田勝家	一	原本	九九七下	
土—二五	新田義興書状　土御門左馬助宛	新田義興	一	原本	一〇一〇下	
土—二六	足利義藤願文　五月三日立願之事	足利義藤	一	原本	九七九下	
土—二八	足利義政御教書　応仁元年　長日御祈禱料所	足利義政	一	原本	九七九下	
土—三〇	徳川秀忠書状　土御門左馬助宛	徳川秀忠	一	原本	一〇〇八下	
土—三一	天曹地府祭御祭典絵図		一	源義礼写（絹本着色）	三三八下	「源義礼」印あり
土—三二	藤原忠通書状	藤原忠通	一	原本	一〇一六上	宛先不詳
特—三一	天曹地府祭都状　後陽成天皇—孝明天皇		三	原本	二五一下	土二五→特三一
特—三二	後陽成天皇御宸翰　聖廟御名号	後陽成天皇	一	原本	一七〇上	土二四→特三二
特—三三	霊元天皇宸翰御消息	霊元天皇	一	原本	一〇三三上	土二七→特三三
特—三四	後陽成天皇御宸翰　星之図	後陽成天皇	一	原本	一四六三下	土二九→特三四

後記

宮内庁書陵部には、陰陽道の内容を主とした土御門家旧蔵史料が数多く蔵されている。当初の計画では、この史料群の中から、紙背文書として泰山府君祭の都状案原本が存する『陰陽道旧記抄』など未翻刻で史料的価値が高いものを選んで翻刻・紹介し、併せて同史料群の全体像が把握できるように、史料目録を作成するつもりであった。しかし、作業を進めている間に、書陵部所蔵の伏見宮本『陰陽博士安倍孝重勘進記』の修補並びに整理が終わったこと、東京大学史料編纂所所蔵『陰陽吉凶抄』も全体は未翻刻で、『陰陽雑書』『陰陽略書』に匹敵する内容をもつ貴重な史料であることが確認されたこと、これらの史料を読解する上で、陰陽道の担い手である安倍・賀茂両氏の人物の系譜関係を総覧する作業も不可欠であるとの認識を持ったことなどの理由から、土御門家旧蔵史料以外のものを含めて本書のような構成とした。また、第五章として付載した史料目録は、本来ならば各所に蔵される土御門家旧蔵史料を調査した上で、近世における同家の蔵書を総体的に復元すべきであるが、そこまでには至っていない。甚だ不十分ではあるが、書陵部所蔵分に限定させていただいた。

そもそも、本書の刊行を思い立ったのは、陰陽道の史料が宮廷の諸儀礼について多くの先例を引用するなど多彩な内容を記しているにもかかわらず、史料自体は書誌的な検討がなされていないものが多く、これら史料の性格を明確にし、利用の便をはかる必要性を痛感したことによる。本書で紹介した史料はわずか四点であり、しかも編者の関心から古代・中世のものに偏ってしまった感がある。今後は多くの研究者によって、近世をも含めた陰陽道関係史料の検討が進むことを願っており、我々も機会があれば、そうした史料をさらに紹介してゆきたいと考えている。翻刻に当たっては、陰陽道の特殊な用語等に苦しみながらも、慎重に本文の検討をしてきたつもりであるが、それでも判読できなかった箇所もあり、その点については本書を利用する識者よりご教示を頂ければ幸いである。また、第四章で取り上げた三条西実隆自筆の『医陰系図』及び第五章註で挙げた『弘文荘敬愛書図録Ⅱ』掲載の史料が、現在どこに所蔵されているのか把握できず、本書校正中も気に掛かっていた。もし、これらに関する情報をお持ちの方があれば、重ねてご教示を願う次第である。

最後に、第一章附表の校正及び索引の作成にご助力いただいた高田礼子氏、翻刻をご許可下さった東京大学史料編纂所・宮内庁書陵部、本書の刊行をお引き受け下さった汲古書院に深く感謝したい。

平成十三年二月

詫間直樹

高田義人

編著者略歴

詫　間　直　樹（たくま　なおき）

1959年、香川県生まれ。広島大学大学院文学研究科博士課程前期修了。現在、宮内庁書陵部主任研究官。主な編著書・論文：『皇居行幸年表』（続群書類従完成会）、「天皇元服と摂関制」（『史学研究』204号）、「平安後期の犯土造作について」（『建築史学』25号）など。

高　田　義　人（たかだ　よしひと）

1967年、栃木県生まれ。國學院大学大学院文学研究科博士課程前期修了。現在、宮内庁書陵部研究員。主な論文：「暦家賀茂氏の形成」（『国史学』147号）、「官職家業化の進展と下級技能官人」（林陸朗・鈴木靖民編『日本古代の国家と祭儀』雄山閣出版）、「平安時代における宿紙と紙屋紙」（『古文書研究』52号）など。

陰陽道関係史料

平成十三年七月十九日　発行

編著者　詫間直樹
　　　　高田義人
発行者　石坂叡志
本文整版　富士リプロ株式会社
印刷　モリモト印刷株式会社
発行　汲古書院
東京都千代田区飯田橋二-五-四
電話〇三(三二六五)九七六四
FAX〇三(三二二二)一八四五

ISBN4-7629-4162-X C3010

索　　引

凡　　例

1．本索引は事項索引・人名索引より成り、第一章～第五章の翻刻・解題・表の本文（一部校訂注を含む）を対象とし、影印及び標出・説明注などは除外した。
2．事項索引は、史料・典籍・経典名、寺・社・殿邸・宮都名、主要な儀式・行事名、吉凶日等の陰陽道関係語句に限定し採録した。なお、配列に当たって読み方の明確でないものは音読によった。
3．人名索引は、姓氏が明らかな者はそれを補い五十音順に配列した。その場合原則として本姓を採用し、家名の記載のある者は〔　〕にて付した。但し、同姓内の実名は音読により配列した。なお、同じ実名が2つ以上採録されている場合は、別人もしくはその可能性が高いことを示す。

事　項　索　引

【あ行】

足利義藤願文　302
足利義政御教書　302
愛宕護山　165
閼逢　167
安倍氏系図　174,288,289,292
綾小路東洞院　197
在清抄　211,235～237
有馬湯山　76,142
在盛卿記　236,239
或記　153,175
行始　118,134,135,163
或雑書　199,201,236
或秘書　160
安嘉・達智両門　138
安氏暦法稿　299
安楽寿院　134
安楽寺塔　55,120
胃(宿)　65
医陰系図　234,279,282～288,290
五十日　93,115,118,119,124,129～131,133～135,168,173
五十日御逆修　50,142
移徙　38,39,41,45,82,85,86,88,101～103,152,153,159,173,206～209
移徙法　206,233,234,236
石山　73,109
石山寺　76,141
医心方　236
伊勢(伊世)　62,109,155,194
伊勢(伊世)公卿勅使　63,115～117,119,121,122,124～127,141
伊勢太神宮　42
――正遷宮　137
――遷宮　42,124,125
伊勢太神宮奉幣使　124
伊勢勅使　108
伊勢豊受太神宮　119,125,

126
――遷宮　42,119,122,126,137,140
――遷宮神宝使　128
伊勢幣帛使　126,127
伊勢(伊世)奉幣使　62,63,108,114,119,120,124～128,138,140
伊勢臨時幣帛使　127
夷則　168
一条院　113,116
――寝殿　195
――対屋　197
一代一度大神宝使　110,120
一交　159
一切経会　47,136
一切降伏法　191
因幡堂　77,143
稲荷(社)　71,73,121,132,139～141,143,162
稲荷奉幣使　127
猪隈関白記　182,184,234
今熊野　71
今出川殿　216
今日吉(社)　70,71,142～144
井霊祭　163
石蘙　162
石清水(宮)　62,70～74,114,117,118,120～130,132～136,139～144,160,162,173,194
石清水御塔　126
石清水八幡宮正遷宮一件　300
石清水八幡宮正遷宮留　298
石清水奉幣使　111,118,121,127
石清水臨時祭　123
石間寺　76,141
陰建神　69
陰将(日)　92,110,113～115,117,118,132,137,210
陰神　155,158
羽　166
初参日　79,95
宇佐宮　121,138
――正宮　42,138
――遷宮　122,138
宇佐使　62,63,109,110,113,114,117,118,121～123,129,138
宇佐奉幣使　109
宇佐弥勒寺　56,119
宇治　74,120
梅宮社　119
雲林院御塔　55,111
閏月　91,93,162,173,212
閏年　221
永正記　299
掖庭　110
厭(日)　69,70,75,79,88,89,94,95,109,110,114,115,117,118,122,123,126,127,129,130,132,134,136,142,145,154,189,194,208,210,214
円教寺　50,113,190
――五大堂　197
円宗寺　43,46,51,104,118,129
――灌頂堂　43,51,104,117,118
――金堂　43,104,117
――常行堂　43,51,104,118
――法華堂　43,104,118
円勝寺　54,131
延勝寺　45,136
――御塔　45,136
――金堂　45,136
円乗寺　55
――塔　116
厭対(日)　69,70,79,88,89,94,95,108,112,114,116～119,121,123～133,135,136,141～143,154,189,194,208,210,212,214,227
園太暦　282
閹茂　167
炎魔天会　192
円明寺　51,104,118,192
円融院御塔→円融寺御塔
円融寺　50,112
――御塔　112,190
閻羅天子　182

延暦寺　46～48,74～76,121,125,127,128,130,134～136,138,139
——円徳院　58,120,123
——講堂　58,60,111,120
——中堂　75,76,112,135,141
黄牛　36,37,108,125,128,134,138～140,143,145
黄昏　168
応鐘　168
黄鐘　78,168
王相(方)　41,43,58,60,61,66,67,87,138,153,160,163,176,177
応天門　201
近江彦根寺　74,121
往亡(日)　58,71,75,79,80,89,95,112,117,122,125,135,136,139,141,143,151,155,176,189,194,208,210,212,214
大炊→大炊御門(家)
大井河　162
大炊御門(家)　200,211,237
大炊御門京極　145
大炊御門新内裏　207
大炊御門第　36,120
大内　59,61,207
大内諸門　201
大殿祭次第　298
大原野社　113～116,118,121,140,162,194
大原来迎院　77,144
御産　115,118,119,124,129～131,133～135
御産御用肝要抜書　296
小槻氏系図　282
御直日記　298
小野御堂　55,122
御湯殿事　67
御忌方　60,144
御忌月　69,93,94,127
御生気　37,108
園城寺　182
——金堂　133
——真如院　54,135
御書始　93,108～112,114,116,117,120,126,131,134,136,138,140,144,145
陰陽家系図　288
陰陽吉凶抄　175,178,232,239,240
陰陽雑書　234,236,238～240
陰陽将(日)　66,92,109,111
陰陽将相並日　210
陰陽宅図　200,235
陰陽道旧記抄　170,179,181,182,301
陰陽道祭用物帳　301
陰陽道習学職札　295
陰陽博士安倍孝重勘進記　35,37,46,62,65,82,83,86,100,102,103,105,106,172,175,177,238
陰陽不将(日)　92,109,112～116,121,123,128,209,233
陰陽不将立成　209
陰陽略書　236,238,299
御物忌(日)　36,69,89,94,117,120,140,141,145
御物詣　73,95

【か行】

晦(日)　59,75,77,90,91,115,131,135,138,141,143,189,194,197,210,212,214
開(日)　66,196,204,205,213,215,219,226
魁罡　158
懐中歴　173
颽風　168
改暦宣下暦号定等次第　298
改暦宣旨　301
開路将軍　182
河魁　155,158
加冠　211,212,233
禍害　40,41
賈誼雑要暦　204,214,235
角　166
角(宿)　190
霍氏　231,235
隠神吉　194
楽所系図　279,282,285,291

郝震堪輿経　69
郭登　203
革命革令勘文調進留　298
革命諸道勘文　300
革勘類　300
勘解由小路(家)　200,236～238
下弦　117,211
火災祭　163
笠置寺　77,142
花山院殿　208
香椎奉幣使　109
鹿島使　128
嫁娶　41,92,161,208～211,233
家親丈人　182
春日御塔　57,127
春日(社)　63,114,116,118,119,124～127,130,131,133,136,139,142,144,162
——五重(御)塔　57,59,135
——正殿　127
——遷宮　127
春日殿　131
春日奉幣使　125
火星　159
家相玄機　299
家相玄機略　299
家相伝地形略記　299
家相伝地形略記口伝書　299
家相略記図　299
家相略記図聞書　299
方違(違方)　37,38,41,61,75,86,87,124
交野御堂　145
火天諸天会　192
家道要録　295
葛野京　36,37,108
仮名暦　285,301
河伯　216
家秘要抄　295
家秘要録天変地妖記　295
竈神　200
竈門下宮神殿　42,139
竈父日　200
竈母日　200
神不在日　161
賀茂在清置文　236
賀茂上社　47,129
鴨川合社　138,139
賀茂系図　292
賀茂祭　155
賀茂氏系図　289
賀茂下社　47,129
——御殿　43,115
——御塔　56,132
賀茂(社)　62,70～72,110,112～122,124,125,127～130,132～137,139～144,162,191,194
賀茂奉幣使　109,120,126,129
鴨御祖・別雷二社　63
賀茂御塔　51,127
賀茂別雷社　124,135
——神殿　119,135
——遷宮　119
高陽院　36,69,115,117
——小寝殿　35,122
賀陽院殿　203
高陽院殿御井　202
火曜(日)　35,36,88,108,110,113,116,120～122,139,145,208
加羅　167
烏丸第　130
仮殿渡御之次第　296
川合瀬　162
閑院　209
閑院第　61,117,140,143
閑院殿　199,202
勘策考　106
勘仲記　239
坎日　212
観音院　54,112
観音経　48,127,128
勘文留並綱要之事　301
看聞日記　105
勘文端作年月抜萃　298
勘文類　296
甘呂(日)　189
危(日)　151,205,215,216,222,224
鬼(宿)　65,189,190,212
義(日)　196,206
祈雨御読経　112

忌遠行(日)　35,75～77,88,94,108,110,121,136,137,142,208,211,214
祇園(社)　71,121,124,130,132,136,140,143,162
祇園御塔　53,57,123
祇園御堂　53,125
帰忌(日)　71,72,77,79,80,94,109,110,122,129,130,134,136,139,140,143,145,154,189,208,210,212,214,227
后町井　202
帰日　168
北野(社)　71,113,114,118,136,143,162
北野奉幣使　129
吉日考秘伝　236,238
吉祥院　109
吉祥天豊楽会　192
木津橋寺　55,122
祈年穀奉幣使　63,116,126,128,129
祈年祭　126
季御読経　49,110～113,140,141
耆婆脈経　223,235,236
貴布禰社神殿　116
鬼門　153,166
忌夜行　211
宮　166
牛(宿)　190
九坎(日)　67,76,78,79,93,95,109,115,142,144,189
求忌書　299
九虎(日)　63,64,77,79,89,90,109,115,126,143,152,189,190,194,197,210,212,214
九執　167
窮日　69
九社奉幣使　129
九重→法勝寺御塔
九神　203
強圉　167
協洽　167
京極殿　36,115,207,209
京極西　201
夾鐘　168
玉葉　104
虚(宿)　190
巨門星　260
清原氏系図　282
清水寺　77,143
鬼吏(方)　40,41
金匱経　156,175
金櫃経式義　169,175
勤仕之次第　298
禁術菩薩　193
近代摂関便覧　297
禁中並公家中諸法度　297
公豊卿記　291
公豊公記　287
金峯山御堂　51,137
金峯山寺　59,122
金曜　189
禁裡御蔵書目録　285,290
禁裏番衆所日記　300
空亡　158
禺中　168
凶会(日)　67,72,76,78,79,95,115,141～144,189
九月節　118
公卿補任　281,286
孔雀経　47,124,128
九条御堂　59,141
功曹　155,156,158,161
具注暦　300,301
口伝　154,155,157,159,163,164,166,170,175～178
熊野　72,104,128,130,133～136,141,142
——御塔　52,58,60,61,128,138
——本宮五重御塔　55,133
——本宮八角七重御塔　58～60,103,138
熊野詣　71,72,104,122,131,132,135～137,139～141,144,162
鞍馬寺　75,77,121,142
蔵人信経私記　174
群忌→群忌隆集
群義→群忌隆集
群忌隆集　161,175,195,197,198,200,202,204,205,207,208,211,214,216

～219,222～226,235～237
群書治要　108
群書類従　288
奎(宿)　65,69,190
慶賀　79,80,104,117,121～123,125～127,154～156,176
熒惑(星)　153,175,258
系図　289,290
系図纂要　288
計都　167
鶏鳴　168
迎陽記　301
懸官　195,198,200,223
下吉(日)　64,90,91,108,110,112,138,141,190,193,194
夏至　168
月空　66,67,226
月殺(日)　115,130,131,134,202,206,210,211,218,222,227
月蝕年月表　300
月徳　66,67,211,226
月徳合　67
月令　214,235
建(日)　204,213,215,217,219,227
弦　215
玄英　168
軒轅　228
玄枵　167
剣璽渡御記　302
玄武　161
玄武(日)　41,43～45,88,108,112,113,117,118,120,123,125,139,143～145,198
元服　69,93,98,108～112,114～117,121,126,127,131,135～138,140,144～146,162,211～213
玄默　167
御移徙作法　36,89,141
亢(宿)　157,158,190
行願寺　77,143
降宮　152
皇后宮御堂　53,130
罡日　156
交食表　297
口舌　199,200,203,223
江談抄　175
黄帝経　169,175
黄帝妙心経　154,175
皇帝五姓宅撓経→宅撓経
皇天　165
河東七条殿　36,140
幸徳井大黒等一件　300
行年　154,229,230
行年反支　229,230
興福寺　55～57,116,117,124,127,144,145,157
——御塔　53,58,115,119
——南大門　202
——北円堂　59,122
——御堂　55,130
江文寺　77,144
高野　75,130
——大塔　57,58,60,61,124,138
高野(聖)廟　74～76,120,121,131,132,140
広隆寺　74,75,77,114,124,131,132,134,143
降婁　167
後宴　109～112,114,121,126,131,136,140,144,145
五月節　118,144,217
御家道規則記　297
御願寺　60,61,88,144
弘徽殿　110,118,212
五行　166,169
五行入墓之日　208
五行反支　230
五行備問　217,235
谷風　168
五合日　216
御斎会　51～58,114～117,119,122,127,133,135,137
御朱印御改御留記　297
故主計頭殿本　189,234～236
御所御所御祈之記　296
五条内裏　206
五条東洞院　209
五条坊門殿　209

五条坊門東洞院門柱　201
五牲　161
五星　167,173
五星所在月　86
五姓図　221,235
沽洗　168
五千氏月　212,235
御膳略次第　296
国忌日　154
五道大神　182
五徳　154
御八講　192
五貧日　204,218,219
五不帰忌日　216
五墓(日)　48,63,68,75～77,79,90,94,95,109,110,113,117,119,122,125～128,130～133,135～137,141～143,154,190,193,197,202,208,210,214
後陽成天皇御宸翰　302
御用向書通案　296
五離(日)　94,109,110,116,121,126,129,142,214～216
五龍死日　211
五縷　167
小六条殿　68,128
金剛証院　135
金剛寿院　54,118
金剛峯(日)　189,191
金字大般若(経)　70,130,133
金神七殺方　86
金泥一切経　55,133
金泥最勝王経　47,129
金泥法華経　122
困敦　167

【さ行】

西海神王　228
歳下食　208,210,214
最勝会　46,129
最勝王院　191
最勝講　46,49,126,138
最勝光院　50,141,142
——御堂　140
最勝寺　44,47,49,53,61,103,129,137,138,144,191
——五大堂　53,132
——御塔　44,128
——金堂　44,128
歳星　165,167
歳徳　67,211
歳徳合　67,211
斉民要術　221,235
祭文部類　184
嵯峨御所　207
嵯峨釈迦堂上棟　197
嵯峨法輪寺　77,143
朔　215
作咢　167
朔風　168
殺亀日　161
左伝　166,175
実隆公記　285
三王　160
三箇伝極秘巻　299
三鏡方　160
三公　159,160
三光　160,166,173
三交　158,159
三交卦　158,175
三社奉幣使　62,120,126
三条烏丸第　129
三条京極宅　131
三条皇居　35,120
三条内裏　208
三条第　36,117,129
三条殿　130,131,135,145
三条西家重書古文書　285
産事法　227,233
三辰　166
算尽法　154
産生　41
三節会次第　296
三足之烏　160
三天　158
三伝　158
三伏(日)　168,173,210
産婦借地文　228
産婦秘要書　300
産婦向方　66
三宝　43,189～191,193,233
三宝下吉　44,45,119,124,128,134,141
三宝上吉　43,45,117,118,

134
三宝中吉　43～45,118～120,123,136,139,140
三宝不入吉　43,117,118,142
三御山　128
纂要　159,175
斬開卦択　158,175
四時　152,167,196,203
四月節　114
四火日　197,200,202,237
四気　168
式神　165
史記亀策伝　160,175
次吉(日)　196～198,207,212
職御曹司　111
信貴山　76,77,142,144
地下家伝　284,288
始笄　111
四激日　201,215,216
四挙歳　195
子爵土御門晴栄氏蔵書目録　294
仁寿殿　208
四神　161,173
七観音　77,143
七月節　65,70,132,201
七社奉幣使　109,125,127～129
七条院御所　145
七条殿　140
七条殿御所　50,142
七星　158
七大寺　78,144
七鳥(日)　64,79,89,90,152,189,190,194,197,210,212,214
七天反支　230
四柱賢聖　193
七曜　167
七曜暦　301
七曜暦日月食書抜　298
執(宿)　164,176
執(日)　212,216,217,222,224
執徐　167
実沈　167
四道系図　285
慈徳寺　55,113
四廃日　161
柴田勝家書状　302
紫微宮　152
四病日　196
四風　168
四不出(日)　35,36,71,73,74,76,77,94,95,108,112～118,120,121,124,126,130,133,134,136,137,139～145,210,211,214,215
四輔　154,173
司命　182
除目　159
子母秘録　230,235,236
釈迦院僧正尊仁御房井　202
錫紵　153
舎宅図　197,203,235
射覆蔵物　158
朱印状　301
収(日)　204,212,213,219,221,224,226,227
重(日)　79,111,151,153,159,164,165,176,189,197,200,201,208,211,223
十一月節　110,121,138
十一面供十壇　49,137
周易　109
十月節　113,125
従魁　155,158
柔兆　167
十二月節　115,131,135,212
十二辰　69
柔日　156
十二門　113
集霊金匱経　155,175
十六社奉幣使　112
寿星　167
入内　65,66,92,109～116,121,123,128,131,136,137,210,211
出日　196
須弥四域経　167
朱明　168
鶉火　167
鶉首　167
鶉尾　167

除(日)　196,204,205,216,219,222
商　166
正月節　120,130,134
生気(方)　66,67,226
小吉　155,158
上吉(日)　45,64,90,109,189,190,193,194,196～198,207,209,212,213
小窮日　208
承久三年具注暦　238,239
貞享暦　299,300
貞享暦解　300
上弦(日)　210
上皇御賀　62
上章　167
成勝寺　44,45,57,134
――金堂　45,134
――鐘楼・経蔵　45,134
尚書　196,217,221～223,235
尚書暦　69,152,175,198,203,208,210,217,220,225,235
勝先　155,158
装束色目　296
掌中歴　173
上帝　165
昇殿　254,267,268,278,281,287
上東門院　36,115
商風　168
称名院殿日記　278,287,288
昭陽　167
浄瑠璃院　51,114
諸家系図　289
諸家系図纂　290
諸家蔵書目録(乙)　294,295
食時　168
蝕日　189
諸国陰陽師支配方日記　297
諸国触頭名前仮留　297
諸社行幸次第　162
諸社奉幣使　62,109,119,121,123
女宿　212
如説仁王会　47,49,50,133～135,143
諸道系図　283
白河
――阿弥陀堂御塔　57,128
――押小路殿　143,144
――北殿　49,133,136
――九躰阿弥陀堂　57,127
――熊野宮　143
――御願寺　61
――五重御塔　131
――御塔　56,128,132
――三重御塔　56,58,130,137
――新御所　135
――新御堂　52,135
――十一面堂　61,144
――千躰阿弥陀堂　61,103,144
――尊星王堂　61,144
――殿　117,127～129,134
――仏頂堂　54,61,136,144
――御堂　131
司禄　182
震　154
参(宿)　65
軫(宿)　157,164,176,190
新熊野　71,139,141～144
神后　155,156,158
神今食　155
神今食前斎勅使　192
心宿　212
晋書　298
新撰→新撰陰陽書
神泉苑　47,112,124,128
新撰陰陽書　152,173,195,199～202,206,235
人定　168
人道　226,227
新御堂御所　49,132
水神　155
彗星出現一件　295,299
水天般若会　192
衰日　72,77,79,95,131,136,139～143,153,154,159,160,164,176,206,223
蕤賓　168
枢機経　157,175

陬訾　167
崇福寺　58,116
菅原氏系図　282
宿曜経　212,235
朱雀　161
朱雀(日)　41,42,88,124～126,139,155,198,202
朱雀院　69,109,110
朱雀門　162
住吉社　74,118
住吉浜　162
井　155,158
星　155,157,158
制(日)　196,210
成(日)　66,204,206,213,215,219,221,226,227
西王母　157,215,216
星紀　167
西南院　57,123
清明日　201
青陽　168
青龍　155,158,161
青龍脇(日)　41,43,44,88,110,118,128,198
青龍頭(日)　41,88,116,198
青龍足(日)　41,43,44,88,113,116,118,124,138,139,143,198
清涼殿　46,111,122
赤奮若　167
摂提格　167
節分星僎之規則　297
折木　167
絶命(方)　40,41
専(日)　196,206
単閼　167
千巻千手経　50,141
遷幸之記　83,100,101
占射覆物法　155
善相公辛酉勘文　300
占事略決　299
践祚　68,108,109,112,143～145
千僧御読経　46～49,119,122,125,127～131,134,136,138,140,190
泉涌寺　277
旃蒙　167
相剋(日)　79,80,121,125～127
造天地経　167
相馬経　206,220,235
造暦(宣旨)　243～257
即位関係文書　300
続群書類従　174,239,288,290,292
染殿院　109
孫子兵法　225,235
尊勝寺　44,124
——阿弥陀堂　44,51,124
——延命堂　52,132
——金堂　44,123
——御塔　44,123
——御堂　52,132
——法華堂　44,124
尊勝陀羅尼　49,132,138
尊卑分脈　182,183,279,281～283,288,290

【た行】

太一　155,156,158
太一式占　177
大陰　158,199
大淵献　167
大火　167
大禍(日)　64,90,91,109,111～113,121,124,130,140,190,191
台記　183
大吉　155,156,158
大窮日　208
大橈経　154,175
大橈序　169,175
大荒落　167
大極殿　46,112,113,116,119,124,195
醍醐寺　76,141
醍醐御堂　59,110,122
大歳　160,167,173
大歳支　229
大歳反支　229
泰山祭　153
泰山尊神御来由　185
泰山府君　180,182
泰山府君祭　181～184,239
泰山府君祭神前供物記　301
泰山府君(祭)都状　171,179,181,183,184,301

太史局草　297
太史策牘　299
大史日策　296
大史百忌暦→百忌暦
太衝　155～158
太裳　156,158
大将軍(方)　38,39,41,43,58～61,66,67,86,109,111,128,138,153,160,163,176,177
大将軍遊行(方)　39～41,43,66,67,86
大乗会　141
大嘗会　120,161
大嘗会御禊　62,118
太蔟　78
泰簇　168
大徴五帝　165
太白(方)　40,41,43,66,67,74,75,87,121,124,154,160,214
大般若経　46,122,129
大般若御読経　46,111,113,123,124,127,130
泰風　168
大夫殿御説　168
代厄祭　239
平教盛卿消息　302
内裏　35,36,60,104,111～116,118,123,125,129,130,134,138,143,165,195,198,207,234
内裏御造営御謝祭御日記　297
大梁　167
大呂　168
高雄寺　77,144
高倉井　202
高倉殿門扉　201
鷹司殿　209
高松皇居　138
高松殿　75,124
宅経　208,235
宅撓経　198,213,222,235
宅神　153
宅鎮祭用物　300
紀社　162
多宝塔→熊野御塔
誕生　67
旦暮弁論　298
堪余経　151,175,208,213,235
親信卿記　174
地火(日)　41,196,197,199,200,202～204,206
筑後国高良宮神殿　126
逐日神殺表　299
竹林院　191
地激日　203
地天歓喜会　192
地柱　195
地反支　230
着帯　66,159,226,227,236
着裳　111,115,117,128,211
着袴　93,94,110～113,115,118～120,124,130,131,134～136,140,162,211,213
中吉(日)　64,90,190,193,194,210
中堂→延暦寺中堂
中日　196
中右記　174
仲呂　168
沖和子玉房秘決　211,235
徴　166
朝覲　68,69,109,110,112,113,115～118,121～129,137,141,142,144,145
——行幸　68,69,94,105,130～135,137～139
朝儀吉凶勘例　82～84
重光　167
長講堂　50,142
徴明　155
朝野群載　183,184
朝野僉載　165,175
直　66,78,204,206,213,221
著雍　167
地梁　195
土御門家旧邸宅図　295
土御門家記録　185
土御門家家領并家職関係文書案　301
土御門家雑掌日記　298
土御門家蔵書目録　295
土御門家譜　294,295
土御門家文書　301
土御門家譲状　301

土御門新宮　128
土御門晴雄民部卿拝賀記録　298
土御門晴親覚書　296
定(日)　204,205,215,219,221,222,226
帝王系図　283
帝王秘籙　152,175
帝皇系図　291
亭子院　109
氐宿　65
帝臨　217
天一(方)　40,41,43,66,67,87,152,154,158,160
天恩　211
天火(日)　41,196～198,200～204,206
天季(日)　88,109,120,208,222
天罡　154,155,158
天狗(日)　203,208,210,228
天后　158
天殺人日　78,217
天三殺日　216
天赦　211
天神地祇大奉幣使　62,63,118,125
天生人日　78,217
天曹地府御祭御日記　297
天曹地府御祭料米請払　298
天曹地府御神事御用途控　298
天曹地府御神事次第　297
天曹地府御用留日記　297
天曹地府祭一件　297
天曹地府祭御祭典絵図　302
天曹地府祭御神供経営覚　297
天曹地府祭御日記　297
天曹地府祭御用具之覚　298
天曹地府祭都状　301,302
伝送　155,156,158,229
天燭(日)　41,196,197,199,200,203,204,206
天測大成　298
天台　74,112,123
——山　46,129
——実相院　54,117
——持明院　56,119
——勝楽院　51,120
——惣持院　56,110,120,132
——仏眼院　123
天地水官　182
天地瑞祥志　157,166,175,177
天地相去日　210,211
天柱　195
天帝捕馬日　206
天徳(方)　66,67,226,227
天道(方)　67,226,227
天王寺　74～77,118,136,137,142,144
——念仏堂　52,136
天変地妖勘文案　298
天文奏　174
天文秘略　298
天梁　195
転輪院　124
斗(宿)　157,158,190
屠維　167
東王父　157,215,216
東海神王　228
東河　119～121,125
道虚(日)　70,73,75,76,79,80,89,94,95,109,117,121,123,127,131,139,141,143,144,154,156,162,176,189,194,202,208,210,212,214
東寺　76,142
——塔　120
冬至御作法一式之留帳　298
東大寺　47,49,54,73,77,78,108,109,112,140,143～145,157
——講堂　192
——大仏　157
——大仏開眼会　77,108,143
——大仏殿　78,144,157
東北院　116
当梁　195
当梁年　86
徳川将軍家朱印状　301

徳川秀忠書状　302
徳合　206
徳星　165
得長寿院　77,132,143
土公　200,201,203
土公祭　163
土公出遊(方)　40,41,43,87
所宛　159
戸神　201
都儘似名目集　299
土地霊祇　182
鳥羽
——泉殿阿弥陀堂　132
——北殿　49,138,140
——九躰阿弥陀堂　136
——孔雀明王堂　53,136
——金剛心院　52,137,138
——御塔　52,56,125,126
——勝光明院　52,60,133,144
——証金剛院　51,123
——新御堂　52,137
——殿　36,69,74,75,120,123,124,131,140,202
——殿内焔魔天堂　51,135
——殿南北殿　207
——東殿三重御塔　56,134
——東殿御堂　56,134
——不動堂　137
——御堂　138
土用　42,43,67,87,152,159,162,197,208,227
豊受宮→伊勢豊受太神宮
敦牂　167
涒灘　167

【な行】

内侍所仮殿御寄附之記　296
直物　160
長岡京　35,37,108,208
中原氏系図　282,289,291
中御門京極　201
那智(御山)御塔　137
南殿　46,47,122,123,125,126,128
七瀬御禊　162
南院　113,206,209
南海神王　228
南京　74,112
南呂　168
二月節　114
二交　159
西鳴瀧　162
廿二社　121
廿二社奉幣使　62,63,121,125,126
廿八宿　167
二条院　110
二条殿　68,145,207
二条東洞院第　145
日映　168
日時勘文　297
日時勘文留　296,300
日時勘文部類　100,101,106
日時勘文要録　300
日遊　67,159,227,228
日遊異名　152
日遊将軍　228
日遊神　227
二中歴　173
日曜　189
日食変象考　300
日蝕年月表　300
日辰　155,158
新田義興書状　302
日中　168
日躔五箇表　298
日本記　164,175
女人年立反支位　229
任大臣節会　80,123
仁和寺　52,109,110,133,136,190,192
——円堂　59,109,190,191
——観寿院　190
——観音院　54,114
——御願北院　119
——三重御塔　132
——新御堂　58,117
——南院　133
仁和寺文書　289
仁王会　140,191
仁王経　47,48,113,121,125,128,191
年中行事　198

年反支　230
年立成位　230
荷前　153
野宮　120,125
——井　202

【は行】

破(日)　203～205,212,213,215,216
廃務日　198,208,211
白蔵　168
橋寺　192
長谷寺　58,78,116,144
八条屋　209
八条宅　133
八条第(亭)　133,134
八条殿　134,135
八風日　215
八幡　77,143
八幡宮→石清水宮
八龍(日)　64,68,79,89,90,94,115,152,189,190,194,197,210,212,214
伐(日)　62,63,77～80,89,90,93,94,108～111,113～115,117,118,120～125,127～129,134,138,140,142,151,154,155,162,164,173,176,189,194,196,197,202,210,212,214,221,223,225
八干地　200
八卦御物忌　69,110
八卦方　40,87,159
八社奉幣使　62,122,123,127,128
八神　41,196
八神悪日　43
八神文　195
八節　196
八専(日)　46,47,64,73,74,76,90,91,109,111,112,116,123～125,127,129,134,141,142,169,173,190～193,197
八専間(日)　46,47,90,113,119,122,126,136
八専経　169,175
伐盗(日)　93,110,114,126,145,211,212
馬鳴菩薩　193
婆羅門僧正説　192
晴雄卿記　296
晴親卿記　296
反支　228～230
反支月　229,230
反支日　223
日吉御塔　55,124
日吉社　71～73,118,121,123,127,130,132～134,136,139～145,162
——二宮十禅師宝殿　42,139
麋角解日　200
東三条(第)　118
東三条院　68,69,110
東三条殿　133
東二条院　110
東鳴瀧　162
東山殿　36,139,140
飛香舎　110
毘沙門天成仏会　193
尾　158
畢(宿)　190
日入　168
日出　168
日反支　230
備忘　296
百座仁王会　124
百箇日御懺法　50,141
百忌暦　151,156,160,175,204,212～215,222,223,235,301
白虎　156,158,161
白虎脇(日)　43～45,117,119,134,140,198
白虎頭(日)　43～45,118,120,124,134,136,141,142,198
白虎足(日)　41,42,45,88,111,113～115,118,121,122,126,133～135,137～140,198
白虎夫人　228
平等院　74,120
——阿弥陀堂　116
——五大堂　53,117
——塔　117
豹尾　154

平野(社)　71,112～116,118,121,126,131,136,143,162,194
広瀬・龍田祭　126
枇杷第　113
封し廻文　298
風天歓喜会　192
復(日)　79,108,129,130,133,145,151,153,155,159,164,176,189,197,200～202,208,211,223,227
福勝院　51,58,137
服任　160
伏龍　156,199～201,203
伏見殿文庫記録目録　101
伏見宮家旧蔵書　82
藤原忠通書状　302
藤原宣房書状　302
補陀落寺　77,144
服紀令　297
不入吉(日)　36,47,48,74,79,89～91,95,108,112～142,144,194
文肝抄　299
文昌宮　152
平(日)　66,204,206,215,221,222,226
閉(日)　66,78,151,202,212,213,216,217
平安京　35～37,108,208
平旦　168
閇吟　156
辟(宿)　157,190
戸津比殿　200
反閇　36,115,125,128,130,134,135,138～140,143,145,159,163
返閇→反閇
房(宿)　190
望(日)　210,215
昴(宿)　157,158,190,212
法金剛院　47,53,132,136
——三重御塔　55,133
——北斗堂　57,133
法住寺殿　36,50,68,139,141,142,207
法住寺南殿東小寝殿　36,141
放生会使　192
法成寺
——阿弥陀堂　56,114
——金堂　50,114,117
——金堂北新御堂　58,116
——釈迦堂　114
——十斎堂　56,114
——新御堂　54,122
——西北院　54,114,118
——塔　55,57,59,115,119,192
——東北院　58,114,117
——南大門　202
——八角御堂　51,116
——薬師堂　50,114
宝荘厳院　53,132
抱朴子　196,235
捧物献納状　181
法隆寺　77,144
卜禁日　160
北辰耀魄宝　165
保(日)　196,206
晡時　168
菩提菩薩　193
没(日)　67,79,95,189
北海神王　228
法花文句　167
法勝寺　43,47～50,53,57,104,119,127～131,133～136,139,141,143,189,190
——阿弥陀堂　43,118
——円堂　131
——金堂　43,44,118
——九重御塔　54,56,123
——御塔　44,119,120
——卅万基塔　57,130
——三昧堂　44,119
——常行堂　44,51,120
——新造御所　120
——南大門　202
——北斗堂　125
——法華堂　44,119
——曼陀羅堂　125
——薬師堂　44,119
法性寺三昧堂　192
仏不礼日　191
堀河第内巽角　53,130
本書　165

本朝続文粋　183
犯土　40,87,163,176,177,195,199,201
犯土方忌　61,144
犯土造作　38,40,41,85～87,103,195,233,234
本文　41,215
本命　154,160,182,229
本命支　229
本命反支　229

【ま行】

昧日　196
町尻殿　212
松先　162
松崎寺　112,190,192
松尾社　115,121,162
松尾奉幣使　121,122
魚味　124,130,131,134,135
真菜　93,129～131,135
間日　169,193
満(日)　151,204～206,213,219,221,226,227
万燈会　75,134
万葉集　164,175
御祖社　129
御教書　301
御修法　155,191
密奏　260～274,277
密日　189
御読経　101,102,112,113,116,130
皆川家旧蔵資料　294,295
水無瀬殿　36,145
六月祓　163,164,173
耳敏川　162
民経記　239
无翹　79,109,110,210
無射　168
紫野院　121,125
室町殿御祈日次並諸雑事等事　300
明月記　182
明堂　152
冥道諸神　179,180
滅(日)　67,79,95,133,142,144,189
滅門(日)　55,64,77,90,91,110～112,127,128,133,141,144,190
毛詩　159,175
木星　153
物忌　182
百日　93,115,118,119,129～131,133～135,168,173
門神　201
文選　108,109

【や行】

薬師経　48,129
泰邦卿記　296
泰重卿記　300
泰胤朝臣記　298
泰連卿記　300
泰福卿記　301
泰豊朝臣記　301
保憲抄　189,234,235
泰栄卿記　97,100,102,298
泰誠朝臣記　301
八十嶋祭　162
八十島祭使　116,117,125
夜半　168
山南殿　209
山→延暦寺
屋廻　163
幽闇鬼神　169
遊年(方)　40,154,159,195
陽厭　69
陽将(日)　92,110～112,116,117,131,136,209,210
陽神　155,158
養者　66,67,226
用日　196
翼(宿)　65,157,158,190
吉田社幣帛使　127

【ら行】

礼記経解注　161,175
礼記月令巻　165,175
礼記祭法巻　165,175
羅刹(日)　64,65,90,190,191
羅刹不動会　192
李氏注　69
律　78,168
立夏　60,138
立后　65
立秋　168

立春　37,41
立春御方違所　61
立太子次第　296
立柱次第　199,202
柳(宿)　65
龍口(日)　41,196,197,199,200,203,206
龍口殿　207,234
龍首経　222,235
龍樹菩薩　193
諒闇　165
綾綺殿　207
両宮本宮並別宮日時定　300
涼風　168
綸旨　301
臨日　217
臨時仁王会　46,47,49,110～113,126,129,141,191
臨時御読経　111
林鐘　168
類集雑抄　106
霊元天皇宸翰御消息　302
霊所祓　162,173
冷泉院　35,111,116
冷泉新御所　208
霊宝経　196,235
歴名土代　281,286
暦林　203,205,218,228～230,235
暦林問答集　236
暦例　39,40,205,206,212,213,215,222,235
蓮華王院　50,54,77,139,141,143
——五重御塔　141
——御塔　51,141,142
——卅五間御堂　139
——西面小門　201
蓮華心院　141
蓮華蔵院三重御塔　53,57,128,132
婁(宿)　69,190
臘(日)　115,210
狼藉(日)　64,77,90,91,110,112,113,128,130,134,141,143,144,190,191
六月節　70,117,143,144
六軍鏡　166,175
六合　158,159
六勝寺　45
六蛇(日)　64,79,89,90,152,189,190,194,197,210,212,214
六条院　109,121,122,126
六条内裏　201,202,209
六条第　35,121
六条殿　69,122,126,143,144
——井　202
六条坊門第　125
六壬　169,214
六壬式　169
六壬式占　177
六任　169
六角堂　77,143
六気　78
六家説　48
六甲　169
六甲窮(日)　69,94,110,123
六甲占　152,175
六甲占抄　178

【わ行】

若杉家文書　82,101,183,236,294,295
若松殿　208
和字暦　190,235
和儺祓　164

人　名　索　引

【あ行】

足利義政　302
　義藤　302
敦実親王　160
油小路隆蔭　302
安倍安仁　258
　安正　258
　惟長　273

為重　269
為昌　269
為親　266,268
為成　268
維弘　267
維行　262
維氏　262
維俊　267
維道　262
維範　174,262
栄名　270
英倫　262
益材　259
益麻呂　258
家元　269
家広　261
家氏　262,290
家俊　270
家尚　270
家清　264
家茂　270
寛麻呂　258
季弘　42,60,61,99,146,147,159,172,263
季尚　263
季良　264
吉昌　260
吉人　259
吉仁→吉人
吉平　209,228,234,260
久修〔土御門〕　294,301
興行　258
興風　259
業経　269
業元　262
業弘　265
業氏　263,264
業宗　273
業俊　147,265
業昌　266
業長　265
兄雄　259,290
兼吉　271
兼親　276
兼貞　276
憲氏　272
憲長　272
元雄→兄雄
御主人　259,290
光尚　266
光昌　266
孝重　61,82,84,98,99,105,172,263,265
孝俊　263,264
幸淳　276
広基　202,234,263
広景　262
広賢　146,147,261
広顕　262
広資　262
広実　263
広俊　263
広親　262
広庭　259
国継　274
国憲　274
国弘　274
国綱　274
国高　274
国時　260
国随　146,271
国成　260
国道　191,234,274
国明　271
氏長　272
資顕　261
資元　202,203,234,261
資重　264
資俊　262
資親　277
資宣　261
資忠　261
時員　276
時兄　274
時景　276
時賢　274
時彦　274
時光　274
時尚　274
時職　271
時親　146,260,271
時成　275
時晴　42,147,271
時村　274
時貞　277
時範　259
時豊　273
時名　276

守経　105,265
宗基　265
宗光　264
宗弘　273
宗時　273
宗長　272
宗明　42,146,202,234,261
重吉　277
重尚　277
重親　277
重明　277
重雄　277,278
春材　259
淳光　265,269
淳宣　264
淳房　265
尚継　270
尚弘　265
昌言　270
昌平　275
章親　260
常範　259
職光　273
職弘　271
職宗　272
職長　273
信業　42,147,261
真行　259,278
親家　275
親弘　264
親宗　261
親職　271
親盛　271
親宣　265
親泰　275
親長　269
親貞　269,277
親平　271,275
随長　272
成親　260
政文　263
晴栄〔土御門〕　294
晴遠　273,276
晴季　275
晴匡　271
晴兄　272
晴景　272
晴経　274
晴継　229,234,274
晴憲　272
晴賢　274
晴光　272
晴公　276
晴弘　271
晴綱　274
晴行〔土御門〕　294
晴氏　275
晴宗　199,234,272
晴秀　272
晴重　273,277
晴尚　276
晴臣　271
晴親　272,277
晴親〔土御門〕　296
晴澄　274
晴世　275
晴正　275
晴泰　275
晴忠　202,234
晴長　276
晴直　274
晴通→晴道
晴貞　277
晴冬　276
晴藤→明藤
晴藤　275
晴道　146,263,271
晴任　275
晴文　276
晴平　199,234,274
晴輔　272
晴峯　276
晴明　152,165,172,174,260,294,299
晴茂　271
晴雄　272
晴雄〔土御門〕　296,298～300
晴隆　272
晴廉　275
晴岑　273
清基　270
清継　270
清行　259
清行女子(讃岐)　259
清氏　276
盛親　260
盛良　260

宣賢　261
倉橋麻呂　258,280
泰胤〔土御門〕　298
泰栄〔土御門〕　296,298
泰家　267
泰基　270
泰具→泰綱
泰経　270
泰継　263,264
泰顕　268
泰光　268
泰綱　267
泰重〔土御門〕　299,300
泰重　269
泰俊　267
泰尚　268
泰親　42,146,147,263,266
泰世　268
泰成　268
泰清→有長
泰盛　268
泰誠〔土御門〕　301
泰宣　267
泰忠　202,234,236,266
泰長　42,146,263
泰通〔土御門〕　296
泰貞　268
泰統　267
泰福〔土御門〕　299,301
泰豊〔土御門〕　301
泰邦〔土御門〕　296,299,300
泰房　271
泰茂　99,266
泰連〔土御門〕　300
大家　259
知長　277
知直　273
知輔　265
仲丸→倉橋麻呂
仲光　266,269
仲通　290
仲麿→倉橋麻呂
忠業　270
忠継　267
忠顕　261
忠光　191,234,267
忠弘　267,270
忠時　267
忠俊　191,234,267
忠尚　270
長親　268
長能　261
直明　273
貞光　266
貞宗　273
貞俊　278
貞尚　277
貞親　272
貞藤　274,275
島麻呂　259
東人　258
道幸　276
道守　259
道尚　274
道昌　266
道世　262
道定　277
篤弘　271
内麿→倉橋麻呂
範経　269
範元　261
範秀　270
範春　264
範尚　270
範昌　269
範親　270
範宣　270
範忠　264
輔雄　262
奉光　261
奉親　261
邦連　261
明藤　274
茂氏　271
茂平　271
茂房　271
友幸〔幸徳井〕　288
友伝〔幸徳井〕　288
有季　268,280～282
有郷　267,278
有業　266
有光　266
有弘　268
有行　146,263

有氏　272
有宗　273
有重→有仲
有重　105,265,266
有俊　268
有尚　266,277
有昌　266
有親　184,276
有世　268,278,287,288
有正　267
有清→有郷
有清　266
有盛　268
有宣　264
有泰　277
有仲　268,278
有長　267,280～282
有長　272
有貞　277
有道　276
有富　268
有茂　267
有茂　277
有祐　268
有雄　277
有隆　268
頼成　264,269
頼房　271
利行　259
隆周　262
隆茂　262
良賢　271
良光　199,234,266
良康　264
良綱　270
良材　262
良重　266
良尚　269
良親　266,269
良宣　269
粳虫　259
粟田宮　130,131
為子内親王　66,109
一条院　68,112,113
伊藤信興　300
殷富門院　197
宇治殿　208
宇多院　73,109
宇多天皇　109
叡子(内親王)　134
円興　243
延昌　60,111
円融院　73,111,112,195
大江匡房　175
大田大夫→安倍興風
大中臣光俊　146
大宮院　216
織田信長　301

【か行】

花(華)山院　111,112
亀山院　145
賀茂以之　249
以平　249
伊憲　251
為政　245
員栄　246
家栄　42,146,208,214,223,234～236,246
家保　247
茅子→忠峯女子
萱草　244
基栄　246
基成　250
季茂　249
義行　245
兼宣　253
憲栄　146,246
憲成　250
憲平　247
光栄　152,209,211,235,244
光国　244
光平　42,146,207,235,245
光輔　244
弘栄　247
江人　244
行憲　245
済憲　42,147,251
在阿　257
在以　256
在為　256
在維　252
在員　256
在宇　257
在栄　254,280～282
在永　248,252
在益　255

在遠　252
在音　255
在夏　255
在夏　255
在寛　253
在経　251
在継　191,201,202,227,235,236,253
在兼　254
在憲　42,146,147,249
在賢　251
在賢　255
在言　252
在言　255,257
在彦　252
在広　253
在康→定康
在康　250
在康　257
在弘　254
在弘　256
在岡　257
在香　253
在済　252
在材　252
在氏　254,256
在資　256
在持　253
在実　254
在種　253,255
在秀　254
在重　254
在俊　206,235,253
在俊　255
在春　257
在諸　255
在尚　217,235,252
在職　251
在臣　251,253
在岑　254
在親　197,206,235,251
在世　255
在政　255
在晴　255
在清　199,201,207,211,217,226,227,234～236,253
在盛　199,235,236,256
在盛　236,238,254
在千　253
在宣　147,201～203,207,229,235,251
在前　252,253
在全　255
在足　255
在村　252
在村　256
在仲　252
在仲　256
在忠　251
在忠　254
在朝　253
在長　255
在澄　247,250
在直　252
在通→在栄
在貞　236,237,254
在冬　254
在統　252
在藤　257
在任　256
在能　257
在弥　247
在富　254
在文　256
在並　257
在方　236,254
在豊　254
在名　252
在明　251
在茂　254
在友　191,206,235
在有　256
在雄　254
在梁　254
在廉　256
在連　256
資光　245
守栄　246
守憲　146,245
守道　230,235,245
周栄　246
周憲　146
周平　42,147,247
宗憲　202,235,247
秀康→定康
秀弘　248
俊宗　229,235,250
俊秀　250

俊定　250
俊平　250
諸魚　244
諸雄　243
尚栄　245
尚憲　245
尚言　245
松芳子→忠峯女子
人麻呂　244
成栄　246
成宣　250
成平　146,202,235,246
清周　248
清俊　250
清平　248,256
清茂　82,97,100,103,105
泉　243
宣栄　246,247
宣憲　42,147,202,235,237,249
宣康　250
宣支　249
宣氏　249
宣俊　249
宣尚　249
宣昌　246
宣平　192,197,202,203,207,234,235,237,249
忠行　244
忠順　244
忠峯　244,290
忠峯女子(貞子)　244
忠峯女子(松芳子)　244
忠峯女子(茅子)　245
虫麻呂　243
長宣　250
直峯　244
陳経　246
貞子→忠峯女子
定員　247
定久　249
定継　248
定康　248
定弘　248,288
定材　248
定氏　247,250,290
定持　290
定時　249
定守　248
定周　248
定秀　248
定俊　248
定勝　248
定尚　248
定職　248
定世　248
定清　248
定仲　248
定長　248
定直　248,249
定統　248
定平　247
定保　229,235
定豊　248
弟峯　244
定名　247
定有　248
定良　249
田守　243
統平　249
統保　249
道栄　225,235,246
道栄　250
道言　146,200～203,208,235,237,245
道清　245
道平　246
道茂　249
繁栄　246
比売　243
保胤〔慶滋〕　244
保栄　246
保遠　152,245
保家　246
保憲　153,165,174,203,212,235,244
保秀　255
保尚　252
保章　245
保直　253
保任　256
保平　246
保平　250
峯雄　244
峯雄女子　244
邦平　250
友信〔幸徳井〕　288

有栄　246
高陽院　51,58,65,76,135,137
閑院太政大臣　192
菅丞相　109
観音寺天文博士→安倍隆茂
寛遍　60,61,138
桓武天皇　37,108,208
紀延方　212
徽子女王　110
規子内親王　111
吉備麻呂(磨)　243,258,280
行教　160
倉橋泰吉　299
馨子内親王　115,116
奚仲　216
顕弘〔姓不詳〕　202
建春門院　36,50,76,140～142
元正天皇　243
憲明〔源カ〕　211
後一条院　62,69,113～115,194
光格天皇　297,298
皇嘉門院　59,141
孝元天皇　258
光孝天皇　66,108,109
孔子　212～214
後宇治殿→藤原師実
後宇多院　145
孝明天皇　297,302
後小松天皇　98
後嵯峨院　145
後嵯峨上皇　234
後桜町天皇　297
後三条院　54,74,115～118,162,212
後白河(川)院　63,70～73,76,134,135,138～144
後白河上皇　106
後白河法皇　104
後朱雀院　114～116,195
巨勢孝秀　146
後醍醐院　146
後鳥羽上皇　82,99,172
後二条院　146
近衛院　65,136,137
後深草院　145
後伏見院　145,146
後堀川院　145
後桃園天皇　298
後陽成天皇　302
後冷泉院　115～117,208
後冷泉天皇　183,184
惟宗光之　282
　光方　280～282
　俊雅　280

【さ行】

崔夷希　180,184,185
嵯峨天皇　108
桜町天皇　291
讃岐→安倍清行女子
実仁(親王)　118
三条院　74,112～114,209
三条公豊　287
三条西実義　291
　実隆　285,286,291
重仁親王　136
師曠　78,163,217
四条院　145
柴田勝家　302
下道国勝　243
昌子→昌子内親王
暲子(内親王)　134
昌子内親王　110～112
章子内親王　115
勝尊　262
聖武天皇　243
白川→白河(川)院
白河(川)院　61,62,65,70,74,75,117～121,124,127,130,131,208
白河天皇　104
白河法皇　58,60,138
慈円　183
実遍　58
寂心→賀茂保胤
淳和院　108
淳和天皇　108
順徳院　145
順徳天皇　234
恂子(内親王)　131
上西門院　77,143
上東門院　51,58,69,115～117,207
親尊　260
垂仁天皇　280

菅野信公　146
　貞義　42,146
輔子内親王　111
輔仁親王　119,212
朱雀院　110
崇徳院　130～132,135,136,226,227
清和天皇　108,109,244
世宗皇帝　193
選子内親王　111
善子内親王　119
禅林寺太政大臣→藤原兼房
蒼(倉)頡　79,213
藻璧門院　227
聰子内親王　117
尊仁　202

【た行】

待賢門院　53,54,130～132,135,226
醍醐天皇　66,109,110,212
平教盛　302
　清盛　60,61
　通盛　50,143
高貴王　280
高倉院　63,68,140～142
高階有長　263
高階有長女　263
高松院　135
谷森善臣　289
淡海公　243
丹波雅長→盛長
　経長　283
　兼康　284
　康頼〔錦小路〕236,283
　治康　280～282,284,286
　秀直　284,286
　重長→成長
　親康　284,286
　成長　284,286
　盛長　280～282,284,286
　盛直　284,286
　知基　283
　忠頼〔小森〕　283
　定基　280～282,284,286
　保長　284
　頼季　283
　頼慶　284
　頼景　284
　頼元　284
　頼秀　284
　頼重　284
　頼仲　284
　頼直　284
　頼定　284
　頼豊　284
　頼房　284
　頼庸〔錦小路〕283,284
　頼量　284
　利長　284
智鏡　277
趙顔子　180,184,185
長明親王　212
長猷　244
鄭玄　169
禎子内親王　114,120
媞子内親王　119
天文公→親尊
洞院公定　283
道誉　171,179～183
時明親王　212
徳川家慶　297
　家康　184,301
　家治　297
　家重　297
　家斉　297
　家定　297,301
　家茂　297,301
　綱吉　297,301
　秀忠　301,302
篤子内親王　121
鳥羽→鳥羽院
鳥羽院　54,63,68～70,72,75,124～137
鳥羽法皇　51,60,103,137,138
具平親王　48,111,113
豊臣秀吉　301

【な行】

内記上人→賀茂保胤
中原師元　214
西村遠里　300
二条院　138～140
二条院姫宮　140

新田義興　302
仁和寺二品法親王　132
仁明天皇　108

【は行】

八条院　77,141,143,190,192,207
花園院　146
花園天皇　98
春苑玉成　48
東三条院　55,113,192
東山天皇　291
美福門院　52,76,135,137
伏見院　145
伏見宮栄仁親王　105
　治仁王　105
　貞成親王　105
藤原安子　110
　苡子　104,123
　威子　114
　伊通　65
　為隆　183
　延子　115,211
　温子　109,210
　家実　184
　家成　54,136
　家忠　124
　家保　130,131
　寛子　116
　歓子　116
　基実　183
　基房　183
　嬉子　114
　義子　113
　勲子→泰子
　経季　117
　継縄　108
　兼家　66
　兼高　191
　兼実〔九条〕　171,183
　兼長　183
　兼房　171,182,183
　兼良　183
　賢子　118
　妍子　113
　元子　113
　嫄子　115
　顕時　208
　顕能　133
　顕頼　133
　公経　201
　公実　128
　光隆　132
　済時　48,111
　師実　79,117,208,209
　実季　55,122,192
　実兼　175
　実行　183
　実国　141
　実長　209
　宗兼　56,132
　宗忠　127
　宗通　125
　宗隆　60,144
　述子　110
　遵子　112
　尚忠〔九条〕　297
　昭子　117
　彰子　113
　璋子　128
　親経　61,144
　生子　115
　聖子　131
　清隆　197
　宣房　302
　詮子　112
　尊子　113
　泰憲　117
　泰子　65,132
　多子　136
　致忠　153,175
　忠実　79,80,121～123,126
　忠通　80,125,127,183,302
　超子　66,111
　長実卿女　133
　長実　133
　呈子　65,137
　定経　61
　定子　112
　定能　104
　道子　104,117,210
　道長　209,210
　得子　133,134
　内基〔一条〕　297
　繁子　123
　芳子　110
　茂子　116

頼実　206
頼長　183
隆季　210
良基　117
良実　227,229
良輔　207
文道光　152
文屋秋津　108
平城天皇　108
扁鵲(昔)　163
堀河(川)院　62,69,119～124,212
堀河天皇　104

【ま行】

御堂関白→藤原道長
源雅兼　47,129
雅実　80,121～123
義礼　302
経成　116
経頼　63,115
顕房　119
師忠　122
実朝　209
宗光　212,213
俊明　63,119,126
通親　211
能俊　127
保光　112,190,192
頼方　52,136
宮川亮　298
三善為康　173
村上→村上天皇
村上天皇　69,110,111,212
明親房→智鏡
文徳天皇　108,212

【や行】

保井春海　299
柳原紀光　287
陽成院　109,212
陽成天皇　109,208
陽明門院　67,74,115,117,118

【ら行】

李部王　115
了庵桂悟　285,291
霊元天皇　101,291,302
冷泉→冷泉院
冷泉院　66,110,111,113,212
冷泉為秀　302

【わ行】

和気郷成　280
時尚→尚成
重長　286
尚成　280～282
親就　286
親成　229
富業　280～282,286
富就→富業
富成→富業
保家　280
明孝　286
明重　286
明茂→茂成
茂成　280,286